P9-CBZ-742

enVisionmath® 2.0 en español

SCOTT FORESMAN · ADDISON WESLEY

Volumen 1 Temas 1 a 7

Autores

Randall I. Charles
Professor Emeritus
Department of Mathematics
San Jose State University
San Jose, California

Jennifer Bay-Williams
Professor of Mathematics Education
College of Education and Human Development
University of Louisville
Louisville, Kentucky

Robert Q. Berry, III
Associate Professor of Mathematics Education
Department of Curriculum, Instruction and Special Education
University of Virginia
Charlottesville, Virginia

Janet H. Caldwell
Professor of Mathematics
Rowan University
Glassboro, New Jersey

Zachary Champagne
Assistant in Research
Florida Center for Research in Science, Technology, Engineering, and Mathematics (FCR-STEM)
Jacksonville, Florida

Juanita Copley
Professor Emerita, College of Education
University of Houston
Houston, Texas

Warren Crown
Professor Emeritus of Mathematics Education
Graduate School of Education
Rutgers University
New Brunswick, New Jersey

Francis (Skip) Fennell
L. Stanley Bowlsbey Professor of Education and Graduate and Professional Studies
McDaniel College
Westminster, Maryland

Karen Karp
Professor of Mathematics Education
Department of Early Childhood and Elementary Education
University of Louisville
Louisville, Kentucky

Stuart J. Murphy
Visual Learning Specialist
Boston, Massachusetts

Jane F. Schielack
Professor of Mathematics
Associate Dean for Assessment and Pre K-12 Education,
College of Science
Texas A&M University
College Station, Texas

Jennifer M. Suh
Associate Professor for Mathematics Education
George Mason University
Fairfax, Virginia

Jonathan A. Wray
Mathematics Instructional Facilitator
Howard County Public Schools
Ellicott City, Maryland

PEARSON

Glenview, Illinois   Boston, Massachusetts   Chandler, Arizona   Hoboken, Nueva Jersey

Matemáticos

Roger Howe
Professor of Mathematics
Yale University
New Haven, Connecticut

Gary Lippman
Professor of Mathematics and Computer Science
California State University, East Bay
Hayward, California

Revisoras de los estándares de *Common Core*

Debbie Crisco
Math Coach
Beebe Public Schools
Beebe, Arkansas

Kathleen A. Cuff
Teacher
Kings Park Central School District
Kings Park, New York

Erika Doyle
Math and Science Coordinator
Richland School District
Richland, Washington

Susan Jarvis
Math and Science Curriculum Coordinator
Ocean Springs Schools
Ocean Springs, Mississippi

Velvet M. Simington
K-12 Mathematics Director
Winston-Salem / Forsyth County Schools
Winston-Salem, North Carolina

Copyright © 2016 by Pearson Education, Inc., or its affiliates. All Rights Reserved. Printed in the United States of America. This publication is protected by copyright, and permission should be obtained from the publisher prior to any prohibited reproduction, storage in a retrieval system, or transmission in any form or by any means, electronic, mechanical, photocopying, recording, or otherwise. For information regarding permissions, request forms from the appropriate contacts within the Pearson Education Global Rights & Permissions Department. Please visit www.pearsoned.com/permissions/.

PEARSON, ALWAYS LEARNING, SCOTT FORESMAN, PEARSON SCOTT FORESMAN, and **enVision**math are exclusive trademarks owned by Pearson Education, Inc. or its affiliates in the U.S. and/or other countries.

Unless otherwise indicated herein, any third-party trademarks that may appear in this work are the property of their respective owners and any references to third-party trademarks, logos or other trade dress are for demonstrative or descriptive purposes only. Such references are not intended to imply any sponsorship, endorsement, authorization, or promotion of Pearson's products by the owners of such marks, or any relationship between the owner and Pearson Education, Inc. or its affiliates, authors, licensees or distributors.

Common Core State Standards: Copyright © 2010. National Governors Association Center for Best Practices and Council of Chief State School Officers. All rights reserved.

ISBN-13: 978-0-328-84195-0
ISBN-10: 0-328-84195-1

PEARSON

6 19

Recursos digitales

¡Usarás estos recursos digitales a lo largo del año escolar!

Visita PearsonRealize.com

PM
Animaciones de Prácticas matemáticas que se pueden ver en cualquier momento

Resuelve
Resuélvelo y coméntalo, problemas y herramientas matemáticas

Aprende
Más aprendizaje visual animado con animaciones, interacción y herramientas matemáticas

Glosario
Glosario animado en español e inglés

Amigo de práctica
Práctica personalizada en línea para cada lección

Herramientas
Herramientas matemáticas que te ayudan a entender mejor

Evaluación
Comprobación rápida para cada lección

Ayuda
Video de tareas ¡Revisemos!, como apoyo adicional

Juegos
Juegos de Matemáticas que te ayudan a aprender mejor

eText
Libro del estudiante en línea

ACTIVe-book
Libro del estudiante en línea, para mostrar tu trabajo

PEARSON realize™ Todo lo que necesitas para Matemáticas, en cualquier momento y en cualquier lugar.

¡Hola! Estamos aquí para ayudarte. ¡Que tengamos un buen año escolar!

© Pearson Education, Inc. 4

CLAVE

- Estándares relacionados principales
- Estándares relacionados de apoyo
- Estándares relacionados adicionales

El contenido está organizado enfocándose en los estándares relacionados de *Common Core*.

Hay una lista de los estándares relacionados en las páginas F13 a F16.

Recursos digitales en PearsonRealize.com

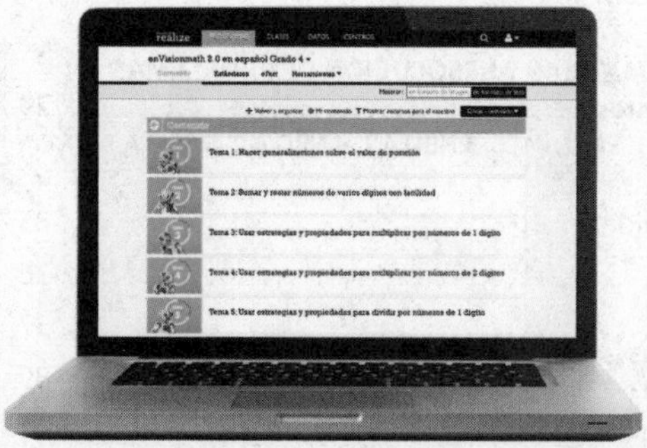

¡Y recuerda que tu *eText* está disponible en PearsonRealize.com!

Contenido

TEMAS

TEMA 1 Hacer generalizaciones sobre el valor de posición

© Pearson Education, Inc. 4

Aquí se muestra una manera de sumar números enteros.

$$\begin{array}{r} {}^{1\,1} \\ 9{,}263 \\ +\ 7{,}951 \\ \hline 17{,}214 \end{array}$$

TEMA 2 Sumar y restar números enteros de varios dígitos con facilidad

Aquí se muestra cómo se usan los productos parciales para multiplicar.

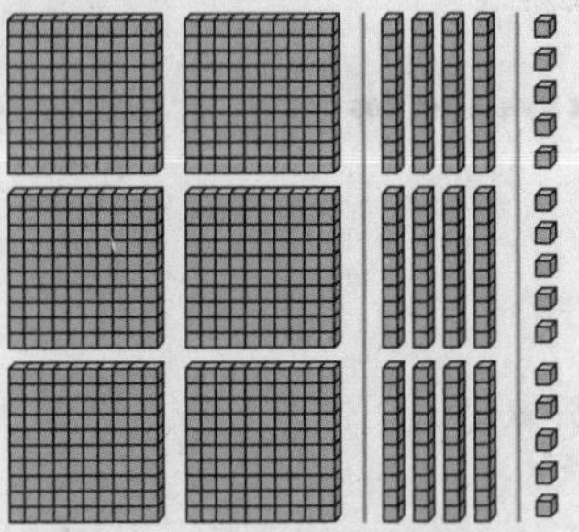
6 centenas
12 decenas
15 unidades

$$\begin{array}{r} 245 \\ \times\ \ 3 \\ \hline 15 \\ 120 \\ +\ 600 \\ \hline 735 \end{array}$$

← Productos parciales

TEMA 3 Usar estrategias y propiedades para multiplicar por números de 1 dígito

© Pearson Education, Inc. 4

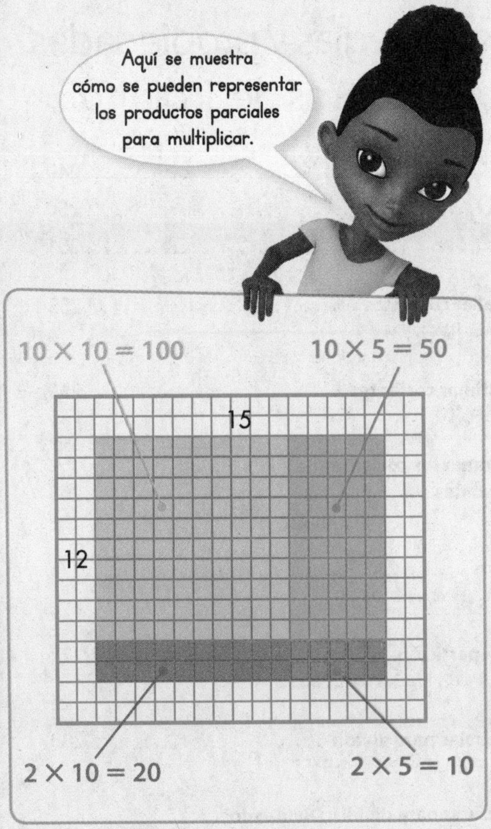

TEMA 4 Usar estrategias y propiedades para multiplicar por números de 2 dígitos

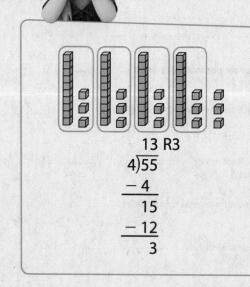

Aquí se muestra cómo el valor de posición te puede ayudar a dividir.

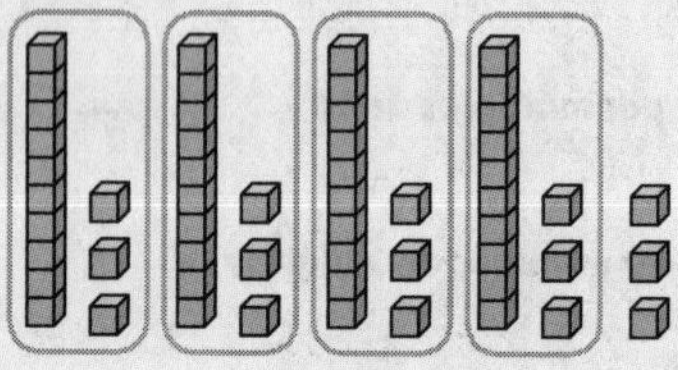

$$\begin{array}{r} 13\text{ R}3 \\ 4\overline{)55} \\ -4 \\ \hline 15 \\ -12 \\ \hline 3 \end{array}$$

TEMA 5 Usar estrategias y propiedades para dividir por números de 1 dígito

© Pearson Education, Inc. 4

Aquí se muestra cómo se puede representar una comparación.
42
3
n veces la cantidad

TEMA 6 Usar operaciones con números enteros para resolver problemas

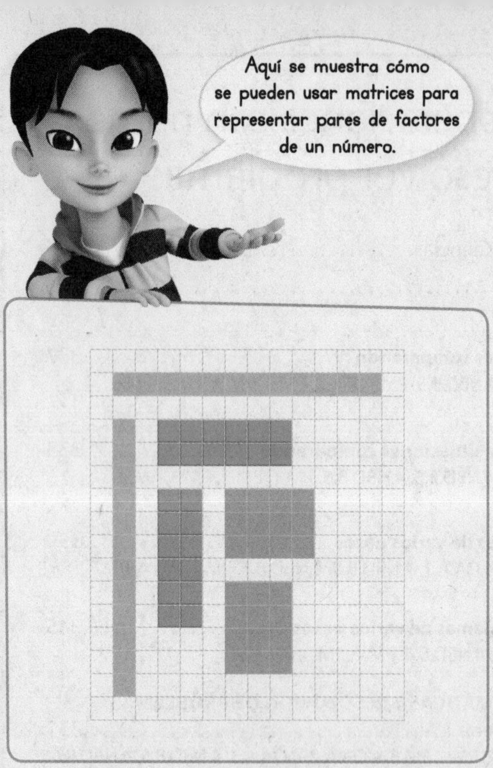
Aquí se muestra cómo se pueden usar matrices para representar pares de factores de un número.

TEMA 7 Factores y múltiplos

© Pearson Education, Inc. 4

CLAVE

- Estándares relacionados principales
- Estándares relacionados de apoyo
- Estándares relacionados adicionales

El contenido está organizado enfocándose en los estándares relacionados de *Common Core*.

Queridas familias:

Los estándares de las siguientes páginas describen las matemáticas que los estudiantes aprenderán a lo largo del año. La mayor parte del tiempo estará dedicada a los estándares relacionados principales.

Estándares de *Common Core* para el Grado 4

Estándares de *Common Core* para el contenido matemático

RAMA **4.OA**
OPERACIONES Y RAZONAMIENTO ALGEBRAICO

ESTÁNDARES RELACIONADOS PRINCIPALES **4.OA.A**
Utilizar las cuatro operaciones con números enteros no negativos para resolver problemas.

4.OA.A.1 Interpretar una ecuación de multiplicación como una comparación, por ej., interpretar $35 = 5 \times 7$ como un enunciado de que 35 es 5 veces 7 y 7 veces 5. Representar enunciados verbales de comparaciones multiplicativas como ecuaciones de multiplicación.

4.OA.A.2 Multiplicar o dividir para resolver problemas verbales con comparaciones multiplicativas, por ej., representar el problema utilizando dibujos y ecuaciones con un símbolo para el número desconocido; distinguir la comparación multiplicativa de la comparación de suma.

4.OA.A.3 Resolver problemas verbales de varios pasos con números enteros no negativos y cuyas respuestas son números enteros no negativos utilizando las cuatro operaciones, incluyendo aquellos problemas en los que los residuos deben ser interpretados. Representar estos problemas utilizando ecuaciones con una letra para representar la cantidad desconocida. Evaluar lo razonable de las respuestas utilizando el cálculo mental y las estrategias de estimación, incluyendo el redondeo, y explicar por qué puede ser suficiente una respuesta redondeada.

ESTÁNDARES RELACIONADOS DE APOYO **4.OA.B**
Familiarizarse con los factores y los múltiplos.

4.OA.B.4 Hallar todos los pares de factores de un número entero no negativo con rango de 1 a 100. Reconocer que un número entero no negativo es un múltiplo de cada uno de sus factores. Determinar si cierto número entero no negativo con rango de 1 a 100 es un múltiplo de cierto número de un dígito. Determinar si cierto número entero no negativo con rango de 1 a 100 es primo o compuesto.

ESTÁNDARES RELACIONADOS ADICIONALES **4.OA.C**
Generar y analizar patrones.

4.OA.C.5 Generar un patrón de números o figuras que siga una regla dada. Identificar características aparentes de la regla que no estaban explícitas en la regla misma.

Estándares de *Common Core* para el contenido matemático

RAMA **4.NBD**
NÚMEROS Y OPERACIONES EN BASE DIEZ[1]

ESTÁNDARES RELACIONADOS PRINCIPALES **4.NBD.A**
Generalizar la comprensión del valor de posición para los números enteros no negativos de múltiples dígitos.

4.NBD.A.1 Reconocer que en un número entero no negativo de múltiples dígitos, un dígito en determinado lugar representa diez veces lo que representa en el lugar a su derecha.

4.NBD.A.2 Leer y escribir números enteros no negativos con múltiples dígitos usando números de base diez, números en palabras y formas desarrolladas. Comparar dos números de múltiples dígitos en base al significado de los dígitos en cada lugar, utilizando los símbolos $>$, $=$ y $<$ para anotar los resultados de las comparaciones.

4.NBD.A.3 Utilizar la comprensión del valor de posición para redondear números enteros no negativos con múltiples dígitos a cualquier lugar de redondeo.

ESTÁNDARES RELACIONADOS PRINCIPALES **4.NBD.B**
Utilizar la comprensión del valor de posición y de las propiedades de las operaciones para efectuar aritmética con números de múltiples dígitos.

4.NBD.B.4 Sumar y restar con fluidez los números enteros no negativos con múltiples dígitos utilizando el algoritmo convencional.

4.NBD.B.5 Multiplicar un número entero no negativo de hasta cuatro dígitos por un número entero no negativo de un dígito, y multiplicar dos números de dos dígitos utilizando estrategias basadas en el valor de posición y las propiedades de las operaciones. Ilustrar y explicar el cálculo utilizando ecuaciones, matrices rectangulares y/o modelos de área.

4.NBD.B.6 Hallar cocientes y residuos de números enteros no negativos a partir de divisiones con dividendos de hasta cuatro dígitos y divisores de un dígito, utilizando las estrategias basadas en el valor de posición y/o la relación entre la multiplicación y la división. Ilustrar y explicar el cálculo utilizando ecuaciones, matrices rectangulares y/o modelos de área.

RAMA **4.NOF.A**
NÚMEROS Y OPERACIONES: FRACCIONES[2]

ESTÁNDARES RELACIONADOS PRINCIPALES **4.NOF.A**
Ampliar la comprensión de la equivalencia entre fracciones y su ordenamiento.

4.NOF.A.1 Explicar por qué la fracción $\frac{a}{b}$ es equivalente a la fracción $\frac{(n \times a)}{(n \times b)}$ utilizando modelos visuales de fracciones, observando que el número y el tamaño de las partes difiere aunque las dos fracciones en sí son del mismo tamaño. Utilizar este principio para reconocer y generar fracciones equivalentes.

4.NOF.A.2 Comparar dos fracciones con numeradores distintos y denominadores distintos, por ej., creando denominadores o numeradores comunes o comparándolas a una fracción de referencia como $\frac{1}{2}$. Reconocer que las comparaciones son válidas solamente cuando las dos fracciones se refieren al mismo entero. Anotar los resultados de las comparaciones con los símbolos $>$, $=$ o $<$, y justificar las conclusiones, por ej., utilizando un modelo visual de fracciones.

ESTÁNDARES RELACIONADOS PRINCIPALES **4.NOF.B**
Formar fracciones a partir de fracciones unitarias aplicando y ampliando los conocimientos previos de las operaciones con números enteros no negativos.

4.NOF.B.3 Entender una fracción $\frac{a}{b}$ cuando $a > 1$ como una suma de fracciones $\frac{1}{b}$.

4.NOF.B.3a Entender la suma y la resta de fracciones como la unión y separación de partes que se refieren a un mismo entero.

4.NOF.B.3b Descomponer de varias maneras una fracción en una suma de fracciones con el mismo denominador, anotando cada descomposición como una ecuación. Justificar las descomposiciones, por ej., utilizando un modelo visual de fracciones.

4.NOF.B.3c Sumar y restar números mixtos con el mismo denominador, por ej., reemplazando cada número mixto por una fracción equivalente, y/o utilizando las propiedades de las operaciones y la relación entre la suma y la resta.

4.NOF.B.3d Resolver problemas verbales sobre sumas y restas de fracciones relacionadas a un mismo entero y con el mismo denominador, por ej., utilizando modelos visuales de fracciones y ecuaciones para representar el problema.

© Pearson Education, Inc. 4

Estándares de *Common Core* para el contenido matemático

4.NOF.B.4 Aplicar y ampliar los conocimientos previos sobre la multiplicación para multiplicar una fracción por un número entero no negativo.

4.NOF.B.4a Entender que una fracción $\frac{a}{b}$ es un múltiplo de $\frac{1}{b}$.

4.NOF.B.4b Entender que un múltiplo de $\frac{a}{b}$ es un múltiplo de $\frac{1}{b}$, y utilizar esta comprensión para multiplicar una fracción por un número entero no negativo.

4.NOF.B.4c Resolver problemas verbales relacionados a la multiplicación de una fracción por un número entero no negativo, por ej., utilizando modelos visuales de fracciones y ecuaciones para representar el problema.

ESTÁNDARES RELACIONADOS PRINCIPALES **4.NOF.C**

Entender la notación decimal para las fracciones, y comparar fracciones decimales.

4.NOF.C.5 Expresar una fracción con denominador 10 como una fracción equivalente con denominador 100 y utilizar esta técnica para sumar dos fracciones con denominadores respectivos de 10 y 100.[3]

4.NOF.C.6 Utilizar la notación decimal para las fracciones con denominadores de 10 o 100.

4.NOF.C.7 Comparar dos números decimales hasta las centésimas razonando sobre su tamaño. Reconocer que las comparaciones son válidas solamente cuando ambos números decimales se refieren al mismo entero. Anotar los resultados de las comparaciones con los símbolos $>$, $=$ o $<$, y justificar las conclusiones, por ej., utilizando una recta numérica u otro modelo visual.

RAMA **4.MD**
MEDICIÓN Y DATOS

ESTÁNDARES RELACIONADOS DE APOYO **4.MD.A**

Resolver problemas relacionados a la medición y a la conversión de medidas de una unidad más grande a una más pequeña.

4.MD.A.1 Saber los tamaños relativos de las unidades de medición dentro de un sistema de unidades, incluyendo km, m, cm; kg, g; lb, oz.; L, mL; h, min, s. Dentro de un mismo sistema de medición, expresar las medidas en una unidad más grande en términos de una unidad más pequeña. Anotar las medidas equivalentes en una tabla de dos columnas.

4.MD.A.2 Utilizar las cuatro operaciones para resolver problemas verbales sobre distancias, intervalos de tiempo, volúmenes líquidos, masas de objetos y dinero, incluyendo problemas con fracciones simples o números decimales, y problemas que requieren expresar las medidas dadas en una unidad más grande en términos de una unidad más pequeña. Representar cantidades medidas utilizando diagramas tales como rectas numéricas con escalas de medición.

4.MD.A.3 Aplicar fórmulas de área y perímetro de rectángulos para resolver problemas matemáticos y de la vida diaria.

ESTÁNDARES RELACIONADOS DE APOYO **4.MD.B**

Representar e interpretar datos.

4.MD.B.4 Hacer un diagrama de puntos para representar un conjunto de datos de medidas en fracciones de una unidad ($\frac{1}{2}$, $\frac{1}{4}$, $\frac{1}{8}$). Resolver problemas sobre sumas y restas de fracciones utilizando la información presentada en los diagramas de puntos.

ESTÁNDARES RELACIONADOS ADICIONALES **4.MD.C**

Medición geométrica: entender conceptos de ángulos y medir ángulos.

4.MD.C.5 Reconocer que los ángulos son elementos geométricos formados cuando dos semirrectas comparten un extremo común, y entender los conceptos de la medición de ángulos.

4.MD.C.5a Un ángulo se mide con respecto a un círculo, con su centro en el extremo común de las semirrectas, tomando en cuenta la fracción del arco circular entre los puntos donde ambas semirrectas intersecan el círculo. Un ángulo que pasa por $\frac{1}{360}$ de un círculo se llama "ángulo de un grado" y se puede utilizar para medir ángulos.

4.MD.C.5b Un ángulo que pasa por *n* ángulos de un grado tiene una medida angular de *n* grados.

4.MD.C.6 Medir ángulos en grados de números enteros no negativos utilizando un transportador. Dibujar ángulos con medidas dadas.

4.MD.C.7 Reconocer la medida de un ángulo como una suma. Cuando un ángulo se descompone en partes que no se superponen, la medida del ángulo entero es la suma de las medidas de los ángulos de las partes. Resolver problemas de suma y resta para hallar ángulos desconocidos en problemas de la vida diaria y en problemas matemáticos, por ej., usando una ecuación con un símbolo para la medida desconocida del ángulo.

Estándares de *Common Core* para el contenido matemático

RAMA **4.G.A**
GEOMETRÍA

ESTÁNDARES RELACIONADOS ADICIONALES **4.G.A**
Dibujar e identificar rectas y ángulos, y clasificar figuras según las propiedades de sus rectas y ángulos.

4.G.A.1 Dibujar puntos, rectas, segmentos de rectas, semirrectas, ángulos (rectos, agudos, obtusos) y rectas perpendiculares y paralelas. Identificar estos elementos en las figuras bidimensionales.

4.G.A.2 Clasificar las figuras bidimensionales en base a la presencia o ausencia de rectas paralelas o perpendiculares, o en la presencia o ausencia de ángulos de un tamaño especificado. Reconocer que los triángulos rectos forman una categoría en sí e identificar triángulos rectos. (Las figuras bidimensionales deben incluir los triángulos especiales, por ejemplo, los triángulos equiláteros, isósceles y escalenos, y los cuadriláteros especiales, por ejemplo, los rombos, cuadrados, rectángulos, paralelogramos y trapecios).

4.G.A.3 Reconocer que en una figura bidimensional, el eje de simetría es una recta que corta la figura de tal manera que la figura se puede doblar a lo largo de la recta en partes exactamente iguales. Identificar figuras con simetría axial y dibujar ejes de simetría.

---

[1]Las expectativas para el Grado 4 en esta rama se limitan a números enteros no negativos menores que o iguales a 1,000,000.

[2]Las expectativas para el Grado 4 en esta rama se limitan a fracciones que tienen 2, 3, 4, 5, 6, 8, 10, 12 y 100 como denominador.

[3]Los estudiantes que pueden generar fracciones equivalentes pueden elaborar estrategias para sumar fracciones con denominadores distintos. Sin embargo, la suma o resta de fracciones con denominadores distintos no es un requisito para este grado.

© Pearson Education, Inc. 4

Estándares de *Common Core* para las prácticas matemáticas

PM.1 ENTENDER PROBLEMAS Y PERSEVERAR EN RESOLVERLOS.

Los estudiantes con buen dominio de las matemáticas comienzan por explicar el significado del problema y por buscar puntos de partida para su resolución. Analizan los elementos dados, las limitaciones, las relaciones y los objetivos. Hacen conjeturas sobre la forma y el significado de la solución y trazan un plan para llegar a ella en lugar de realizar un intento apresurado. Consideran problemas análogos y analizan casos especiales y versiones más simples del problema original para comprender mejor su solución. Monitorean y evalúan su progreso y cambian de dirección si es necesario. Los estudiantes de mayor edad pueden, dependiendo del contexto del problema, convertir expresiones algebraicas o modificar la ventana de la calculadora gráfica para obtener la información que necesitan. Los estudiantes con buen dominio de las matemáticas pueden explicar la correspondencia entre ecuaciones, descripciones verbales, tablas y gráficas o dibujar diagramas de elementos y relaciones importantes, graficar datos y buscar regularidades o tendencias. Los estudiantes de menor edad pueden utilizar objetos concretos o imágenes que los ayuden a conceptualizar y resolver un problema. Los estudiantes con buen dominio de las matemáticas pueden verificar sus respuestas utilizando un método diferente y se preguntan continuamente: "¿Tiene sentido lo que estoy haciendo?". Pueden entender los enfoques de otros para solucionar problemas complejos e identificar correspondencias entre diferentes enfoques.

PM.2 RAZONAR DE MANERA ABSTRACTA Y CUANTITATIVA.

Los estudiantes con buen dominio de las matemáticas entienden las cantidades y cómo se relacionan dentro de un problema. Aplican dos habilidades complementarias que los ayudan a resolver problemas que involucran relaciones cuantitativas: la habilidad de descontextualizar —abstraer una situación dada y representarla simbólicamente y de manipular los signos o símbolos representados como si estos tuvieran vida propia, sin necesariamente prestar atención a sus referentes— y la habilidad de contextualizar —hacer pausas cuando sea necesario durante el proceso de manipulación para comprobar los referentes de los signos o símbolos involucrados—. El razonamiento cuantitativo implica el hábito de crear representaciones coherentes del problema; considerar las unidades involucradas y no solamente saber calcularlas; y conocer y utilizar con flexibilidad diferentes propiedades de las operaciones y objetos.

PM.3 CONSTRUIR ARGUMENTOS VIABLES Y EVALUAR EL RAZONAMIENTO DE OTROS.

Los estudiantes con buen dominio de las matemáticas entienden y utilizan suposiciones, definiciones y resultados previamente establecidos en la construcción de argumentos. Hacen conjeturas y construyen una progresión lógica de enunciados para explorar la veracidad de sus conjeturas. Son capaces de analizar las situaciones al dividirlas en casos y pueden reconocer y utilizar contraejemplos. Justifican sus conclusiones, se las transmiten a otros y responden a los argumentos de otras personas. Razonan de forma inductiva sobre los datos, creando argumentos viables que toman en cuenta el contexto en el que se originaron dichos datos. Los estudiantes con buen dominio de las matemáticas también son capaces de comparar la efectividad de dos argumentos viables, distinguir el razonamiento correcto de otro que es erróneo, y —en caso de haber un error en el argumento— explicar en qué consiste. Los estudiantes de la escuela primaria pueden construir argumentos utilizando referentes concretos como objetos, dibujos, diagramas y acciones. Estos argumentos pueden tener sentido y ser correctos, aunque no se puedan generalizar o formalizar hasta los grados superiores. Más adelante, los estudiantes aprenderán a determinar las áreas a las cuales un argumento se aplica. Los estudiantes de todos los grados pueden escuchar o leer los argumentos de otros, decidir si tienen sentido y hacer preguntas útiles para clarificar o mejorar dichos argumentos.

PM.4 REPRESENTAR CON MODELOS MATEMÁTICOS.

Los estudiantes con buen dominio de las matemáticas pueden aplicar las matemáticas para resolver problemas de la vida cotidiana, la sociedad y el trabajo. En los grados iniciales, esto puede ser tan simple como escribir una ecuación de suma para describir una situación. En los grados intermedios, es posible que un estudiante use el razonamiento proporcional para planear un evento escolar o analizar un problema de la comunidad. En la preparatoria o bachillerato, un estudiante podrá usar la geometría para resolver un problema de diseño o usar una función para describir cómo una cantidad determinada depende de otra. Los estudiantes con buen dominio de las matemáticas que pueden aplicar lo que saben se sienten seguros al desarrollar suposiciones y aproximaciones para hacer más simple una situación compleja y entender que dichas suposiciones se podrían revisar más tarde. Son capaces de identificar cantidades importantes en una situación práctica y expresar las relaciones usando herramientas como diagramas, tablas de doble entrada, gráficas, diagramas de flujo y fórmulas.

Estándares de *Common Core* para las prácticas matemáticas

Pueden analizar matemáticamente dichas relaciones para sacar conclusiones. Interpretan rutinariamente sus resultados matemáticos dentro del contexto de la situación y analizan si los resultados tienen sentido para posiblemente mejorar el procedimiento si este no ha cumplido su propósito.

PM.5 USAR HERRAMIENTAS APROPIADAS DE MANERA ESTRATÉGICA.

Los estudiantes con buen dominio de las matemáticas consideran las herramientas disponibles durante la resolución de problemas matemáticos. Estas herramientas pueden incluir lápiz y papel, modelos concretos, una regla, un transportador, una calculadora, una hoja de cálculo, un sistema algebraico, un paquete estadístico o un programa de geometría dinámica. Los estudiantes competentes están suficientemente familiarizados con las herramientas apropiadas al nivel de grado o curso y pueden tomar decisiones acertadas para determinar si las herramientas son útiles en un momento dado y reconocen las limitaciones de las mismas. Por ejemplo, los estudiantes con buen dominio de las matemáticas de la preparatoria o bachillerato analizan las gráficas de funciones y soluciones generadas usando una calculadora gráfica. Detectan posibles errores al usar estratégicamente la estimación y otros conocimientos matemáticos. Al crear modelos matemáticos, saben que la tecnología puede ayudarlos a visualizar los resultados de las diversas suposiciones, explorar las consecuencias y comparar las predicciones con los datos. Los estudiantes con buen dominio de las matemáticas de varios niveles pueden identificar recursos matemáticos externos relevantes, como el contenido digital de una página en línea, y usarlos para plantear o resolver problemas. Son capaces de usar herramientas tecnológicas para explorar y profundizar su comprensión de los conceptos.

PM.6 PRESTAR ATENCIÓN A LA PRECISIÓN.

Los estudiantes con buen dominio de las matemáticas tratan de comunicarse con precisión. Tratan de usar definiciones claras durante un debate o en sus propios razonamientos. Comunican el significado de los símbolos que han elegido, incluyendo el uso apropiado y consistente del signo de igualdad. Son cuidadosos al especificar unidades de medida y al rotular ejes para clarificar la correspondencia con las cantidades en un problema. Calculan correcta y eficientemente, expresan respuestas numéricas con un grado de precisión apropiado al contexto del problema. En los grados de primaria, los estudiantes comentan entre ellos explicaciones cuidadosamente formuladas. Cuando pasan a preparatoria o bachillerato, ya han aprendido a examinar afirmaciones y a hacer uso explícito de definiciones.

PM.7 BUSCAR Y USAR LA ESTRUCTURA.

Los estudiantes con buen dominio de las matemáticas observan con atención para distinguir patrones y estructuras. Los estudiantes menores, por ejemplo, pueden darse cuenta de que tres y siete es la misma cantidad que siete y tres o pueden organizar un grupo de figuras de acuerdo a los lados que tengan. Más adelante, los estudiantes verán que 7×8 es igual a lo ya conocido $7 \times 5 + 7 \times 3$, en preparación para aprender acerca de la propiedad distributiva. En la expresión $x^2 + 9x + 14$, los estudiantes mayores pueden reconocer que 14 es 2×7 y que 9 es $2 + 7$. Reconocen el significado de una línea que existe en una figura geométrica y pueden usar la estrategia de dibujar una línea auxiliar para resolver problemas. También pueden volver atrás para tener una visión general y un cambio de perspectiva. Pueden ver algo complejo, tal como expresiones algebraicas, como elementos individuales o como un compuesto de varios elementos. Por ejemplo, pueden ver $5 - 3(x - y)^2$ como 5 menos un número positivo al cuadrado y usar esa información para darse cuenta de que su valor no puede ser mayor que 5 para cualquier número real x y y.

PM.8 BUSCAR Y EXPRESAR UNIFORMIDAD EN LOS RAZONAMIENTOS REPETIDOS.

Los estudiantes con buen dominio de las matemáticas pueden darse cuenta si los cálculos se repiten y buscan tanto métodos generales como métodos simplificados. Los estudiantes de los últimos grados en la escuela primaria tal vez pueden darse cuenta que al dividir 25 por 11, se repiten los mismos cálculos una y otra vez y concluir que hay un número decimal que se repite. Al poner atención al cálculo de la pendiente al mismo tiempo que comprueban constantemente si los puntos pertenecen a una línea que pasa por el punto (1, 2) con la pendiente 3, los estudiantes de la escuela intermedia posiblemente podrán extraer la ecuación $\frac{(y-2)}{(x-1)} = 3$. Al notar la regularidad en la forma en que los términos se cancelan al ampliarse $(x-1)(x+1)$, $(x-1)(x^2+x+1)$ y $(x-1)(x^3+x^2+x+1)$, puede llevarlos a la fórmula general de la suma de una serie geométrica. Al tratar de resolver un problema, los estudiantes con buen dominio de las matemáticas mantienen el control del proceso mientras se ocupan de los detalles. Evalúan continuamente qué tan razonables son sus resultados intermedios.

© Pearson Education, Inc. 4

Manual de Prácticas matemáticas y resolución de problemas

Las prácticas matemáticas explican las maneras en las que debemos pensar al trabajar en matemáticas.
Las prácticas matemáticas nos ayudan a resolver problemas.

Manual de Prácticas matemáticas y resolución de problemas

Prácticas matemáticas

PM.1 Entender problemas y perseverar en resolverlos.

PM.2 Razonar de manera abstracta y cuantitativa.

PM.3 Construir argumentos viables y evaluar el razonamiento de otros.

PM.4 Representar con modelos matemáticos.

PM.5 Usar herramientas apropiadas de manera estratégica.

PM.6 Prestar atención a la precisión.

PM.7 Buscar y usar la estructura.

PM.8 Buscar y expresar uniformidad en los razonamientos repetidos.

Existen buenos Hábitos de razonamiento para cada una de estas prácticas matemáticas.

© Pearson Education, Inc. 4

PM

PM.1 Entender problemas y perseverar en resolverlos.

Si se encuentran en aprietos, no se dan por vencidos.

María compró 2 camisetas a $7 cada una y un vestido que cuesta $15. Usó un cupón de descuento de $4 y pagó con $40. ¿Cuánto cambio recibió María?

Aquí hice una lista de lo que sé y de lo que intento hallar.

Lo que sé:

- María tiene $40 y un cupón de descuento de $4.
- María compró 2 camisetas a $7 cada una.
- María compró un vestido por $15.

Lo que necesito hallar:

- La cantidad de cambio que recibió María.

Hábitos de razonamiento

¡Razona correctamente! Estas preguntas te pueden ayudar.

- ¿Qué necesito hallar?
- ¿Qué sé?
- ¿Cuál es mi plan para resolver el problema?
- ¿Qué más puedo intentar si no puedo seguir adelante?
- ¿Cómo puedo comprobar si mi solución tiene sentido?

PM.2 Razonar de manera abstracta y cuantitativa.

Los que razonan correctamente en matemáticas saben cómo pensar en las palabras y los números del problema para resolverlo.

Dibujé un diagrama de barras que muestra cómo se relacionan las cantidades del problema.

Sam compró una caja de 6 tarjetas de agradecimiento que cuesta $12. ¿Cuánto cuesta cada tarjeta?

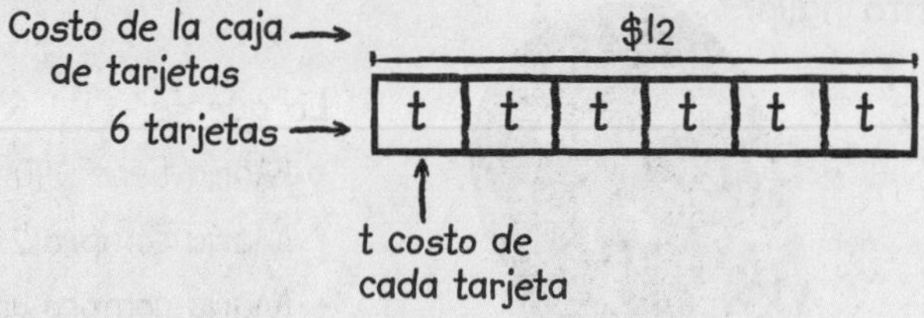

$\$12 \div 6 = t$

Cada tarjeta cuesta $2.

Hábitos de razonamiento

¡Razona correctamente! Estas preguntas te pueden ayudar.

- ¿Qué significan los números y los signos o símbolos del problema?
- ¿Cómo están relacionados los números o las cantidades?
- ¿Cómo puedo representar un problema verbal usando dibujos, números o ecuaciones?

© Pearson Education, Inc. 4

PM

PM.3 Construir argumentos viables y evaluar el razonamiento de otros.

Los que razonan correctamente en matemáticas usan las matemáticas para explicar por qué tienen razón. También pueden opinar sobre los problemas de matemáticas hechos por otras personas.

Escribí un argumento claro usando palabras, números y signos o símbolos.

Jackie dibujó una recta numérica y ubicó un punto en $\frac{2}{3}$. Bonnie dibujó una recta numérica y también ubicó un punto en $\frac{2}{3}$. ¿Qué estudiante marcó el punto correctamente?

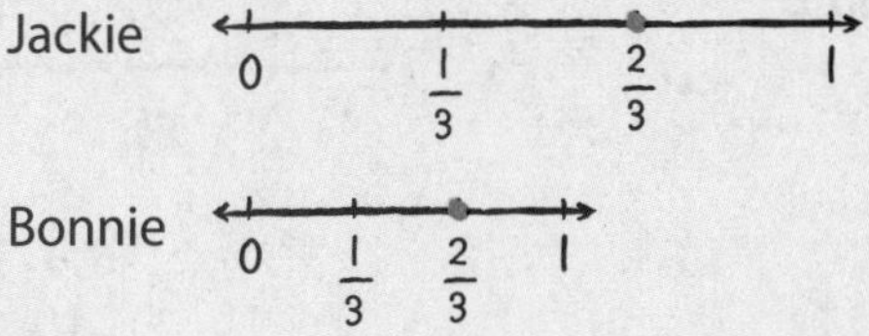

$\frac{2}{3}$ está marcado correctamente en las dos rectas numéricas. Las rectas numéricas tienen longitudes diferentes pero ambas muestran tres partes iguales.

Hábitos de razonamiento

¡Razona correctamente! Estas preguntas te pueden ayudar.

- ¿Cómo puedo usar números, objetos, dibujos o acciones para justificar mi argumento?
- ¿Estoy usando los números y los signos o símbolos correctamente?
- ¿Es mi explicación clara y completa?
- ¿Qué preguntas puedo hacer para entender el razonamiento de otros?
- ¿Hay errores en el razonamiento de otros?
- ¿Puedo mejorar el razonamiento de otros?

PM.4 Representar con modelos matemáticos.

Los que razonan correctamente en matemáticas escogen y aplican lo que saben de matemáticas para mostrar y resolver problemas de la vida diaria.

Josefina tiene un cordel que mide 45 pies de longitud. Quiere usar el cordel para atar las plantas del jardín. Si Josefina corta el cordel en 9 trozos iguales, ¿cuánto mide cada trozo?

Puedo usar lo que sé sobre división para resolver este problema. Puedo hacer un dibujo como ayuda.

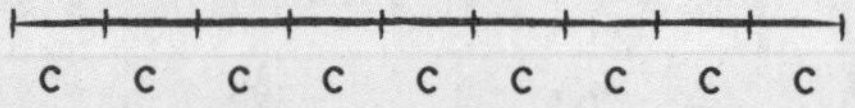

$45 \div 9 = c$

Cada trozo de cordel mide 5 pies de longitud.

Hábitos de razonamiento

¡Razona correctamente! Estas preguntas te pueden ayudar.

- ¿Cómo puedo usar lo que sé de matemáticas para resolver este problema?
- ¿Cómo puedo usar dibujos, objetos y ecuaciones para representar el problema?
- ¿Cómo puedo usar números, palabras y símbolos para resolver este problema?

 © Pearson Education, Inc. 4

PM.5 Usar herramientas apropiadas de manera estratégica.

Los que razonan correctamente en matemáticas saben cómo escoger las herramientas adecuadas para resolver problemas matemáticos.

Decidí usar fichas porque así puedo hacer una matriz para resolver el problema.

Hank tiene $13 en la billetera y gana $15 cortando el césped. Hank quiere descargar películas que cuestan $7 cada una. ¿Cuántas películas puede descargar Hank? Escoge una herramienta para representar y resolver el problema.

$13 + $15 = $28

$28 ÷ $7 = 4

Hank puede descargar 4 películas.

Hábitos de razonamiento

¡Razona correctamente! Estas preguntas te pueden ayudar.

- ¿Qué herramientas puedo usar?
- ¿Por qué debo usar esta herramienta como ayuda para resolver el problema?
- ¿Hay alguna otra herramienta que podría usar?
- ¿Estoy usando la herramienta correctamente?

PM.6 Prestar atención a la precisión.

Los que razonan correctamente en matemáticas prestan atención a lo que escriben y dicen, para así poder expresar con claridad sus ideas sobre matemáticas.

Fui preciso con mi trabajo y con la manera en que escribí la solución.

Escribe tres pistas para describir un cuadrado.

Pista 1: Tengo 4 ángulos rectos.

Pista 2: Tengo cuatro lados que tienen la misma longitud.

Pista 3: Tengo 2 conjuntos de lados paralelos.

Un cuadrado tiene 4 ángulos rectos, 4 lados de la misma longitud y 2 conjuntos de lados paralelos.

Hábitos de razonamiento

¡Razona correctamente! Estas preguntas te pueden ayudar.

- ¿Estoy usando los números, las unidades y los signos o símbolos correctamente?
- ¿Estoy usando las definiciones correctas?
- ¿Estoy haciendo los cálculos con precisión?
- ¿Es clara mi respuesta?

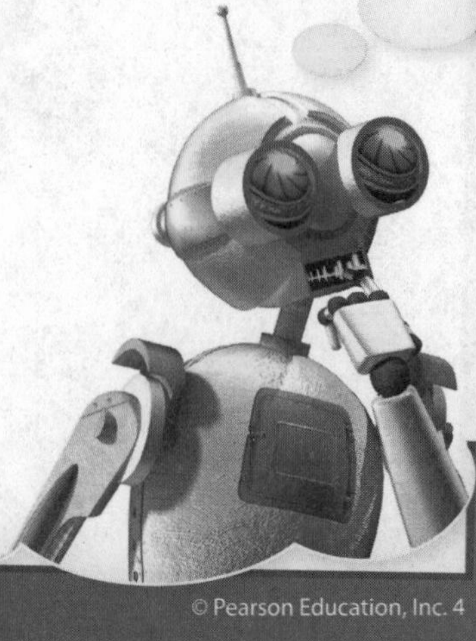

© Pearson Education, Inc. 4

PM

PM.7 Buscar y usar la estructura.

Los que razonan correctamente en matemáticas buscan relaciones matemáticas como ayuda para resolver problemas.

Usé lo que sé sobre operaciones básicas para resolver el problema.

Usa $<$, $>$ o $=$ para comparar las expresiones sin hacer el cálculo.

$3 \times 6 \bigcirc 3 \times 9$

$3 \times 6 < 3 \times 9$ porque $6 < 9$.

Hábitos de razonamiento

¡Razona correctamente! Estas preguntas te pueden ayudar.

- ¿Qué patrones puedo ver y describir?
- ¿Cómo puedo usar los patrones para resolver el problema?
- ¿Puedo ver las expresiones y los objetos de una manera diferente?

PM.8 Buscar y expresar uniformidad en los razonamientos repetidos.

Los que razonan correctamente en matemáticas buscan cosas que se repiten y hacen generalizaciones.

Usé el razonamiento para hacer generalizaciones sobre los cálculos.

Cathy ordenó algunas conchas marinas de dos maneras. Una matriz tiene 2 filas de 6 conchas marinas cada una. La otra matriz tiene 6 filas de 2 conchas marinas cada una. ¿Las dos matrices tienen la misma cantidad de conchas marinas? Explícalo.

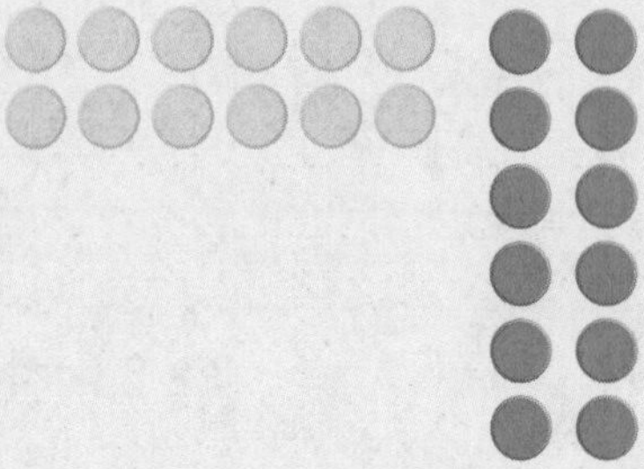

Sí, las dos matrices tienen la misma cantidad de fichas. Las matrices son iguales excepto en que las cantidades de conchas marinas de las filas y de las columnas están invertidas.

Hábitos de razonamiento

¡Razona correctamente! Estas preguntas te pueden ayudar.

- ¿Se repiten algunos cálculos?
- ¿Puedo hacer generalizaciones a partir de los ejemplos?
- ¿Qué métodos cortos puedo ver en el problema?

© Pearson Education, Inc. 4

Manual de Prácticas matemáticas y resolución de problemas

Guía para la resolución de problemas

Las prácticas matemáticas nos ayudan a resolver problemas.

Entender el problema

Razonar de manera abstracta y cuantitativa

- ¿Qué necesito hallar?
- ¿Qué información conocida puedo usar?
- ¿Cuál es la relación entre las cantidades?

Pensar en problemas similares

- ¿He resuelto antes problemas como este?

Perseverar en resolver el problema

Representar con modelos matemáticos

- ¿Cómo puedo usar lo que sé de matemáticas?
- ¿Cómo puedo representar el problema?
- ¿Hay un patrón o estructura que pueda usar?

Alguna maneras de representar problemas

- Hacer un dibujo
- Hacer un diagrama de barras
- Hacer una tabla o gráfica
- Escribir una ecuación

Usar herramientas apropiadas de manera estratégica

- ¿Qué herramientas matemáticas puedo usar?
- ¿Cómo puedo usar esas herramientas de manera estratégica?

Algunas herramientas matemáticas

- Objetos
- Papel cuadriculado
- Reglas
- Tecnología
- Papel y lápiz

Comprobar la respuesta

Entender la respuesta

- ¿Es razonable mi respuesta?

Verificar la precisión

- ¿Revisé mi trabajo?
- ¿Es clara mi respuesta?
- ¿Construí un argumento viable?
- ¿Hice generalizaciones correctamente?

Manual de Prácticas matemáticas y resolución de problemas

Resolución de problemas: Hoja de anotaciones

Esta página te ayuda a organizar tu trabajo.

Nombre Carlos

Elemento didáctico
1

Resolución de problemas: Hoja de anotaciones

Problema
Linda quiere comprar una bicicleta que cuesta \$80. Su papá la ayudará pagando \$20. Linda ganará el resto paseando perros. Gana \$6 por cada perro que pasea. ¿Cuántos perros debe pasear Linda para tener dinero suficiente para la bicicleta?

ENTIENDE EL PROBLEMA

Necesito hallar
La cantidad de perros que hay que pasear

Puesto que...
Linda gana \$6 por perro.
La bicicleta cuesta \$80.
La parte del papá es \$20.

PERSEVERA EN RESOLVER EL PROBLEMA

Algunas maneras de representar problemas

- ☐ Hacer un dibujo
- ☑ Hacer un diagrama de barras
- ☐ Hacer una tabla o una gráfica
- ☑ Escribir una ecuación

Algunas herramientas matemáticas

- ☐ Objetos
- ☐ Papel cuadriculado
- ☐ Reglas
- ☐ Tecnología
- ☑ Papel y lápiz

Solución y respuesta

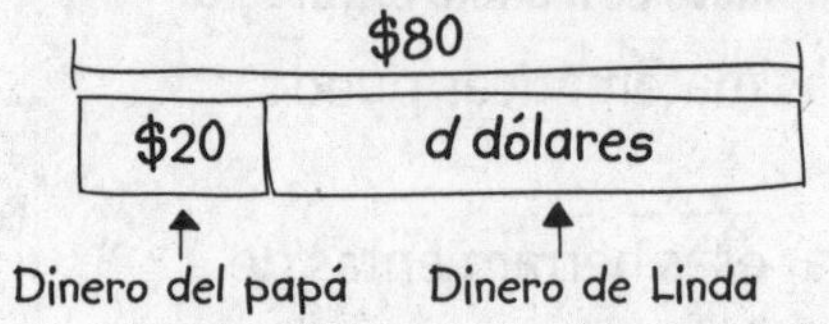

$20 + d = 80$
Linda debe ganar \$60.

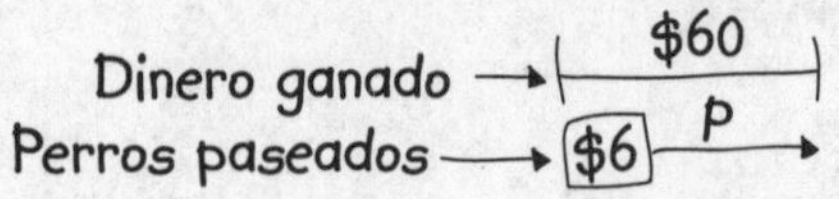

$\$60 \div \$6 = 10$
Linda debe pasear 10 perros.

COMPRUEBA LA RESPUESTA

Usé operaciones que se cancelan mutuamente para comprobar mi respuesta.
$10 \times \$6 = \$60$ $\$60 + \$20 = \$80$
Mi respuesta es razonable.

Copyright © Pearson Education, Inc., or its affiliates. All Rights Reserved. 4

© Pearson Education, Inc. 4

Manual de Prácticas matemáticas y resolución de problemas

Diagramas de barras

Puedes dibujar un **diagrama de barras** para mostrar cómo se relacionan las cantidades de un problema. Luego puedes escribir una ecuación para resolver el problema.

Sumar

Dibuja este **diagrama de barras** para situaciones en las que se necesita *sumar* algo a una cantidad.

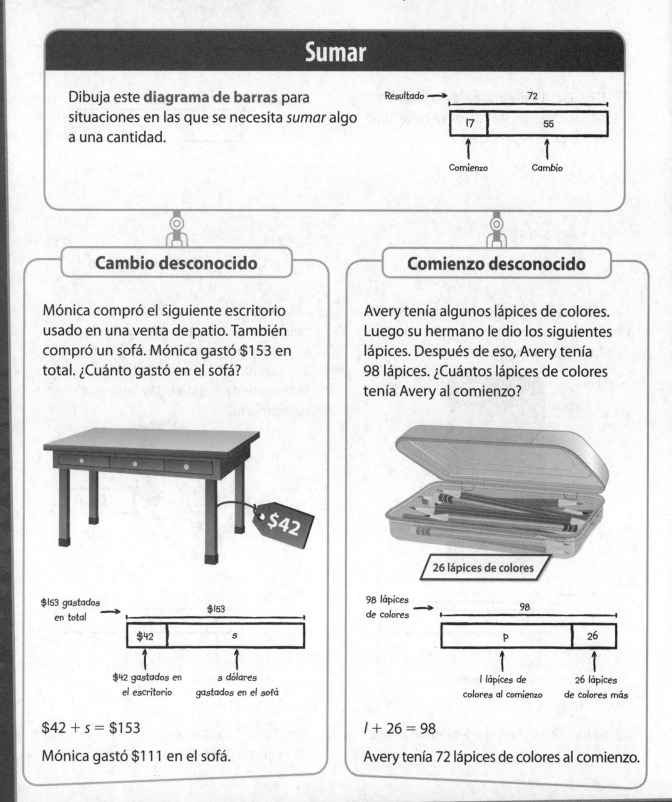

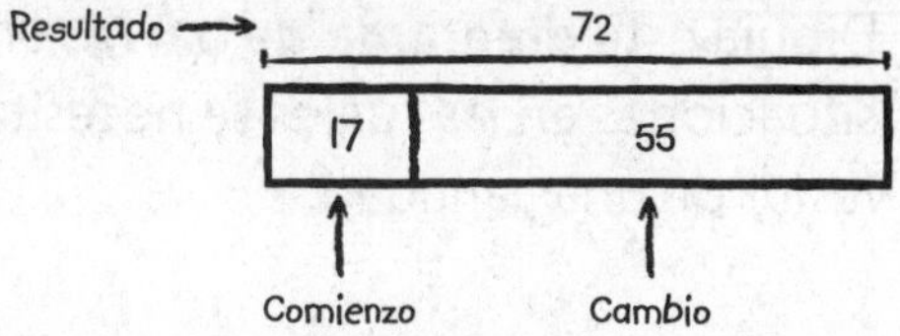

Cambio desconocido

Mónica compró el siguiente escritorio usado en una venta de patio. También compró un sofá. Mónica gastó $153 en total. ¿Cuánto gastó en el sofá?

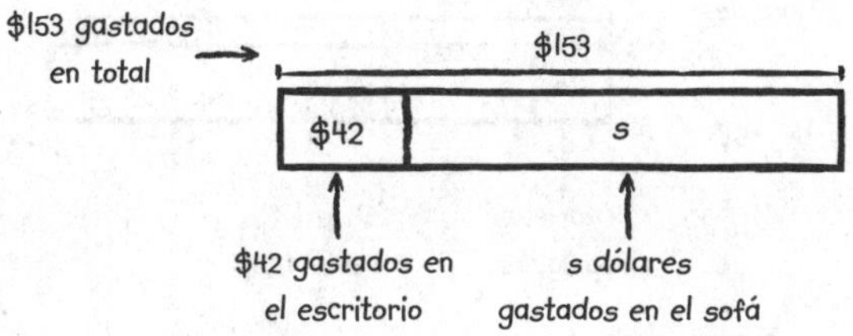

$\$42 + s = \$153$

Mónica gastó $111 en el sofá.

Comienzo desconocido

Avery tenía algunos lápices de colores. Luego su hermano le dio los siguientes lápices. Después de eso, Avery tenía 98 lápices. ¿Cuántos lápices de colores tenía Avery al comienzo?

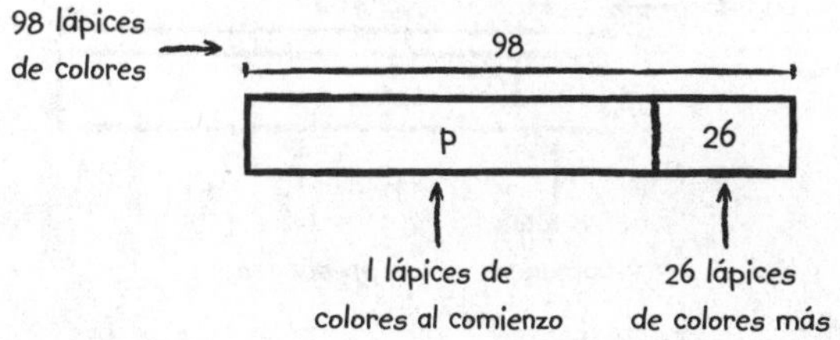

$l + 26 = 98$

Avery tenía 72 lápices de colores al comienzo.

Manual de Prácticas matemáticas y resolución de problemas

Diagramas de barras

Puedes usar diagramas de barras para entender mejor los problemas de suma y resta.

Restar

Dibuja este **diagrama de barras** en situaciones en las cuales se necesita *restar* de una cantidad.

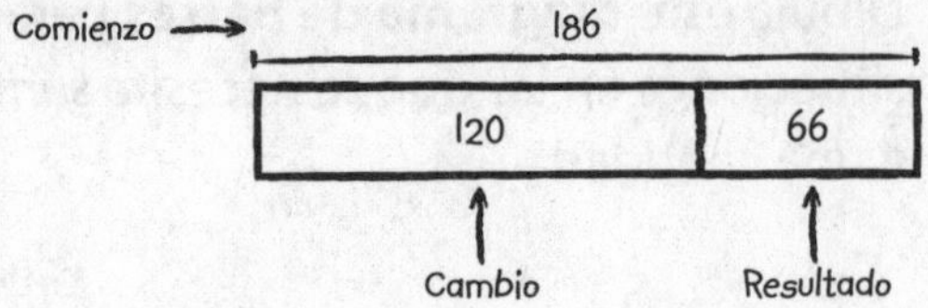

Resultado desconocido

La cantidad de fotos que hay en el teléfono de Jenna se muestra abajo. Jenna borró 128 fotos. ¿Cuántas fotos quedan?

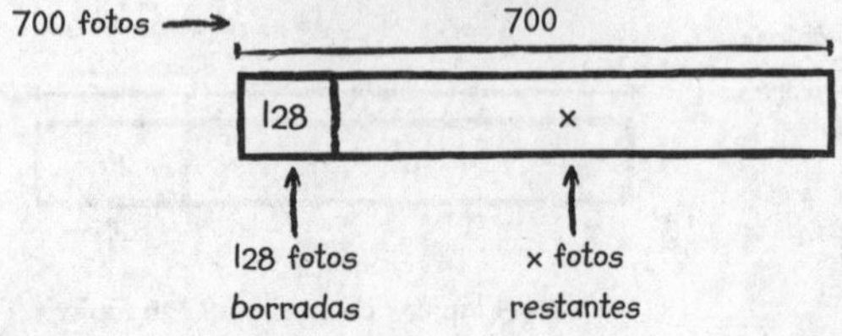

$700 - 128 = x$

Quedan 572 fotos en el teléfono de Jenna.

Comienzo desconocido

Alex tenía una colección de tarjetas de beisbol. Alex le regaló las siguientes tarjetas a su hermano. Ahora tiene 251 tarjetas. ¿Cuántas tarjetas tenía Alex antes de regalarle las tarjetas a su hermano?

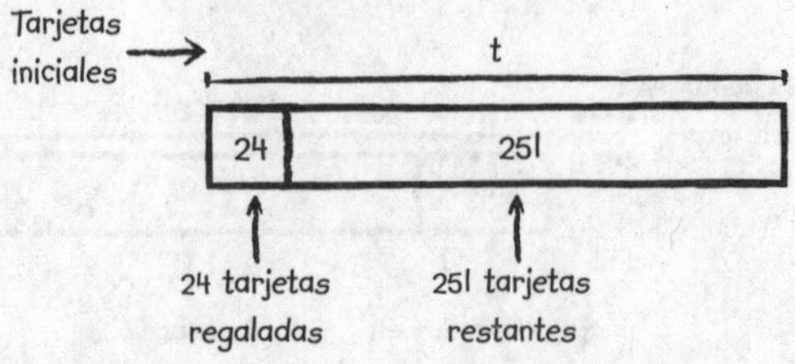

$t - 24 = 251$

Alex tenía 275 tarjetas de beisbol antes de regalarle las tarjetas a su hermano.

© Pearson Education, Inc. 4

Los **diagramas de barras** de esta página te pueden ayudar a entender otras situaciones de suma y resta.

Unir/Separar

Dibuja este **diagrama de barras** en situaciones en las que haya que *unir* o *separar* cantidades.

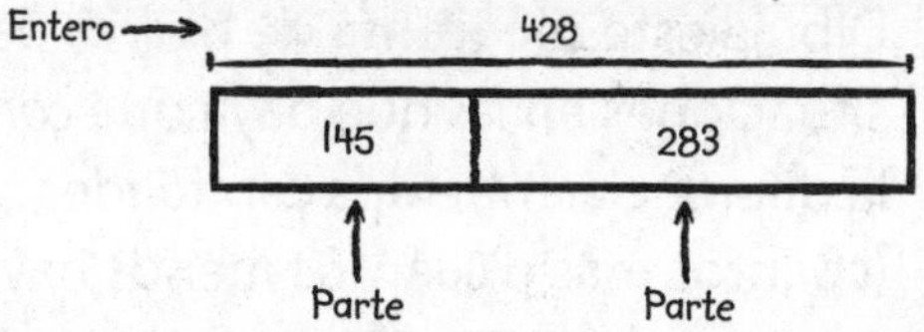

Entero desconocido

Tanner manejó para ir de su casa a Providence, Rhode Island, y volver durante dos días. Cada vez viajó 27 millas. ¿Cuánto manejó Tanner?

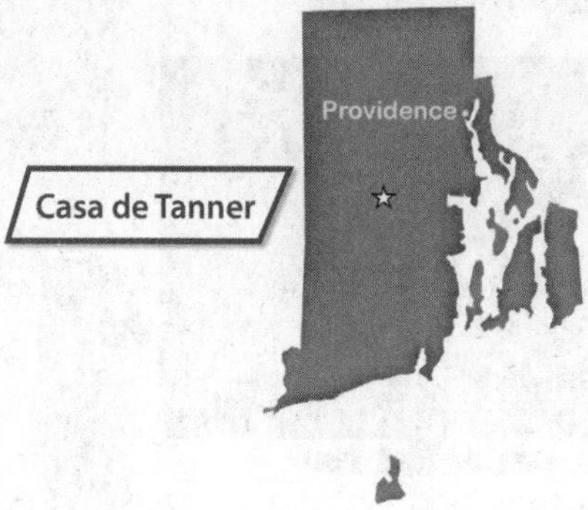

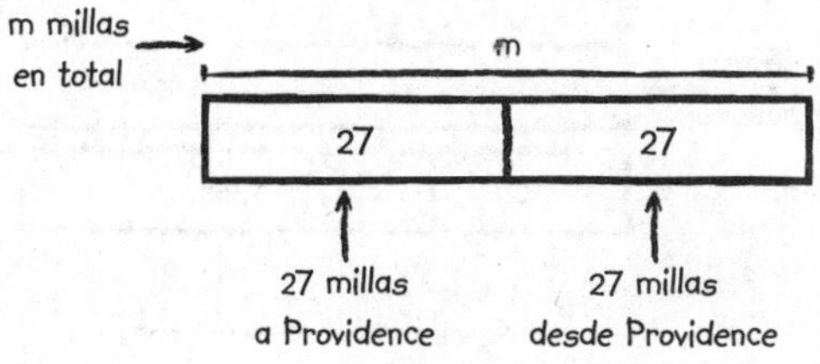

$27 + 27 = m$

Tanner manejó 54 millas en total.

Parte desconocida

La clase de la Sra. Addy reunió un total de 128 latas entre el martes y el miércoles. ¿Cuántas latas se reunieron el miércoles?

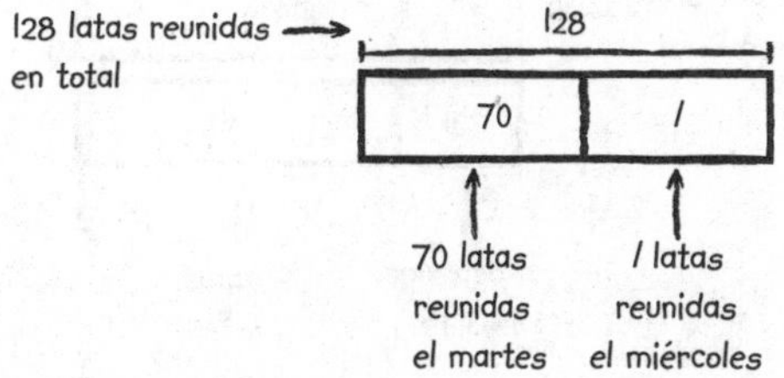

$70 + l = 128$, o $128 - 70 = l$

La clase de la Sra. Addy reunió 58 latas el miércoles.

© Manual de Prácticas matemáticas y resolución de problemas

Diagramas de barras

Comparar: Suma y resta

Dibuja este **diagrama de barras** para situaciones en las que haya que *comparar* la diferencia entre dos cantidades (cuántos más o cuántos menos hay).

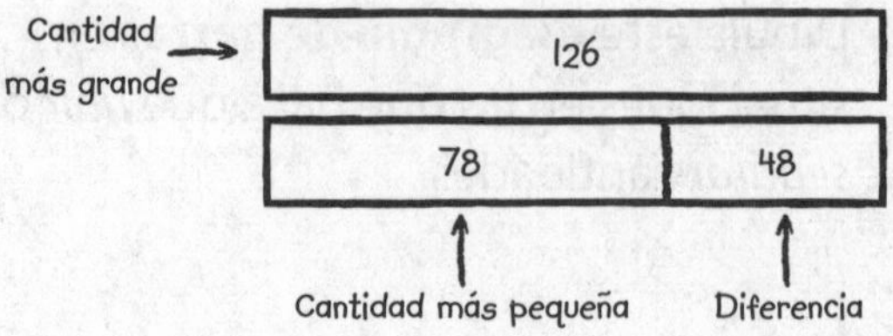

Diferencia desconocida

Perri leyó todo el siguiente libro. Jay leyó 221 datos del libro. ¿Cuántos datos más leyó Perri que Jay?

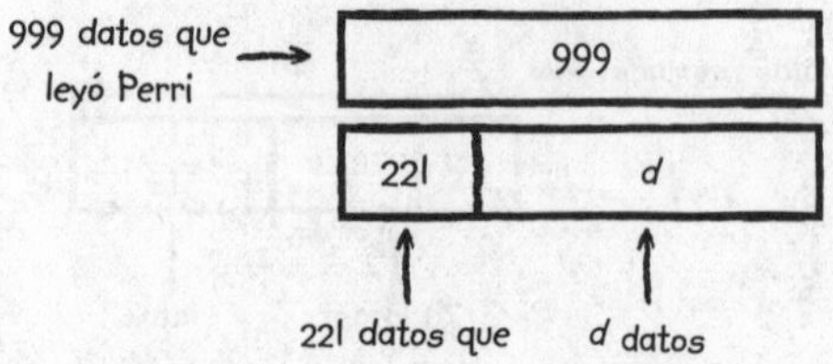

$221 + d = 999$, o $999 - 221 = d$

Perri leyó 778 datos más que Jay.

Cantidad más pequeña desconocida

Stanley tiene en su computadora 234 canciones menos que Joanne. Joanne tiene 362 canciones en su computadora. ¿Cuántas canciones tiene Stanley en su computadora?

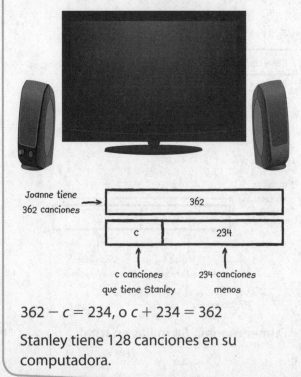

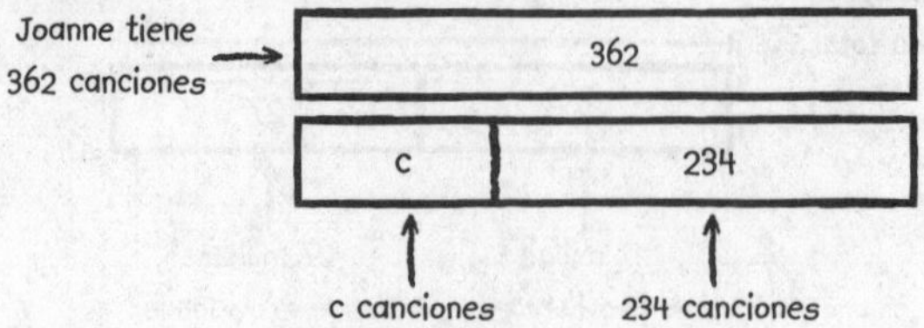

$362 - c = 234$, o $c + 234 = 362$

Stanley tiene 128 canciones en su computadora.

 © Pearson Education, Inc. 4

Los **diagramas de barras** de esta página te pueden ayudar a resolver problemas de multiplicación y división.

Grupos iguales: Multiplicación y división

Dibuja este **diagrama de barras** para situaciones en las que haya *grupos iguales*.

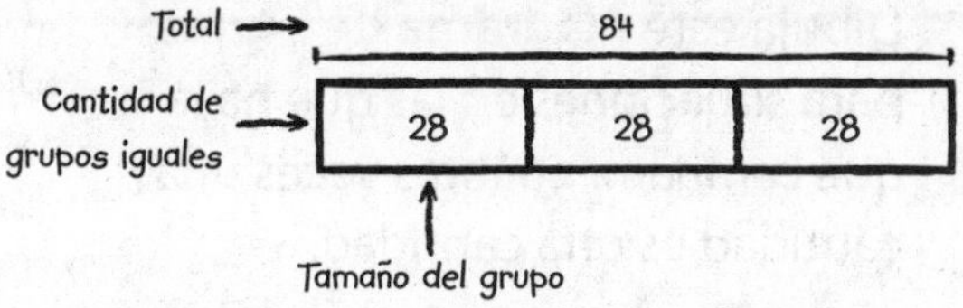

Cantidad de grupos desconocida

Malik gastó $27 en viajes en tren esta semana. ¿Cuántas veces viajó en tren Malik?

Viaje en tren: $3 cada viaje

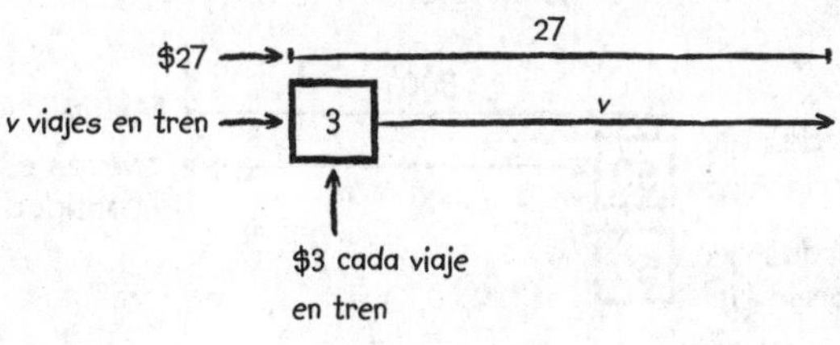

$v \times 3 = 27$, o $27 \div 3 = v$

Malik viajó en tren 9 veces.

Tamaño de grupo desconocido

Si se empaquetan 36 galletas en cantidades iguales en las siguientes cajas, ¿cuántas galletas habrá en cada caja?

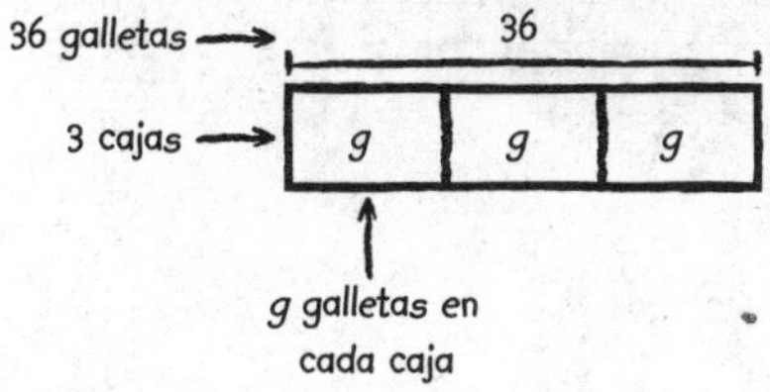

$3 \times g = 36$, o $36 \div 3 = g$

Habrá 12 galletas en cada caja.

Manual de Prácticas matemáticas y resolución de problemas

Diagramas de barras

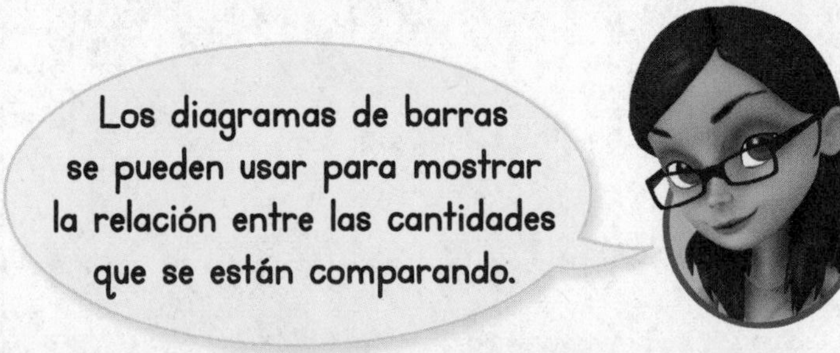

Los diagramas de barras se pueden usar para mostrar la relación entre las cantidades que se están comparando.

Comparar: Multiplicación y división

Dibuja este **diagrama de barras** para situaciones en las que haya que *comparar* cuántas veces una cantidad es otra cantidad.

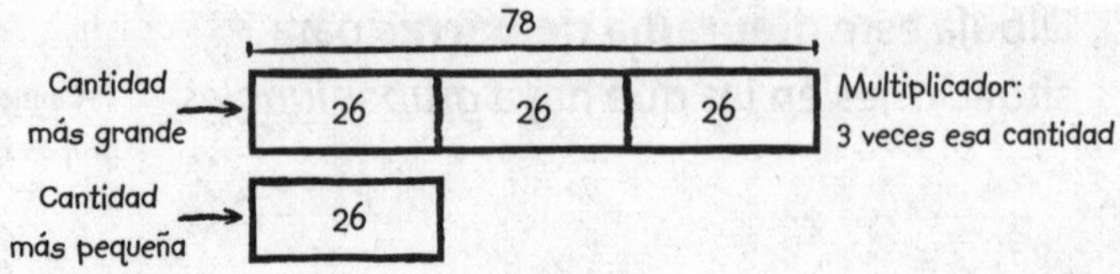

Cantidad más grande desconocida

El sábado, una salchichonería vendió 8 veces la cantidad de sándwiches que la cantidad de *wraps*. Vendió 14 *wraps*. ¿Cuántos sándwiches vendió?

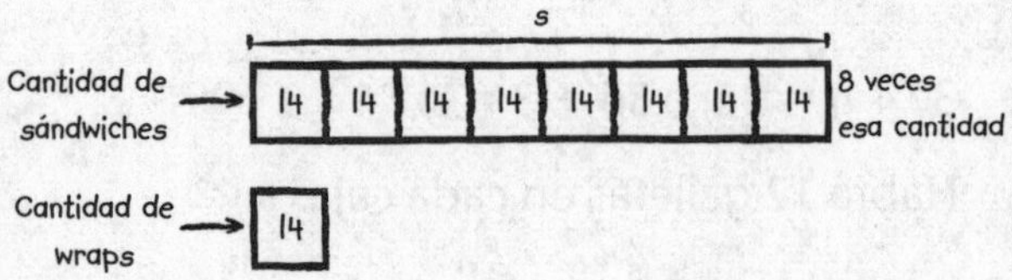

$14 \times 8 = s$

La salchichonería vendió 112 sándwiches.

Multiplicador desconocido

Alicia corrió 300 yardas. Uri corrió 50 yardas. ¿Cuántas veces la distancia que corrió Uri es la distancia que corrió Alicia?

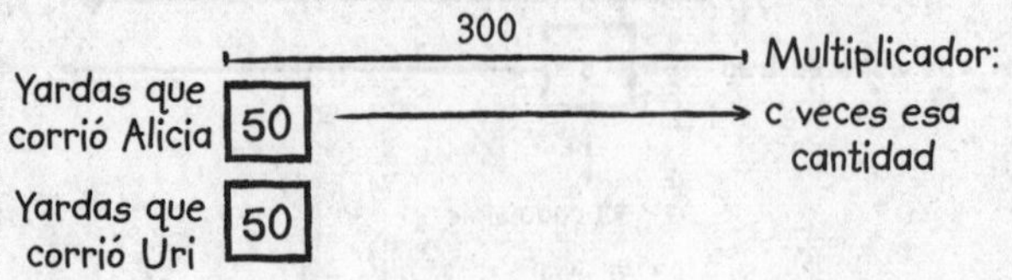

$c \times 50 = 300$, o $300 \div 50 = c$

Alicia corrió 6 veces la distancia que corrió Uri.

© Pearson Education, Inc. 4

TEMA 1

Hacer generalizaciones sobre el valor de posición

Preguntas esenciales: ¿Cómo se escriben los números más grandes? ¿Cómo se pueden comparar los números enteros? ¿Cómo se relacionan los valores de posición?

Recursos digitales

Resuelve · Aprende · Glosario · Amigo de práctica · Herramientas · Evaluación · Ayuda · Juegos

El agua, el viento y el hielo pueden cambiar la forma de las rocas a lo largo de miles de años. Esto se llama erosión.
La roca Kannesteinen, que se encuentra en Noruega, obtuvo su forma como resultado del movimiento del mar que la rodea.
Las montañas, las cuevas y algunas islas son tipos de formaciones rocosas. Este es un proyecto sobre las cuevas y los números más grandes.

Proyecto de Matemáticas y Ciencias: Cuevas

Investigar Usa la Internet u otras fuentes para investigar sobre la profundidad, en pies, de las 5 cuevas más profundas del mundo.

Diario: Escribir un informe Incluye lo que averiguaste. En tu informe, también:

- haz una tabla de valor de posición que incluya las cinco profundidades.
- escribe las profundidades en forma desarrollada.
- usa *mayor que* o *menor que* para comparar las profundidades de dos de las cuevas.

Nombre ____________________

Repasa lo que sabes

Vocabulario

Escoge el mejor término del recuadro. Escríbelo en el espacio en blanco.

- forma desarrollada
- nombre de un número
- número entero
- recta numérica
- redondear
- valor de posición

1. Los números 0, 1, 2, 3, 4, y así sucesivamente, se llaman ____________.
2. Un número escrito solamente con palabras se escribe usando un ____________.
3. Reemplazar un número con otro que indica cuánto es aproximadamente se llama ____________.
4. El ____________ es el valor dado a la posición de un dígito en un número.

Comparar números

Compara los pares de números usando >, < o =.

5. 201 ◯ 21　**6.** 313 ◯ 313　**7.** 289 ◯ 290

8. 7 ◯ 70　**9.** 725 ◯ 726　**10.** 82 ◯ 82

11. 614 ◯ 641　**12.** 618 ◯ 618　**13.** 978 ◯ 987

Valor de posición

Indica si el dígito subrayado está en el lugar de las unidades, decenas, centenas o millares.

14. $\underline{9}$,482　**15.** 8,0$\underline{0}$0

16. 1,5$\underline{0}$6　**17.** $\underline{8}$,005

18. 5,$\underline{1}$00　**19.** $\underline{2}$,731

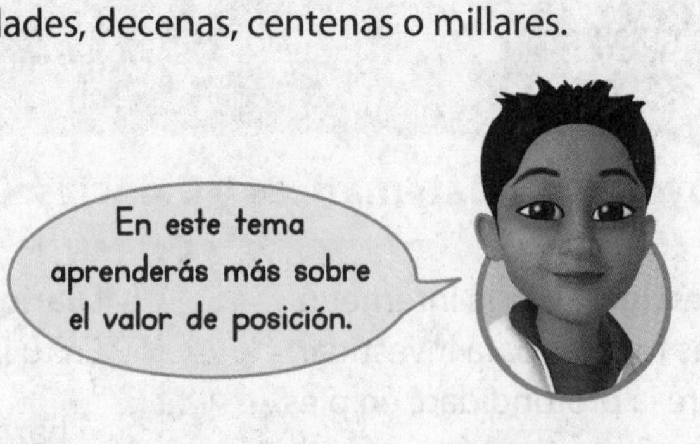
En este tema aprenderás más sobre el valor de posición.

Redondear

20. **PM.3 Construir argumentos** Usa la recta numérica para describir cómo redondear 450 a la centena más cercana.

400
450
500

 © Pearson Education, Inc. 4

Mis tarjetas de palabras

Usa los ejemplos de las palabras de las tarjetas para ayudarte a completar las definiciones que están al reverso.

valor de posición

3,946

↑

centenas

millones

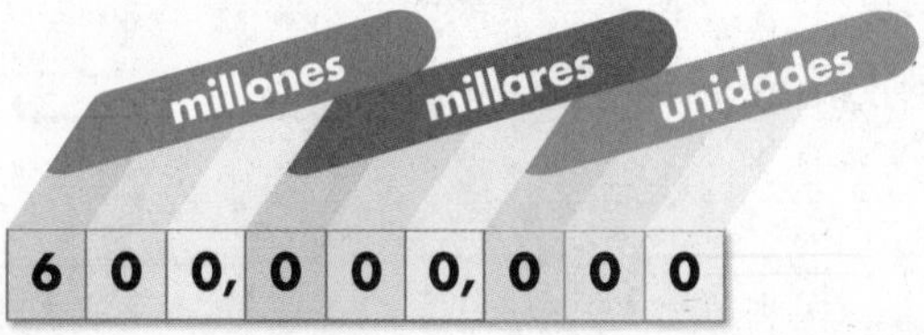

período

forma desarrollada

2,000 + 400 + 70 + 6

2,476

símbolo mayor que (>)

$10 > 5$

10 es mayor que 5.

símbolo menor que (<)

$5 < 10$

5 es menor que 10.

redondear

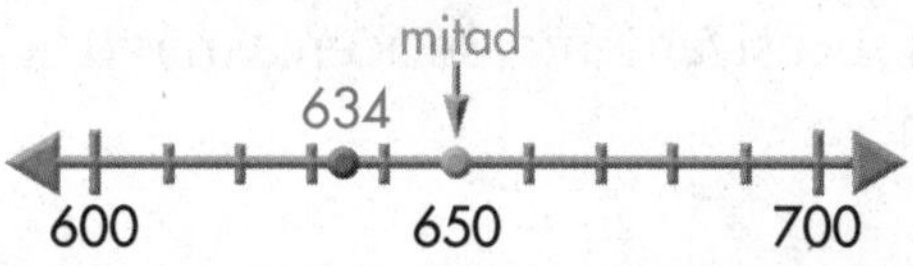

¿634 está más cerca de 600 o de 700?

conjetura

Hay más juguetes en la caja grande que en la caja pequeña.

Mis tarjetas de palabras

Completa cada definición. Para ampliar tu conocimiento, escribe tus propias definiciones.

En un número, el período de tres lugares a la izquierda del período de los millares se llama período de los ______________.

El ______________________ es la posición de un dígito en un número que indica el valor del dígito.

Un número escrito como la suma de los valores de sus dígitos está escrito en ______________________.

En un número, un ______________ es un grupo de tres dígitos separado por comas comenzando por la derecha.

En una oración numérica, un símbolo que señala en dirección a un número o expresión menor se llama ______________________ ______________________.

En una oración numérica, un símbolo que señala en dirección contraria a un número o expresión más grande se llama ______________________ ______________________.

Una ______________________ es un enunciado que se considera cierto, pero no ha sido probado.

El ______________________ es un proceso que determina a qué múltiplo de 10, 100, 1,000, y así sucesivamente, se acerca más un número.

© Pearson Education, Inc. 4

Nombre ______________________________________ Resuelve

Lección 1-1

Números hasta un millón

Resuélvelo y coméntalo Una cantante vende 46,902 copias de su álbum en una semana. En un año, vende 729,664 copias. Escribe estos números usando el nombre del número.

Puedo...
leer y escribir números hasta un millón en forma desarrollada, usando números y el nombre de los números.

Estándar de contenido 4.NBD.A.2
Prácticas matemáticas PM.2, PM.3, PM.5, PM.6, PM.7

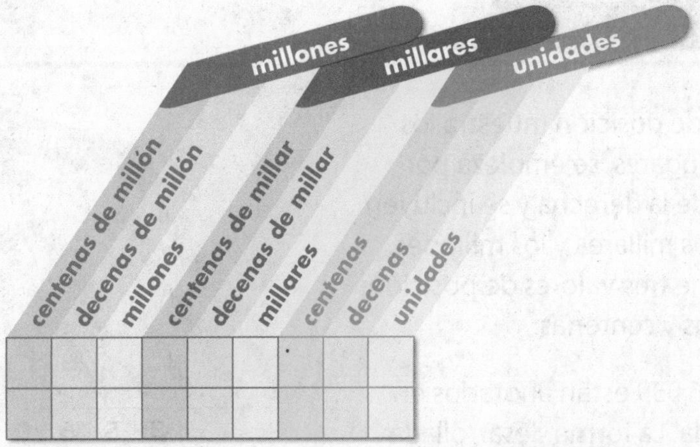

¡Vuelve atrás! **PM.6 Hacerlo con precisión** Mira los nombres de los números que escribiste. ¿Qué tienen en común los nombres de los números? ¿Qué observas sobre los rótulos de los períodos?

Pregunta esencial

¿Cuáles son algunas maneras de escribir números hasta un millón?

A

La gráfica muestra la asistencia a un estadio de beisbol durante un año. Escribe la asistencia total en forma desarrollada y usando los nombres de los números.

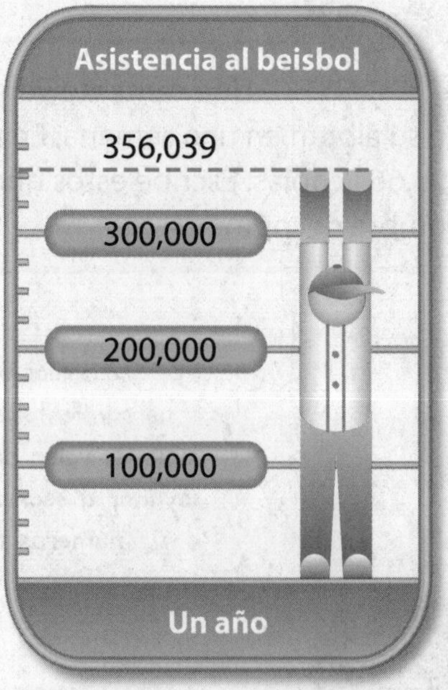

B

La tabla de valor de posición muestra los períodos de tres lugares, se empieza por las unidades desde la derecha y se incluyen los períodos de los millares y los millones. Cada período tiene tres valores de posición: unidades, decenas y centenas.

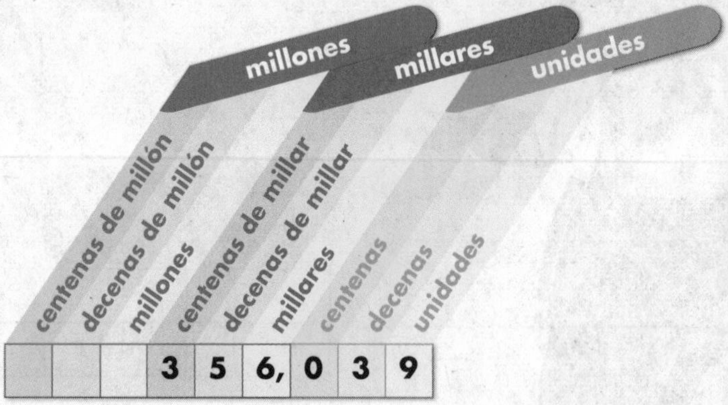

Los dígitos de 356,039 están anotados en su lugar en la tabla. La forma desarrollada muestra la suma de los valores de los dígitos.

Forma desarrollada: 300,000 + 50,000 + 6,000 + 30 + 9

Nombre del número: Trescientos cincuenta y seis mil treinta y nueve

¡Convénceme! **PM.7 Buscar relaciones** ¿Qué patrón hay en los tres valores de posición de cada período?

© Pearson Education, Inc. 4

Nombre ______________________________

Amigo de práctica Herramientas Evaluación

Práctica guiada*

¿Lo entiendes?

1. Escribe 900,000 + 60,000 + 3,000 + 100 + 4 usando números y el nombre del número.

2. **PM.2 Razonar** ¿Cuál es el número más grande que tiene solo una coma cuando se escribe usando números? Escríbelo usando el nombre del número.

¿Cómo hacerlo?

3. Escribe 7,320 en forma desarrollada.

4. Escribe 55,426 usando el nombre del número.

5. Hace unos años, 284,604 seguidores asistieron a los partidos eliminatorios de hockey en Chicago. ¿Qué dígito se encuentra en el lugar de los millares en 284,604?

Puedes usar una tabla de valor de posición como ayuda para escribir números.

Práctica independiente

6. Escribe el nombre del número. Anótalo en la tabla de valor de posición. 300,000 + 10,000 + 6,000 + 20 + 9

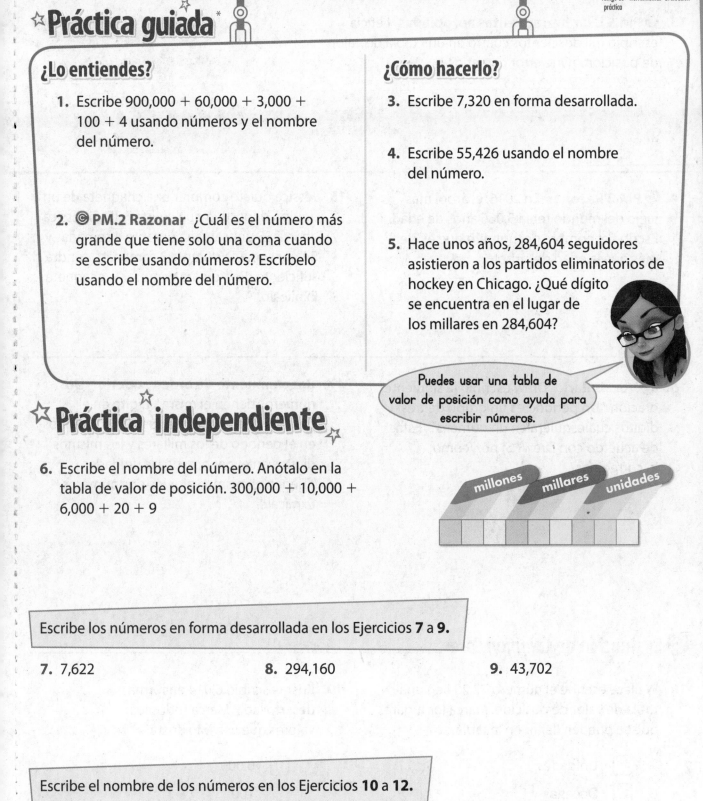

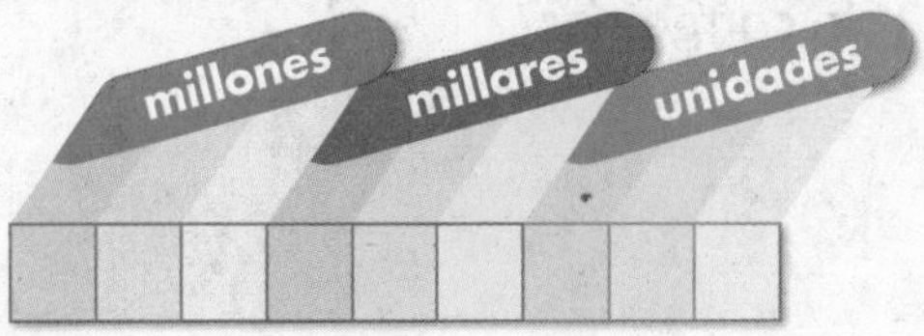

Escribe los números en forma desarrollada en los Ejercicios **7** a **9.**

7. 7,622

8. 294,160

9. 43,702

Escribe el nombre de los números en los Ejercicios **10** a **12.**

10. 1,688

11. 331,872

12. 44,444

Puedes encontrar otro ejemplo en el Grupo A, página 37.

Prácticas matemáticas y resolución de problemas

13. **PM.5 Usar herramientas apropiadas** Leticia escribió mil doscientos cuatro en una tabla de valor de posición. ¿Qué error cometió?

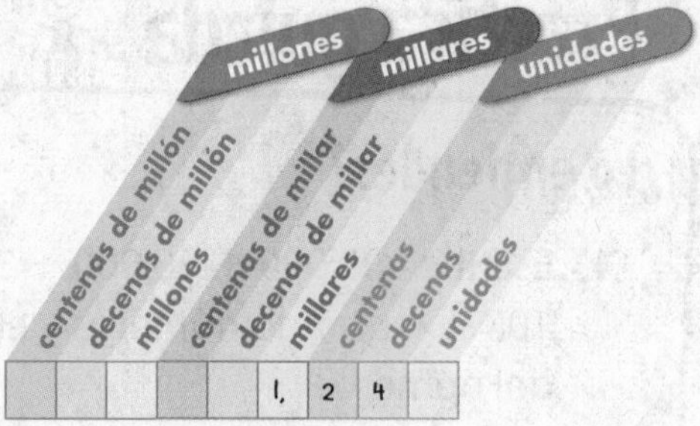

14. **PM.2 Razonar** En 2016, el árbol más viejo del mundo tenía 5,066 años de edad. Escribe el nombre del número que es cien más que la edad del árbol.

15. Jessica quiere comprar una chaqueta de un equipo deportivo que cuesta \$35. Si Jessica ahorra \$5 por semana durante 4 semanas y \$4 por semana durante 3 semanas, ¿tendrá suficiente dinero para comprar la chaqueta? Explícalo.

16. **A-Z Vocabulario** Drew escribió la siguiente oración: "Un período es un grupo de tres dígitos cualesquiera en un número". ¿Estás de acuerdo con Drew? Si no, ¿cómo lo corregirías?

17. **Razonamiento de orden superior** Dos números tienen el mismo dígito en el período de los millones, los mismos dígitos en el período de los millares y los mismos dígitos en el período de las unidades. ¿Tienen el mismo valor los dos números? Explícalo.

Evaluación de *Common Core*

18. Wallace escribe el número 72,204 en una tabla de valor de posición. Marca los lugares que se pueden llenar en la tabla.

- ☐ Unidades
- ☐ Decenas
- ☐ Millares
- ☐ Decenas de millar
- ☐ Centenas de millar

19. Krista escribió 6,014 en forma desarrollada. Marca todos los valores que escribió Krista.

- ☐ 6,000
- ☐ 100
- ☐ 14
- ☐ 10
- ☐ 4

© Pearson Education, Inc. 4

Tarea y práctica 1-1

Números hasta un millón

¡Revisemos!

Una tabla de valor de posición te puede ayudar a leer números más grandes. Esta tabla tiene tres períodos: millones, millares y unidades.

Según un censo reciente, en la ciudad de Boston habitan 625,087 personas. Los dígitos de 625,087 se escriben en su lugar en la tabla.

Puedes escribir el número en forma desarrollada y usando el nombre del número.

600,000 + 20,000 + 5,000 + 80 + 7

Seiscientos veinticinco mil ochenta y siete

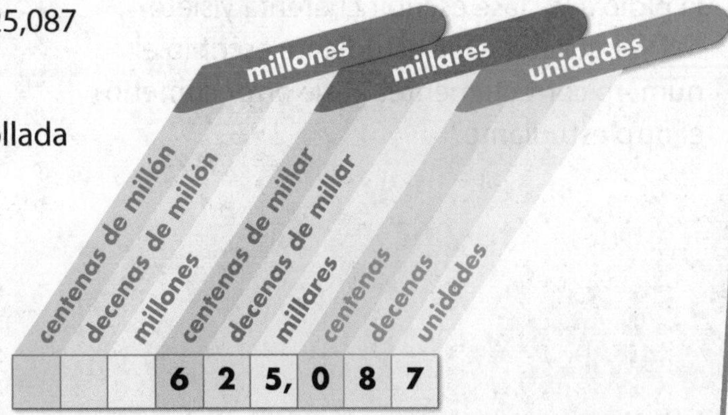

1. Escribe seiscientos doce mil trescientos en la tabla de valor de posición. Luego, escribe el número en forma desarrollada.

2. Escribe cuarenta y un mil doscientos once en la tabla de valor de posición. Luego, escribe el número en forma desarrollada.

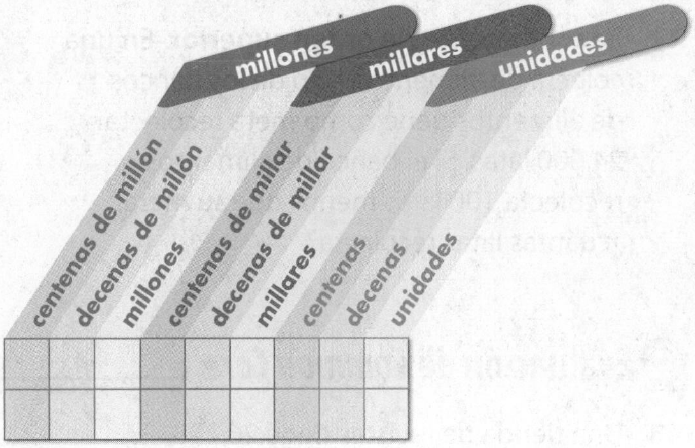

Escribe los números en forma desarrollada en los Ejercicios **3** a **5**.

3. 500,000
4. 64,672
5. 327

Escribe el nombre de los números en los Ejercicios **6** a **8**.

6. 92,318
7. 428,737
8. 8,216

9. Jackson tiene 5 cajas con 3 bolas de golf en cada una. Elsa le da a Jackson 2 cajas más de 3 bolas de golf. ¿Cuántas bolas de golf tiene Jackson ahora?

10. Treinta y cinco mil cuatrocientos diecisiete personas asistieron a la feria del condado. Escribe el número en forma estándar.

11. **Ⓒ PM.3 Construir argumentos** El maestro le pidió a la clase escribir cuarenta y siete mil veintisiete. ¿Qué estudiante escribió el número correctamente? ¿Qué error cometió el otro estudiante?

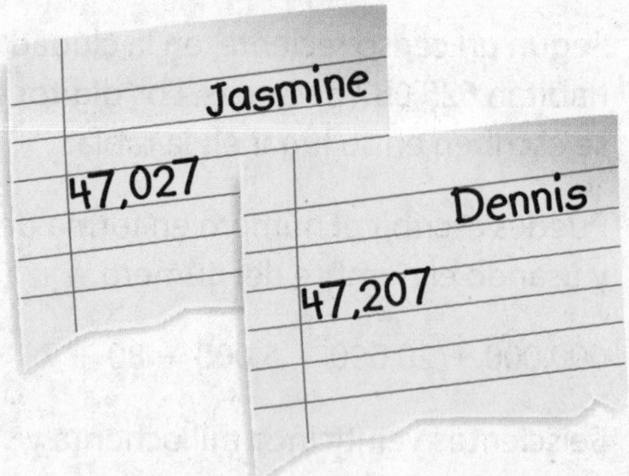

Jasmine
47,027
Dennis
47,207

12. **Razonamiento de orden superior** En una colecta de alimentos, uno de los bancos de alimentos tiene como meta recolectar 24,000 latas. Si el banco de alimentos recolecta 100 latas menos que su meta, ¿cuántas latas recolecta?

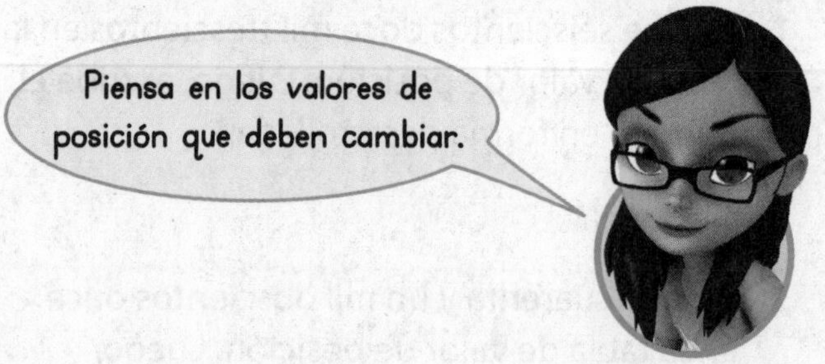

Piensa en los valores de posición que deben cambiar.

Ⓒ Evaluación de *Common Core*

13. Una tienda de revistas tiene 26,298 historietas disponibles. Marca todos los lugares que tienen el dígito 2 en 26,298.

- ☐ Unidades
- ☐ Decenas
- ☐ Centenas
- ☐ Millares
- ☐ Decenas de millar

14. Mike escribió 209,604 en forma desarrollada. ¿Qué valores escribió Mike? Marca todos los que apliquen.

- ☐ 200,000
- ☐ 9,000
- ☐ 900
- ☐ 60
- ☐ 4

© Pearson Education, Inc. 4

Nombre

Resuélvelo y coméntalo

¿Qué relación hay entre el valor del primer 5 y el valor del segundo 5 en 5,500? ***Resuelve este problema de la manera que prefieras.***

Lección 1-2

Cómo se relacionan los valores de posición

Puedo...

reconocer que un dígito en una posición es diez veces el mismo dígito en el lugar a su derecha.

Estándares de contenido 4.NBD.A.1, 4.NBD.A.2
Prácticas matemáticas PM.2, PM.3, PM.8

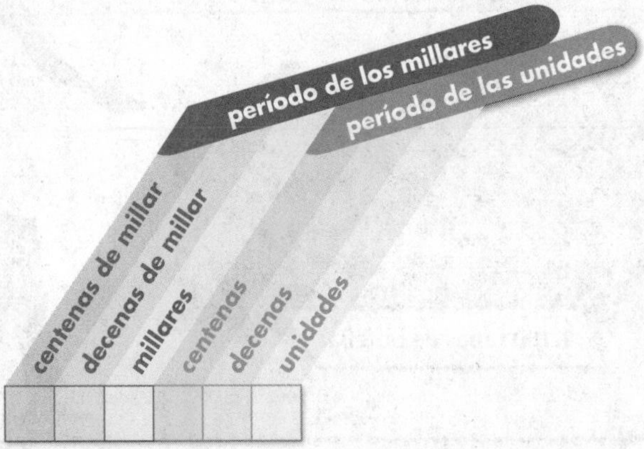

¡Vuelve atrás! **PM.2 Razonar** Describe dos maneras en que 5,000 y 500 se relacionan entre sí.

Pregunta esencial

¿Cómo se relacionan entre sí los dígitos de un número con varios dígitos?

A

Kiana recolectó 1,100 tapas de botella. ¿Cuál es la relación entre los valores del dígito 1 en cada lugar?

Una tabla de valor de posición te puede ayudar a ver la relación entre los dígitos de un número.

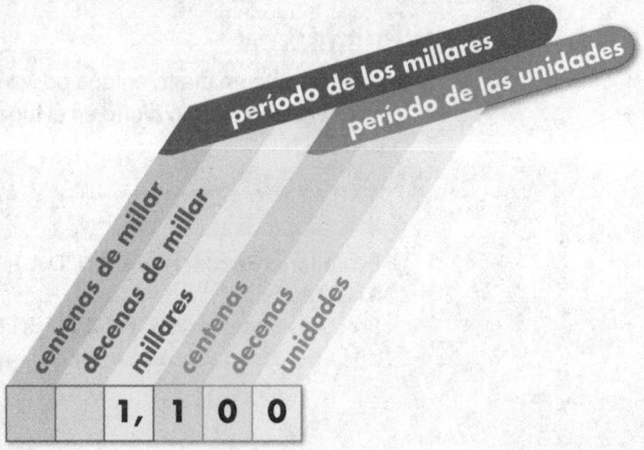

B 1,100

El primer 1 está en el lugar de los millares. Su valor es 1,000.

El segundo 1 está en el lugar de las centenas. Su valor es 100.

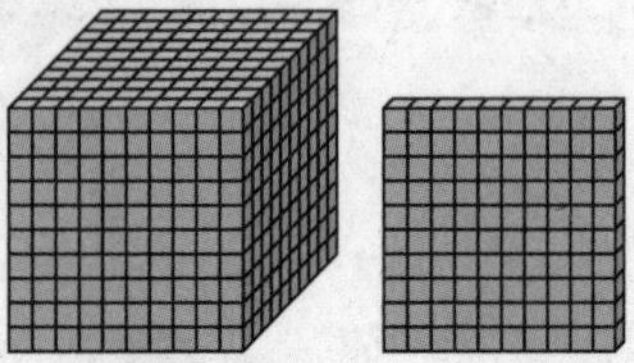

1,000 100

C ¿Qué relación hay entre 1,000 y 100?

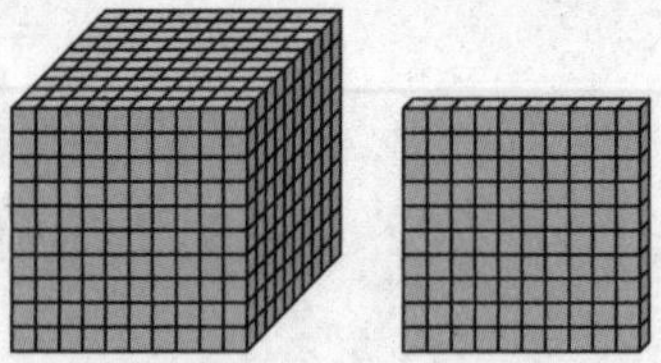

10 centenas 1 centena

10 centenas equivalen a 1 millar.

Cuando los dígitos que están juntos en un número son iguales, el dígito de la izquierda siempre tiene diez veces el valor del dígito de la derecha.

¡Convénceme! **PM.8 Hacer generalizaciones** ¿Es el valor del primer 4 10 veces el valor del segundo 4 en 4,043? Explícalo. ¿Qué generalización puedes hacer sobre el valor de los dígitos que están separados por dos lugares en un número?

 © Pearson Education, Inc. 4

Nombre ____

Otro ejemplo

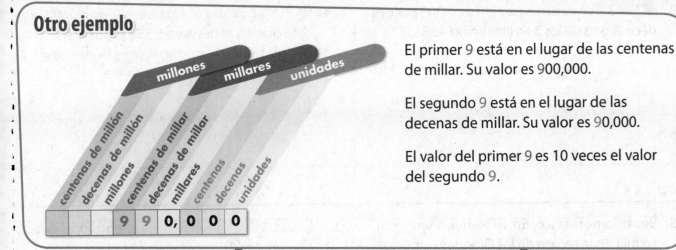

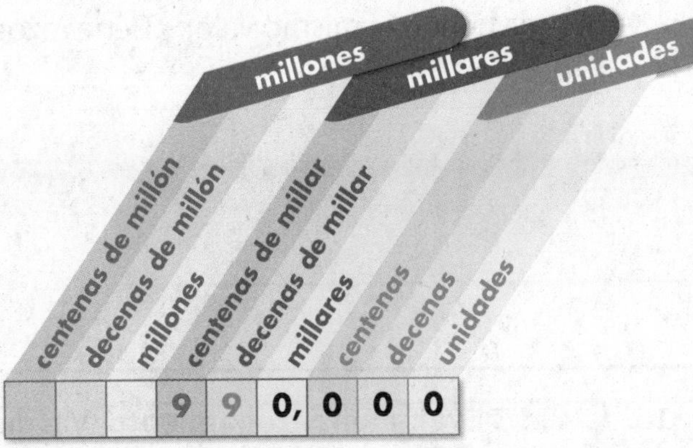

El primer 9 está en el lugar de las centenas de millar. Su valor es 900,000.

El segundo 9 está en el lugar de las decenas de millar. Su valor es 90,000.

El valor del primer 9 es 10 veces el valor del segundo 9.

Práctica guiada*

¿Lo entiendes?

1. **PM.2 Razonar** ¿Es el valor del primer 5 10 veces el valor del segundo 5 en 5,045? Explícalo.

2. **PM.3 Construir argumentos** ¿Es el valor del 2 10 veces el valor del 3 en 23,406? Explícalo.

¿Cómo hacerlo?

Nombra los valores de los dígitos de los números en los Ejercicios **3** y **4.** ¿Cuál es la relación entre los valores de los dígitos?

3. Los 7 en 7,700

4. Los 4 en 440,200

Práctica independiente

Nombra los valores de los dígitos de los números en los Ejercicios **5** a **12.**

5. Los 2 en 6,228
6. Los 5 en 55,714
7. Los 4 en 14,423
8. Los 8 en 880,000
9. Los 9 en 19,409
10. Los 7 en 7,772
11. Los 3 en 31,239
12. Los 6 en 926,361

Puedes encontrar otro ejemplo en el Grupo B, página 37.

13. **PM.3 Construir argumentos** ¿Qué puedes decir acerca de los 3 en el número 43,335?

14. **PM.3 Evaluar el razonamiento** María dice que en el número 5,555 todos los dígitos tienen el mismo valor. ¿Tiene razón? Explícalo.

15. **Sentido numérico** En 1934, hubo una gran sequía en la región de las Grandes Llanuras. ¿Es el valor del 9 diez veces el valor del 3 en el número 1,934? Explícalo.

16. **PM.3 Evaluar el razonamiento** Vin dice que un 4 es 10 veces el valor del otro 4 en 4,346. ¿Tiene razón? Explícalo.

17. Describe 2 maneras de hallar el área del rectángulo coloreado.

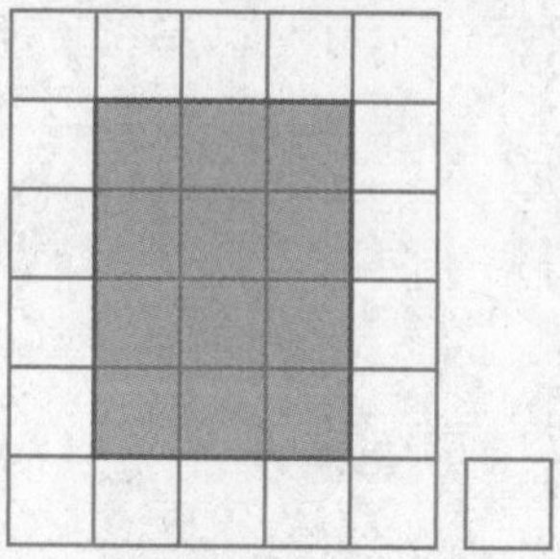

18. **Razonamiento de orden superior** En 448,244, ¿en qué sentido la relación entre el primer par de 4 es igual a la relación entre el segundo par de 4?

Evaluación de *Common Core*

19. ¿Cuál de las siguientes opciones expresa el valor de los 4 en el número 44,492?

Ⓐ 40,000; 4,000; 400

Ⓑ 40,000; 400; 40

Ⓒ 4,000; 400; 4

Ⓓ 400; 40; 4

20. ¿En cuál de los siguientes números es el valor del dígito rojo 10 veces el valor del dígito verde?

Ⓐ 335,531

Ⓑ 335,531

Ⓒ 335,531

Ⓓ 335,531

© Pearson Education, Inc. 4

Nombre ______________________

Ayuda | Amigo de práctica | Herramientas | Juegos

Tarea y práctica 1-2

Cómo se relacionan los valores de posición

¡Revisemos!

En el número 3,300, ¿cuál es la relación entre el valor del dígito 3 en cada lugar?

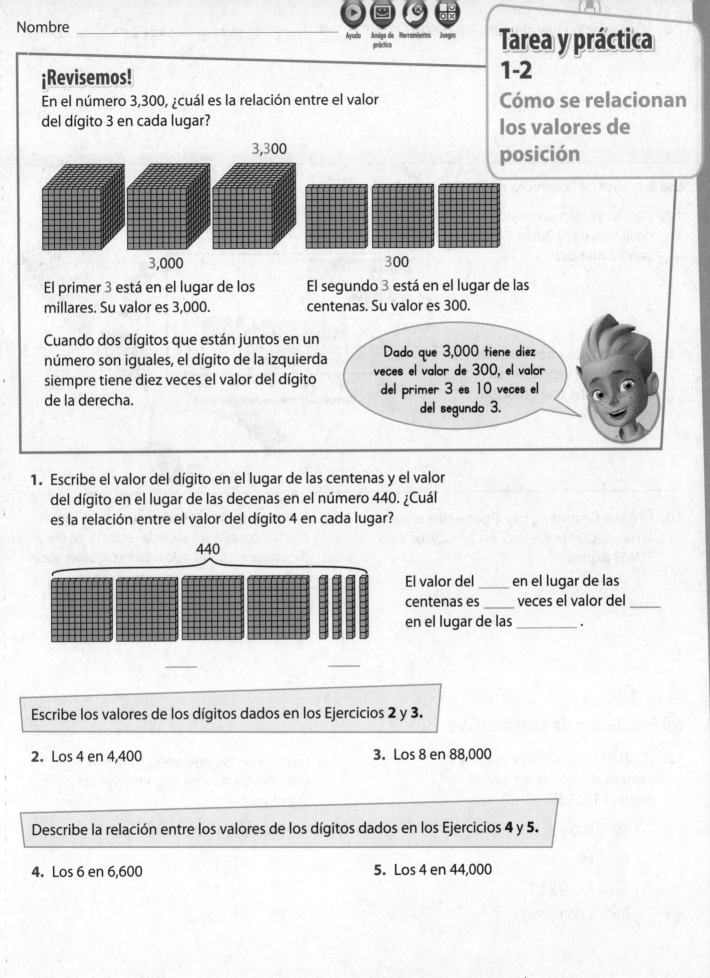

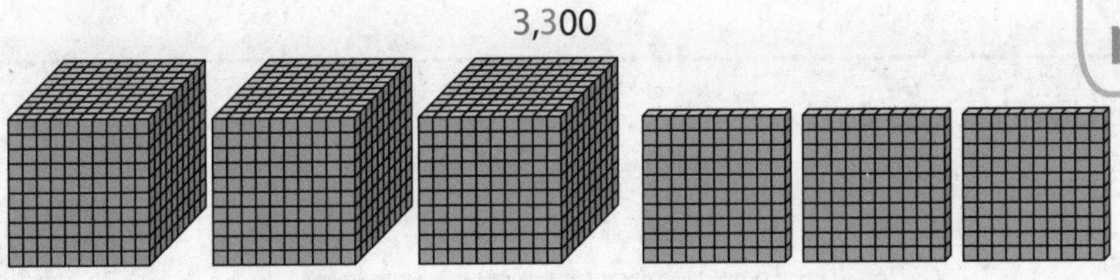

El primer 3 está en el lugar de los millares. Su valor es 3,000.

El segundo 3 está en el lugar de las centenas. Su valor es 300.

Cuando dos dígitos que están juntos en un número son iguales, el dígito de la izquierda siempre tiene diez veces el valor del dígito de la derecha.

Dado que 3,000 tiene diez veces el valor de 300, el valor del primer 3 es 10 veces el del segundo 3.

1. Escribe el valor del dígito en el lugar de las centenas y el valor del dígito en el lugar de las decenas en el número 440. ¿Cuál es la relación entre el valor del dígito 4 en cada lugar?

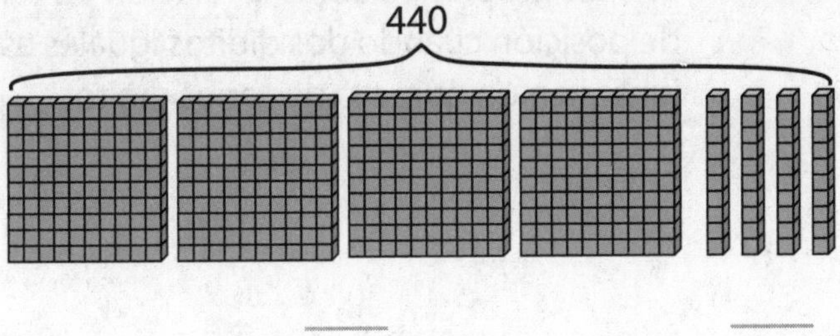

El valor del ____ en el lugar de las centenas es ____ veces el valor del ____ en el lugar de las ________.

Escribe los valores de los dígitos dados en los Ejercicios **2** y **3**.

2. Los 4 en 4,400

3. Los 8 en 88,000

Describe la relación entre los valores de los dígitos dados en los Ejercicios **4** y **5**.

4. Los 6 en 6,600

5. Los 4 en 44,000

6. ¿Qué relación hay entre los 6 en 660,472?

7. Identifica el valor de cada 2 en 222,222.

Usa la gráfica de la derecha en los Ejercicios **8** y **9**.

8. ¿Quién vendió más vasos de limonada? ¿Quién vendió menos?

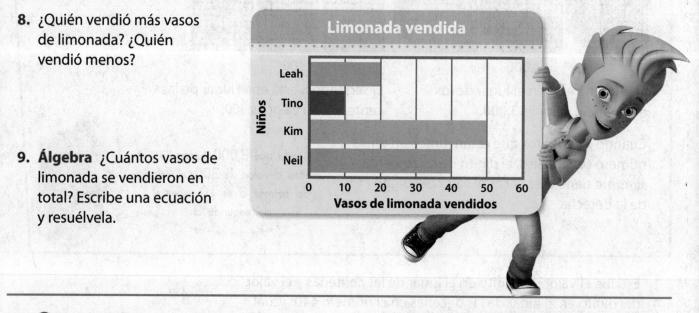

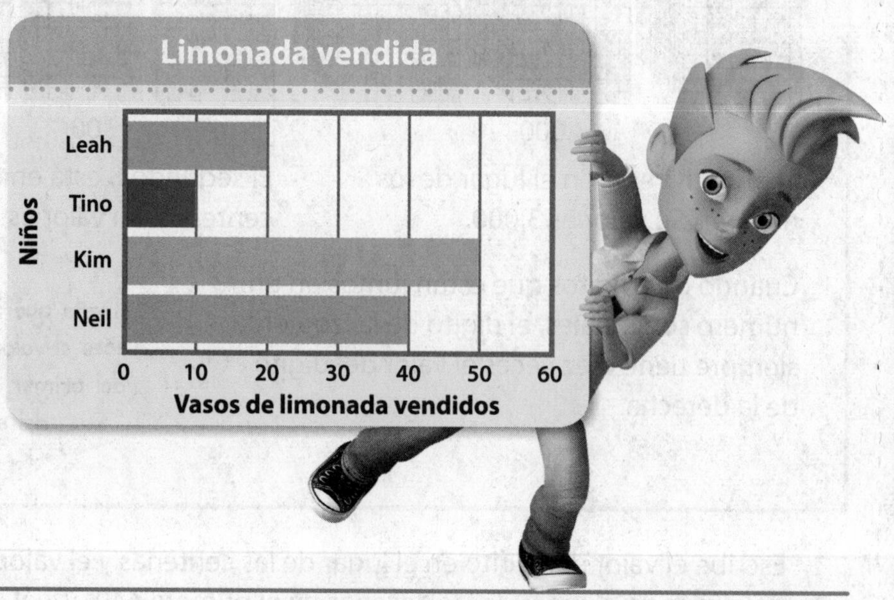

9. **Álgebra** ¿Cuántos vasos de limonada se vendieron en total? Escribe una ecuación y resuélvela.

10. **PM.2 Razonar** ¿Hay alguna diferencia en la relación entre los 7 en 7,742 y los 7 en 7,785? Explícalo.

11. **Razonamiento de orden superior** Explica con tus propias palabras la relación de valor de posición cuando dos dígitos iguales están juntos en un número de varios dígitos.

Evaluación de *Common Core*

12. ¿Cuál de las siguientes opciones expresa el valor de los 5 en el número 15,573?

Ⓐ 500 y 5

Ⓑ 500 y 50

Ⓒ 5,000 y 50

Ⓓ 5,000 y 500

13. ¿En cuál de los siguientes números es el valor del dígito rojo diez veces el valor del dígito verde?

Ⓐ 622,126

Ⓑ 622,126

Ⓒ 622,126

Ⓓ 622,126

© Pearson Education, Inc. 4

Nombre ______________________________ Resuelve

Lección 1-3
Comparar números enteros

Puedo...
usar el valor de posición para comparar números y representar las comparaciones usando <, = o >.

Estándar de contenido 4.NBD.A.2
Prácticas matemáticas PM.1, PM.2, PM.3, PM.4

Resuélvelo y coméntalo Un submarino robótico se puede sumergir a una profundidad de 26,000 pies. ¿Qué océanos puede explorar el submarino hasta el fondo? ***Resuelve este problema de la manera que prefieras.***

Puedes representar con modelos matemáticos. Usa lo que sabes sobre el valor de posición como ayuda para resolver el problema.

DATOS

Océano	Profundidad
Atlántico	28,232 pies
Pacífico	35,840 pies
Índico	23,376 pies

¡Vuelve atrás! **PM.3 Construir argumentos** ¿Cuál de los océanos de la tabla es el menos profundo? Explícalo.

Pregunta esencial ¿Cómo se pueden comparar los números?

A

La Tierra no es perfectamente redonda. El Polo Norte está a 6,356 kilómetros del centro de la Tierra. El ecuador está a 6,378 kilómetros del centro. ¿Qué está más cerca del centro de la Tierra: el Polo Norte o el ecuador?

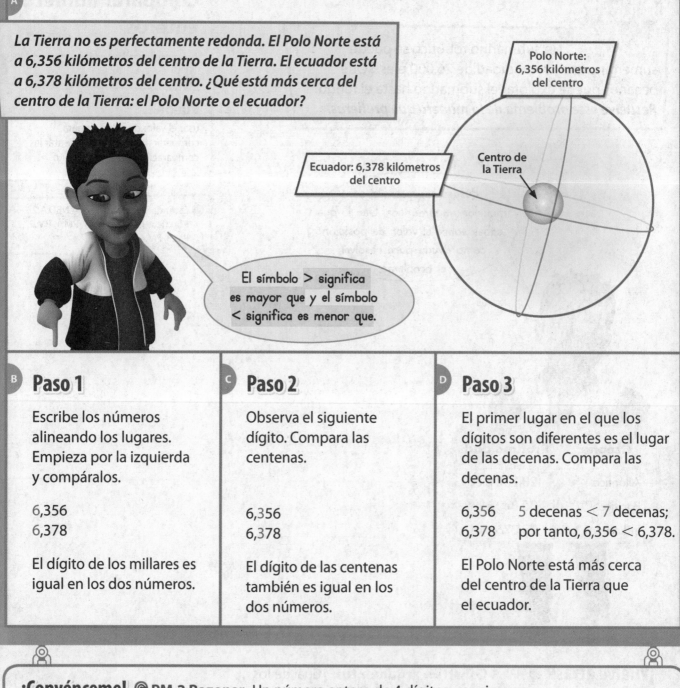

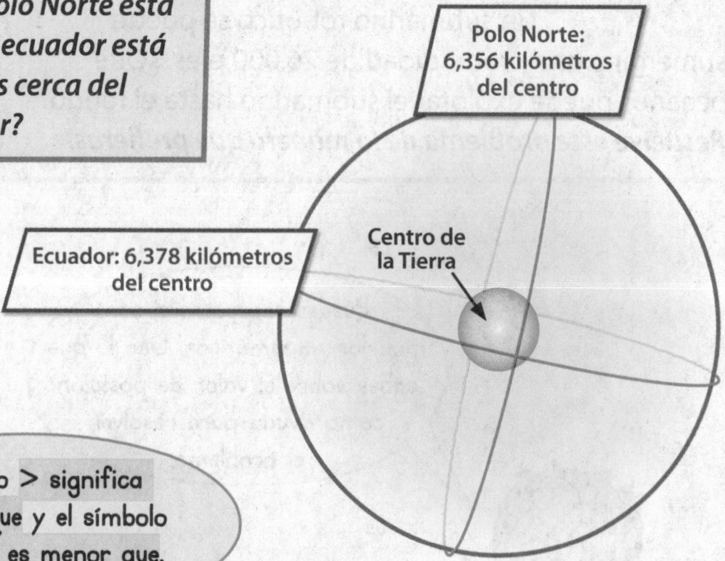
Polo Norte: 6,356 kilómetros del centro
Ecuador: 6,378 kilómetros del centro
Centro de la Tierra

El símbolo > significa es mayor que y el símbolo < significa es menor que.

B

Paso 1

Escribe los números alineando los lugares. Empieza por la izquierda y compáralos.

6,356
6,378

El dígito de los millares es igual en los dos números.

C

Paso 2

Observa el siguiente dígito. Compara las centenas.

6,356
6,378

El dígito de las centenas también es igual en los dos números.

D

Paso 3

El primer lugar en el que los dígitos son diferentes es el lugar de las decenas. Compara las decenas.

6,356 5 decenas < 7 decenas;
6,378 por tanto, 6,356 < 6,378.

El Polo Norte está más cerca del centro de la Tierra que el ecuador.

¡Convénceme! **PM.2 Razonar** Un número entero de 4 dígitos, ¿es siempre mayor o menor que un número entero de 3 dígitos? Explícalo.

© Pearson Education, Inc. 4

Nombre ______________________________

Práctica guiada*

¿Lo entiendes?

1. **PM.2 Razonar** ¿Qué lugar usarías para comparar los números 60,618 y 60,647?

2. El área total de Marruecos es de 442,300 kilómetros cuadrados. El área total de Uzbekistán es de 447,400 kilómetros cuadrados. Usa $>$, $<$ o $=$ para comparar las dos áreas.

¿Cómo hacerlo?

Completa escribiendo $>$, $=$ o $<$ en cada ◯ en los Ejercicios **3** a **7**.

3. 2,643 ◯ 2,643
4. 62,519 ◯ 64,582
5. 218,701 ◯ 118,692
6. 32,467 ◯ 32,467
7. 19,219 ◯ 1,921

Práctica independiente

Completa escribiendo $>$, $=$ o $<$ en cada ◯ en los Ejercicios **8** a **13**.

8. 22,873 ◯ 22,774
9. 912,706 ◯ 912,706
10. 22,240 ◯ 2,224
11. 999,999 ◯ 1,000,000
12. 68,425 ◯ 78,425
13. 57,219 ◯ 6,274

Escribe el lugar que usarías para comparar los números en los Ejercicios **14** a **18**.

14. 394,284
328,234
15. 6,716
6,714
16. 32,916
32,819
17. 12,217
11,246
18. 812,497
736,881

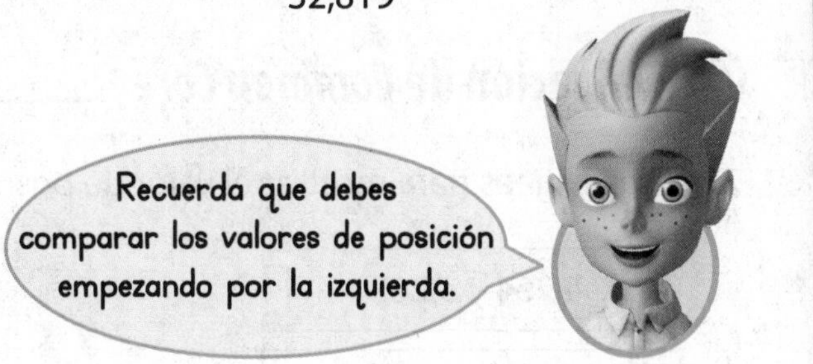

Recuerda que debes comparar los valores de posición empezando por la izquierda.

Puedes encontrar otro ejemplo en el Grupo C, página 37.

Prácticas matemáticas y resolución de problemas

Usa la tabla de la derecha en los Ejercicios **19** y **20.**

19. ¿Qué géneros en la tienda Los libros de Danny **NO** se vendieron más que los libros de ciencias?

20. ¿Qué géneros en la tienda Los libros de Danny se vendieron más que las biografías?

DATOS

Ventas de Los libros de Danny	
Ficción	48,143
Fantástico	42,843
Biografía	41,834
Ciencias	41,843
Humor	14,843

21. Celia compró 3 paquetes de 4 panes para hamburguesa y 3 bolsas de 8 panes para *hot dog*. ¿Cuántos panes de hamburguesa y de *hot dog* compró Celia?

22. **PM.1 Entender y perseverar** Escribe tres números en los que usarías el lugar de las centenas para compararlos con 35,712.

23. **Matemáticas y Ciencias** La glaciación illinoiense comenzó hace aproximadamente 300,000 años. La glaciación wolstoniana comenzó hace aproximadamente 352,000 años. Compara 300,000 y 352,000.

24. **PM.4 Representar con modelos matemáticos** Hay 5,287 manzanos en un huerto en Maine. Hay 5,729 manzanos en un huerto en Vermont. Usa $<$, $>$ o $=$ para escribir una comparación entre la cantidad de manzanos en cada huerto.

25. En 2010, la población de Alaska era de 710,231 habitantes. Escribe este número en forma desarrollada y, luego, escribe el nombre del número.

26. **Razonamiento de orden superior** Explica cómo sabes que 437,160 es mayor que 43,716.

Evaluación de *Common Core*

27. Traza líneas para mostrar el valor de posición que usarías para comparar.

4,264 y 5,269	unidades
12,764 y 12,674	decenas de millar
998 y 997	centenas
138,725 y 128,715	millares

Para comparar los grupos de números, comienza desde la izquierda.

© Pearson Education, Inc. 4

Nombre ____________________

Ayuda | Amigo de práctica | Herramientas | Juegos

Tarea y práctica 1-3

Comparar números enteros

¡Revisemos!

¿Qué día es mayor la distancia entre la Luna y la Tierra, el 7 de febrero o el 5 de marzo?

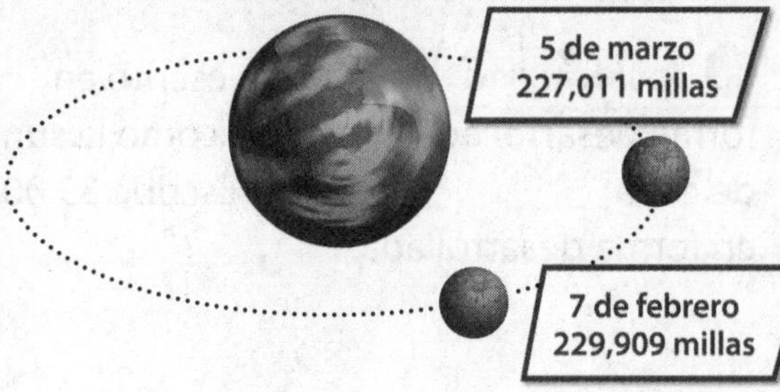

Escribe los números alineando los lugares. Empieza por la izquierda y compáralos.

229,909
227,011

El dígito de las centenas de millar es igual en los dos números.

Sigue comparando los dígitos de izquierda a derecha.

229,909
227,011

El dígito de las decenas de millar es igual en los dos números

El primer lugar en el que los dígitos son diferentes es el de los millares.

229,909
227,011

Compara.
9 millares $>$ 7 millares; por tanto 229,909 $>$ 227,011

La distancia entre la Luna y la Tierra es mayor el 7 de febrero.

Completa escribiendo $>$, $=$ o $<$ en cada ○ en los Ejercicios 1 a 9.

1. 854,376 ○ 845,763 **2.** 52,789 ○ 52,876 **3.** 944,321 ○ 940,123

4. 59,536 ○ 59,536 **5.** 3,125 ○ 4,125 **6.** 418,218 ○ 41,821

7. 72,746 ○ 7,756 **8.** 634,674 ○ 635,647 **9.** 1,000,000 ○ 1,000,000

Escribe el lugar que usarías para comparar los números en los Ejercicios 10 a 15.

10. 3,176
3,472

11. 899,451
756,451

12. 28,119
28,124

13. 94,283
96,281

14. 1,983
1,982

15. 490,165
390,264

16. **PM.4 Representar con modelos matemáticos** Usa $<$ o $>$ para escribir una comparación entre 2 de las poblaciones que se muestran en la tabla.

DATOS

Población de las ciudades

Hauserberg	129,616
Devinsville	128,741
Aldea Mandel	129,788

17. **Vocabulario** Un número escrito en forma desarrollada se escribe como la suma de cada ______________. Escribe 39,005 en forma desarrollada.

18. De acuerdo con el censo de 2010, el estado menos poblado es Wyoming, con 563,626 habitantes. Escribe el número que es diez mil más que 563,626.

19. **Razonamiento de orden superior** Celia escribe los problemas de suma que se muestran. Dice que puede saber qué suma es mayor sin tener que sumar. ¿Cómo sabe esto Celia?

20. Halla las sumas. Escribe una comparación usando $>$, $<$ o $=$.

Evaluación de *Common Core*

21. Traza líneas para mostrar el valor de posición que usarías para comparar.

81,334 y 81,324	centenas
178,268 y 198,268	decenas
9,275 y 9,527	millares
620,873 y 622,387	decenas de millar

Alinea los lugares en los números para ayudarte a comparar.

© Pearson Education, Inc. 4

Nombre ____

Resuelve

Lección 1-4

Redondear números enteros

Resuélvelo y coméntalo Haz una lista de 7 números que se redondeen a 300. Usa una variedad de números. ***Resuelve este problema de la manera que prefieras.***

Puedo...
usar el valor de posición para redondear números.

© Estándar de contenido 4.NBD.A.3
Prácticas matemáticas PM.2, PM.3, PM.5

Selecciona y usa herramientas apropiadas. Una recta numérica te puede ayudar a redondear números.

300

¡Vuelve atrás! © **PM.2 Razonar** ¿Qué observas sobre los dígitos que están en el lugar de las decenas en los números de tu lista?

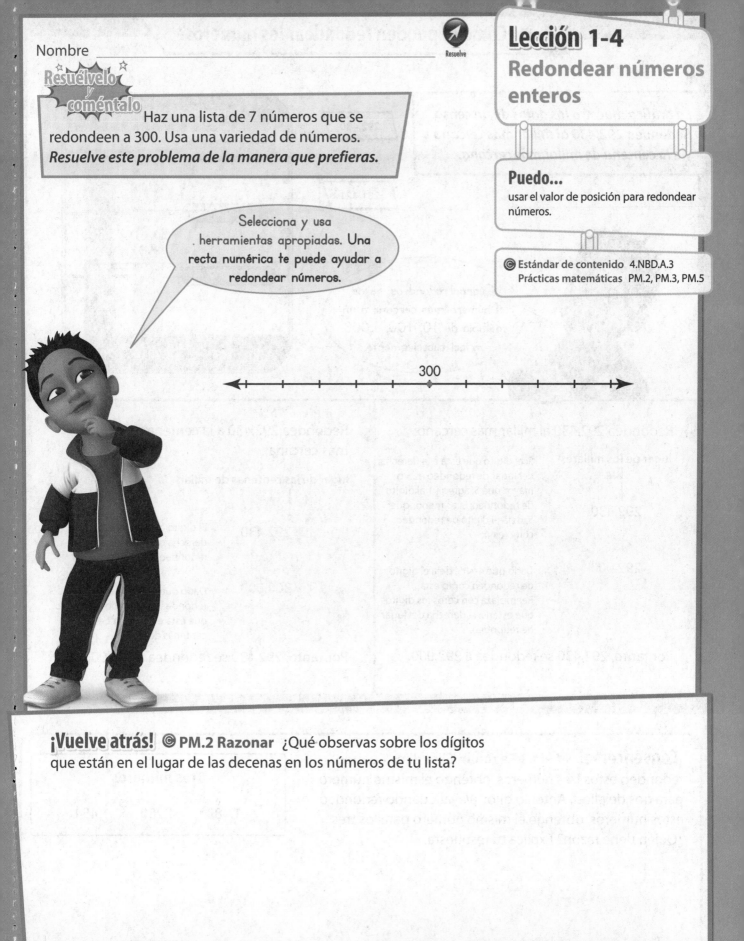

Pregunta esencial ¿Cómo se pueden redondear los números?

A

La gráfica muestra los datos de un censo. Redondea 292,430 al millar más cercano y a la centena de millar más cercana.

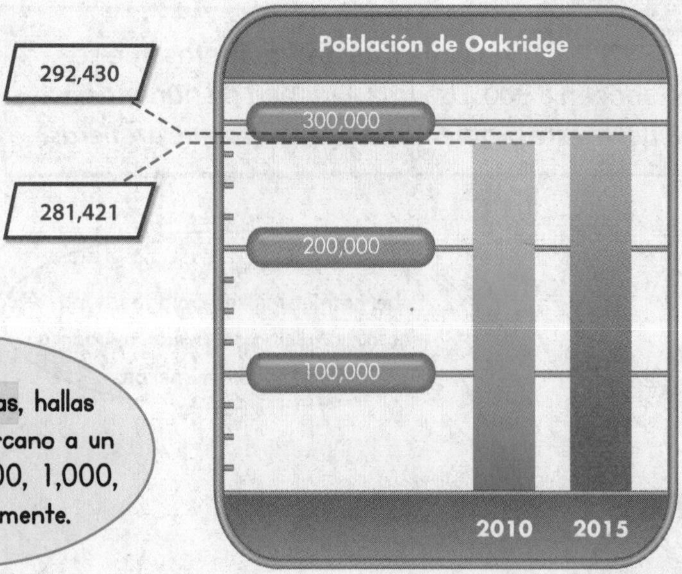
Población de Oakridge
292,430
281,421
300,000
200,000
100,000
2010
2015

Cuando redondeas, hallas el número más cercano a un múltiplo de 10, 100, 1,000, y así sucesivamente.

B Redondea 292,430 al millar más cercano:

lugar de los millares

29<u>2</u>,430

Si el dígito que está a la derecha del lugar de redondeo es 5 o mayor que 5, agrega 1 al dígito de redondeo. Si es menor que 5, deja el dígito de redondeo como está.

292,000

Dado que 4 < 5, deja el dígito de redondeo como está. Reemplaza con ceros los dígitos que están a la derecha del lugar de redondeo.

Por tanto, 292,430 se redondea a 292,000.

C Redondea 292,430 a la centena de millar más cercana:

lugar de las centenas de millar

<u>2</u>92,430

El dígito que está a la derecha del lugar de redondeo es 9.

<u>3</u>00,000

Dado que el dígito es 9, redondea agregando 1 al dígito que está en el lugar de las centenas de millar.

Por tanto, 292,430 se redondea a 300,000.

¡Convénceme! **PM.3 Razonar** Elisa dijo: "Cuando redondeo estos tres números, obtengo el mismo número para dos de ellos". Antonio dijo: "¡Vaya! Cuando redondeo estos números, obtengo el mismo número para los tres". ¿Quién tiene razón? Explica tu respuesta.

Tres números		
1,483	1,250	1,454

© Pearson Education, Inc. 4

Nombre Cedrica

Amigo de práctica | Herramientas | Evaluación

Práctica guiada*

¿Lo entiendes?

1. PM.3 Construir argumentos Explica cómo redondeas un número cuando el dígito a la derecha del lugar de redondeo es 7.

2. La población de una ciudad es 421,906. Redondea 421,906 a la centena de millar más cercana y al millar más cercano.

¿Cómo hacerlo?

Redondea los números al lugar del dígito subrayado en los Ejercicios **3** a **8.**

3. $12\underline{8},955$

4. $85,6\underline{3}9$

5. $\underline{9},924$
9,000

6. $1\underline{9}4,524$
194,000

7. $\underline{1}60,656$
160,000

8. $\underline{1}49,590$
149,590

Práctica independiente

Redondea los números al lugar del dígito subrayado en los Ejercicios **9** a **32.**

9. $4\underline{9}3,295$
400,000

10. $\underline{3}9,230$
39,000

11. $\underline{2}77,292$
277,000

12. $54,\underline{8}46$
54,000

13. $4,0\underline{2}8$
4,000

14. $\underline{6}38,365$
638,000

15. $45\underline{3},280$
453,000

16. $17,\underline{9}09$
17,000

17. $\underline{9}56,000$

18. $5\underline{5},460$

19. $3\underline{2}1,679$

20. $417,5\underline{4}7$

21. $1\underline{1}7,821$

22. $\underline{7}5,254$

23. $9\underline{4}9,999$

24. $66\underline{6},821$

25. $\underline{2},420$

26. $\underline{9}00,985$

27. $\underline{9},511$

28. $73,0\underline{6}5$

29. $6,3\underline{2}1$

30. $29,\underline{9}98$

31. $6\underline{1},217$

32. $\underline{7}9,945$

*Puedes encontrar otro ejemplo en el Grupo D, página 38.

33. Redondea a la centena de millar más cercana la cantidad de visitas a los zoológicos que se muestran en la tabla.

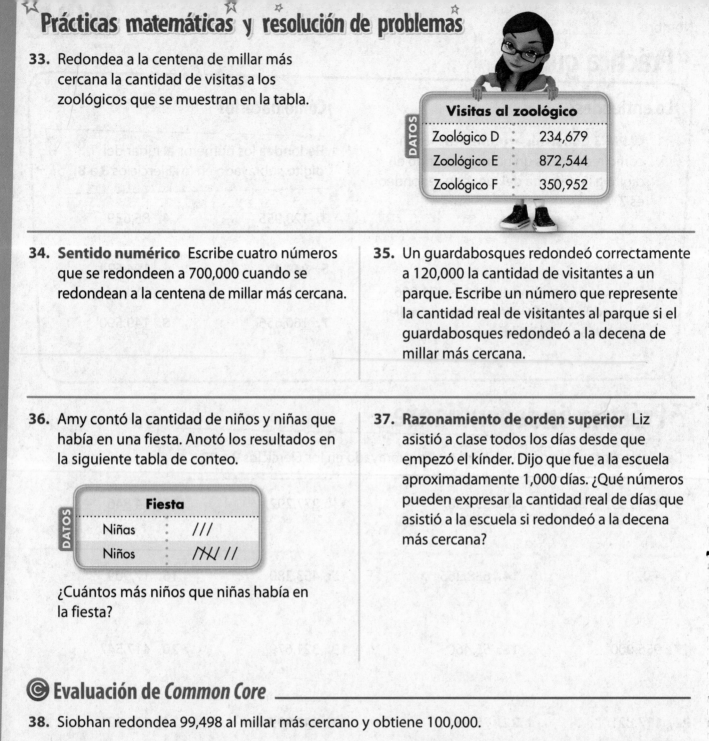

DATOS

Visitas al zoológico	
Zoológico D	234,679
Zoológico E	872,544
Zoológico F	350,952

34. Sentido numérico Escribe cuatro números que se redondeen a 700,000 cuando se redondean a la centena de millar más cercana.

35. Un guardabosques redondeó correctamente a 120,000 la cantidad de visitantes a un parque. Escribe un número que represente la cantidad real de visitantes al parque si el guardabosques redondeó a la decena de millar más cercana.

36. Amy contó la cantidad de niños y niñas que había en una fiesta. Anotó los resultados en la siguiente tabla de conteo.

DATOS

Fiesta	
Niñas	///
Niños	~~////~~ //

¿Cuántos más niños que niñas había en la fiesta?

37. Razonamiento de orden superior Liz asistió a clase todos los días desde que empezó el kínder. Dijo que fue a la escuela aproximadamente 1,000 días. ¿Qué números pueden expresar la cantidad real de días que asistió a la escuela si redondeó a la decena más cercana?

Evaluación de *Common Core*

38. Siobhan redondea 99,498 al millar más cercano y obtiene 100,000.

Parte A

¿Qué error cometió Siobhan?

Parte B

¿Es posible redondear un número de 5 dígitos a uno de 6 dígitos? Explícalo.

 © Pearson Education, Inc. 4

Nombre ____________________

Tarea y práctica 1-4

Redondear números enteros

¡Revisemos!

La gráfica muestra los datos de un censo de tres ciudades estadounidenses. Redondea los números a la decena de millar más cercana.

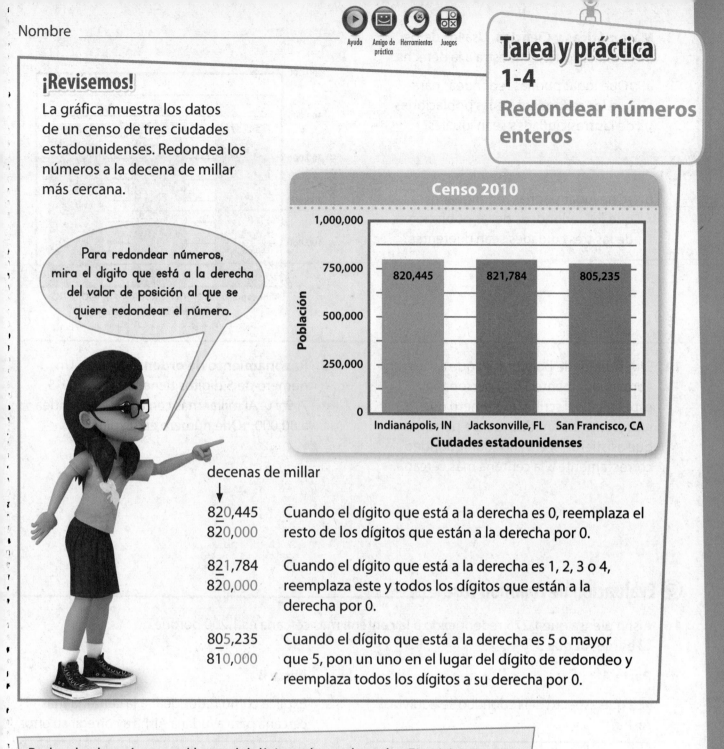

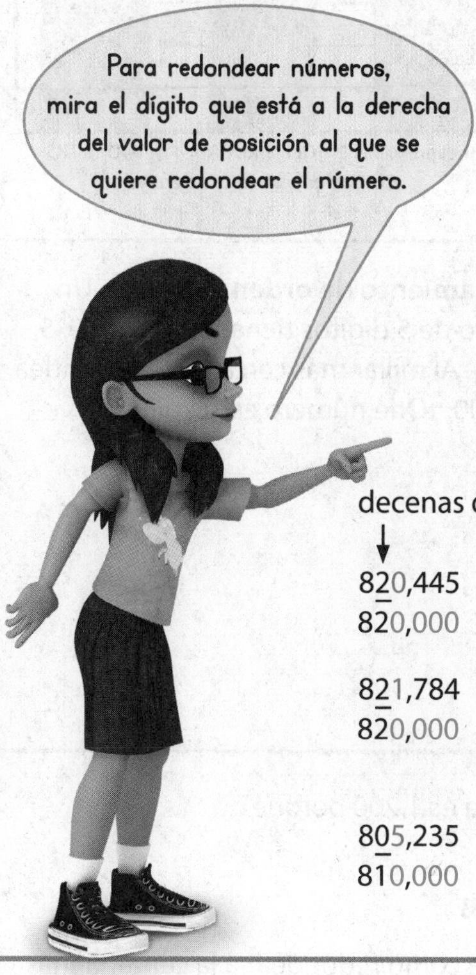

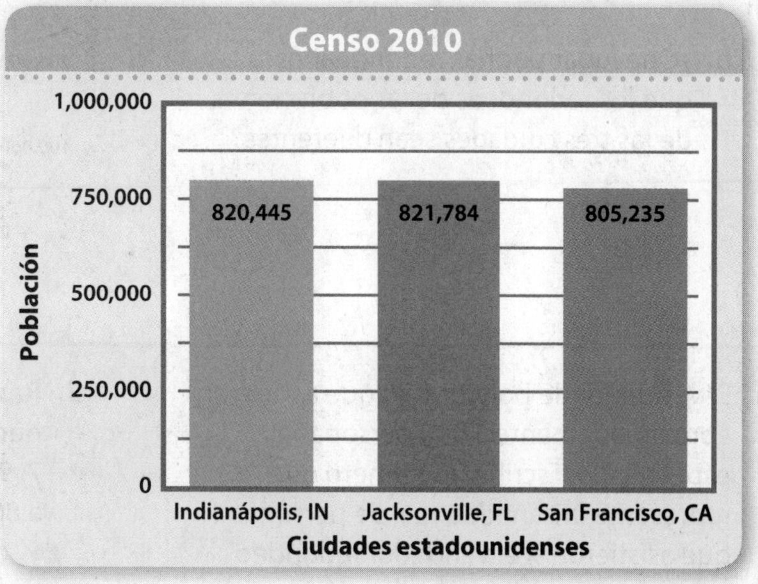

decenas de millar ↓

$8\underline{2}0{,}445$ → $820{,}000$: Cuando el dígito que está a la derecha es 0, reemplaza el resto de los dígitos que están a la derecha por 0.

$8\underline{2}1{,}784$ → $820{,}000$: Cuando el dígito que está a la derecha es 1, 2, 3 o 4, reemplaza este y todos los dígitos que están a la derecha por 0.

$8\underline{0}5{,}235$ → $810{,}000$: Cuando el dígito que está a la derecha es 5 o mayor que 5, pon un uno en el lugar del dígito de redondeo y reemplaza todos los dígitos a su derecha por 0.

Redondea los números al lugar del dígito subrayado en los Ejercicios **1** a **12**.

1. $\underline{1}60{,}656$ **2.** $\underline{1}49{,}590$ **3.** $117{,}\underline{8}21$ **4.** $\underline{7}5{,}254$

5. $2{,}4\underline{2}0$ **6.** $900{,}9\underline{8}5$ **7.** $\underline{4}40{,}591$ **8.** $2\underline{0}5{,}000$

9. $5\underline{8}{,}365$ **10.** $1{,}\underline{8}76$ **11.** $61{,}\underline{2}29$ **12.** $\underline{7}{,}849$

13. **Matemáticas y Ciencias** Usa los datos de la gráfica que se muestra a la derecha.

a. ¿Qué lugar podrías redondear para que los redondeos de las poblaciones de las tres ciudades sean iguales?

b. ¿Qué lugar podrías redondear para que los redondeos de las poblaciones de las tres ciudades sean diferentes?

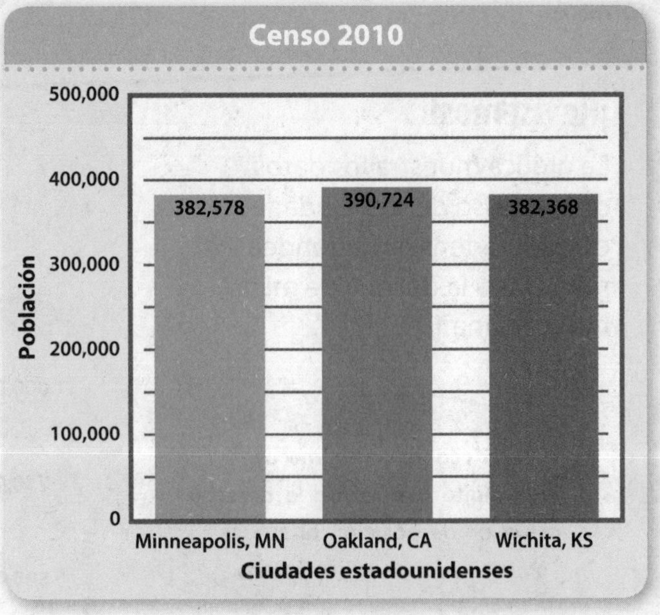

14. El vendedor de boletos dijo que asistieron aproximadamente 5,000 personas al espectáculo. Escribe un número que represente la cantidad real de personas que asistieron si el vendedor redondeó correctamente a la centena más cercana.

15. **Razonamiento de orden superior** Un número de 5 dígitos tiene los dígitos 0, 5, 7, 9 y 0. Al millar más cercano, se redondea a 80,000. ¿Qué número es? Explícalo.

Evaluación de *Common Core*

16. Aisha piensa que 1,275 redondeado a la centena más cercana es 1,200 porque "2 es menor que 5".

Parte A

¿En qué aspecto del redondeo se equivocó Aisha?

Parte B

Explica cómo redondear a la centena más cercana para ayudar a Aisha a corregir su error.

© Pearson Education, Inc. 4

Nombre ______________________

Resuelve

Resuélvelo y coméntalo

La siguiente tabla muestra el área territorial de tres estados. Mickey dice que Alaska tiene aproximadamente 10 veces el tamaño de Georgia. Explica por qué Mickey tiene o no tiene razón. Construye un argumento matemático para apoyar tu respuesta.

DATOS

Estado	Área territorial (en millas cuadradas)
Alaska	570,641
Georgia	57,513
Hawái	6,423

Prácticas matemáticas y resolución de problemas

Lección 1-5

Construir argumentos

Puedo...

construir argumentos usando lo que sé sobre cómo se relacionan los valores de posición.

Prácticas matemáticas PM.3. También, PM.1, PM.2, PM.6.
Estándares de contenido 4.NBD.A.1, 4.NBD.A.2, 4.NBD.A.3

Hábitos de razonamiento

¡Razona correctamente!
Estas preguntas te pueden ayudar.

- ¿Cómo puedo usar números, objetos, dibujos o acciones para justificar mi argumento?
- ¿Estoy usando los números y los signos correctamente?
- ¿Es mi explicación clara y completa?

¡Vuelve atrás! **PM.3 Construir argumentos** Mary dice que el área territorial de Georgia es aproximadamente 10 veces más grande que el área territorial de Hawái. ¿Tiene razón? Construye un argumento matemático para apoyar tu respuesta.

Pregunta esencial ¿Cómo se pueden construir argumentos?

A

La tabla muestra las ventas al por menor por persona en tres estados. Isabela dice que Arizona tuvo más ventas que Massachusetts.

DATOS

Estado	Ventas al por menor por persona
Arizona	$13,637
Iowa	$13,172
Massachusetts	$13,533

¿Cómo puedes construir un argumento matemático que apoye la conjetura de Isabela?

Usaré lo que sé sobre el valor de posición para comparar números.

Una conjetura es un enunciado que se considera cierto, pero no ha sido probado.

B

¿Cómo puedo construir argumentos?

Puedo

- dar una explicación que sea clara y completa.
- usar los números y los signos correctamente.
- usar números, objetos, dibujos o acciones para justificar mi argumento.
- usar contraejemplos en mi argumento.

C

El enunciado de Isabela tiene sentido.

Comienza con el valor de posición más grande. Los dígitos en el **lugar de las decenas de millar** y en el **lugar de los millares** son iguales. Los dígitos en el **lugar de las centenas** son diferentes; por tanto, se compara ese lugar.

$13,637
$13,533

600 > 500

Por tanto, $13,637 > $13,533.

Isabela tiene razón. Arizona tuvo más ventas al por menor por persona que Massachusetts.

¡Convénceme! **PM.3 Construir argumentos** Gayle dice que Arizona tuvo más ventas al por menor que Massachusetts porque 7 > 3; por tanto, $13,637 > $13,533. Construye un argumento para explicar si Gayle tiene razón.

© Pearson Education, Inc. 4

Práctica guiada*

PM.3 Construir argumentos

Usa la tabla de la página anterior. Jorge dice que Massachusetts tiene más ventas al por menor que Iowa.

Cuando construyes argumentos, justificas tus conclusiones.

1. ¿Qué números usarías para construir un argumento que apoye la conjetura de Jorge?

2. ¿Cómo podrías apoyar la conjetura de Jorge?

3. ¿Es verdadera la conjetura de Jorge? Justifica tu respuesta.

Práctica independiente

PM.3 Construir argumentos

La población de la ciudad de Gerald es trescientos mil veintisiete. Gerald escribió el número 327,000. Emily vive en una ciudad que tiene una población de trescientos dieciséis mil cuarenta y dos. Gerald concluyó que la población de su ciudad es mayor que la de la ciudad de Emily.

4. ¿Tiene sentido la explicación de Gerald? Identifica cualquier defecto en el razonamiento de Gerald.

5. Construye un argumento matemático que explique por qué Gerald no escribió la población de la ciudad correctamente.

6. Corrige el argumento de Gerald. Explica cómo comparar las poblaciones de las ciudades de Gerald y Emily.

Puedes encontrar otro ejemplo en el Grupo E, página 38.

Evaluación de rendimiento de *Common Core*

Planetas

Los planetas de nuestro sistema solar tienen tamaños diferentes, como se muestra a continuación. Nora conjeturó que el ecuador de Júpiter tiene aproximadamente 10 veces la longitud del ecuador de la Tierra.

Longitud de los ecuadores de 4 planetas

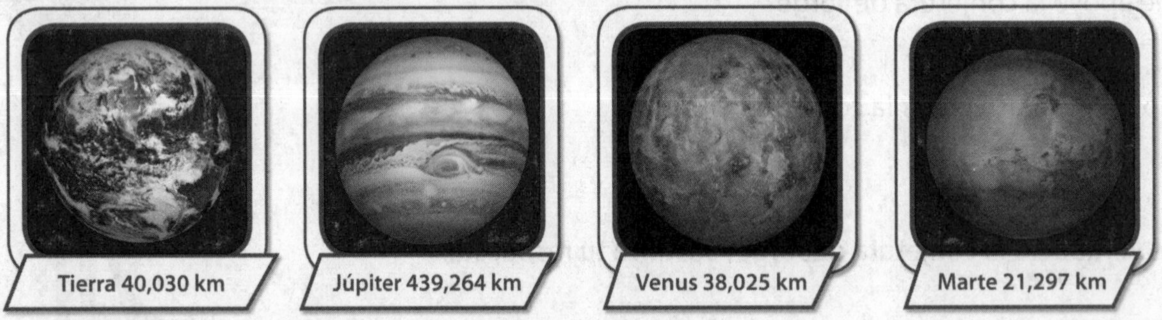

7. PM.1 Entender y perseverar ¿Qué información tienes?

8. PM.6 Hacerlo con precisión ¿Qué estimaciones son posibles para la longitud del ecuador de Júpiter y la Tierra?

Cuando construyes argumentos, das una explicación clara y completa.

9. PM.2 Razonar ¿Cuál es la relación entre las estimaciones que hiciste de la longitud de los ecuadores?

10. PM.3 Construir argumentos Construye un argumento que justifique la conjetura de Nora.

© Pearson Education, Inc. 4

Nombre ______________________

Ayuda | Amigo de práctica | Herramientas | Juegos

Tarea y práctica 1-5

Construir argumentos

¡Revisemos!

Hace pocos años, Colorado emitió 23,301 permisos de construcción y Vermont emitió 2,296 permisos de construcción. Kyle dice que Colorado emitió aproximadamente 100 veces la cantidad de permisos que emitió Vermont.

Indica cómo construir un argumento matemático para justificar si la conjetura de Kyle es verdadera o no.

- Puedo decidir si la conjetura tiene sentido.
- Puedo usar números para explicar mi razonamiento.

Construye un argumento para determinar si la conjetura de Kyle es verdadera o no.

La conjetura de Kyle no es verdadera. Si se redondea a la decena de millar más cercana, Colorado emitió aproximadamente 20,000 permisos de construcción. Vermont emitió aproximadamente 2,000 permisos, redondeados al millar más cercano. Cien veces 2,000 es 200,000; por tanto, Colorado emitió aproximadamente diez veces la cantidad de permisos de construcción que emitió Vermont, no 100 veces.

Cuando construyes argumentos, usas números y símbolos de manera correcta para dar una explicación.

PM.3 Construir argumentos

Alicia dice que es más fácil comparar los números del Grupo A que los del Grupo B.

DATOS

Grupo A	Grupo B
45,760	492,111
1,025,680	409,867

1. ¿De qué manera podrías construir un argumento para determinar si la conjetura de Alicia es verdadera?

2. ¿Es verdadera la conjetura de Alicia? Justifica tu respuesta.

3. Alicia escribió una comparación sobre el Grupo B usando el lugar de las decenas de millar. Explica qué estrategia puede haber usado.

Distancias de vuelo

Chicago O'Hare es un aeropuerto internacional con mucho tráfico. El mapa muestra la distancia de vuelo desde Chicago O'Hare a varias ciudades. Luis conjeturó que la distancia de vuelo de Chicago a Estambul es igual a la distancia de vuelo de Chicago a San Pablo cuando las distancias se redondean al millar más cercano.

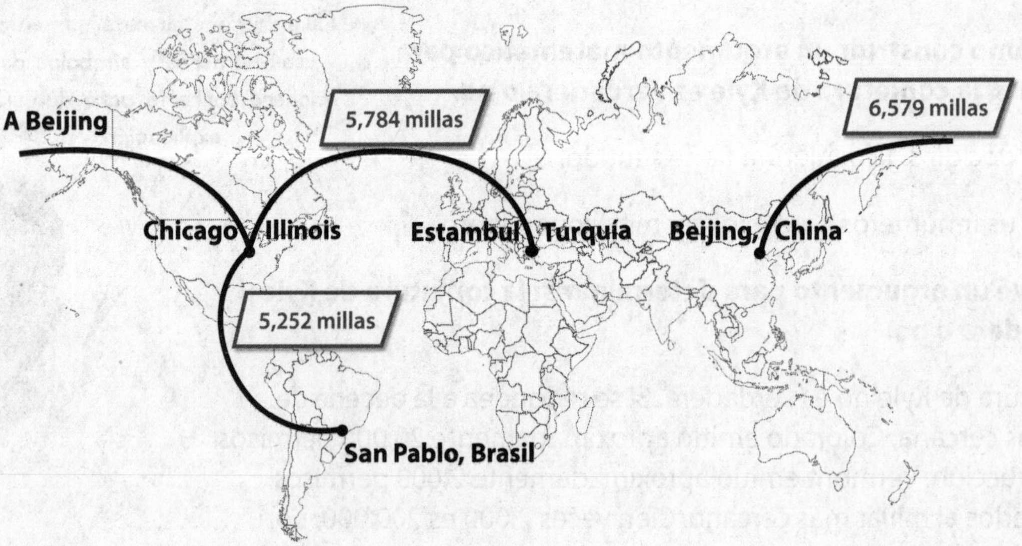

4. PM.3 Construir argumentos Describe por lo menos una manera de construir un argumento para justificar la conjetura de Luis.

Cuando construyes argumentos, puedes usar tu conocimiento sobre el valor de posición.

5. PM.6 Hacerlo con precisión ¿Cómo puedes redondear las dos distancias de vuelo en la conjetura de Luis?

6. PM.2 Razonar ¿Es verdadera la conjetura de Luis? Justifica tu respuesta.

© Pearson Education, Inc. 4

Nombre ____

TEMA 1 Actividad de práctica de fluidez

Apunta y cuenta

Trabaja con un compañero. Necesitan papel y lápiz. Cada uno escoge un color diferente: celeste o azul.

El Compañero 1 y el Compañero 2 apuntan a uno de los números al mismo tiempo. Ambos multiplican esos números.

Si la respuesta está en el color que escogiste, puedes anotar una marca de conteo. Sigan la actividad hasta que uno de lo compañeros tenga doce marcas de conteo.

Puedo...
multiplicar hasta 100.

Estándar de contenido
3.OA.C.7

Compañero 1

6, 9, 8, 5, 7

40	28	45	56
24	24	36	20
63	48	63	64
15	42	49	32
54	27	35	21
72	72	18	81

Compañero 2

7, 4, 3, 9, 8

Marcas de conteo del Compañero 1	Marcas de conteo del Compañero 2

TEMA 1

Repaso del vocabulario

A-Z Glosario

Lista de palabras

- conjetura
- forma desarrollada
- millones
- período
- redondeo
- símbolo de mayor que ($>$)
- símbolo de menor que ($<$)
- valor de posición

Comprender el vocabulario

Escoge el mejor término del recuadro. Escríbelo en el espacio en blanco.

1. Un grupo de tres dígitos separados por comas desde la derecha se llama ______________.

2. El proceso que determina qué número está más cerca de un múltiplo de 10, 100, 1,000, y así sucesivamente, se llama

______________.

3. Un enunciado que se considera cierto pero no ha sido probado aún se llama ______________.

4. El valor dado al lugar de un dígito en un número se llama

______________.

5. En un número, un período de tres lugares a la izquierda del período de los millares se llama período de los ______________.

Da un ejemplo y un contraejemplo para los siguientes términos.

	Ejemplo	Contraejemplo
6. Símbolo de mayor que ($>$)	______	______
7. Símbolo de menor que ($<$)	______	______
8. Forma desarrollada	______	______

Usar el vocabulario al escribir

9. Describe el valor del 9 en 926,415. Usa por lo menos 2 términos de la Lista de palabras en tu explicación.

© Pearson Education, Inc. 4

Nombre ______________________________

Grupo A páginas 5 a 10

Usa una tabla de valor de posición para escribir 301,400.

Forma desarrollada: 300,000 + 1,000 + 400

Nombre del número: Trescientos un mil cuatrocientos

Recuerda que los períodos te pueden ayudar a leer números grandes.

Escribe los números en forma desarrollada y usando los nombres del número.

1. 27,549

2. 792,065

Grupo B páginas 11 a 16

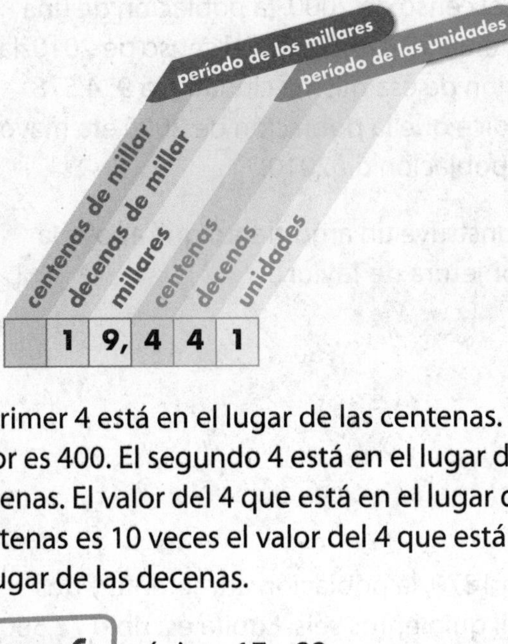

El primer 4 está en el lugar de las centenas. Su valor es 400. El segundo 4 está en el lugar de las decenas. El valor del 4 que está en el lugar de las centenas es 10 veces el valor del 4 que está en el lugar de las decenas.

Recuerda que cuando dos dígitos que están uno junto al otro en un número son iguales, el que está a la izquierda es 10 veces el número que está a la derecha.

Indica los valores de los dígitos dados en los Ejercicios **1** y **2.**

1. Los 8 en 5,188
2. Los 7 en 477,000
3. En 803,349, ¿cómo se relaciona el valor del 3 en el lugar de los millares con el valor del 3 en el lugar de las centenas?

Grupo C páginas 17 a 22

Usa el valor de posición para comparar 45,423 y 44,897. Empieza a comparar desde la izquierda. Busca el primer dígito que sea diferente.

45,423 44,897

5 > 4

Por tanto, 45,423 > 44,897.

Recuerda que puedes usar el valor de posición para comparar números.

Escribe < o > en el ◯.

1. 291,846 ◯ 291,864
2. 662,980 ◯ 66,298
3. 88,645 ◯ 87,645

Grupo D páginas 23 a 28

Redondea 764,802 a la centena de millar más cercana.

lugar de las centenas de millar

764,802	El dígito que está a la derecha del lugar de redondeo es 6.
800,000	Como 6 > 5, redondea sumando 1 al dígito que está en el lugar de las centenas de millar.

Por tanto, 764,802 se redondea a 800,000.

Recuerda que debes mirar el número que está a la derecha del lugar de redondeo. Luego, debes reemplazar por ceros los dígitos que están a la derecha del lugar de redondeo.

Redondea los números al lugar del dígito subrayado en los Ejercicios **1** a **4.**

1. 166,742 **2.** 76,532

3. 5,861 **4.** 432,041

Grupo E páginas 29 a 34

Piensa en estas preguntas para ayudarte a **construir argumentos.**

Hábitos de razonamiento

- ¿Cómo puedo usar números, objetos, dibujos o acciones para justificar mi argumento?
- ¿Estoy usando los números y los signos correctamente?
- ¿Es mi explicación clara y completa?

Recuerda que puedes usar las matemáticas para mostrar por qué tu argumento es correcto.

Según el censo de 2000, la población de una ciudad era 935,426. Según el censo de 2010, la población de esa misma ciudad era 934,578. Taylor dice que la población de 2000 era mayor que la población de 2010.

1. Construye un argumento que apoye la conjetura de Taylor.

2. En 1870, la población era setenta y dos mil quinientos seis. Lupita escribió 72,560. Construye un argumento matemático que explique si Lupita escribió los números correctamente.

© Pearson Education, Inc. 4

Nombre ______________________________

1. Marca todos los números que se redondean a 100,000 cuando se redondean a la centena de millar más cercana.

- ☐ 9,999
- ☐ 89,006
- ☐ 109,999
- ☐ 119,999
- ☐ 999,999

2. ¿Qué símbolo hace verdadera la comparación? Escribe el símbolo correcto del recuadro.

111,011 ◯ 110,111

<   >   =

3. Escribe tres números que se redondean a 40,000 cuando se redondean a la decena de millar más cercana.

4. Drew escribió un número que tiene un 7 en el lugar de las centenas y un 7 en el lugar de las decenas de millar. ¿Cuál será el número de Drew? Escoge Sí o No.

4a. 177,871 ◯ Sí ◯ No

4b. 579,723 ◯ Sí ◯ No

4c. 777,075 ◯ Sí ◯ No

4d. 375,778 ◯ Sí ◯ No

5. La tabla muestra la cantidad de clientes que compraron en tres tiendas de mascotas el año pasado.

Cantidad de clientes	
Todas las mascotas	375,595
Mascotalandia	545,150
Mundo de mascotas	378,658

Parte A

Escribe la forma desarrollada de los números de la tabla **Cantidad de clientes.**

Parte B

Usa la tabla **Cantidad de clientes.** ¿Qué número tiene un dígito que representa diez veces el valor del dígito a su derecha? Explícalo.

6. Milton escribe 160,060 en forma desarrollada. ¿Qué escribió Milton?

---

7. Traza líneas para unir el valor del dígito subrayado en los números de la izquierda con los números de la derecha.

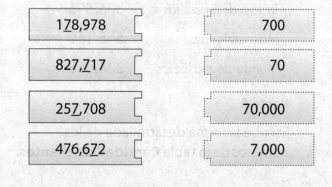

178,978	700
827,717	70
257,708	70,000
476,672	7,000

---

8. ¿Qué opción muestra ciento veintiún mil doscientos once con números en base diez?

Ⓐ 211,121

Ⓑ 121,211

Ⓒ 121,212

Ⓓ 112,211

---

9. Escoge Sí o No para indicar si la comparación es correcta.

9a. 54,104 > 54,401 ○ Sí ○ No

9b. 101,199 < 110,199 ○ Sí ○ No

9c. 789,131 > 789,113 ○ Sí ○ No

9d. 909,999 < 999,999 ○ Sí ○ No

10. La tabla muestra el área de cuatro estados.

Estado	Área (millas cuadradas)
Montana	147,042
Oklahoma	68,898
Oregón	98,381
Wyoming	97,814

Parte A

¿Cuál de los 4 estados tiene el área más pequeña? ¿Cuál tiene el área más grande? Escribe el nombre de los números del área de los estados.

Parte B

Dibuja una tabla de valor de posición. Anota el área de Oklahoma. Explica cómo se compara el valor del 8 en el lugar de los millares con el valor del 8 en el lugar de las centenas.

© Pearson Education, Inc. 4

Nombre ____________________

TEMA 1

Evaluación del rendimiento

Videojuegos

Tanji, Arun y Juanita juegan un videojuego de 3 niveles. La posibilidad de obtener puntos aumenta a medida que se pasan los niveles del juego. Para llevar la cuenta de su progreso, Tanji, Arun y Juanita anotan y analizan sus puntajes en cada nivel.

1. Usa la tabla del **Nivel 1** para responder a las siguientes preguntas.

Parte A

Tanji observó que era el único jugador que tenía 3 en el puntaje del Nivel 1. ¿Cuáles son los valores de los 3 en el puntaje de Tanji?

Parte B

Arun observó que los 5 en su puntaje estaban uno al lado del otro. Describe la relación entre los 5 en el puntaje de Arun.

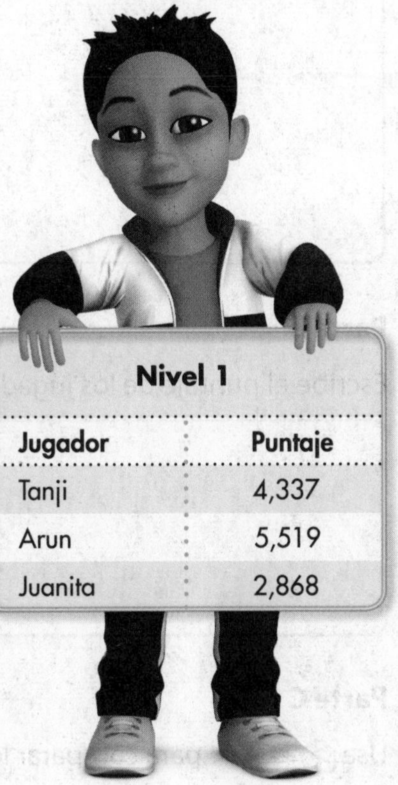

DATOS

Nivel 1

Jugador	Puntaje
Tanji	4,337
Arun	5,519
Juanita	2,868

Parte C

Juanita dice que el valor de uno de los 8 en su puntaje es diez veces el valor del otro 8. Construye un argumento y dibuja una tabla de valor de posición para determinar si Juanita tiene razón.

2. Usa la tabla del **Nivel 2** para responder a las siguientes preguntas.

DATOS

Nivel 2	
Jugador	**Puntaje**
Tanji	56,899
Arun	39,207
Juanita	60,114

Parte A

Juanita obtuvo el puntaje más alto en el Nivel 2, seguida de Tanji y Arun. Escribe el puntaje de los jugadores en forma desarrollada para comparar los puntajes según su valor de posición.

Parte B

Escribe el puntaje de los jugadores usando los nombres de los números.

Parte C

Usa >, = o < para comparar los puntajes del Nivel 2.

Parte D

Arun observó que su puntaje del Nivel 2 tiene un valor mayor que los de Tanji y Juanita en el lugar de los millares. Redondea el puntaje de Arun al millar más cercano.

© Pearson Education, Inc. 4

TEMA 2

Sumar y restar números enteros de varios dígitos con facilidad

Preguntas esenciales: ¿Cómo se pueden estimar las sumas y diferencias de los números enteros? ¿Cuáles son los procedimientos estándar para sumar y restar números enteros?

Recursos digitales

Resuelve · Aprende · Glosario · Amigo de práctica · Herramientas · Evaluación · Ayuda · Juegos

¡En 1970, un vehículo propulsado por un cohete fue el primero en viajar a más de 1,000 kilómetros por hora!
Mientras más rápido se mueve un objeto, más energía tiene.
¡Eso significa una enorme cantidad de energía! Este es un proyecto sobre la velocidad y sobre comparar velocidades.

Proyecto de Matemáticas y Ciencias: Los vehículos más rápidos del mundo

Investigar Desde 1970, se ha roto el récord de velocidad muchas veces. Usa la Internet u otras fuentes para hallar 5 vehículos que pueden viajar a más de 1,000 kilómetros por hora.

Diario: Escribir un informe Incluye lo que averiguaste. En tu informe, también:

- haz una tabla que explique el tipo de vehículo que es, si se usa sobre tierra, en el agua o en el espacio, y su velocidad.
- usa el valor de posición para hallar el vehículo más rápido y el más lento de tu tabla.
- calcula la diferencia entre las velocidades de dos de los vehículos de tu tabla.

Nombre ________________________________

Repasa lo que sabes

Vocabulario

Escoge el mejor término del recuadro.
Escríbelo en el espacio en blanco.

- ecuación
- estimación
- período
- redondear

1. Una ______________ es un número aproximado o una respuesta aproximada.

2. El proceso que determina a qué múltiplo de 10, 100, 1,000 y así sucesivamente, está más cercano un número se llama ______________.

3. Una oración numérica que usa el signo igual (=) para mostrar que dos expresiones tienen el mismo valor es una ______________.

Operaciones de suma y cálculo mental

Halla las sumas.

4. $4 + 6$
5. $7 + 5$
6. $29 + 8$
7. $14 + 5$
8. $13 + 7$
9. $37 + 7$
10. $289 + 126$
11. $468 + 329$
12. $157 + 211$

Operaciones de resta y cálculo mental

Halla las diferencias.

13. $27 - 3$
14. $6 - 4$
15. $15 - 8$
16. $11 - 8$
17. $66 - 2$
18. $17 - 8$
19. $416 - 404$
20. $220 - 205$
21. $148 - 106$

Redondear

22. **PM.3 Construir argumentos** ¿Por qué se redondea 843,000 a 840,000 en lugar de a 850,000 cuando redondeamos al millar más cercano?

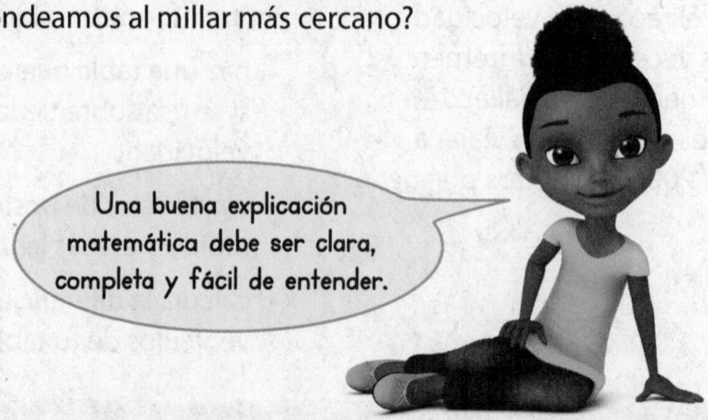

Una buena explicación matemática debe ser clara, completa y fácil de entender.

© Pearson Education, Inc. 4

Mis tarjetas de palabras

Usa los ejemplos de las palabras de las tarjetas para ayudarte a completar las definiciones que están al reverso.

propiedad conmutativa de la suma

$5 + 7 = 12$

$7 + 5 = 12$

propiedad asociativa de la suma

$(4 + 3) + 8 = 15$

$4 + (3 + 8) = 15$

$(4 + 3) + 8 = 4 + (3 + 8)$

propiedad de identidad de la suma

$2 + 0 = 2$

$4 + 0 = 4$

$17 + 0 = 17$

contar hacia adelante

$400 - 165$

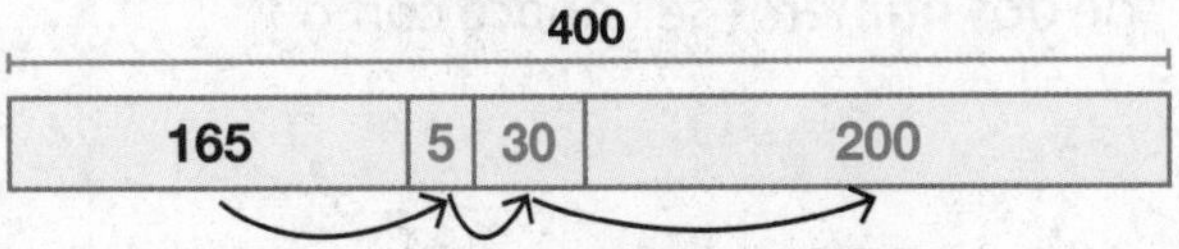

$5 + 30 + 200 = 235$

$400 - 165 = 235$

compensación

$135 + 48 = ?$

$$\begin{array}{r} 135 \\ +\ 50 \\ \hline 185 \end{array} \qquad \begin{array}{r} 185 \\ -\ \ 2 \\ \hline 183 \end{array}$$

Sumé 2 de más; por tanto, restaré 2.

variable

$y = 5$ ↑ $x = 3$ ↑ $n = 7$ ↑

algoritmo

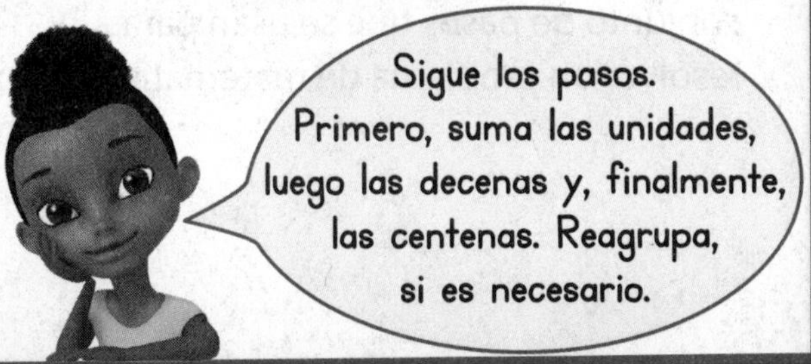

Sigue los pasos. Primero, suma las unidades, luego las decenas y, finalmente, las centenas. Reagrupa, si es necesario.

operaciones inversas

suma		resta
$14 + 12 = 26$	⟷	$26 - 12 = 14$
multiplicación		**división**
$8 \times 9 = 72$	⟷	$72 \div 9 = 8$

Mis tarjetas de palabras

Completa cada definición. Para ampliar lo que aprendiste, escribe tus propias definiciones.

La ____________________

____________________ establece que los sumandos se pueden reagrupar y la suma sigue siendo la misma.

La ____________________

____________________ establece que los números se pueden sumar en cualquier orden y la suma sigue siendo la misma.

Contar desde el número menor al número mayor para hallar la diferencia de dos números se conoce como

____________________.

La ____________________

____________________ establece que la suma de cualquier número más cero es ese número.

Un símbolo o letra que representa un número es una ____________________.

Escoger números cercanos a los números de un problema para facilitar el cálculo y luego ajustar la respuesta a los números escogidos se llama

____________________.

Las operaciones que se pueden cancelar entre sí son ____________________

____________________.

Un ____________________ es un conjunto de pasos que se usan para resolver un problema de matemáticas.

© Pearson Education, Inc. 4

Nombre ______________________ Resuelve

Lección 2-1
Cálculo mental: Hallar sumas y diferencias

Resuélvelo y coméntalo

Luke coleccionó 1,034 tarjetas de beisbol, 1,289 tarjetas de futbol y 1,566 tarjetas de hockey. Usa el cálculo mental para hallar cuántas tarjetas tiene Luke en su colección. ***Resuelve este problema de la manera que prefieras.***

Puedo...
usar propiedades y estrategias para cambiar la estructura de un problema y así poder sumar y restar usando el cálculo mental.

Estándar de contenido 4.NBD.B.4
Prácticas matemáticas PM.2, PM.3, PM.6, PM.7

Puedes usar la estructura. Puedes descomponer los sumandos y calcular mentalmente para hallar la suma. *¡Muestra tu trabajo en el espacio que sigue!*

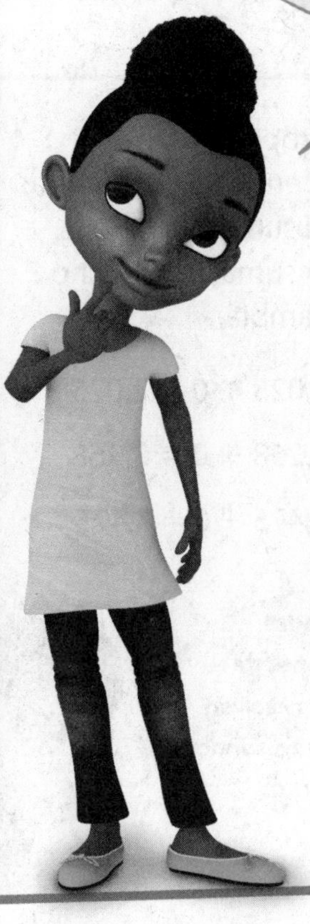

¡Vuelve atrás! **PM.3 Construir argumentos** ¿Por qué es más fácil resolver mentalmente el problema 1,034 + 1,566 que 1,289 + 1,566?

Aprende A-Z Glosario

Pregunta esencial

¿Cómo se puede usar el cálculo mental para resolver problemas?

A

La tabla muestra cuántas ventanas de un edificio limpió un equipo de limpiadores de vidrios en tres meses. ¿Cuántas ventanas limpiaron entre septiembre y octubre? ¿Cuál es la cantidad total de ventanas que limpiaron en tres meses?

DATOS

Mes	Ventanas que se limpiaron
Septiembre	2,025
Octubre	3,268
Noviembre	3,475

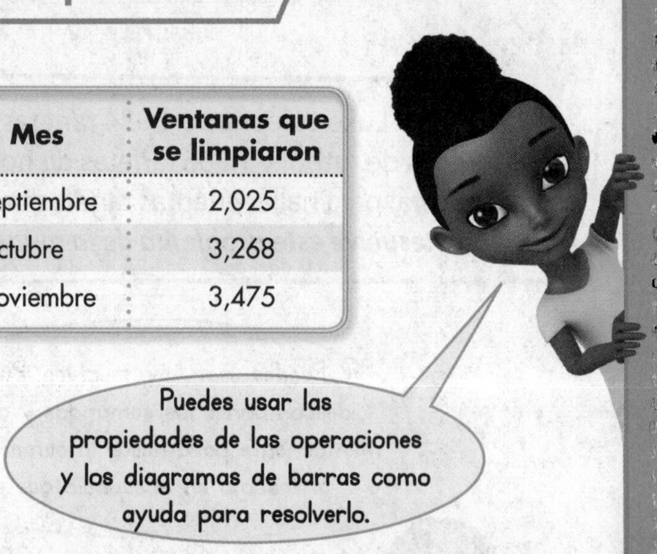

Puedes usar las propiedades de las operaciones y los diagramas de barras como ayuda para resolverlo.

B

Propiedad conmutativa de la suma: Puedes sumar dos números en cualquier orden.

Halla 2,025 + 3,268.

5,293
2,025
3,268

2,025 + 3,268 = 3,268 + 2,025

Los limpiadores de vidrios limpiaron 5,293 ventanas entre septiembre y octubre.

C

Propiedad asociativa de la suma: Puedes cambiar la agrupación de los sumandos.

Halla 2,025 + 3,268 + 3,475.

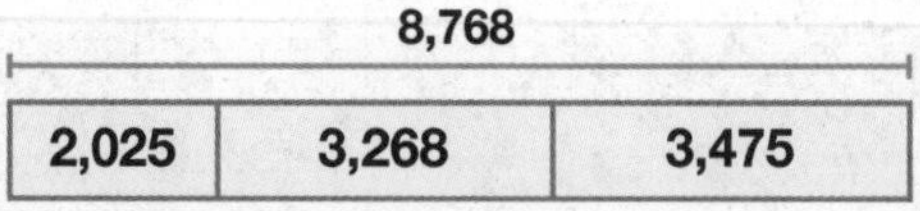

8,768
2,025
3,268
3,475

(2,025 + 3,268) + 3,475 = 2,025 + (3,268 + 3,475)

Los limpiadores de vidrios limpiaron, en total, 8,768 ventanas en tres meses.

D

Propiedad de identidad de la suma: Si sumas un cero a la suma, la suma no cambia.

2,025 + 0 = 2,025

3,268 + 0 = 3,268

3,475 + 0 = 3,475

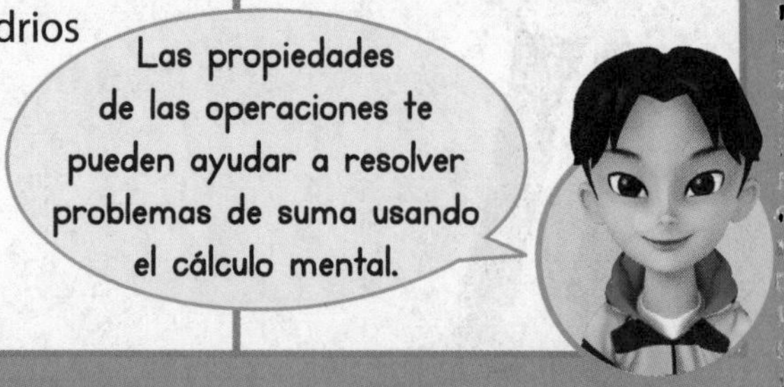

Las propiedades de las operaciones te pueden ayudar a resolver problemas de suma usando el cálculo mental.

¡Convénceme! **PM.2 Razonamiento** Explica cómo puedes usar el cálculo mental para sumar 150 + 2,300 + 250.

© Pearson Education, Inc. 4

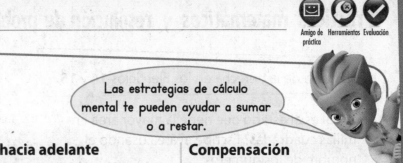

Nombre ______________________________

Amigo de práctica | Herramientas | Evaluación

Otro ejemplo

Las estrategias de cálculo mental te pueden ayudar a sumar o a restar.

Descomponer

Halla 2,864 + 1,136.

Descompón los sumandos.

2,000 + 1,000 = 3,000

800 + 100 = 900

64 + 36 = 100

Luego, suma los totales.

3,000 + 900 + 100 = 4,000

Por tanto, 2,864 + 1,136 = 4,000.

Contar hacia adelante

Halla 1,136 − 897.

Cuenta hacia adelante para restar.

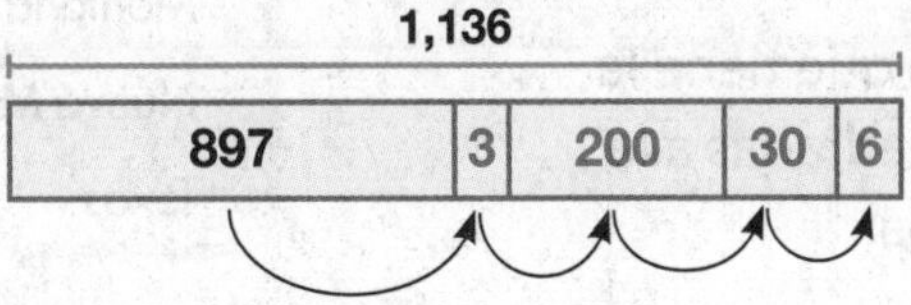
1,136
897
3
200
30
6

3 + 200 + 30 + 6 = 239

Por tanto, 1,136 − 897 = 239.

Compensación

Halla 4,260 − 2,170.

Usa la compensación.

Es más fácil restar 2,200 que 2,170.

4,260 − 2,200 = 2,060

Resté 30 de más; por tanto, añadiré 30 a la diferencia.

2,060 + 30 = 2,090

Por tanto, 4,260 − 2,170 = 2,090.

Práctica guiada*

¿Lo entiendes?

1. **PM.7 Usar la estructura** Sheri suma 135 + 1,048 usando el cálculo mental. ¿Qué propiedades o estrategias puede usar Sheri para hallar el total?

¿Cómo hacerlo?

Usa estrategias de cálculo mental para resolver los Ejercicios **2** a **4.**

2. 6,794 − 1,058

3. 72,314 + 35,525

4. (92,180 + 69,238) + 7,820

Práctica independiente

Usa estrategias de cálculo mental para resolver los Ejercicios **5** a **13.**

5. 7,100 − 827

6. 9,100 + 2,130 + 900

7. 5,491 − 2,860

8. 6,686 − 1,443

9. 58,375 + 31,842

10. 426,100 + 74,900

11. 1,700 − 315

12. 2,000 + 4,996

13. 11,219 − 1,219

*Puedes encontrar otro ejemplo en el Grupo A, página 85.

Prácticas matemáticas y resolución de problemas

Usa la tabla de la derecha en los Ejercicios **14** y **15**.

14. ¿Cuál es el estado que tiene la mayor área en millas cuadradas? Escribe el área usando el nombre de los números.

DATOS

Estado	Total de millas cuadradas
Alaska	571,951
California	155,959
Montana	145,552
Nuevo México	121,356
Texas	261,797

15. Redondea el área del estado que tiene la menor cantidad de millas cuadradas a la decena de millar más cercana.

16. La ciudad de Worman Grove recolectó 9,645 bolígrafos azules y 18,836 bolígrafos negros para una colecta de materiales escolares. La meta que se propusieron fue de 30,000 bolígrafos. Muestra cómo se puede contar hacia adelante para hallar cuántos bolígrafos más necesitan para alcanzar su meta.

17. Un grupo de conservacionistas pesa dos elefantes marinos. Un elefante marino adulto pesa 6,600 libras y su cría pesa 3,847 libras. ¿Cuánto menos pesa la cría que el elefante marino adulto?

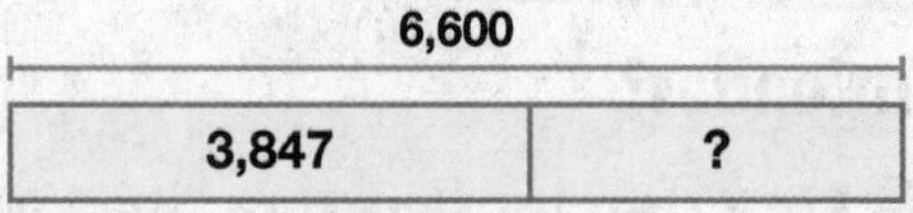

18. **PM.2 Razonar** ¿Es 86,100 − 36,287 menor o mayor que 50,000? Explica cómo lo puedes saber usando el cálculo mental.

19. **Razonamiento de orden superior** Kelly usa la compensación para sumar 5,756 y 2,398. Su respuesta es 8,156. ¿Es correcta la respuesta de Kelly? ¿Qué error pudo haber cometido?

Evaluación de *Common Core*

20. Garry resuelve un problema de resta. Primero, usa la propiedad asociativa para agrupar 6,145 y 2,145. Luego, resta esa diferencia de 17,422. ¿Estás de acuerdo con el razonamiento de Garry? Explícalo.

El trabajo de Garry

17,422 − 6,145 − 2,145
17,422 − (6,145 − 2,145)
17,422 − 4,000
13,422

© Pearson Education, Inc. 4

Nombre ____________________

Ayuda | Amigo de práctica | Herramientas | Juegos

Tarea y práctica 2-1

Cálculo mental: Hallar sumas y diferencias

¡Revisemos!

Hay diferentes estrategias para sumar y restar usando el cálculo mental.

Estrategias para sumar

Halla 3,728 + 2,420.

Una manera

Separa los sumandos de acuerdo al valor de posición.

$3{,}000 + 2{,}000 = 5{,}000$
$700 + 400 = 1{,}100$
$20 + 20 = 40$
$8 + 0 = 8$

$$\begin{array}{r} 5{,}000 \\ 1{,}100 \\ 40 \\ +\quad 8 \\ \hline 6{,}148 \end{array}$$

Otra manera

Usa la compensación para hallar 3,728 + 2,420.

2,400 es más fácil de sumar que 2,420.

$3{,}728 + 2{,}400 = 6{,}128$.

Añade 20 a la respuesta porque restaste 20 antes.

$6{,}128 + 20 = 6{,}148$

Estrategias para restar

Halla 40,000 − 7,985.

Una manera

Usa la compensación.

Es más fácil restar 8,000 que 7,985.

$40{,}000 - 8{,}000 = 32{,}000$

Dado que restaste 15 de más, añade 15 a tu respuesta.

$32{,}000 + 15 = 32{,}015$

Otra manera

Cuenta hacia adelante para hallar 40,000 − 7,985.

$7{,}985 + 15 = 8{,}000$
$8{,}000 + 2{,}000 = 10{,}000$
$10{,}000 + 30{,}000 = 40{,}000$

Suma las partes.

$30{,}000 + 2{,}000 + 15 = 32{,}015$

Usa el cálculo mental en los Ejercicios **1** a **10**.

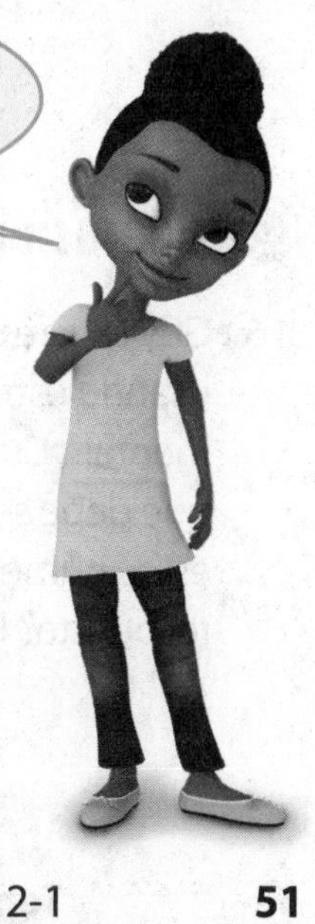

Puedes escoger la estrategia de cálculo mental que piensas que funcionará mejor.

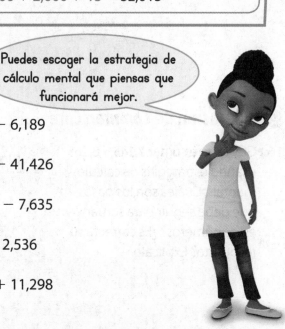

1. 4,576 + 2,842

2. 56,211 − 6,189

3. 218,389 + 40,510

4. 72,000 − 41,426

5. 46,524 + (37,824 + 2,176)

6. 658,843 − 7,635

7. (86,765 + 36,235) + 24,215

8. 9,378 − 2,536

9. 8,452 + (917 + 0)

10. 12,211 + 11,298

11. Matemáticas y Ciencias Escribe una oración numérica para hallar la diferencia entre las velocidades de los planetas Venus y Saturno y resuélvela. Luego, escribe la diferencia usando el nombre de los números.

DATOS

Velocidades de los planetas	
Planeta	**Velocidad (en millas por hora)**
Neptuno	12,253
Saturno	21,637
Marte	53,979
Venus	78,341

12. PM.6 Hacerlo con precisión Usa una estrategia de cálculo mental para hallar 4,290 + 3,602. Explica cómo puedes comprobar tu respuesta usando una estrategia diferente.

13. Janelle necesita acumular 280,000 puntos en su juego de computadora para subir al próximo nivel. Hasta ahora, solo ha acumulado 96,675 puntos. ¿Cuántos puntos más necesita para llegar al próximo nivel? Usa estrategias de cálculo mental para hallar la respuesta.

14. Vocabulario June está trabajando en un problema de suma. Comienza con 17,985. Después de sumar, todavía tiene 17,985. ¿Qué propiedad de la suma usó June? ¿Cómo lo sabes?

15. Razonamiento de orden superior Explica cómo puedes usar el cálculo mental para hallar la siguiente suma:

61,438 + 54,579 + 28,562

Evaluación de *Common Core*

16. Guy quiere sumar 7,145 y 8,265 usando estrategias de cálculo mental. ¿Cuáles son los pasos que debe seguir para sumar estos números? ¿Es correcta su respuesta? Explícalo.

El trabajo de Guy

7,145 + 8,265 = 15,410

© Pearson Education, Inc. 4

Nombre ____ Resuelve

Lección 2-2
Cálculo mental: Estimar sumas y diferencias

Puedo...
usar el redondeo y el valor de posición para estimar sumas y diferencias.

Estándares de contenido 4.NBD.B.4, 4.OA.A.3
Prácticas matemáticas PM.1, PM.3, PM.5, PM.6

Resuélvelo y coméntalo

Una fábrica de Detroit produce tres carros que pesan 6,127 libras, 4,652 libras y 3,393 libras. Aproximadamente, ¿cuánto pesan los tres carros juntos? Usa el diagrama de barras para mostrar el problema. ***Resuelve este problema de la manera que prefieras.***

Puedes entender y perseverar al resolver un problema. ¿Qué necesitas hacer primero?

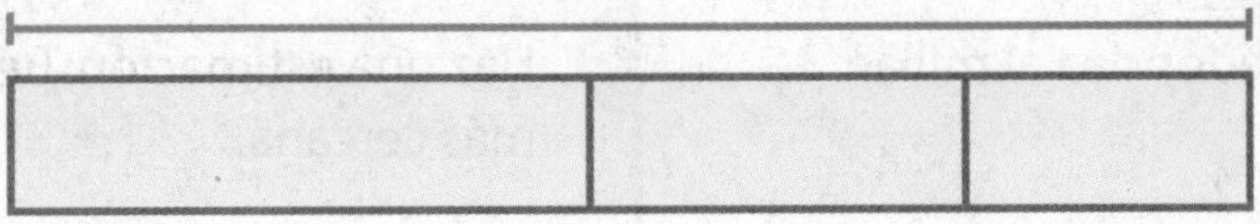

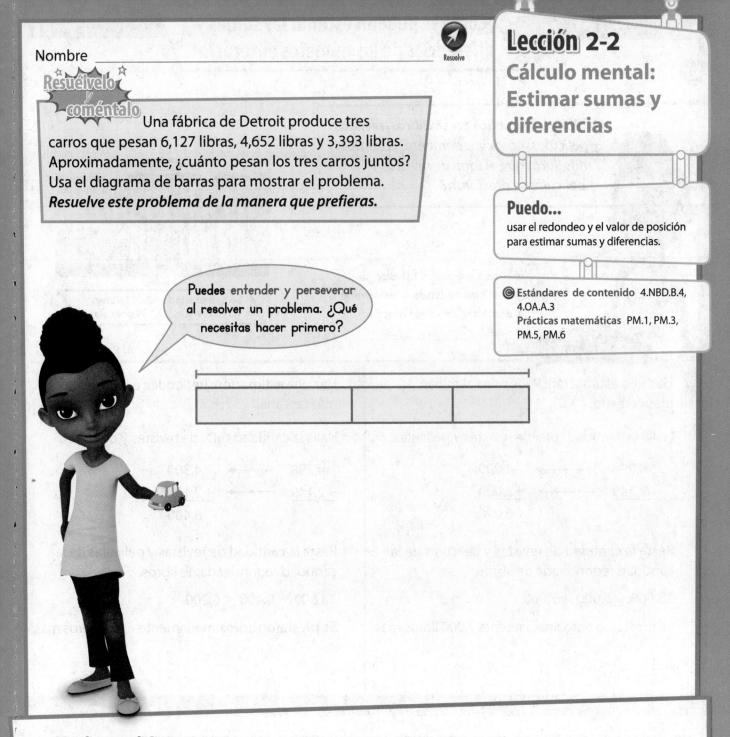

¡Vuelve atrás! **PM.5 Usar herramientas apropiadas** ¿Cómo puedes usar un diagrama de barras como ayuda para estimar una suma?

Aprende Glosario

Pregunta esencial

¿Cómo se pueden estimar las sumas y diferencias de los números enteros?

A

La biblioteca pública prestó libros, revistas y películas. Aproximadamente, ¿cuántos más libros que el total de revistas y películas se prestaron?

Hazlo con precisión. **El valor de posición al cual redondeas determina la exactitud de tu estimación.**

Se han prestado 12,642 libros, 4,298 revistas y 2,149 películas.

B

Haz una estimación: Redondea al millar más cercano.

Halla la cantidad total de revistas y películas.

$$\begin{array}{r} 4{,}298 \\ +2{,}149 \\ \hline \end{array} \longrightarrow \begin{array}{r} 4{,}000 \\ +2{,}000 \\ \hline 6{,}000 \end{array}$$

Resta la cantidad de revistas y películas de la cantidad redondeada de libros.

13,000 − 6,000 = 7,000

Se prestaron aproximadamente 7,000 libros más.

C

Haz una estimación: Redondea a la centena más cercana.

Halla la cantidad total de revistas y películas.

$$\begin{array}{r} 4{,}298 \\ +2{,}149 \\ \hline \end{array} \longrightarrow \begin{array}{r} 4{,}300 \\ +2{,}100 \\ \hline 6{,}400 \end{array}$$

Resta la cantidad de revistas y películas de la cantidad redondeada de libros.

12,600 − 6,400 = 6,200

Se prestaron aproximadamente 6,200 libros más.

¡Convénceme! **PM.6 Hacerlo con precisión** Cuando sumas 45,472 y 36,768, ¿qué opción da una estimación más precisa: redondear los sumandos a la decena de millar, al millar o a la centena más cercana? Explícalo.

© Pearson Education, Inc. 4

Nombre ______________________________

Práctica guiada*

¿Lo entiendes?

1. **PM.3 Construir argumentos** ¿A qué valor de posición redondearías para estimar 6,904 − 4,111? Explícalo.

2. El diámetro de Saturno mide 120,536 kilómetros. Sus anillos más anchos tienen un diámetro de 273,588 kilómetros. Si se redondea a la centena de millar más cercana, ¿cuánto más grande es el diámetro de los anillos que el diámetro de Saturno?

¿Cómo hacerlo?

Estima la suma o la diferencia en los Ejercicios **3** a **8**.

3.
  5,638 → ☐,☐00
+ 3,753 → ☐,☐00

4.
  28,881 → ☐☐,000
− 17,759 → − ☐☐,000

5.
  63,526
+ 25,038

6.
  262,262
− 132,147

7.
  9,524
− 4,025

8.
  30,098
+ 10,217

Práctica independiente

Práctica al nivel Estima la suma o la diferencia en los Ejercicios **9** a **20**.

Puedes redondear a cualquier valor de posición para hacer estimaciones usando el cálculo mental.

9.
  5,323 → ☐,000
+ 2,611 → + ☐,000

10.
  542,817 → ☐☐☐,☐00
− 27,398 → − ☐☐,☐00

11.
  49,761 → ☐0,000
+ 59,499 → + ☐0,000

12.
  4,225
+ 98

13.
  738,775
+ 272,044

14.
  24,300
− 10,125

15.
  485,635
− 231,957

16.
  9,668
− 2,489

17.
  368,545
+ 114,254

18.
  150,499
− 72,501

19.
  95,487
− 61,628

20.
  5,317
+ 1,734

**Puedes encontrar otro ejemplo en el Grupo B, página 85.*

Prácticas matemáticas y resolución de problemas

21. Sentido numérico La tabla muestra la cantidad de estudiantes de las escuelas del distrito. Estima el total de estudiantes que hay en las escuelas Wilson y Kwame. Explícalo.

DATOS

Cantidad de estudiantes en el Distrito 37

Escuela	Cantidad de estudiantes
Escuela Wilson	1,523
Academia Hearst	1,471
Escuela Kwame	1,458
Escuela Evers	1,697

22. Matemáticas y Ciencias Un satélite se mueve a una velocidad aproximada de 27,000 kilómetros por hora. Escribe cuatro números que podrían representar la velocidad del satélite.

23. PM.3 Evaluar el razonamiento Elsa dice que "928,674 redondeado al millar más cercano es 930,000". ¿Estás de acuerdo? Explícalo.

24. Jill escaló 3,240 pies en una montaña. Phil escaló 3,600 pies en la misma montaña. Después de descansar, Jill escaló 355 pies más. ¿Cuál de ellos escaló más alto? Explícalo.

25. Razonamiento de orden superior Supón que quieres estimar la suma de 10,234 y 10,563. ¿Obtendrías una respuesta más acertada si redondearas a la centena más cercana que si redondearas a la decena más cercana? Explícalo.

Evaluación de *Common Core*

26. La semana pasada, Mallory hizo dos viajes de ida y vuelta en avión. Los viajes fueron de 3,720 millas y 5,985 millas. Redondeando a los valores de posición, marca todas las opciones que sean una buena estimación del total de millas que voló Mallory la semana pasada.

- ☐ 10,000
- ☐ 9,710
- ☐ 9,700
- ☐ 8,700
- ☐ 8,000

27. Calvin estima que la diferencia de un problema de resta redondeada a la decena de millar más cercana es 220,000. Marca las opciones que podrían ser el problema original de resta en el que pensó Calvin.

- ☐ 232,684 − 14,652
- ☐ 238,041 − 19,558
- ☐ 271,982 − 64,780
- ☐ 298,155 − 75,437
- ☐ 242,698 − 18,765

© Pearson Education, Inc. 4

Nombre ______________________________

Ayuda | Amigo de práctica | Herramientas | Juegos

Tarea y práctica 2-2

Cálculo mental: Estimar sumas y diferencias

¡Revisemos!

Para estimar 64,236 + 15,542:

Redondea a la centena más cercana.

64,200 + 15,500 = 79,700

Redondea al millar más cercano.

64,000 + 16,000 = 80,000

Redondea a la decena de millar más cercana.

60,000 + 20,000 = 80,000

Para estimar 452,776 − 186,257:

Redondea al millar más cercano.

453,000 − 186,000 = 267,000

Redondea a la decena de millar más cercana.

450,000 − 190,000 = 260,000

Redondea a la centena de millar más cercana.

500,000 − 200,000 = 300,000

Estima las sumas o diferencias en los Ejercicios **1** a **10**.

1. 753,265 → ☐☐0,000
− 419,057 → − ☐☐0,000

2. 48,765 → ☐☐,000
+ 9,221 → + ☐,000

3. 7,792 → ☐,000
− 3,847 → − ☐,000

4. 2,189
+ 1,388

5. 9,245
− 4,033

6. 1,000,000
− 447,618

7. 65,327 − 14,231

8. 391,192 + 511,864

9. 8,475 + 1,329

10. 812,910 − 709,085

Tu estimación puede ser diferente de la de otros. Si ambas estimaciones son razonables, no hay ningún problema.

Usa la tabla de la derecha en los Ejercicios **11** y **12.**

11. **PM.1 Entender y perseverar** Aproximadamente, ¿cuánto más grande es el área del océano más grande que el área del océano más pequeño?

12. Escribe el área del océano Pacífico en forma desarrollada.

DATOS

Área del Océano

Océano	**Área (enkm^2)**
Océano Ártico	14,090
Océano Atlántico	82,400
Océano Índico	65,527
Océano Pacífico	165,760

13. **Álgebra** En una elección local, 138,201 personas votaron por la candidata que ganó. Si ella ganó la elección por 29,288 votos, aproximadamente, ¿cuántos votos obtuvo el otro candidato?

14. En un fin de semana, un cine vende 74,877 boletos para una nueva película. Escribe el valor de cada número 7 en 74,877.

15. **Sentido numérico** ¿Es 9,760 − 5,220 más o menos que 4,000? Explica cómo puedes saberlo sin hallar la diferencia exacta.

16. **Razonamiento de orden superior** Los estudiantes del cuarto grado cantaron como parte de una telemaratón en favor del hospital de niños local. El hospital esperaba recaudar $750,000. El primer día recaudaron $398,622. El segundo día recaudaron $379,873. ¿Cumplieron con su meta? Aproximadamente, ¿cuánto más o menos de lo que esperaban pudieron recaudar?

Evaluación de *Common Core*

17. Anya dice que "62,996 se redondea a 63,000". Marca todos los valores de posición que puede haber usado para redondear.

- ☐ Unidades
- ☐ Decenas
- ☐ Centenas
- ☐ Millares
- ☐ Decenas de millar

18. Marca todas las opciones que sean una estimación razonable de la diferencia de 874,169 − 387,245 cuando se redondea.

- ☐ 486,920
- ☐ 487,000
- ☐ 480,000
- ☐ 500,000
- ☐ 600,000

© Pearson Education, Inc. 4

Nombre ______________________________ Resuelve

Lección 2-3
Sumar números enteros

Puedo...
usar el algoritmo convencional y el valor de posición para sumar números de varios dígitos.

Estándares de contenido 4.NBD.B.4, 4.OA.A.3
Prácticas matemáticas PM.3, PM.7, PM.8

Resuélvelo y coméntalo

La clase de Érica recolectó 4,219 botellas para el centro de reciclaje. La clase de Ana recolectó 3,742 botellas y la de León recolectó 4,436. ¿Cuántas botellas recolectaron las tres clases? ***Resuelve este problema de la manera que prefieras.***

Puedes usar la estructura para descomponer números grandes de acuerdo al valor de posición como ayuda para sumar. *¡Muestra tu trabajo en el espacio que sigue!*

¡Vuelve atrás! **PM.8 Generalizar** ¿Cuál de las propiedades enuncia que puedes agrupar números para sumar? ¿Cómo nos ayuda esa propiedad a sumar dos o más números?

Pregunta esencial ¿Cómo se pueden sumar los números enteros?

A

Se está remodelando un estadio deportivo y se planea añadir 19,255 asientos. ¿Cuántos asientos habrá en el estadio remodelado?

20,000 asientos
4,595 asientos de palco

Asientos en el estadio original:
20,000 + 4,595 = 24,595

Puedes usar una variable para representar el valor desconocido. La variable *a* representa la cantidad total de asientos en el estadio remodelado.

Puedes usar un algoritmo para resolverlo. Recuerda que un algoritmo es una serie de pasos que se siguen para resolver un problema matemático.

a

24,595	19,255

B

Paso 1

Usa el algoritmo convencional de la suma.

Para sumar 24,595 + 19,255, suma las unidades, luego las decenas, y, finalmente, las centenas. Reagrupa, si es necesario.

$$\begin{array}{r} {}^{1\,1} \\ 24{,}595 \\ +\ 19{,}255 \\ \hline 850 \end{array}$$

C

Paso 2

Suma los millares y las decenas de millar. Reagrupa, si es necesario.

$$\begin{array}{r} {}^{1}{}^{1\,1} \\ 24{,}595 \\ +\ 19{,}255 \\ \hline 43{,}850 \end{array}$$

$a = 43{,}850$

El estadio remodelado tendrá 43,850 asientos.

D

Paso 3

Haz una estimación para verificar si tu respuesta es razonable.

$$\begin{array}{r} 24{,}595 \\ +\ 19{,}255 \\ \hline \end{array} \longrightarrow \begin{array}{r} {}^{1} \\ 25{,}000 \\ +\ 19{,}000 \\ \hline 44{,}000 \end{array}$$

43,850 está cerca de la estimación de 44,000; por tanto, la respuesta es razonable.

Puedes sumar dos o más números cuando los ordenas de acuerdo al valor de posición. Debes sumar solo un valor de posición a la vez.

¡Convénceme! **PM.7 Utilizar la estructura** Si todos los asientos de las canchas de básquetbol de la tabla están ocupados, ¿cuál es la cantidad total de personas en las tres canchas?

DATOS

Cancha de básquetbol	Cantidad de asientos
Pabellón Conmemorativo	16,285
Centro Comunitario	18,187
Estadio Central	20,557

© Pearson Education, Inc. 4

Nombre

Amigo de práctica Herramientas Evaluación

Otro ejemplo

Halla 30,283 + 63,423 + 6,538.

Estima:
30,000 + 63,000 + 7,000 = 100,000

```
  1 1 1 1
   30,283
   63,423
+   6,538
  100,244
```

La suma es razonable porque está cerca de la estimación de 100,000.

Práctica guiada*

¿Lo entiendes?

1. **PM.3 Construir argumentos** Cuando se suma 36,424 y 24,482, ¿por qué no se reagrupa en el paso final?

2. Un grupo de científicos voluntarios clasifica 7,836 especies de insectos y 4,922 especies de arañas. ¿Cuántas especies clasifica en total?

¿Cómo hacerlo?

Haz una estimación en los Ejercicios **3** a **6**. Luego, halla las sumas.

3. 14,926 + 3,382

4. 423,156 + 571,607

5. 3,258 + 1,761

6. 82,385 + 49,817

Práctica independiente

Usa la estimación para comprobar si tu respuesta es razonable.

Haz una estimación en los Ejercicios **7** a **16**. Luego, halla las sumas.

7. 14,312 + 9,617

8. 275,558 + 605,131

9. 38,911 + 45,681

10. 5,801 + 4,189

11. 8,818 + 1,182

12. 5,555 + 7,412

13. 21,009 + 5,529

14. 30,080 + 19,187

15. 29,634 + 12,958 + 6,835

16. 64,673 + 48,262 + 298,918

*Puedes encontrar otro ejemplo en el Grupo C, página 85.

Prácticas matemáticas y resolución de problemas

17. Beth comió $\frac{2}{8}$ de una tarta. Jim comió $\frac{3}{8}$ de una tarta del mismo tamaño. ¿Cuál de ellos comió más? Escribe una comparación.

18. Escribe el número 21,604 en palabras.

19. **PM.3 Construir argumentos** Explica el error que hay en la suma de la derecha. ¿Cuál sería la suma correcta?

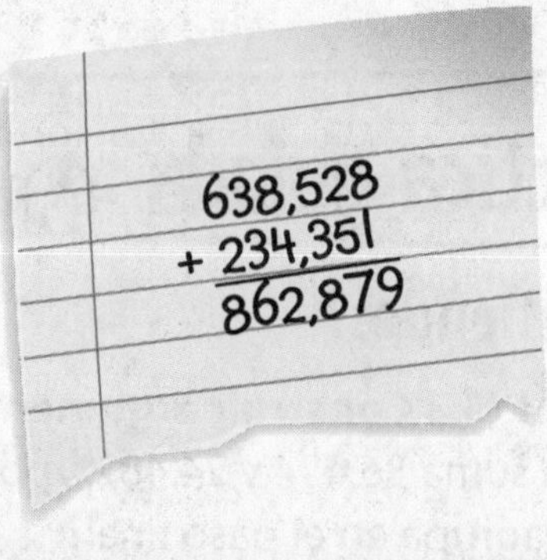

20. **Sentido numérico** María sumó 45,273 más 35,687 y obtuvo un total de 70,960. ¿Es razonable su respuesta? Explícalo.

21. **Razonamiento de orden superior** En un centro de patinaje sobre hielo se alquilaron 130,453 pares de patines. El año siguiente, se alquilaron 108,626 pares de patines, y el año posterior se alquilaron 178,119 pares de patines. ¿Cuántos pares de patines se alquilaron durante los dos años en los que hubo más gente? ¿Cuántos pares de patines se alquilaron en total durante los tres años?

Evaluación de *Common Core*

22. Aubrey escribe un *blog.* 29,604 personas leen su primera entrada. La semana siguiente, 47,684 leen su segunda entrada. La tercera entrada del *blog* de Aubrey tiene 41,582 lectores.

Parte A

Explica por escrito cómo puedes redondear para estimar el total de lectores de las primeras tres entradas del *blog* de Aubrey.

Parte B

¿Cuál es la cantidad exacta de lectores? ¿Cómo puedes usar tu estimación para comprobar si tu respuesta es razonable?

© Pearson Education, Inc. 4

Nombre ______________________

Ayuda · Amigo de práctica · Herramientas · Juegos

Tarea y práctica 2-3

Sumar números enteros

¡Revisemos!

Puedes sumar dos o más números cuando los alineas de acuerdo al valor de posición. Suma un valor de posición a la vez.

Halla 3,456 + 2,139 + 5,547.

Haz una estimación: 3,500 + 2,100 + 5,500 = 11,100.

Paso 1

Alinea los números de acuerdo a su valor de posición.

Suma las unidades.

Reagrupa, si es necesario.

$$\begin{array}{r} {}^{2} \\ 3,456 \\ 2,139 \\ +\ 5,547 \\ \hline 2 \end{array}$$

Reagrupa 22 unidades en 2 decenas y dos unidades.

Paso 2

Suma las decenas y las centenas.

Reagrupa, si es necesario.

$$\begin{array}{r} {}^{1\ 1\ 2} \\ 3,456 \\ 2,139 \\ +\ 5,547 \\ \hline 142 \end{array}$$

Mantén los números en sus columnas mientras sumas.

Paso 3

Suma los millares.

Recuerda que debes reagrupar las decenas de millar, si es necesario.

$$\begin{array}{r} {}^{1\ 1\ 2} \\ 3,456 \\ 2,139 \\ +\ 5,547 \\ \hline 11,142 \end{array}$$

11,142 está cerca de la estimación de 11,100.

Halla la suma en los Ejercicios **1** a **8**.

Usa la estimación para comprobar si tu respuesta es razonable.

1. $\begin{array}{r} 9,945 \\ +\ 3,343 \\ \hline \end{array}$

2. $\begin{array}{r} 12,566 \\ +\ 5,532 \\ \hline \end{array}$

3. $\begin{array}{r} 387,969 \\ +\ 562,031 \\ \hline \end{array}$

4. $\begin{array}{r} 629,979 \\ 294,116 \\ +\ 75,905 \\ \hline \end{array}$

5. $\begin{array}{r} 227,418 \\ 196,735 \\ +\ 48,062 \\ \hline \end{array}$

6. $\begin{array}{r} 82,011 \\ 96,489 \\ +\ 76,988 \\ \hline \end{array}$

7. $\begin{array}{r} 126,267 \\ 15,809 \\ +\ 8,764 \\ \hline \end{array}$

8. $\begin{array}{r} 45,101 \\ 35,099 \\ +\ 10,000 \\ \hline \end{array}$

9. Sentido numérico Haz una estimación y, luego, suma para hallar la longitud combinada de las cuatro carreteras que aparecen en la tabla. ¿Es razonable tu respuesta? Explícala.

DATOS

Longitud de las carreteras interestatales

Carretera interestatal	Longitud (en millas)
I-90	3,102
I-10	2,460
I-70	2,153
I-80	2,899

10. PM.4 Representar con modelos matemáticos Una empresa de mensajería envió 38,728 cartas y 41,584 paquetes. Escribe y resuelve una ecuación para hallar cuántos artículos envió la empresa.

11. Álgebra El costo total de los dos carros de la familia Fatigato fue de $71,482. El costo de uno de los carros fue $38,295. Escribe una ecuación usando una variable para representar el costo del otro carro de la familia.

12. Sentido numérico Lisa sumó 206,425 + 128,579 + 314,004. ¿El total de su suma debería ser mayor o menor que 650,000?

13. Razonamiento de orden superior En una semana, Katy camina 1,750 metros y corre 1,925 metros. Hace el mismo ejercicio durante tres semanas. ¿Cuántos metros camina y corre Katy en las tres semanas?

Evaluación de *Common Core*

14. Un censo reciente muestra que la población de una ciudad es de 831,982 personas. Marisol redondea esa población a 830,000 y Lindy la redondea a 800,000.

Parte A

¿Quién redondeó correctamente la población de la ciudad? Explícalo.

Parte B

¿Cuál de los números redondeados es una estimación más acertada de la población?

© Pearson Education, Inc. 4

Nombre ______________________

Resuelve

Lección 2-4
Restar números enteros

Puedo...
usar el algoritmo convencional y el valor de posición para restar números enteros.

Estándares de contenido 4.NBD.B4, 4.OA.A.3
Prácticas matemáticas PM.1, PM.2, PM.3

Resuélvelo y coméntalo

El estado de Nevada tiene un área de 109,781 millas cuadradas. El estado de Colorado tiene un área de 103,642 millas cuadradas. ¿Cuánto más grande es Nevada que Colorado? ***Resuelve este problema de la manera que prefieras.***

Puedes entender mejor tus respuestas si haces una estimación antes de restar. *¡Muestra tu trabajo en el espacio que sigue!*

¡Vuelve atrás! **PM.3 Construir argumentos** ¿Cómo puedes usar la suma para comprobar tu respuesta?

Pregunta esencial ¿Cómo se pueden restar los números enteros?

A

Tres de los parque nacionales más hermosos del país se encuentran en Alaska. ¿Cuánto mayor es el área del parque Puertas del Ártico que la combinación de áreas de los parques Denali y Fiordos de Kenai?

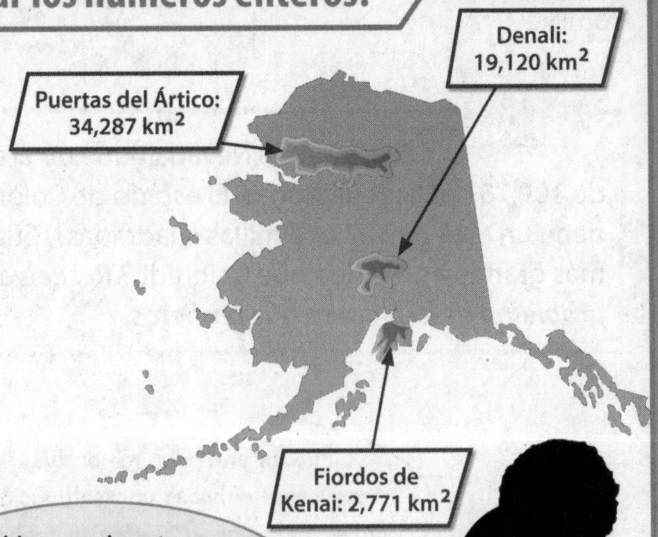

Halla el área total de los parques Denali y Fiordos de Kenai.

$$\begin{array}{r} 19{,}120 \\ +\ 2{,}771 \\ \hline 21{,}891 \end{array}$$ kilómetros cuadrados

Luego, halla la diferencia entre las áreas.

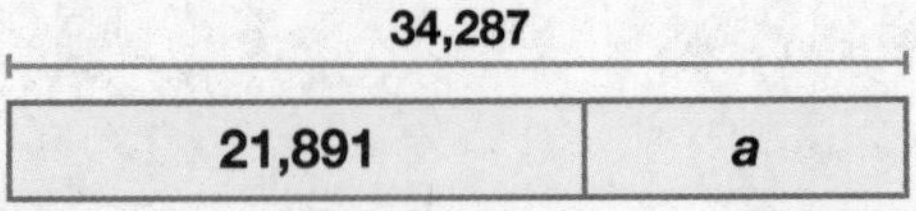

B

Paso 1

Halla 34,287 − 21,891.

Resta las unidades. Reagrupa, si es necesario.

$$\begin{array}{r} 34{,}287 \\ -\ 21{,}891 \\ \hline 6 \end{array}$$

C

Paso 2

Resta las decenas, las centenas, los millares y las decenas de millar.
Reagrupa, si es necesario.

$$\begin{array}{r} ^{3\ 11\ 18} \\ 34{,}287 \\ -\ 21{,}891 \\ \hline 12{,}396 \end{array}$$

El área del parque Puertas del Ártico es 12,396 kilómetros cuadrados más grande.

D

Paso 3

Las operaciones que se anulan entre sí son operaciones inversas. La suma y la resta tienen una relación inversa. Haz una suma para comprobar tu respuesta.

$$\begin{array}{r} ^{1\ 1} \\ 12{,}396 \\ +\ 21{,}891 \\ \hline 34{,}287 \end{array}$$

¡Convénceme! PM.3 Evaluar el razonamiento

La operación que se muestra abajo NO es correcta. ¿Qué errores tiene? Muestra cómo se debe hallar la respuesta correcta.

$$\begin{array}{r} ^{14} \\ 264{,}248 \\ -\ 232{,}764 \\ \hline 32{,}584 \end{array}$$

© Pearson Education, Inc. 4

Nombre ____________________

Amigo de práctica Herramientas Evaluación

Otro ejemplo

Halla 68,792 − 33,215.

$$\begin{array}{r} \overset{8\,12}{68{,}7\cancel{9}\cancel{2}} \\ -\;33{,}215 \\ \hline 35{,}577 \end{array}$$

Haz una estimación:
69,000 − 33,000 = 36,000.

Puedes usar la estimación para comprobar si tu respuesta es razonable.

Práctica guiada*

¿Lo entiendes?

1. PM.3 **Construir argumentos** En el problema de ¡Convénceme!, que se encuentra en la página anterior, ¿por qué razón no se escribió el cero del lugar de las centenas de millar en la respuesta?

2. El área total de terreno que ocupa Nueva Jersey es de 19,047 kilómetros cuadrados. Escribe y resuelve una ecuación que muestre cómo se puede hallar cuánto más grande es el parque Puertas del Ártico que el estado de Nueva Jersey.

¿Cómo hacerlo?

Resta en los Ejercicios **3** a **6.** Usa operaciones inversas para comprobar tus resultados.

3. 139,484 − 116,691

4. 2,164 − 1,398

5. 49,735 − 25,276

6. 281,311 − 3,427

Práctica independiente

Resta en los Ejercicios **7** a **14.** Usa operaciones inversas para comprobar tus resultados.

7. $\begin{array}{r} 82{,}376 \\ -\;47{,}294 \\ \hline \end{array}$

8. $\begin{array}{r} 653{,}642 \\ -\;562{,}410 \\ \hline \end{array}$

9. $\begin{array}{r} 9{,}128 \\ -\;3{,}753 \\ \hline \end{array}$

10. $\begin{array}{r} 42{,}648 \\ -\;8{,}169 \\ \hline \end{array}$

11. $\begin{array}{r} 425{,}637 \\ -\;86{,}942 \\ \hline \end{array}$

12. $\begin{array}{r} 8{,}457 \\ -\;1{,}946 \\ \hline \end{array}$

13. $\begin{array}{r} 215{,}714 \\ -\;176{,}313 \\ \hline \end{array}$

14. $\begin{array}{r} 85{,}968 \\ -\;74{,}084 \\ \hline \end{array}$

Puedes encontrar otro ejemplo en el Grupo D, página 86.

15. Ⓒ **PM.2 Razonar** Una empresa de crayones fabrica 87,491 crayones azules, 36,262 crayones rojos y 25,063 crayones grises. ¿Cuántos crayones azules más que el total de crayones rojos y grises fabrica la empresa?

16. **Sentido numérico** Patrick restó 4,832 − 2,322 y obtuvo 2,510. ¿Es razonable esa diferencia? Explícalo.

17. Nadia escribe el siguiente problema de resta y su respuesta. ¿Qué error cometió Nadia? ¿Cuál es la respuesta correcta?

$$\begin{array}{r} 98{,}476 \\ -\ 82{,}185 \\ \hline 16{,}391 \end{array}$$

18. ¿Cuántas personas más que el total de 2014 y 2015 concurrieron a la feria?

DATOS

Concurrencia a la feria de la calle	
2014	81,129
2015	112,172
2016	362,839

19. **Razonamiento de orden superior** El lunes, un grupo de montañistas descendió 3,499 pies desde la cima del monte Kilimanjaro. El martes, descendió otros 5,262 pies. ¿Cuántos pies en total descendieron los montañistas en dos días? ¿Cuántos pies más les quedan por descender para llegar al pie del monte?

El monte Kilimanjaro mide 19,341 pies de altura.

Ⓒ Evaluación de *Common Core*

20. ¿Cuál de las siguientes opciones describe mejor la respuesta al problema de resta que se muestra abajo?

3,775 − 1,831

Ⓐ La respuesta es menor que 1,000.

Ⓑ La respuesta es aproximadamente 1,000.

Ⓒ La respuesta es mayor que 1,000.

Ⓓ La respuesta es 1,000.

21. ¿Cuál de los siguientes problemas se puede usar para comprobar la respuesta de 62,179 − 31,211?

Ⓐ 30,968 + 31,211

Ⓑ 31,211 + 31,211

Ⓒ 62,179 − 31,211

Ⓓ 31,211 − 30,968

 © Pearson Education, Inc. 4

Nombre ______________________

Ayuda | Amigo de práctica | Herramientas | Juegos

Tarea y práctica 2-4

Restar números enteros

¡Revisemos!

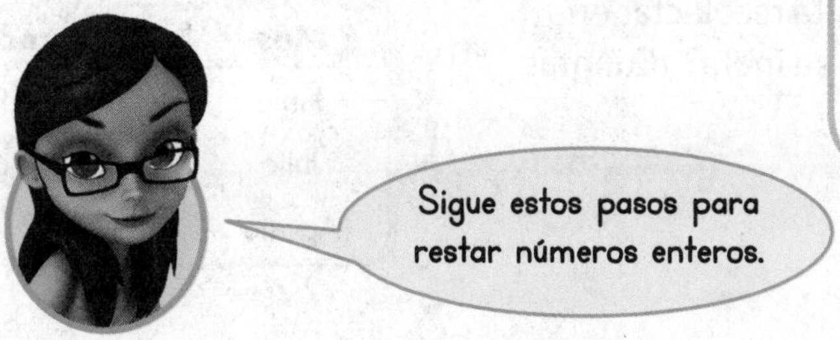
Sigue estos pasos para restar números enteros.

Halla 7,445 − 1,368.

Haz una estimación: 7,000 − 1,000 = 6,000.

Paso 1	Paso 2	Paso 3	Paso 4
$\begin{array}{r} {\scriptstyle 3\,15} \\ 7{,}4\cancel{4}\cancel{5} \\ -\,1{,}368 \\ \hline 7 \end{array}$	$\begin{array}{r} {\scriptstyle 13} \\ {\scriptstyle 3\,\cancel{3}\,15} \\ 7{,}\cancel{4}\cancel{4}\cancel{5} \\ -\,1{,}368 \\ \hline 77 \end{array}$	$\begin{array}{r} {\scriptstyle 13} \\ {\scriptstyle 3\,\cancel{3}\,15} \\ 7{,}\cancel{4}\cancel{4}\cancel{5} \\ -\,1{,}368 \\ \hline 077 \end{array}$	$\begin{array}{r} {\scriptstyle 13} \\ {\scriptstyle 3\,\cancel{3}\,15} \\ 7{,}\cancel{4}\cancel{4}\cancel{5} \\ -\,1{,}368 \\ \hline 6{,}077 \end{array}$
Para restar 8 unidades de 5 unidades, debes reagrupar. Reagrupa 4 decenas como 3 decenas y 10 unidades. Resta 8 unidades de las 15 unidades que tienes ahora.	Para restar 6 decenas de 3 decenas, debes reagrupar. Reagrupa 4 centenas como 3 centenas y 10 decenas. Resta 6 decenas de las 13 decenas que tienes ahora.	Resta 3 centenas de 3 centenas.	Resta 1 millar de 7 millares. Comprueba tu respuesta usando la suma. $\begin{array}{r} {\scriptstyle 1\,1} \\ 6{,}077 \\ +\,1{,}368 \\ \hline 7{,}445 \end{array}$

Halla las diferencias en los Ejercicios **1** a **8.** Usa operaciones inversas o haz una estimación para comprobar si tus respuestas son razonables.

1. $\begin{array}{r} 8{,}737 \\ -\,6{,}754 \\ \hline \end{array}$

2. $\begin{array}{r} 411{,}765 \\ -\,402{,}120 \\ \hline \end{array}$

3. $\begin{array}{r} 43{,}429 \\ -\,17{,}101 \\ \hline \end{array}$

4. $\begin{array}{r} 952{,}746 \\ -\,184{,}524 \\ \hline \end{array}$

5. $\begin{array}{r} 17{,}863 \\ -\,3{,}747 \\ \hline \end{array}$

6. $\begin{array}{r} 513{,}363 \\ -\,382{,}895 \\ \hline \end{array}$

7. $\begin{array}{r} 4{,}226 \\ -\,2{,}958 \\ \hline \end{array}$

8. $\begin{array}{r} 67{,}451 \\ -\,29{,}609 \\ \hline \end{array}$

9. PM.1 **Entender y perseverar** La meta del Club Ambiental es recolectar 9,525 latas en cuatro meses. ¿Cómo puedes hallar la cantidad de latas que el club necesita recolectar en septiembre para alcanzar su meta? ¿Cuántas latas más necesitan?

DATOS

Mes	Latas recolectadas
Junio	1,898
Julio	2,643
Agosto	2,287

10. **Sentido numérico** El podómetro de Naima registró 43,498 pasos en una semana. Su meta es caminar 88,942 pasos. Naima estima que tiene que dar alrededor de 50,000 pasos más para alcanzar su meta. ¿Es razonable su estimación? Explícalo.

11. PM.3 **Evaluar el razonamiento** Mitch escribió siguiente resta. ¿Qué error cometió? ¿Cuál es la respuesta correcta?

$$\begin{array}{r} 657,392 \\ -\ 434,597 \\ \hline 222,895 \end{array}$$

12. Compara los valores de los números 2 y los números 5 en 55,220.

13. **Razonamiento de orden superior** Un restaurante tiene 1,996 tenedores, 1,745 cuchillos y 2,116 cucharas. La dueña quiere tener 2,000 de cada tipo de cubierto. Puede comprar cubiertos nuevos o donar los que le sobran. ¿Cuántos tenedores y cuchillos más necesita? ¿Cuántas cucharas extra hay?

Evaluación de *Common Core*

14. Durante su primer año como piloto, Rob vuela 6,692 millas. El segundo año, vuela 16,429 millas y el tercer año vuela 24,211 millas. Rob quiere estimar cuántas millas más voló el tercer año que en el primer y segundo año combinados. ¿Cuál de las opciones muestra una estimación que podría hacer Rob?

Ⓐ 24,000 − (7,000 + 16,000)

Ⓑ (24,000 + 7,000) − 16,000

Ⓒ (16,000 − 7,000) + 24,000

Ⓓ 24,000 + 16,000 + 7,000

© Pearson Education, Inc. 4

Nombre ______________________________

Resuelve

Lección 2-5
Restar con ceros

Puedo...
usar el sentido numérico y la reagrupación para restar de números que tienen ceros.

Estándar de contenido 4.NBD.B.4
Prácticas matemáticas PM.2, PM.3, PM.5, PM.8

Resuélvelo y coméntalo La ciudad de Londres, Inglaterra, está a 15,710 kilómetros del Polo Sur. Tokio, Japón, está a 13,953 kilómetros del Polo Sur. ¿Cuánto más lejos está Londres que Tokio del Polo Sur? ***Resuelve este problema de la manera que prefieras.***

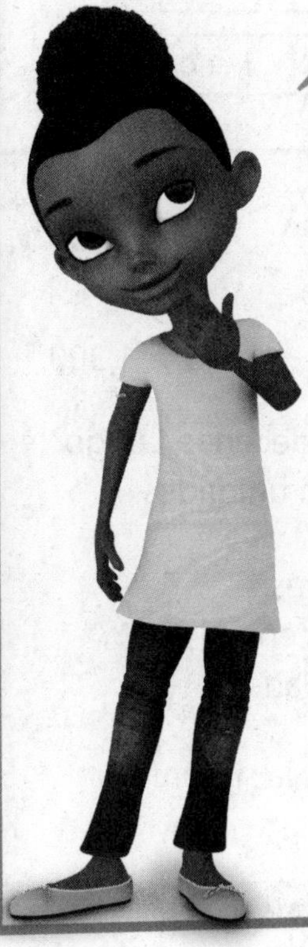

Puedes usar el razonamiento para identificar la operación que debes usar para comparar dos distancias. *¡Muestra tu trabajo en el espacio que sigue!*

¡Vuelve atrás! **PM.8 Generalizar** ¿Qué necesitas hacer para restar las 3 unidades de 13,953 de las 0 unidades del número 15,710? ¿Cómo se resta de ceros? Explícalo.

Pregunta esencial ¿Cómo se puede restar con ceros?

A

Una sala de conciertos recibirá una orquesta sinfónica. Se venden 4,678 boletos para la presentación. ¿Cuántos boletos quedan por vender?

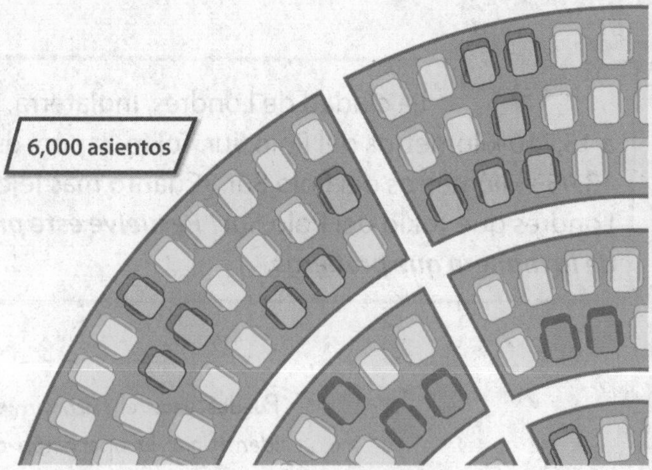
6,000 asientos

Hay más de una manera de anotar cómo se reagrupa con ceros.

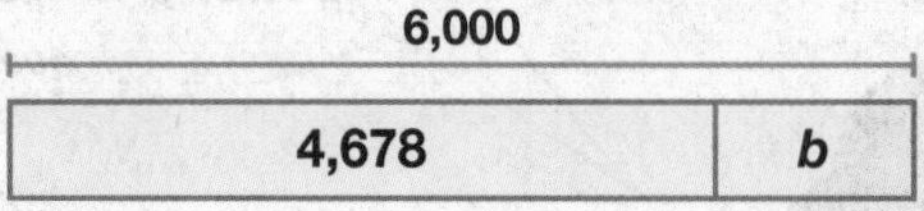
6,000
4,678
b

B

Una manera

Halla 6,000 − 4,678.
Haz una estimación: 6,000 − 4,700 = 1,300.

Cuando sea necesario, reagrupa los millares como centenas, las centenas como decenas y las decenas como unidades.

```
   9  9
 5 10 10 10
   6,000
 − 4,678
   1,322
```

6 millares = 5 millares, 9 centenas, 9 decenas, 10 unidades

Quedan todavía 1,322 boletos para la sinfonía.

C

Otra manera

Halla 6,000 − 4,678.
Haz una estimación: 6,000 − 4,700 = 1,300.

Piensa en 6,000 como 600 decenas. Luego, reagrupa las decenas como unidades.

```
 5 9 9 10
   6,000
 − 4,678
   1,322
```

6 millares = 599 decenas, 10 unidades

Quedan 1,322 boletos para la sinfonía.

¡Convénceme! **PM.8 Generalizar** ¿En qué se parecen los dos métodos que se muestran arriba? ¿Por qué puede uno de ellos ser más fácil que el otro?

 © Pearson Education, Inc. 4

Nombre ______________________________

Práctica guiada*

¿Lo entiendes?

1. **PM.3 Construir argumentos** ¿Cómo podrías comprobar si la respuesta al problema de los boletos de la página anterior es correcta?

2. Un pasajero voló desde Oslo hasta Lima. El vuelo fue de 11,033 kilómetros. Otro pasajero voló de Oslo a Los Ángeles, en un vuelo de 8,593 kilómetros. ¿De cuántos kilómetros más fue el vuelo hasta Lima?

¿Cómo hacerlo?

Resta en los Ejercicios **3** a **8.**

3. 6,000 − 1,773

4. 231,086 − 172,863

5. 76,810 − 22,645

6. 90,304 − 51,137

7. 101,001 − 8,915

8. 9,050 − 3,461

Práctica independiente

Resta en los Ejercicios **9** a **24.**

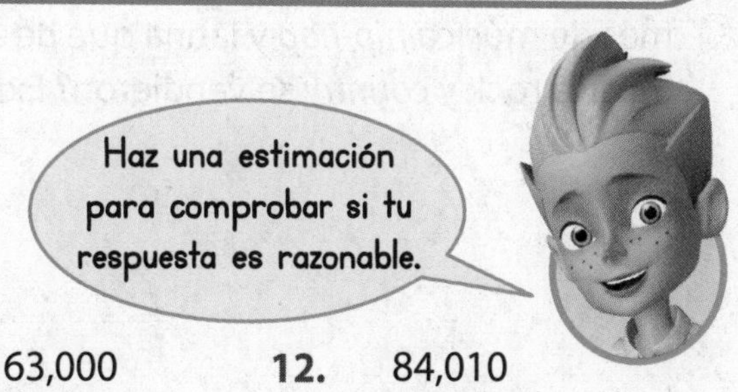

Haz una estimación para comprobar si tu respuesta es razonable.

9. 1,902 − 1,374

10. 6,502 − 5,380

11. 63,000 − 48,673

12. 84,010 − 3,992

13. 2,025 − 1,540

14. 31,030 − 27,426

15. 50,469 − 22,917

16. 1,830 − 644

17. 7,203 − 847

18. 726,003 − 282,942

19. 4,707 − 2,016

20. 30,900 − 22,855

21. 6,090 − 5,130

22. 11,246 − 9,489

23. 790,008 − 643,829

24. 39,603 − 30,922

Puedes encontrar otro ejemplo en el Grupo E, página 86.

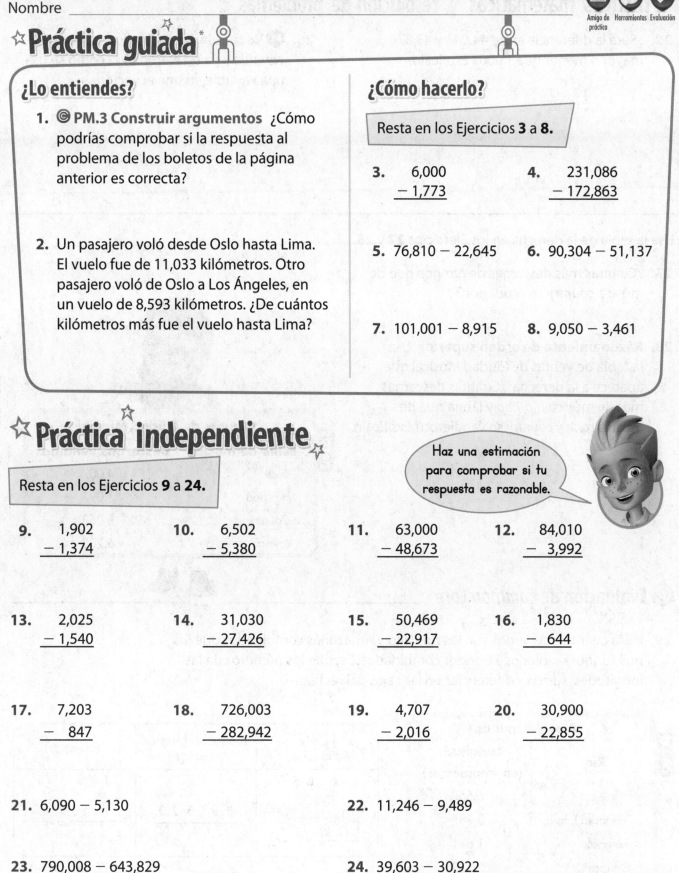

Prácticas matemáticas y resolución de problemas

25. ¿Será la diferencia entre 44,041 y 43,876 mayor o menor que 1,000? Explícalo.

26. **Vocabulario** Define lo que es una *variable* y da un ejemplo de cómo se usa una variable en una ecuación.

Usa la tabla de la derecha en los Ejercicios **27** y **28.**

27. ¿Cuántas más descargas de *hip-hop* que de música *country* se vendieron?

28. **Razonamiento de orden superior** Usa la tabla de ventas de Ciudad Musical que aparece a la derecha. ¿Cuántas descargas más de música *hip-hop* y latina que de música rock y *country* se vendieron? Explícalo.

DATOS

Ventas de Ciudad Musical

Estilo de música	Descargas vendidas
Rock	4,007
Hip-hop	7,097
Country	5,063
Latina	6,203

Evaluación de *Common Core*

29. Halla cuánto más largos son los ríos Nilo y Amazonas combinados que los ríos Tunguska Inferior y Ganges combinados. Escribe los números de las longitudes, sumas y diferencias en las cajas del recuadro.

DATOS

Ríos del mundo

Río	Longitud (en kilómetros)
Nilo	6,650
Tunguska Inferior	2,989
Senegal	1,641
Ganges	2,620
Amazonas	6,400

Nilo y Amazonas	Tunguska Inferior y Ganges	Diferencia
6,650 + □,□□□ □□,□□□	□,□□□ + 2,620 □,□□□	□□,□5□ − 5,6□□ □,□□□

© Pearson Education, Inc. 4

Nombre ______________________

Ayuda | Amigo de práctica | Herramientas | Juegos

Tarea y práctica 2-5

Restar con ceros

¡Revisemos!

Halla 700,402 − 297,354.

Haz una estimación: 700,000 − 300,000 = 400,000.

Paso 1

```
  700,402
− 297,354
```

No puedes restar 4 unidades de 2 unidades; por tanto, debes reagrupar. Dado que hay un cero en el lugar de las decenas, debes reagrupar 4 centenas como 3 centenas, 9 decenas y 10 unidades.

```
       9
      3 10 12
  700,4 0  2
− 297,354
```

Paso 2

```
   9       9
 6 10 10  3 10 12
 7 0  0 , 4 0  2
− 297,354
```

Dado que hay ceros en el lugar de los millares y en el de las decenas de millar, puedes reagrupar 700 millares como 6 centenas de millar, 9 decenas de millar y 10 millares.

Paso 3

```
   9       9
 6 10 10  3 10 12
 7 0  0 , 4 0  2
− 297,354
  403,048
```

Ahora puedes restar.

Paso 4

```
 1 1  1 1
 297,354
+403,048
 700,402
```

Puedes comprobar tu respuesta usando la suma.

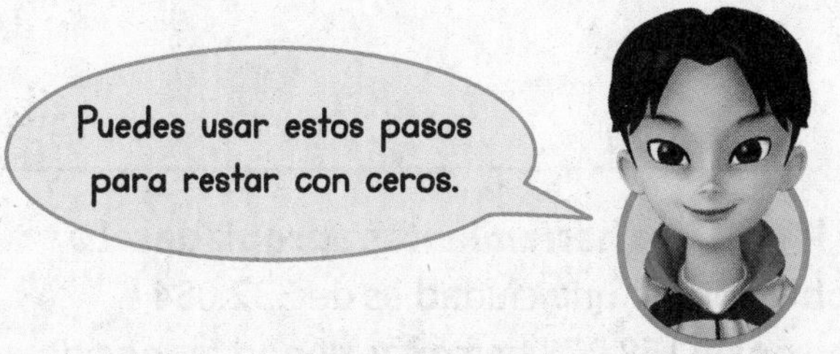
Puedes usar estos pasos para restar con ceros.

Resta en los Ejercicios **1** a **12**.

1. 61,070 − 4,981

2. 5,707 − 2,058

3. 815,950 − 423,147

4. 90,800 − 37,638

5. 102,604 − 6,174

6. 22,700 − 20,487

7. 40,200 − 29,526

8. 600,470 − 307,299

9. 8,106 − 2,999

10. 214,507 − 83,569

11. 10,400 − 6,392

12. 45,500 − 9,450

13. Sentido numérico Ester resta 9,405 de 11,038. ¿Debe ser la respuesta de Ester mayor o menor que 2,000? Explícalo.

14. Un distrito de parques organiza una colecta de donaciones durante 4 fines de semana en los que varios equipos nadan largos de piscina para recolectar fondos. La meta del distrito es de 40,000 largos. En los primeros 3 fines de semana, los equipos logran nadar 8,597 largos, 11,065 largos y 9,211 largos. ¿Cuántos largos más deberán nadar el cuarto fin de semana para alcanzar la meta propuesta?

15. Ⓒ PM.2 Razonamiento Añade los números que faltan:

106,984 − 37,639 = ________, y

69,345 + ________ = 106,984.

Explica por qué usas la suma para comprobar la resta.

16. Ⓒ PM.3 Construir argumentos Blaine restó 342,139 de 601,800. ¿Es correcta la respuesta de Blaine? Si no lo es, explica por qué y da la respuesta correcta.

$$\begin{array}{r} 601{,}800 \\ -\ 342{,}139 \\ \hline 359{,}661 \end{array}$$

17. Ⓒ PM.5 Usar herramientas apropiadas La población de una ciudad es de 332,054 personas. 168,278 personas tienen menos de 18 años. Dibuja un diagrama de barras para hallar cuántas personas tienen 18 años o más.

18. Razonamiento de orden superior Para obtener una estimación más cercana de la diferencia de los números que siguen, ¿redondearías los números a la decena de millar más cercana, al millar más cercano o a la centena más cercana? Explícalo.

$$\begin{array}{r} 62{,}980 \\ -\ 49{,}625 \\ \hline \end{array}$$

Ⓒ Evaluación de *Common Core*

19. La empresa de Sahira imprimió 37,652 libros de los 70,000 que se habían pedido. ¿Cuántos libros más deberá imprimir la empresa de Sahira? Escribe los números que faltan en el problema.

$$\begin{array}{r} 7\square{,}000 \\ -\ \square 7{,}6\square 2 \\ \hline \square\square{,}\square\square\square \end{array}$$

© Pearson Education, Inc. 4

Nombre ______________________________ Resuelve

Prácticas matemáticas y resolución de problemas

Lección 2-6
Razonar

Puedo...
entender las cantidades y sus relaciones en el contexto de un problema.

Prácticas matemáticas PM.2. También, PM.1, PM.4, PM.8.
Estándares de contenido 4.NBD.B4, 4.OA.A.3

Resuélvelo y coméntalo Un grupo de estudiantes recogió donaciones para una colecta de juguetes. Recolectaron un total de 3,288 juguetes en una semana y 1,022 durante la siguiente. ¿Cuántos juguetes recolectaron en total? Donaron 1,560 juguetes a la Caridad de Coal City y el resto a la Caridad de Hartville. ¿Cuántos juguetes se donaron a la Caridad de Hartville? Usa el razonamiento sobre los números para mostrar y explicar cómo se relacionan las cantidades.

Hábitos de razonamiento

¡Razona correctamente! Estas preguntas te pueden ayudar.

- ¿Qué significan los números y los signos o símbolos del problema?
- ¿Cómo se relacionan los números o cantidades?
- ¿Cómo puedo representar un problema verbal usando dibujos, números o ecuaciones?

¡Vuelve atrás! **PM.2 Razonamiento** Durante tres semanas, los estudiantes recolectaron un total de 8,169 juguetes. ¿Cuántos juguetes recolectaron en la tercera semana? Completa el diagrama de barras para mostrar tu razonamiento. ¿Recolectaron más juguetes en la tercera semana que durante las dos primeras semanas combinadas? Explícalo.

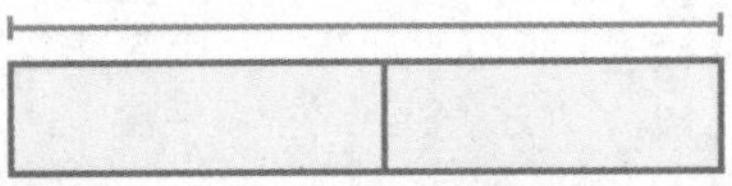

Aprende Glosario

Pregunta esencial

¿Cómo se puede usar el razonamiento cuantitativo para resolver problemas?

A

Justine y su papá harán un viaje de pesca. Los precios de los materiales que necesitan, incluyendo el impuesto, se muestran en la tabla. Justine y su papá tienen $25. Han comprado 4 botellas de agua y 2 almuerzos de picnic. ¿Cuántas libras de carnada pueden comprar?

DATOS

Lista de precios de El capitán Bob	
Carnada	$3 por libra
Anzuelos	50¢ por unidad
Botellas de agua	$1 por unidad
Almuerzo de picnic	$6 por unidad

¿Cómo te puede ayudar dibujar un diagrama para entender cómo se relacionan los números del problema?

Puedo representar las relaciones entre los números usando un diagrama de barras.

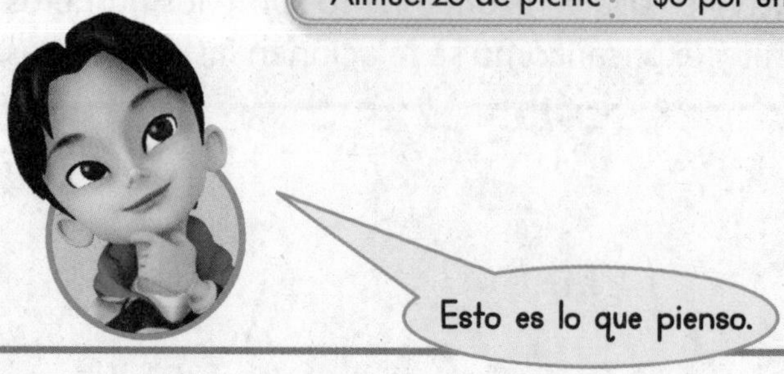

B

¿Cómo puedo usar el razonamiento para resolver este problema?

Puedo

- identificar las cantidades que conozco.
- dibujar diagramas para mostrar las relaciones que existen.
- dar la respuesta usando la unidad correcta.

C

Botellas de agua $4 \times \$1 = \$4$ Almuerzo de picnic $2 \times \$6 = \$12$

Halla cuánto dinero gastaron.

Gastaron $16. Haz una resta para hallar cuánto dinero les queda.

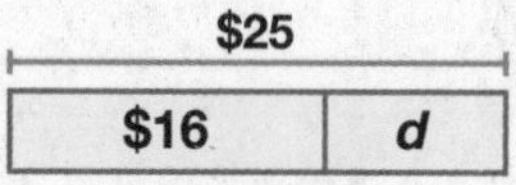

Haz una división para hallar cuántas libras de carnada pueden comprar.

$9 \div 3 = 3$

Pueden comprar 3 libras de carnada.

¡Convénceme! **PM.2 Razonamiento** Escribe un problema que se pueda resolver usando el diagrama de barras que aparece abajo. Escribe una ecuación para resolverlo. Usa el razonamiento para entender el significado de cada número antes de comenzar.

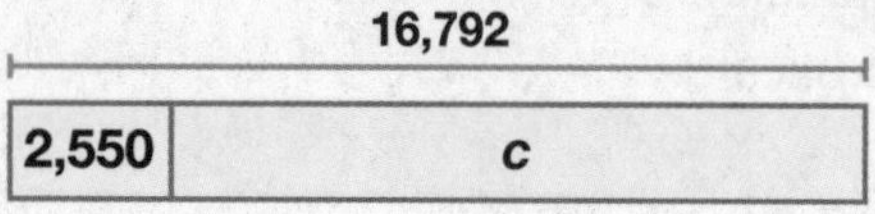

© Pearson Education, Inc. 4

Nombre ____________________

Amigo de práctica Herramientas Evaluación

Práctica guiada*

PM.2 Razonamiento

Kelly usó 6 tazas de manzanas, 4 tazas de naranjas y 2 tazas de uvas para hacer una ensalada de frutas. Repartió la ensalada en partes iguales en 6 tazones. ¿Cuántas tazas de ensalada de frutas puso en cada tazón?

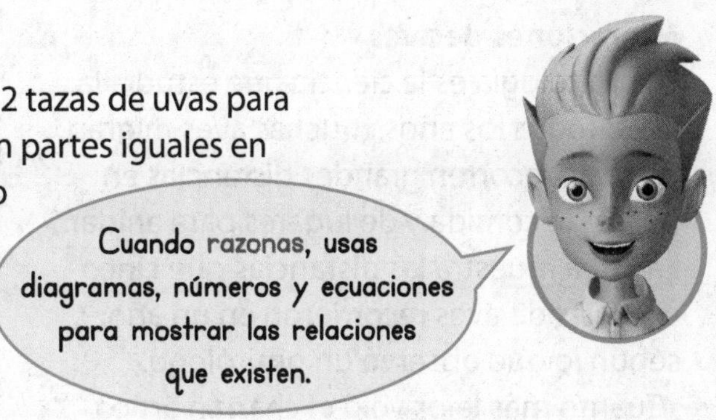

1. ¿Qué cantidades conoces para el problema y qué significan esos números?

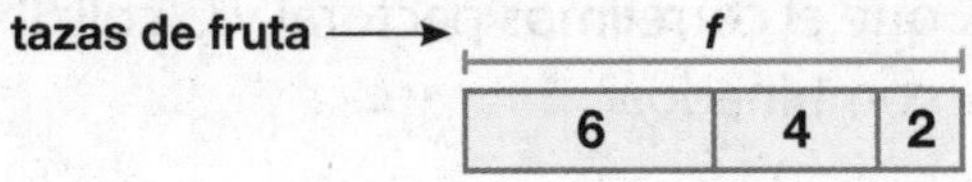

2. Usa los diagramas de barras que muestran las relaciones que hay entre los números del problema. Escribe y resuelve ecuaciones que se podrían usar para hallar *f*, la cantidad de tazas de fruta que se usó para preparar la ensalada, y *t*, la cantidad de tazas de fruta en cada tazón.

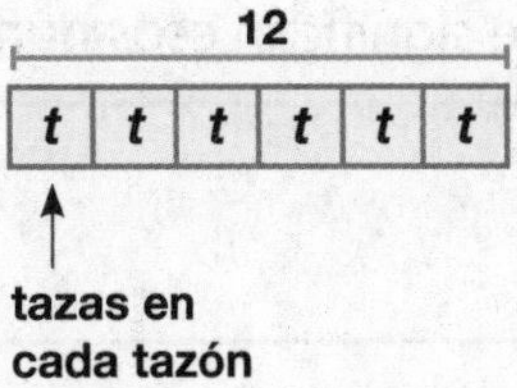

Práctica independiente

PM.2 Razonamiento

Se está construyendo un monumento con 16,351 piedras. Los albañiles ya han usado 8,361 piedras y les quedan 7,944 piedras por usar. ¿Cuántas piedras más necesitan? Usa los Ejercicios 3 a 5 para responder a la pregunta.

3. ¿Qué cantidades se conocen en el problema y qué significan esos números?

4. Completa el diagrama de barras para mostrar cómo hallar *p*, la cantidad total de piedras que tienen los albañiles. Luego, escribe y resuelve la ecuación.

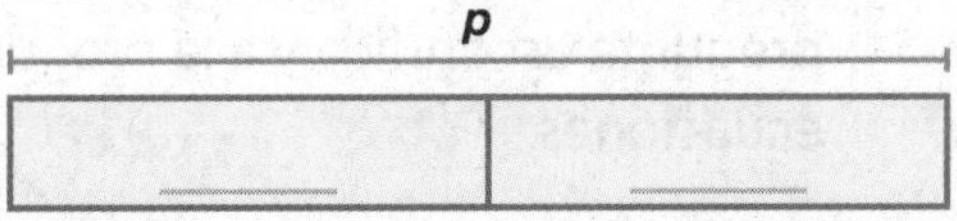

5. Completa el diagrama para mostrar cómo hallar la diferencia, *d*, es decir, cuántas piedras más necesitan los albañiles. Luego, escribe y resuelve una ecuación.

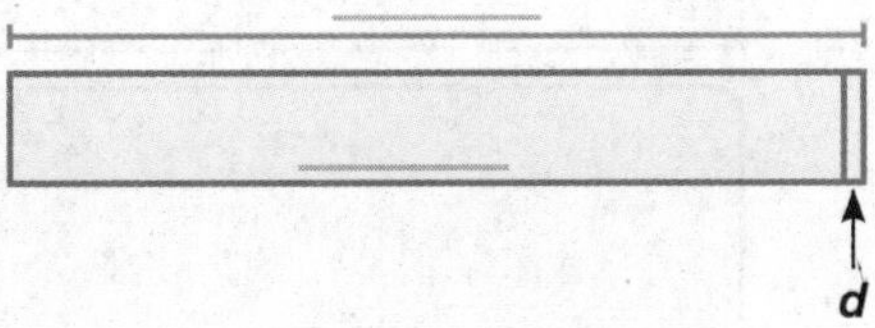

Puedes encontrar otro ejemplo en el Grupo F, página 86.

Evaluación de rendimiento de *Common Core*

Migraciones de aves
La ornitología es la ciencia que estudia las aves. Todos los años, muchas aves migran, es decir, recorren grandes distancias en busca de comida y de lugares para anidar. La tabla muestra las distancias que cinco especies de aves recorrieron en un año, según lo que observó un ornitólogo. ¿Cuánto más lejos voló el charrán ártico que el correlimos pectoral y la collalba pía combinados?

DATOS

Distancias recorridas por las aves

Especie	Distancia en millas
Pardela sombría	39,481
Collalba pía	11,184
Charrán ártico	44,819
Pardela de Tasmania	26,636
Correlimos pectoral	18,247

6. **PM.2 Razonamiento** ¿Qué cantidades se conocen en el problema y qué significan esos números?

7. **PM.1 Entender y perseverar** ¿Qué estrategia puedes usar para resolver el problema?

Cuando razonas, responde usando la unidad correcta.

8. **PM.1 Entender y perseverar** ¿Cuál es la pregunta escondida?

9. **PM.4 Representar con modelos matemáticos** Completa los diagramas de barras para mostrar cómo hallar las respuestas a la pregunta escondida y a la pregunta principal. Escribe y resuelve ecuaciones.

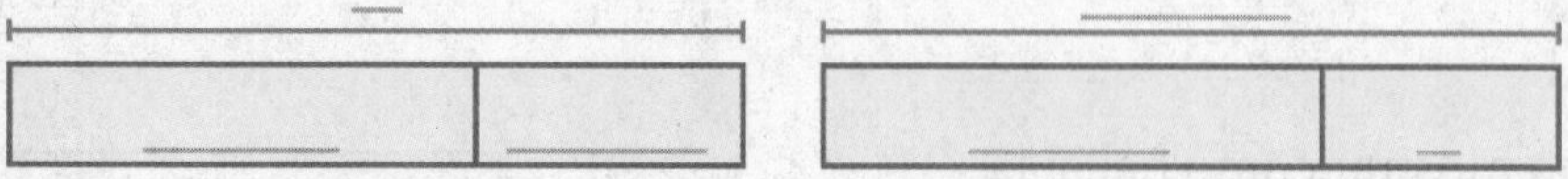

© Pearson Education, Inc. 4

Nombre ______________________

Ayuda | Amigo de práctica | Herramientas | Juegos

Tarea y práctica 2-6
Razonar

¡Revisemos!

En una semana, un granjero cultivó 3,978 manzanas rojas y 2,504 manzanas verdes. Vendió un total de 4,856 manzanas. Llevó el resto de las manzanas a la feria local. ¿Cuántas manzanas le quedaban al granjero para llevar a la feria local?

Explica cómo se usa el razonamiento cuantitativo para hallar la respuesta.

- Puedo identificar las cantidades conocidas.
- Puedo dibujar diagramas para mostrar las relaciones que existen.
- Puedo dar la respuesta usando la unidad correcta.

Identifica las cantidades y las relaciones que hay entre ellas para resolver el problema.

Primero, halla la cantidad de manzanas que cultivó el granjero.

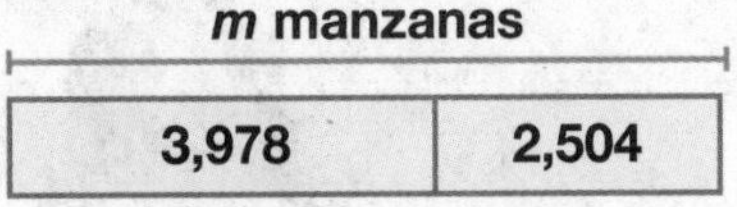

$3{,}978 + 2{,}504 = 6{,}482$

El granjero cultivó 6,482 manzanas.

Halla la cantidad de manzanas que quedaron para la feria local.

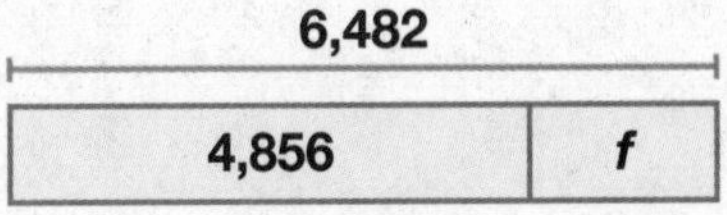

$6{,}482 - 4{,}856 = 1{,}626$

Quedaron 1,626 manzanas.

PM.2 Razonamiento

Un censo muestra que hay 659,000 hablantes de francés haitiano en los Estados Unidos y muestra que hay 186,000 más hablantes de árabe que de francés haitiano. ¿Cuántos hablantes de árabe hay? Usa los Ejercicios 1 y 2 para responder a la pregunta.

1. ¿Qué cantidades conoces para el problema y qué significan esos números?

2. ¿Cómo se relacionan ambas cantidades? Completa el diagrama de barras para hallar *a*, la cantidad de hablantes de árabe. Escribe una ecuación y resuélvela.

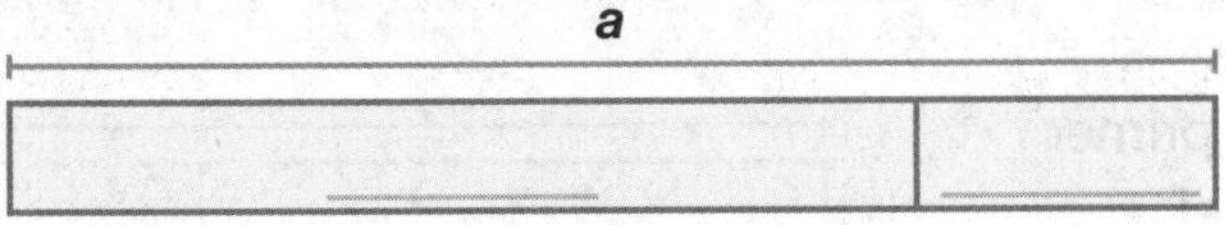

Música

La tabla muestra cuántas veces se descargó una canción durante los primeros cuatro días que estuvo a la venta. ¿Cuántas veces más se descargó la canción en el primer día que en los días 3 y 4 combinados?

DATOS

Día	Cantidad de descargas
1	313,280
2	270,463
3	106,548
4	98,273

Cuando razonas, identificas las cantidades conocidas y las relaciones entre ellas.

3. **PM.2 Razonamiento** ¿Qué cantidades conoces para el problema y qué significan esos números?

4. **PM.1 Entender y perseverar** ¿Qué estrategia puedes usar para resolver el problema?

5. **PM.1 Entender y perseverar** ¿Cuál es la respuesta escondida a la que se debe responder primero?

6. **PM.4 Representar con modelos matemáticos** Completa el diagrama de barras para mostrar cómo representar la pregunta escondida. Luego, escribe y resuelve la ecuación.

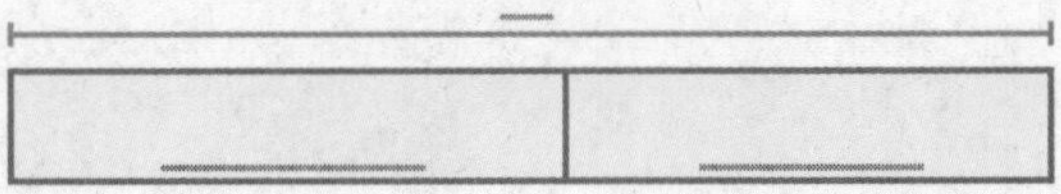

7. **PM.4 Representar con modelos matemáticos** ¿Cuántas veces más se descargó la canción en el primer día que en los días 3 y 4 combinados? Completa el diagrama de barras y luego escribe y resuelve la ecuación.

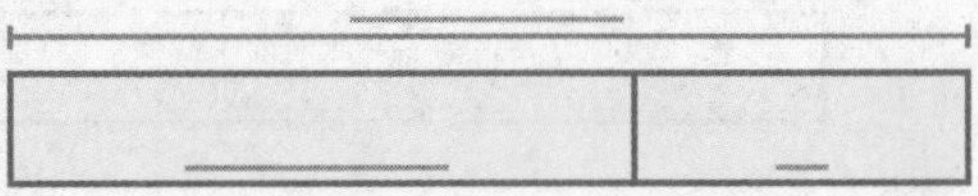

© Pearson Education, Inc. 4

Nombre ____

TEMA 2

Actividad de práctica de fluidez

Sigue la ruta

Sombrea el camino desde la **SALIDA** hasta la **META**. Sigue las sumas que son correctas. Solo te puedes mover hacia arriba, hacia abajo, hacia la derecha o hacia la izquierda.

Puedo...
sumar números enteros de varios dígitos.

© Estándar de contenido
4.NBD.B4

Salida

213 + 675 888	264 + 632 896	887 + 112 999	124 + 345 461	414 + 111 515
810 + 172 762	212 + 486 678	511 + 228 739	245 + 322 667	613 + 282 891
454 + 545 919	187 + 412 499	676 + 322 998	101 + 116 218	454 + 432 876
409 + 390 697	340 + 340 620	124 + 65 189	911 + 64 975	674 + 115 789
374 + 613 978	318 + 121 429	177 + 311 478	612 + 317 939	678 + 321 999

Meta

TEMA 2

Repaso del vocabulario

A-Z Glosario

Lista de palabras

- algoritmo
- compensación
- contar hacia adelante
- operaciones inversas
- propiedad asociativa de la suma
- propiedad conmutativa de la suma
- propiedad de identidad de la suma
- variable

Comprender el vocabulario

1. Encierra en un círculo la propiedad de la suma que se muestra en $126 + 0 = 126$.

Asociativa Conmutativa Identidad

2. Encierra en un círculo la propiedad de la suma que se muestra en $21 + 34 = 34 + 21$.

Asociativa Conmutativa Identidad

3. Encierra en un círculo la propiedad de la suma que se muestra en $(1 + 3) + 7 = 1 + (3 + 7)$.

Asociativa Conmutativa Identidad

4. Traza una línea entre cada término y el ejemplo relacionado.

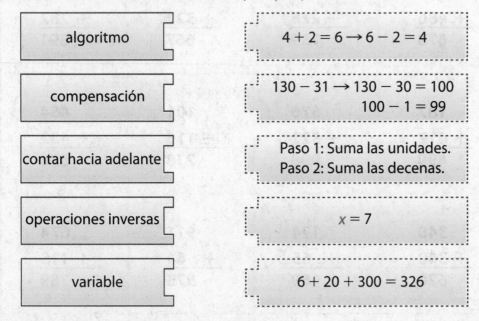

algoritmo	$4 + 2 = 6 \rightarrow 6 - 2 = 4$
compensación	$130 - 31 \rightarrow 130 - 30 = 100$ $100 - 1 = 99$
contar hacia adelante	Paso 1: Suma las unidades. Paso 2: Suma las decenas.
operaciones inversas	$x = 7$
variable	$6 + 20 + 300 = 326$

Usar el vocabulario al escribir

5. Rob halló el resultado de $103 + 1{,}875 = x$ usando el cálculo mental. Usa al menos 3 términos de la Lista de palabras para describir la manera en que Rob halló la suma.

© Pearson Education, Inc. 4

Nombre ______________________________

TEMA 2

Refuerzo

Grupo A páginas 47 a 52

Halla 3,371 + 2,429. Usa el cálculo mental.

Usa la estrategia de descomponer.
Descompón 2,429 en 2,400 + 29.

Es fácil sumar 3,371 + 29.

3,371 + 29 = 3,400

3,400 + 2,400 = 5,800

Por tanto, 3,371 + 2,429 = 5,800.

Recuerda que debes modificar la suma o la diferencia cuando usas la estrategia de compensación.

1. 4,153 + 2,988
2. 92,425 + 31,675
3. 5,342 + 1,999
4. 22,283 − 14,169
5. 47,676 − 16,521
6. 1,089 − 961

Grupo B páginas 53 a 58

Estima la suma redondeando los números a la decena de millar más cercana.

$$\begin{array}{r} 241{,}485 \\ +\ 429{,}693 \\ \hline \end{array}$$

241,485 se redondea a 240,000.

429,693 se redondea a 430,000.

Suma.
$$\begin{array}{r} 240{,}000 \\ +\ 430{,}000 \\ \hline 670{,}000 \end{array}$$

Recuerda que puedes redondear los números a cualquier valor de posición cuando estimas sumas y diferencias.

Estima las sumas o diferencias.

1. 652,198 + 49,753
2. 8,352 − 3,421
3. 17,586 − 9,483
4. 823,725 + 44,851
5. 1,440 − 933
6. 55,748 − 28,392
7. 4,981 + 6,193
8. 995,275 + 4,921

Grupo C páginas 59 a 64

Halla 72,438 + 6,854.

Haz una estimación: 72,000 + 7,000 = 79,000

Suma las unidades. Reagrupa, si es necesario.

$$\begin{array}{r} \scriptstyle 1\ \\ 72{,}438 \\ +\ \ 6{,}854 \\ \hline 2 \end{array}$$

Suma las otras posiciones, reagrupando cuando sea necesario.

$$\begin{array}{r} \scriptstyle 1\ \ 1\ \ \ \ \\ 72{,}438 \\ +\ \ 6{,}854 \\ \hline 79{,}292 \end{array}$$

La respuesta 79,292 está cerca de la estimación de 79,000; por tanto, la respuesta es razonable.

Recuerda que debes reagrupar, si es necesario, cuando sumas números enteros.

1. $\begin{array}{r} 32{,}834 \\ +\ 17{,}384 \\ \hline \end{array}$
2. $\begin{array}{r} 148{,}382 \\ +\ \ \ \ 9{,}243 \\ \hline \end{array}$
3. 215 + 8,823
4. 142,968 + 44,456
5. 2,417 + 3,573
6. 572,941 + 181,662

Grupo D páginas 65 a 70

Halla 52,839 − 38,796.

Haz una estimación: 53,000 − 39,000 = 14,000

Resta las unidades. Reagrupa, si es necesario.	Resta las otras posiciones, reagrupando cuando sea necesario.	Suma para comprobar tu respuesta.
52,839 − 38,796 3	4 12 7 13 ~~5~~~~2~~,~~8~~~~3~~9 − 38,796 14,043	1 1 38,796 + 14,043 52,839

La respuesta es razonable.

Recuerda que quizá necesites reagrupar para restar.

1. 651,784 − 482,638

2. 18,465 − 6,291

3. 41,542 − 32,411

4. 4,978 − 2,766

5. 735,184 − 255,863

6. 44,558 − 22,613

Grupo E páginas 71 a 76

Halla 60,904 − 54,832.

Haz una estimación: 61,000 − 55,000 = 6,000

Resta las unidades. Reagrupa, si es necesario.	Resta las otras posiciones, reagrupando cuando sea necesario.	Suma para comprobar tu respuesta.
60,904 − 54,832 2	5 10 8 10 ~~6~~~~0~~,~~9~~~~0~~4 − 54,832 6,072	1 1 54,832 + 6,072 60,904

La respuesta es razonable.

Recuerda que debes hacer una estimación para verificar si tu respuesta es razonable.

1. 40,700 − 23,984

2. 203,056 − 5,213

3. 70,000 − 25,228

4. 560,043 − 312,562

5. 8,052 − 1,205

6. 20,008 − 16,074

Grupo F páginas 77 a 82

Piensa en estas preguntas para ayudarte a **razonar de manera abstracta y cuantitativa.**

Hábitos de razonamiento

- ¿Qué significan los números y los signos o símbolos del problema?
- ¿Cómo están relacionados los números o las cantidades?
- ¿Cómo puedo representar un problema verbal usando dibujos, números o ecuaciones?

Recuerda que puedes crear un diagrama de barras para ayudarte a razonar sobre el problema.

Raahil recorrió 11,469 kilómetros desde su casa hasta Qatar, para visitar a su mamá. Luego tuvo que viajar 12,332 kilómetros más hasta Brisbane, Australia, para visitar a la familia de su papá.

1. Dibuja un diagrama de barras que muestre la distancia que Raahil recorrió para ir a Brisbane.

2. Escribe y resuelve una ecuación para tu diagrama de barras.

© Pearson Education, Inc. 4

Nombre ___

TEMA 2

Evaluación

1. La tabla muestra la cantidad de *hot dogs* que se vendieron en un carrito de *hot dogs* este fin de semana.

***Hot dogs* que se vendieron**	
Viernes	3,825
Sábado	1,297
Domingo	4,175

Parte A

Estima la cantidad de *hot dogs* que se vendieron redondeando los números de la tabla al millar más cercano y hallando la suma.

Parte B

Escribe y resuelve una ecuación para hallar cuántos *hot dogs* se vendieron.

2. Un conjunto de música hizo 8,000 copias de uno de sus álbumes. Vendieron 6,280 copias. ¿Cuántas copias les quedan?

Ⓐ 172 copias
Ⓑ 1,700 copias
Ⓒ 1,720 copias
Ⓓ 2,720 copias

3. Tom obtuvo 134,867 puntos en un videojuego y Carlos obtuvo 29,978 puntos. ¿Cuántos puntos más obtuvo Tom que Carlos?

Ⓐ 104,698 puntos
Ⓑ 104,886 puntos
Ⓒ 104,888 puntos
Ⓓ 104,889 puntos

4. Luis usó la compensación para hallar 6,572 − 239. ¿Cuáles de los siguientes métodos de compensación se pueden usar para hallar 6,572 − 239?

4a. Resta 200, resta 40, suma 1. ○ Sí ○ No

4b. Resta 200, resta 30, suma 9. ○ Sí ○ No

4c. Resta 200, resta 40, resta 1. ○ Sí ○ No

4d. Resta 200, resta 50, suma 11. ○ Sí ○ No

5. Escribe el número que haga verdadera la oración numérica. Luego, escribe cuál es la propiedad de la suma que muestra la oración numérica.

12,769 + 13,432 = ☐ + 12,769

6. El monte Steele tiene una altura de 5,029 metros. El monte Whitney tiene una altura de 4,421 metros. ¿Cuánto más alto es el monte Steele que el monte Whitney?

7. Une los problemas de la izquierda y las sumas y diferencias de la derecha.

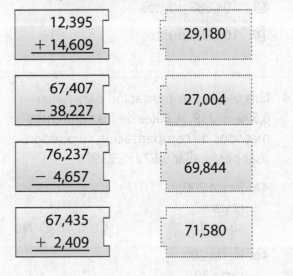

12,395 + 14,609	29,180
67,407 − 38,227	27,004
76,237 − 4,657	69,844
67,435 + 2,409	71,580

8. En mayo, se reciclaron 8,723 latas. En junio, se reciclaron 6,419 latas. ¿Cuántas latas se reciclaron en total?

9. Sandra usó las propiedades de la suma para reescribir la ecuación que sigue. Marca todas las ecuaciones que pudo haber escrito Sandra.

$$450 + 125 + 50 = n$$

- ☐ $450 + 50 = n$
- ☐ $450 + 50 + 225 = n$
- ☐ $50 + 125 + 450 = n$
- ☐ $450 + 50 + 125 = n$
- ☐ $(450 + 50) + 125 = n$

10. Joe y Sara anotaron la cantidad de aves que vieron en el parque durante dos veranos.

Aves en el parque

Año	Pinzones	Palomas
El año pasado	1,219	4,620
Este año	906	5,287

Parte A

Escribe y resuelve ecuaciones para hallar cuántas aves más vieron Joe y Sara este año que el año pasado.

Parte B

Estima cuántas más aves vieron en el parque este año que el año pasado redondeando los números de la tabla a la centena más cercana para resolver el problema. Haz una estimación para comprobar si tu respuesta a la Parte A es razonable.

© Pearson Education, Inc. 4

Nombre ____________________

TEMA 2

Evaluación del rendimiento

Hacer un inventario

Jiao administra una tienda de artículos de arte que se venden al por mayor. Recibe pedidos de productos a granel de tiendas de artesanías y pasatiempos.

1. Usa la tabla de **Cuentas de madera** para responder a las preguntas.

Parte A

La tienda Artesanías y Más hizo un pedido de cuentas de roble y de ébano. Explica cómo puedes usar las propiedades de la suma para hallar cuántas cuentas tuvo que enviar Jiao.

Cuentas de madera	
Roble	4,525
Arce	6,950
Fresno	3,720
Ébano	2,475
Tíndalo	1,250

Parte B

Jiao envía un pedido de cuentas de roble y de tíndalo a la tienda Artesanías Jill y otro pedido de cuentas de fresno y de ébano a la tienda Creaciones. ¿Cuánto mayor es el pedido de la tienda Creaciones? Explícalo.

2. Usa la tabla de **Cuentas de cristal** para responder a las preguntas.

Parte A

Escribe y resuelve una ecuación para mostrar cuántas cuentas de cristal tendrá la tienda Crear si pide las cuentas ahumadas y con burbujas.

Cuentas de cristal	
Ahumadas	25,236
Con burbujas	41,828
De colores	32,991
Facetadas	47,312

Parte B

Jiao envía las cuentas facetadas y de colores a la tienda Artesanías Hogar. Explica cómo se puede usar la compensación para hallar cuántas más cuentas facetadas que cuentas de colores se enviaron.

3. Usa la tabla de **Cuentas de metal** para responder las preguntas.

Parte A

Escribe y resuelve una ecuación para mostrar cuántas cuentas más hay en un pedido de cuentas de oro que en uno de platino.

Cuentas de metal	
Oro	14,960
Plata	8,147
Platino	6,488
Latón	30,019
Cobre	20,605

Parte B

La tienda Artelogía hace un pedido de cuentas de latón y de cobre. Cuando llega el pedido, la tienda vende 29,735 cuentas. Usa un algoritmo para hallar cuántas cuentas de este pedido le quedan a Artelogía.

© Pearson Education, Inc. 4

TEMA 3

Usar estrategias y propiedades para multiplicar por números de 1 dígito

Preguntas esenciales: ¿Cómo se multiplica por los múltiplos de 10, 100 y 1,000? ¿Cómo se puede hacer una estimación al multiplicar?

Recursos digitales

Resuelve · Aprende · Glosario · Amigo de práctica · Herramientas · Evaluación · Ayuda · Juegos

Los mapas que muestran las características naturales del paisaje de la Tierra se llaman mapas topográficos. Las montañas, llanuras y océanos son algunas de las características que se muestran en estos mapas.
¿Sabías que Pikes Peak es la montaña más visitada en América del Norte?
¡Deberíamos ir! Hasta entonces, este es un proyecto sobre mapas y multiplicación.

Proyecto de Matemáticas y Ciencias: Mapas y matemáticas

Investigar Usa la Internet u otras fuentes para hallar información sobre tres características de la Tierra como montañas y océanos en un mapa topográfico. Escribe dos datos sobre cada una de las características que investigaste.

Diario: Escribir un informe Incluye lo que averiguaste. En tu informe, también:

- anota la altura y la profundidad de las características que investigaste.
- haz una estimación para hallar 10 veces las alturas y profundidades de las características que investigaste.

Nombre ______________________________

Repasa lo que sabes

Vocabulario

Escoge el mejor término del recuadro. Escríbelo en el espacio en blanco.

- compensación
- descomponer
- operaciones inversas
- productos parciales

1. La multiplicación y la división son ______________.

2. Un método de cálculo mental que consiste en volver a escribir un número como la suma de otros números para crear un problema más sencillo se llama ______________.

3. Escoger números cercanos a los números de un problema para que el cálculo sea más fácil de resolver y, luego, ajustar la respuesta se llama ______________.

Multiplicación

Halla los productos.

4. 6×2 **5.** 8×9 **6.** 6×5

7. 7×8 **8.** 4×8 **9.** 3×7

Redondeo

Redondea los números a la decena más cercana.

10. 16 **11.** 82 **12.** 35

13. 53 **14.** 24 **15.** 49

Redondea los números a la centena más cercana.

16. 868 **17.** 499 **18.** 625

19. 167 **20.** 341 **21.** 772

22. 919 **23.** 552 **24.** 321

Resolución de problemas

25. **PM.3 Evaluar el razonamiento** Tyler dice que 9×7 es mayor que 7×9 porque el número más grande está primero. Explica el error de Tyler.

© Pearson Education, Inc. 4

A-Z
Glosario

Mis tarjetas de palabras

Usa los ejemplos de las palabras de las tarjetas para ayudarte a completar las definiciones que están al reverso.

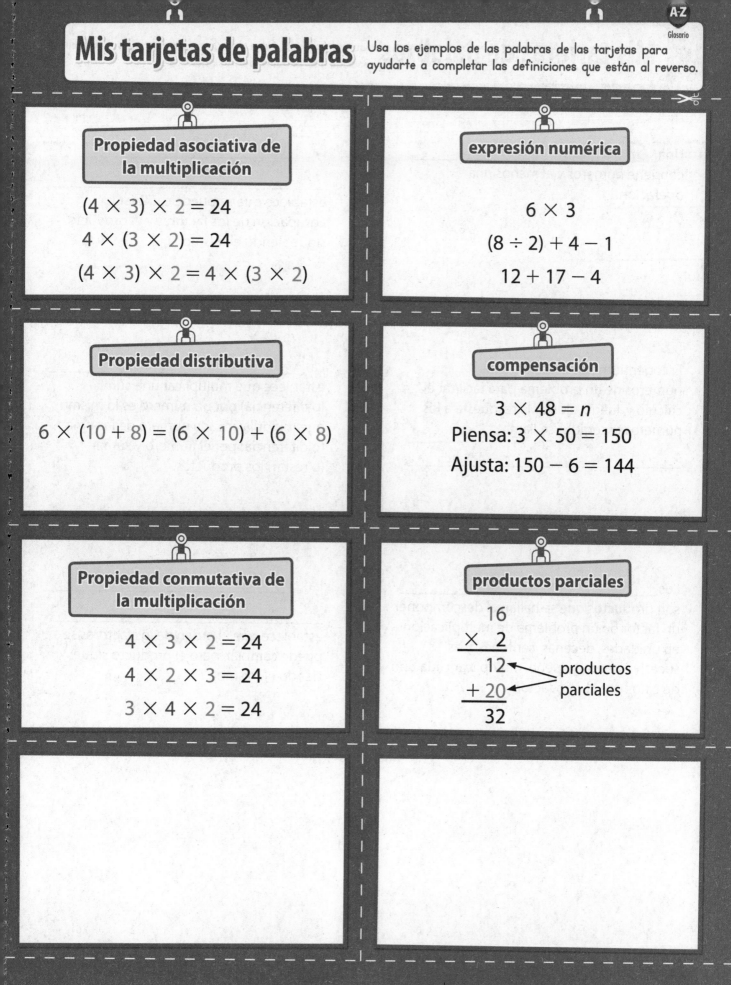

Propiedad asociativa de la multiplicación

$(4 \times 3) \times 2 = 24$

$4 \times (3 \times 2) = 24$

$(4 \times 3) \times 2 = 4 \times (3 \times 2)$

expresión numérica

6×3

$(8 \div 2) + 4 - 1$

$12 + 17 - 4$

Propiedad distributiva

$6 \times (10 + 8) = (6 \times 10) + (6 \times 8)$

compensación

$3 \times 48 = n$

Piensa: $3 \times 50 = 150$

Ajusta: $150 - 6 = 144$

Propiedad conmutativa de la multiplicación

$4 \times 3 \times 2 = 24$

$4 \times 2 \times 3 = 24$

$3 \times 4 \times 2 = 24$

productos parciales

$$\begin{array}{r} 16 \\ \times\ 2 \\ \hline 12 \\ +\ 20 \\ \hline 32 \end{array}$$

12 y 20: productos parciales

Mis tarjetas de palabras

Completa cada definición. Para ampliar tu conocimiento, escribe tus propias definiciones.

Una ______________________ contiene números y al menos una operación.

La ______________________ ______________________ establece que se puede cambiar la agrupación de los factores y el producto sigue siendo el mismo.

Escoger números cercanos a los números de un problema para facilitar el cálculo y, luego, ajustar la respuesta a los números escogidos se llama

______________________.

La ______________________ establece que multiplicar una suma (o diferencia) por un número es lo mismo que multiplicar cada número de la suma (o diferencia) por el número y sumar (o restar) los productos.

Los ______________________ son productos que se hallan al descomponer un factor de un problema de multiplicación en unidades, decenas, centenas, y así sucesivamente, y, luego, multiplicar cada uno de estos por el otro factor.

La ______________________ ______________________ establece que el orden de los factores se puede cambiar, pero el producto sigue siendo el mismo.

© Pearson Education, Inc. 4

Nombre ______________________________

Resuelve

Lección 3-1
Cálculo mental: Multiplicar por múltiplos de 10, 100 y 1,000

Puedo...
hallar los productos de múltiplos de 10, 100 y 1,000 usando el cálculo mental y estrategias de valor de posición.

Estándar de contenido 4.NBD.B.5
Prácticas matemáticas PM.2, PM.4, PM.7

Resuélvelo y coméntalo Halla los productos de 3 × 4, 3 × 40, 3 × 400 y 3 × 4,000. ***Resuelve estos problemas usando la estrategia que prefieras.***

Puedes buscar relaciones entre los productos. ¿Cómo te puede ayudar hallar el primer producto a hallar los otros productos?
¡Muestra tu trabajo en el espacio de arriba!

¡Vuelve atrás! **PM.7 Buscar relaciones** ¿Qué patrón observas en los productos?

Aprende Glosario

Pregunta esencial

¿Cómo se puede multiplicar por múltiplos de 10, 100 y 1,000?

A

Calcula 3 × 50, 3 × 500 y 3 × 5,000 usando operaciones básicas de multiplicación y las propiedades de las operaciones. Luego, calcula 6 × 50, 6 × 500 y 6 × 5,000.

La propiedad asociativa de la multiplicación establece que se puede cambiar la agrupación de los factores y el producto es el mismo.

n

B Halla 3 × 50, 3 × 500 y 3 × 5,000.

$3 \times 50 = 3 \times (5 \times 10)$
$= (3 \times 5) \times 10$
$= 15 \times 10$
$= 150$

Método abreviado de la regla para 3 × 50:
Multiplica 3 × 5 y agrega 1 cero.
3 × 50 = 150

Método abreviado de la regla para 3 × 500:
Multiplica 3 × 5 y agrega 2 ceros.
3 × 500 = 1,500

Método abreviado de la regla para 3 × 5,000:
Multiplica 3 × 5 y agrega 3 ceros.
3 × 5,000 = 15,000

C Halla 6 × 50, 6 × 500 y 6 × 5,000.

Aplica los métodos abreviados de las reglas:

6 × 5 = 30
6 × 50 = 300
6 × 500 = 3,000
6 × 5,000 = 30,000

Cuando el producto de una operación básica termina en cero, el producto tendrá un cero adicional. El cero adicional es parte de la operación básica que usas.

¡Convénceme! **PM.2 Razonar** ¿Cuántos ceros tendrá el producto de 5 × 200? Explícalo.

© Pearson Education, Inc. 4

Nombre ____________________

Otro ejemplo

Usa el valor de posición para calcular 5 × 50, 5 × 500 y 5 × 5,000.

5 × 50 es 5 grupos de 5 decenas o 5 × 5 decenas. 5 × 5 decenas es 25 decenas, o 250.

5 × 500 es 5 grupos de 5 centenas o 5 × 5 centenas. 5 × 5 centenas es 25 centenas, o 2,500.

5 × 5,000 es 5 grupos de 5 millares o 5 × 5 millares. 5 × 5 millares es 25 millares, o 25,000.

Práctica guiada*

¿Lo entiendes?

1. **PM.7 Buscar relaciones** Muestra cómo puedes usar la operación básica 5 × 8 = 40 para hallar el producto de 5 × 800.

2. Bob dice que 4 × 500 = 200. Explica por qué no tiene razón.

¿Cómo hacerlo?

Usa las estrategias que aprendiste como ayuda para multiplicar en los Ejercicios **3** a **5**.

3. 8 × 7 = ______
   8 × 70 = ______
   8 × 700 = ______
   8 × 7,000 = ______

4. 7 × 70

5. 2 × 700

Práctica independiente

Práctica al nivel Halla los productos en los Ejercicios **6** a **11**.

Puedes usar las estrategias de valor de posición para hallar los productos.

6. 3 × 70 = ______
   3 × 700 = ______
   3 × 7,000 = ______

7. 6 × 40 = ______
   6 × 400 = ______
   6 × 4,000 = ______

8. 8 × 60 = ______
   8 × 600 = ______
   8 × 6,000 = ______

9. 4 × 2,000

10. 700 × 4

11. 6 × 60

Puedes encontrar otro ejemplo en el Grupo A, página 157.

Prácticas matemáticas y resolución de problemas

12. Matemáticas y Ciencias El río Mississippi mide aproximadamente 8 veces la longitud del río Hudson. Si el río Hudson mide aproximadamente 300 millas de longitud, aproximadamente, ¿cuántas millas de longitud mide el río Mississippi? Escribe y resuelve una ecuación.

13. Ⓒ PM.4 Representar con modelos matemáticos Ted, Jason y Angelina quieren recaudar $200 para un albergue de la ciudad. Ted recaudó $30. Jason recaudó $90. ¿Cuánto dinero tiene que recaudar Angelina para alcanzar la meta?

$200

$30	**$90**	***d***

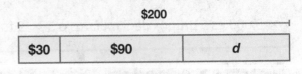

Usa la tabla de la derecha en los Ejercicios **14** y **15.**

14. En la tropa de exploradoras de Amelia hay 9 niñas y 4 adultos. ¿Cuánto pagó la tropa por las entradas para el parque de diversiones?

15. Razonamiento de orden superior Nati visitó el Parque Divertilandia con su mamá y una amiga. Escogieron el Plan C. ¿Cuánto dinero ahorraron en los boletos de las dos niñas al comprar el Plan C en lugar de comprar boletos individuales para el Plan A y Plan B?

DATOS

Precios de los boletos de Divertilandia

Planes	Adultos	Niños
Plan A: Parque acuático	$30	$20
Plan B: Parque de diversiones	$40	$30
Plan C: Combinación de A + B	$60	$40

Ⓒ Evaluación de *Common Core*

16. Brandon dice que 4 × 800 es mayor que 8 × 4,000. Renee dice que 4 × 800 es menor que 8 × 4,000.

Parte A

Sin calcular la respuesta, explica cómo usar estrategias de valor de posición o la propiedad asociativa para hallar cuál es mayor.

Parte B

Sin calcular la respuesta, explica cómo usar relaciones u operaciones básicas para hallar cuál es menor.

© Pearson Education, Inc. 4

Nombre ________________________

Ayuda | Amigo de práctica | Herramientas | Juegos

Tarea y práctica 3-1

Cálculo mental: Multiplicar por múltiplos de 10, 100 y 1,000

¡Revisemos!

Usa operaciones básicas para multiplicar por múltiplos de 10, 100 y 1,000.

$3 \times 7 = 21$	$8 \times 3 = 24$	$9 \times 5 = 45$
$3 \times 70 = 210$	$8 \times 30 = 240$	$9 \times 50 = 450$
$3 \times 700 = 2,100$	$8 \times 300 = 2,400$	$9 \times 500 = 4,500$

Cuando uno de los factores de un problema de multiplicación es un múltiplo de 10, primero debes hacer la operación básica de multiplicación. Luego, escribe la misma cantidad de ceros que tiene el factor que es múltiplo de 10. Por ejemplo:

$4 \times 5 = 20$ $\quad 4 \times 50 = 200$ $\quad 4 \times 500 = 2,000$

Halla los productos en los Ejercicios **1** a **18**.

1. $8 \times 20 =$ ________
$8 \times 200 =$ ________
$8 \times 2,000 =$ ________

2. $9 \times 40 =$ ________
$9 \times 400 =$ ________
$9 \times 4,000 =$ ________

3. $3 \times 90 =$ ________
$3 \times 900 =$ ________
$3 \times 9,000 =$ ________

4. $7 \times 60 =$ ________
$7 \times 600 =$ ________
$7 \times 6,000 =$ ________

5. $5 \times 70 =$ ________
$5 \times 700 =$ ________
$5 \times 7,000 =$ ________

6. $2 \times 40 =$ ________
$2 \times 400 =$ ________
$2 \times 4,000 =$ ________

7. 3×40

8. $3,000 \times 9$

9. 80×3

10. $8,000 \times 5$

11. $8 \times 7,000$

12. 2×90

13. $3,000 \times 4$

14. $7 \times 6,000$

15. $5,000 \times 6$

16. 2×800

17. 90×8

18. $3,000 \times 6$

19. Adele tiene 6 hojas de calcomanías. Bea tiene 9 hojas de calcomanías. ¿Cuántas calcomanías tienen las dos en total?

20. Álgebra La cantidad de estudiantes que asistieron al partido de básquetbol es 4 veces mayor que la cantidad de estudiantes que hay en cuarto grado. ¿Cuántos estudiantes asistieron al partido de básquetbol? Escribe y resuelve una ecuación.

DATOS

Población escolar

Grado	Cantidad de estudiantes
Cuarto grado	50
Quinto grado	54
Sexto grado	60

21. PM.4 Representar con modelos matemáticos Jenna ha ahorrado $100. Quiere comprar 6 juegos que cuestan $20 cada uno. ¿Tiene suficiente dinero? Explica tu respuesta.

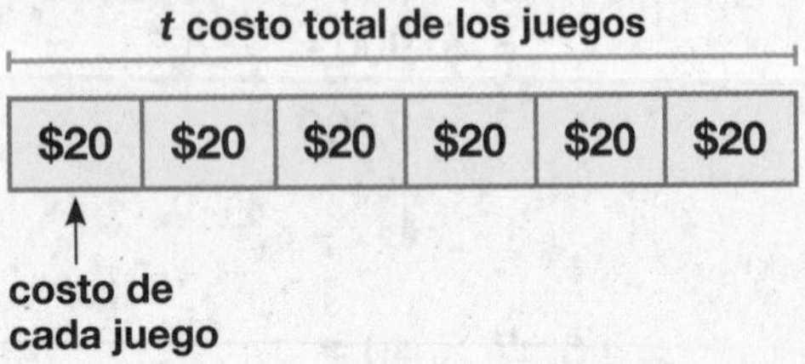

22. Razonamiento de orden superior El Sr. Young tiene 30 veces la cantidad de lápices que tiene Jack. La escuela tiene 200 veces la cantidad de lápices que tiene Jack. Si Jack tiene 2 lápices, ¿cuántos lápices tiene el Sr. Young? ¿Cuántos lápices tiene la escuela?

El Sr. Young tiene ______ lápices.

La escuela tiene ______ lápices.

Evaluación de *Common Core*

23. ¿Cuántos ceros tendrá el producto de $7 \times 5{,}000$?

Parte A

Sin calcular la respuesta, explica cómo usar estrategias de valor de posición o la propiedad asociativa para hallar la cantidad de ceros en el producto.

Parte B

Sin calcular la respuesta, explica cómo usar patrones u operaciones básicas para hallar la cantidad de ceros en el producto.

© Pearson Education, Inc. 4

Nombre ______________________________ Resuelve

Lección 3-2
Cálculo mental: Redondear para estimar productos

Resuélvelo y coméntalo Sarah gana $48 a la semana por cuidar niños. Ahorra todo lo que gana durante 6 semanas. Haz una estimación para averiguar aproximadamente cuánto dinero ahorra Sarah. ***Resuelve este problema usando la estrategia que prefieras.***

Puedo...
usar el redondeo para estimar productos y comprobar si mi respuesta es razonable.

© Estándares de contenido 4.NBD.B.5, 4.OA.A.3
Práctica matemática PM.2

¿Por qué razonar sobre el valor de posición hace que sea más fácil estimar productos? ¡Muestra tu trabajo en el espacio de arriba!

¡Vuelve atrás! **© PM.2 Razonar** Calcula cuánto gana Sarah cuidando niños. ¿Es tu estimación mayor o menor que la cantidad que gana Sarah en realidad? Explícalo.

Pregunta esencial

¿Cómo se pueden hacer estimaciones cuando se multiplica?

A

La Escuela Hoover se propone recaudar fondos. Toda clase que reúna más de $5,000 gana un premio. El Sr. Héctor y la Sra. Alan hacen una estimación para saber si su clase vendió suficientes artículos para ganar un premio.

Puedes usar el valor de posición como ayuda para redondear números. Redondear es una manera de estimar productos.

DATOS

Clase	Artículos vendidos	Costo de cada artículo
Sr. Héctor	1,930	$4
Sra. Alan	1,150	$3

B

Clase del Sr. Héctor

Estima $4 × 1,930 usando el redondeo.

$4 \times 1{,}930$

↓ Redondea 1,930 a 2,000.

$4 \times 2{,}000 = 8{,}000$

La clase del Sr. Héctor recaudó más de $5,000.

$8,000 > $5,000

Su clase ganó el premio.

C

Clase de la Sra. Alan

Estima $3 × 1,150 usando el redondeo.

$3 \times 1{,}150$

↓ Redondea 1,150 a 1,000.

$3 \times 1{,}000 = 3{,}000$

La clase de la Sra. Alan recaudó menos de $5,000.

$3,000 < $5,000

Su clase no ganó el premio.

¡Convénceme! **PM.2 Razonar** ¿Es la estimación de la clase del Sr. Héctor mayor o menor que la respuesta exacta? Usa el razonamiento para explicar cómo se relacionan la estimación y la respuesta exacta.

© Pearson Education, Inc. 4

Nombre ____________________

Otro ejemplo

La clase del Sr. Harm vendió 1,475 artículos a $5 cada uno. Él calcula que su clase recaudó $2,375. ¿Es razonable el cálculo del Sr. Harm?

Puedes hacer una estimación para comprobar si una respuesta es razonable.

Estima: $\$5 \times 1{,}475$.

Redondea 1,475 al millar más cercano. Multiplica $5 \times 1{,}000 = 5{,}000$.
\$2,375 no es razonable porque no se aproxima a \$5,000.

Práctica guiada*

¿Lo entiendes?

1. **PM.2 Razonar** La clase de la Sra. Alan vendió 700 artículos más. Haz una estimación para saber si su clase vendió suficientes artículos para ganar un premio.

¿Cómo hacerlo?

Estima los productos en los Ejercicios **2** a **5.**

2. 6×125

3. $4 \times 2{,}610$

4. 538×3

5. 314×7

Práctica independiente

Práctica al nivel Estima los productos en los Ejercicios **6** a **8.**

6. 3×287
Redondea 287 a ______.
$3 \times$ ______ = ______

7. $6 \times 1{,}310$
Redondea 1,310 a ______.
$6 \times$ ______ = ______

8. 9×62
Redondea 62 a ______.
$9 \times$ ______ = ______

Haz una estimación para comprobar si la respuesta es razonable en los Ejercicios **9** a **11.**

9. $7 \times 486 = 3{,}402$
Redondea 486 a ______.
$7 \times$ ______ = ______
Razonable No es razonable

10. $5 \times 1{,}240 = 9{,}200$
Redondea 1,240 a ______.
$5 \times$ ______ = ______
Razonable No es razonable

11. $9 \times 287 = 2{,}583$
Redondea 287 a ______.
$9 \times$ ______ = ______
Razonable No es razonable

Puedes encontrar otro ejemplo en el Grupo B, página 157.

Prácticas matemáticas y resolución de problemas

Usa la tabla de la derecha en los Ejercicios **12** y **13.**

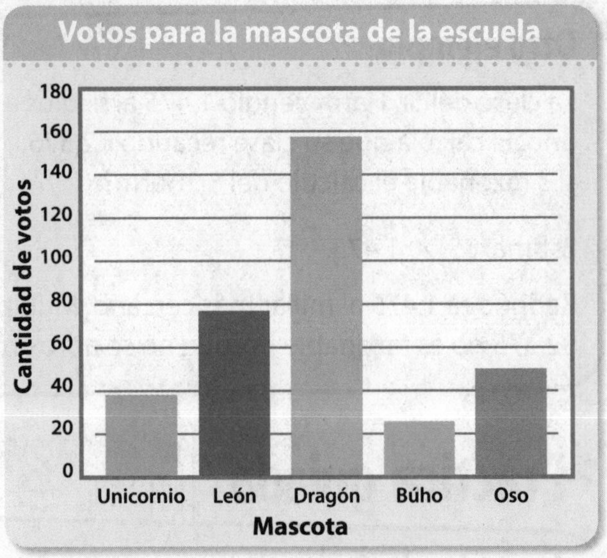

12. Los estudiantes votaron para escoger a la mascota de la escuela. ¿Qué mascota tiene 4 veces la cantidad de votos que tiene el unicornio?

13. Explica cómo estimarías el total de estudiantes que votaron por la mascota de la escuela. Luego, da tu estimación.

14. **Sentido numérico** Ellie estima que el producto de 211 y 6 es 1,800. ¿Es razonable esta estimación? Explica tu respuesta.

15. **Razonamiento de orden superior** Un adulto duerme aproximadamente 480 minutos por día. Un bebé duerme aproximadamente 820 minutos por día. Aproximadamente, ¿cuántos minutos más que un adulto duerme un bebé en una semana? Resuelve el problema de dos maneras diferentes.

Evaluación de *Common Core*

16. Beth calculó que el costo de la colegiatura y los libros por 4 años de universidad sería $31,800. ¿Qué expresión muestra una estimación para comprobar si el cálculo de Beth es razonable?

DATOS

Costo de la universidad (por año)	
Colegiatura	$7,200
Libros	$750

Ⓐ $10,000 × 8

Ⓑ ($7,000 × 4) + ($1,000 × 4)

Ⓒ ($8,000 × 4) + ($700 × 8)

Ⓓ 4 × ($10,000 + $1,000)

17. Sam y sus 2 hermanos quieren viajar a Boston. Aproximadamente, ¿cuánto ahorrarán Sam y sus hermanos si compran el pasaje menos costoso?

DATOS

Pasajes de ida y vuelta a Boston	
Aerolínea Límite del Cielo	$319
Aerolínea En las Nubes	$405

Ⓐ Aproximadamente $100

Ⓑ Aproximadamente $200

Ⓒ Aproximadamente $300

Ⓓ Aproximadamente $400

© Pearson Education, Inc. 4

Nombre ______________________

Ayuda | Amigo de práctica | Herramientas | Juegos

Tarea y práctica 3-2

Cálculo mental: Redondear para estimar productos

¡Revisemos!

Para hacer una estimación, redondea números de 3 dígitos a la centena más cercana y redondea números de 4 dígitos al millar más cercano.

Usa el redondeo para estimar 7 × 215.

Primero, redondea 215 a la centena más cercana. 215 se redondea a 200.

Luego, multiplica.
7 × 200 = 1,400

Por tanto, 7 × 215 es aproximadamente 1,400.

Comprueba si 2,885 × 4 = 11,540 es razonable.

Primero, redondea 2,885 al millar más cercano. 2,885 se redondea a 3,000.

Luego, multiplica.
3,000 × 4 = 12,000

Por tanto, 2,885 × 4 es aproximadamente 12,000.

11,540 es una respuesta razonable.

Estima los productos en los Ejercicios **1** a **6**.

1. 4 × 279
↓ Redondea 279 a ______.
4 × ______ = ______

2. 9 × 4,720
↓ Redondea 4,720 a ______.
9 × ______ = ______

3. 8 × 89
↓ Redondea 89 a ______.
8 × ______ = ______

4. 183 × 4

5. 3 × 1,675

6. 8,210 × 2

Haz una estimación para comprobar si la respuesta es razonable en los Ejercicios **7** a **9.**

7. 8 × 578 = 4,624
↓ Redondea 578 a ______.
8 × ______ = ______
Razonable   No es razonable.

8. 3 × 8,230 = 2,469
↓ Redondea 8,230 a ______.
3 × ______ = ______
Razonable   No es razonable.

9. 7 × 289 = 2,023
↓ Redondea 289 a ______.
7 × ______ = ______
Razonable   No es razonable.

10. **Vocabulario** Usa *forma desarrollada* o *nombre de un número* para completar la definición.

Un número escrito como la suma del valor de los dígitos se escribe en ____________.

11. **Matemáticas y Ciencias** La altitud del volcán Ojos del Salado es aproximadamente 3 veces la altitud del volcán Khangar. Si el volcán Khangar está a 6,562 pies sobre el nivel del mar, ¿cuál es la altitud aproximada del volcán Ojos del Salado?

Usa la gráfica de la derecha en los Ejercicios **12** y **13**.

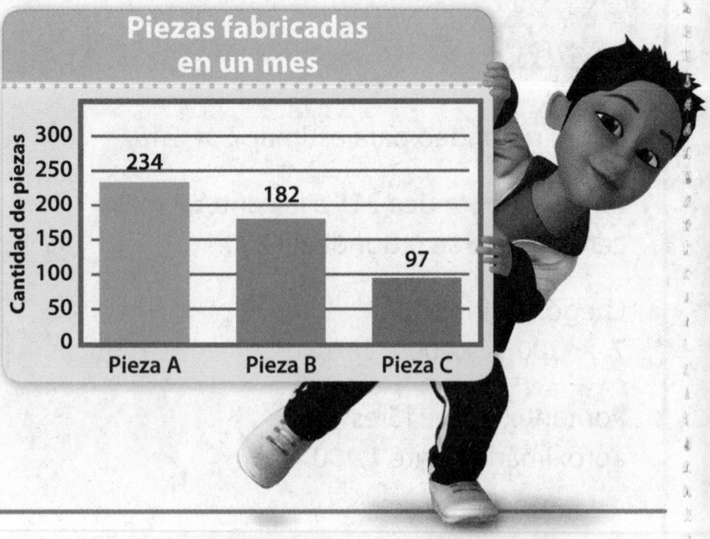

12. **Sentido numérico** Estima cuántas Piezas B se fabricarían en 3 meses.

13. A la fábrica le cuesta $4 fabricar cada Pieza A. Aproximadamente, ¿cuánto cuesta fabricar las Piezas A por mes?

14. **Razonamiento de orden superior** Un Paquete de Lujo cuesta $50 e incluye una de cada una de las fotos individuales enumeradas en la tabla. Estima cuánto dinero se ahorra al comprar un Paquete de Lujo en lugar de comprar las fotos individuales. Explícalo.

DATOS

Precios de fotos individuales	
8 × 10	$18
5 × 7	$14
4 × 6	$10
8 tamaño cartera	$18

Evaluación de *Common Core*

15. La distancia entre la casa de Bill y la casa de su tía es 485 millas. Aproximadamente, ¿cuántas millas conduciría Bill si hiciera 4 viajes de ida y vuelta a la casa de su tía?

Ⓐ Aproximadamente 5,000 millas
Ⓑ Aproximadamente 4,000 millas
Ⓒ Aproximadamente 3,200 millas
Ⓓ Aproximadamente 2,000 millas

16. Los estudiantes del cuarto grado decidieron hacer un maratón de lectura durante una hora. Cada una de las cuatro clases del cuarto grado leyó 408 páginas. Aproximadamente, ¿cuántas páginas leyeron los estudiantes del cuarto grado?

Ⓐ Aproximadamente 800 páginas
Ⓑ Aproximadamente 1,000 páginas
Ⓒ Aproximadamente 1,600 páginas
Ⓓ Aproximadamente 2,400 páginas

© Pearson Education, Inc. 4

Nombre ______________________________________

Resuelve

Lección 3-3
La propiedad distributiva

Resuélvelo y coméntalo

Usa solamente los números que aparecen en el diagrama y los signos de operaciones (+, −, ×, ÷) para hallar el área del rectángulo que no está coloreada. ***Resuelve este problema usando la estrategia que prefieras.***

Puedo...
usar el valor de posición y una propiedad de las operaciones para multiplicar números más grandes.

Estándar de contenido 4.NBD.B.5
Prácticas matemáticas PM.1, PM.2, PM.4, PM.7

Recuerda lo que sabes sobre hallar el área para entender este problema. ¡Muestra tu trabajo en el espacio que sigue!
10
8
4

¡Vuelve atrás! PM.7 **Usar la estructura** ¿Son equivalentes las siguientes ecuaciones? Explícalo.

$8 \times (10 - 4) = n$

$(8 \times 10) - (8 \times 4) = n$

Pregunta esencial ¿Cómo se puede usar la propiedad distributiva para multiplicar?

A

El área de conservación* Rails to Trails *abrió un camino nuevo para ciclismo. El camino tiene 6 yardas de ancho y 1,842 yardas de longitud. Halla 6 × 1,842.

Una expresión numérica contiene números y al menos una operación. 6 × 1,842 es una expresión numérica.

longitud del camino: 1,842 yardas

B

Usa la propiedad distributiva para hallar 6 × 1,842.

6 × 1,842 = 6 × (1,000 + 800 + 40 + 2)

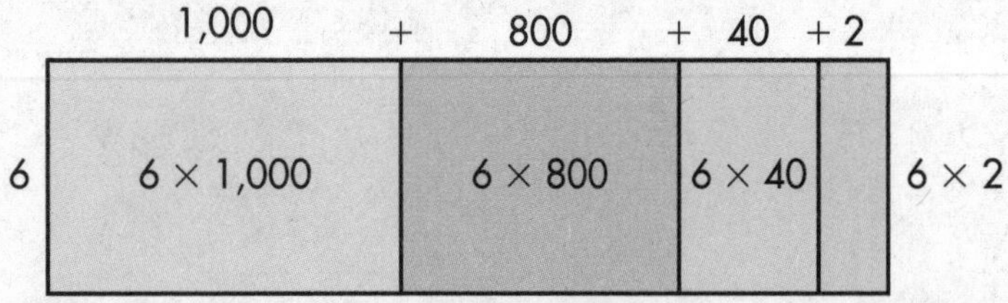

La propiedad distributiva establece que multiplicar una suma por un número es lo mismo que multiplicar cada número de la suma por ese número y sumar los productos.

Multiplica. Luego, suma los productos de las cuatro partes.

6 × 1,842 = (6 × 1,000) + (6 × 800) + (6 × 40) + (6 × 2)

= (6,000) + (4,800) + (240) + (12)

= 11,052

6 yardas × 1,842 yardas es 11,052 yardas cuadradas.

¡Convénceme! **PM.7 Usar la estructura** ¿Es 12 − (4 × 2) = (12 − 4) × (12 − 2)? Explica tu respuesta.

© Pearson Education, Inc. 4

Otro ejemplo

Halla 7 × 560 usando la suma y la propiedad distributiva.

560 = 500 + 60

7 × 560 = (7 × 500) + (7 × 60)
= 3,500 + 420
= 3,920

Halla 7 × 560 usando la resta y la propiedad distributiva.

560 = 600 − 40

7 × 560 = (7 × 600) − (7 × 40)
= 4,200 − 280
= 3,920

Práctica guiada*

¿Lo entiendes?

1. **PM.4 Representar con modelos matemáticos** Colorea y rotula la figura para mostrar: 4 × (10 + 3) = (4 × 10) + (4 × 3).

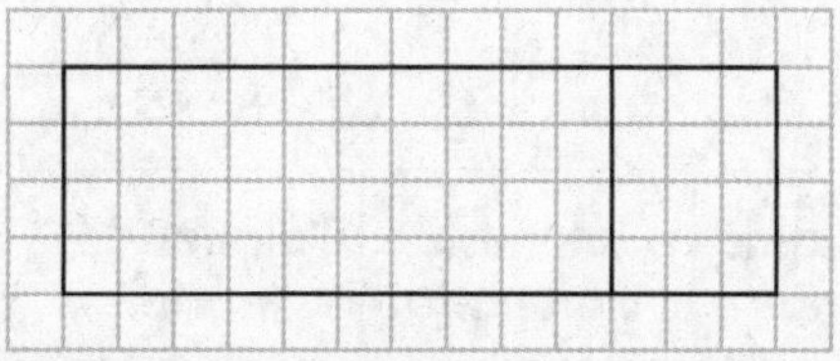

¿Cómo hacerlo?

2. Usa la propiedad distributiva y la suma para completar la ecuación.

2 × 308 = 2 × (300 + 8)
= (2 × ____) + (2 × ____)
= ____ + ____
= ____

Práctica independiente

Práctica al nivel Usa la propiedad distributiva para hallar los productos en los Ejercicios **3** a **10**.

3. 509 × 7 = (500 + 9) × 7
= (500 × ____) + (9 × ____)
= ____ + 63
= ____

4. 2 × 47 = 2 × (50 − ____)
= (2 × ____) − (2 × 3)
= 100 − ____
= ____

5. 7 × 86

6. 5 × 1,242

7. 9 × 504

8. 6 × 312

9. 5 × 811

10. 4 × 731

**Puedes encontrar otro ejemplo en el Grupo C, página 158.*

Prácticas matemáticas y resolución de problemas

11. Muestra cómo puedes usar la propiedad distributiva para hallar el producto de $4 \times 1{,}512$.

12. Muestra cómo se distribuye la multiplicación como resta para hallar el producto de 3×298. Usa $298 = 300 - 2$ y la propiedad distributiva.

13. **PM.2 Razonar** Wyatt dijo que usó la propiedad distributiva para escribir $4 + (8 + 3) = (4 + 8) + (4 + 3)$. Explica el error que cometió Wyatt y usa las matemáticas para justificar tu explicación.

14. La montaña Todd es un pico montañoso cerca de Tyler, Texas. Un guardabosques escaló los 607 metros hacia el pico en subida y, luego, en bajada. El guardabosques escaló el pico 3 veces en cuatro semanas. ¿Qué distancia escaló el guardabosques en cuatro semanas?

15. **Razonamiento de orden superior** Wendy planea llevar refrescos para el picnic de la escuela. Llevará 5 galones de té frío. También llevará 2 galones de limonada por cada 10 personas. ¿Cuántos galones de limonada y té frío necesita Wendy en total para 40 personas? Completa la tabla. Escribe y resuelve una ecuación para hallar el total de galones de refrescos que tendrá que llevar Wendy.

Cantidad de personas	Galones de limonada	Galones de té frío	Total de galones
10	2	5	
20			
30			
40			

Evaluación de *Common Core*

16. Jane y Bob usaron la propiedad distributiva para escribir 8×490 de dos maneras diferentes. Explica quién tiene razón.

El trabajo de Jane

$$8 \times 490 = 8 \times (400 + 90)$$
$$= (8 \times 400) + (8 \times 90)$$

El trabajo de Bob

$$8 \times 490 = 8 \times (500 - 10)$$
$$= (8 \times 500) - (8 \times 10)$$

© Pearson Education, Inc. 4

Nombre ______________________

Ayuda | Amigo de práctica | Herramientas | Juegos

Tarea y práctica 3-3

La propiedad distributiva

¡Revisemos!

Héctor guarda su colección de rocas en 7 vitrinas. En cada vitrina hay 280 rocas. ¿Cuántas rocas hay en la colección de Héctor?

Puedes usar la propiedad distributiva para hallar el producto de 7 × 280.

Paso 1 Descompón 280 en 200 + 80. **o** Descompón 280 en 300 − 20.
$7 \times 280 = 7 \times (200 + 80)$ **o** $7 \times 280 = 7 \times (300 - 20)$

Paso 2 Multiplica 7 veces cada parte de la suma. **o** Multiplica 7 veces cada parte de la diferencia.
$(7 \times 200) + (7 \times 80)$ **o** $(7 \times 300) - (7 \times 20)$
$1{,}400 + 560$ **o** $2{,}100 - 140$

Paso 3 Suma. **o** Resta.
$1{,}400 + 560 = 1{,}960$ **o** $2{,}100 - 140 = 1{,}960$

Por tanto, 7 × 280 = 1,960.
Héctor tiene 1,960 rocas en su colección.

Usa la propiedad distributiva para hallar los productos en los Ejercicios **1** a **8.**

1. 8 × 46 = 8 × (40 + ______)
= (8 × 40) + (______ × ______)
= ______ + ______
= ______

2. 39 × 5 = 5 × (______ − 1)
= (5 × ______) − (5 × 1)
= ______ − ______
= ______

3. 6 × 310 = 6 × (300 + ______)
= (6 × ______) + (______ × 10)
= ______ + ______
= ______

4. 9 × 895 = 9 × (______ − ______)
= (9 × ______) − (______ × 5)
= ______ − ______
= ______

5. 5 × 108

6. 2 × 62

7. 4 × 1,554

8. 2 × 2,568

9. **PM.7 Usar la estructura** Muestra cómo usar la propiedad distributiva para hallar $7 \times 1{,}214$.

10. Un hotel en un parque estatal tiene 49 cuartos. En cada cuarto se pueden quedar hasta cinco personas. ¿Cuál es la cantidad máxima de personas que se pueden quedar en el hotel al mismo tiempo?

11. Lauren leyó 36 libros durante el año. Si lee la misma cantidad de libros durante 6 años seguidos, ¿cuántos libros leerá en total?

12. Un estacionamiento tiene 8 niveles. Cada nivel tiene espacio para 78 carros. ¿Cuántos carros se pueden estacionar al mismo tiempo?

Usa la tabla de la derecha en los Ejercicios **13** y **14.**

13. Se colocan mesas redondas en un salón de banquetes para una fiesta. ¿Cuántas sillas se usan en las mesas redondas?

14. **Razonamiento de orden superior** ¿En cuál de los tres tipos de mesa cabe la mayor cantidad de personas en el salón de banquetes? Explícalo.

DATOS

Planes para el salón de banquetes del hotel

Tipo de mesa	Cantidad de mesas	Sillas alrededor de las mesas
Mesas largas	62	8
Mesas redondas	105	6
Mesas cuadradas	150	4

Evaluación de *Common Core*

15. La clase de Joey tiene el objetivo de recolectar 4,000 latas para la colecta de alimentos de la escuela. Hay 486 estudiantes en la clase de Joey. Si cada estudiante lleva 8 latas de comida, ¿alcanzará el objetivo la clase? Explícalo.

Usa el valor de posición para descomponer los números y la propiedad distributiva como ayuda para multiplicar.

© Pearson Education, Inc. 4

Nombre ______________________

Resuelve

Lección 3-4
Estrategias del cálculo mental para multiplicar

Resuélvelo y coméntalo

Halla los productos de las siguientes expresiones. Calcula mentalmente para resolverlas. Explica tu razonamiento. ***Resuelve este problema usando la estrategia que prefieras.***

Puedo...

usar estrategias del cálculo mental según el valor de posición y las propiedades de las operaciones para multiplicar.

Estándar de contenido 4.NBD.B.5
Prácticas matemáticas PM.2, PM.3, PM.4, PM.7

Puedes usar la estructura para descomponer números en partes más sencillas y resolver problemas. *¡Muestra tu trabajo en el espacio que sigue!*

¡Vuelve atrás! **PM.3 Construir argumentos** ¿Hay más de una manera de hallar 4 × 97? ¿Hay una manera más sencilla que otra de resolver la multiplicación mentalmente? Explícalo.

Pregunta esencial

¿Cómo se puede multiplicar mentalmente?

A

Tres ciclistas montaron sus bicicletas las distancias que se muestran en la tabla. Calcula mentalmente las distancias totales que montaron Pam y Anna.

Puedes usar las propiedades de las operaciones como ayuda para multiplicar mentalmente. Según la propiedad conmutativa de la multiplicación, puedes multiplicar siguiendo cualquier orden.

DATOS

Ciclista	Distancia
Pam	325 millas por mes durante 4 meses
Anna	25 millas por semana durante 8 semanas
George	398 millas por mes durante 3 meses

B

Halla la distancia que montó Pam.

Calcula 4×325.

Descompón 4×325.
Usa la propiedad distributiva.
$4 \times 325 = (4 \times 300) + (4 \times 25)$

Multiplica mentalmente y, luego, suma.
$1{,}200 + 100 = 1{,}300$

Pam montó 1,300 millas en 4 meses.

C

Halla la distancia que montó Anna.

Calcula 8×25.

Descompón 8×25.
$8 \times 25 = (4 \times 2) \times 25$

Usa las propiedades conmutativa y asociativa para multiplicar.
$(2 \times 4) \times 25 = 2 \times (4 \times 25)$

Multiplica mentalmente.
$2 \times 100 = 200$

Anna montó 200 millas en 8 semanas.

¡Convénceme! **PM.7 Usar la estructura** ¿Puedes hallar la distancia que montó Pam calculando la expresión $4 \times (400 - 75)$? Explícalo.

© Pearson Education, Inc. 4

Otro ejemplo

Determina la distancia que montó George.

Halla 3 × 398. 400 está cerca de 398.
Halla 3 × 400 y ajusta la respuesta.

$3 \times 400 = 1{,}200$
$398 + 2 = 400 \qquad 3 \times 2 = 6$

Ajusta la respuesta restando 6.
$1{,}200 - 6 = 1{,}194$

George montó 1,194 millas en 3 meses.

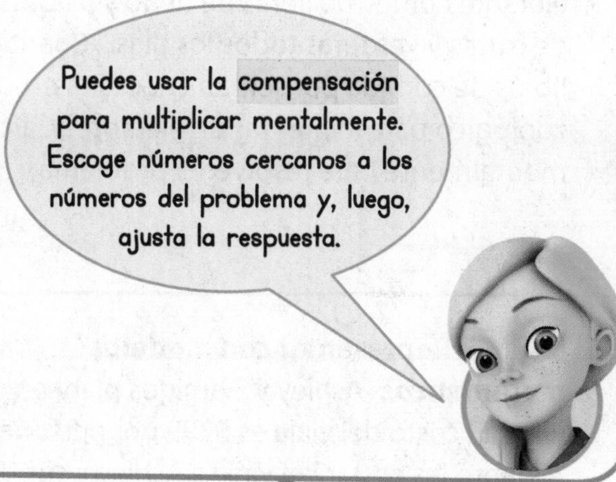
Puedes usar la compensación para multiplicar mentalmente. Escoge números cercanos a los números del problema y, luego, ajusta la respuesta.

Práctica guiada*

¿Lo entiendes?

1. PM.2 Razonar ¿Cómo sabes si tienes que sumar o restar para ajustar tu respuesta cuando usas la compensación? Explícalo.

¿Cómo hacerlo?

2. ¿Cómo puedes usar la compensación para hallar 8 × 903?

Práctica independiente

Práctica al nivel Calcula mentalmente para hallar los productos en los Ejercicios **3** a **10**.

3. $5 \times 18 = 5 \times (\underline{\hspace{1cm}} \times \underline{\hspace{1cm}})$
$= (5 \times \underline{\hspace{1cm}}) \times \underline{\hspace{1cm}}$
$= \underline{\hspace{1cm}} \times \underline{\hspace{1cm}}$
$= \underline{\hspace{1cm}}$

4. $4 \times 506 = 4 \times (\underline{\hspace{1cm}} + \underline{\hspace{1cm}})$
$= (4 \times \underline{\hspace{1cm}}) + (4 \times 6)$
$= \underline{\hspace{1cm}} + \underline{\hspace{1cm}}$
$= \underline{\hspace{1cm}}$

5. 4 × 1,995

6. 22 × 5

7. 404 × 6

8. 7 × 250

9. 2 × 395

10. 9 × 56

Puedes encontrar otro ejemplo en el Grupo D, página 158.

Prácticas matemáticas y resolución de problemas

11. **PM.2 Razonar** En un zoológico, un elefante come 100 libras de heno y 5 libras de frutas y verduras todos los días. ¿Cuántas libras de comida por semana necesita el zoológico para alimentar un elefante? Calcula mentalmente para resolver el problema.

Hay 7 días en una semana.

12. **PM.4 Representar con modelos matemáticos** Ashley y 3 amigos planean un viaje. El costo del viaje es $599 por persona. ¿Cuánto les costará el viaje a Ashley y sus amigos? Explica cómo calcular mentalmente para hallar la respuesta.

13. Kyle tiene una colección de piedras. El lunes encontró 16 piedras nuevas. El martes les regaló 9 piedras a sus amigos. Después de haber regalado las piedras, quedaron 122 piedras en su colección. ¿Cuántas piedras tenía Kyle al principio?

14. **PM.3 Evaluar el razonamiento** Quinn usó la compensación para hallar el producto de 4×307. Primero, halló $4 \times 300 = 1,200$. Luego, ajustó el producto restando 4 grupos de 7 para obtener su respuesta final de 1,172. Explica qué error cometió y halla la respuesta correcta.

15. **Razonamiento de orden superior** ¿Crees que sería mejor descomponer o compensar para hallar el producto de 5×328? Explica por qué y muestra cómo hallar el producto.

Evaluación de *Common Core*

16. ¿Cuál de las siguientes expresiones muestra cómo calcular mentalmente para hallar el producto de 4×27? Marca todas las que apliquen.

- ☐ $(4 \times 20) + (4 \times 7)$
- ☐ $4 \times (20 \times 7)$
- ☐ $(4 \times 30) - (4 \times 3)$
- ☐ $(4 \times 25) + (4 \times 2)$
- ☐ $4 \times 2 \times 7$

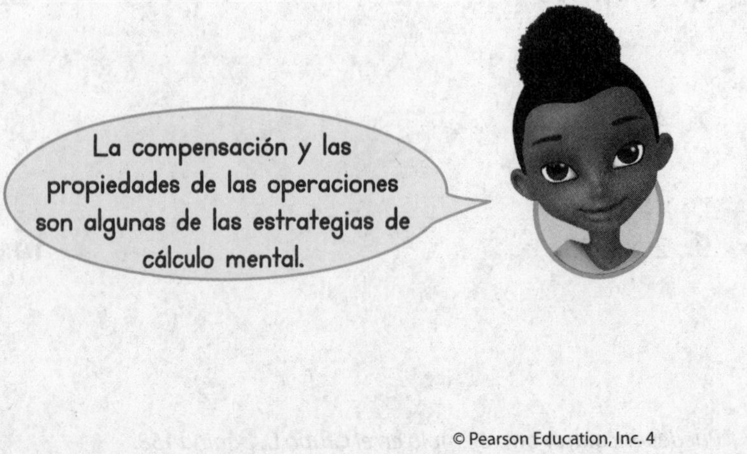
La compensación y las propiedades de las operaciones son algunas de las estrategias de cálculo mental.

© Pearson Education, Inc. 4

Nombre ______________________

Tarea y práctica 3-4

Estrategias del cálculo mental para multiplicar

¡Revisemos!

Calcula mentalmente para hallar 4 × 4,002 y 8 × 60.

Para multiplicar, puedes descomponer números, usar las propiedades de las operaciones o usar la compensación.

Usa la compensación para hallar 4 × 4,002.

4,000 está cerca de 4,002.
4 × 4,000 = 16,000
4,000 + 2 = 4,002   4 × 2 = 8
16,000 + 8 = 16,008

Usa las propiedades de las operaciones para hallar 8 × 60.

8 × 60 = (4 × 2) × 60
= 4 × (2 × 60)
= 4 × 120
= 480

Calcula mentalmente para hallar los productos en los Ejercicios **1** a **18.**

1. 5 × 395 = 5 × (______ − ______)
= (5 × ______) − (5 × ______)
= ______ − ______
= ______

2. 7 × 312 = 7 × (______ + ______)
= (7 × ______) + (7 × ______)
= ______ + ______
= ______

3. 9 × 898

4. 2 × 144

5. 4 × 408

6. 8 × 15

7. 36 × 9

8. 3 × 496

9. 4 × 509

10. 3,004 × 6

11. 6 × 198

12. 5 × 999

13. 8 × 250

14. 4 × 525

15. 6 × 28

16. 7 × 156

17. 9 × 1,276

18. 3 × 1,607

Usa el dibujo de la derecha en los Ejercicios **19** y **20.**

19. **PM.2 Razonar** La ballena azul más larga que se conoce tenía una longitud de aproximadamente 18 buzos. Usa la descomposición para estimar la longitud de la ballena azul.

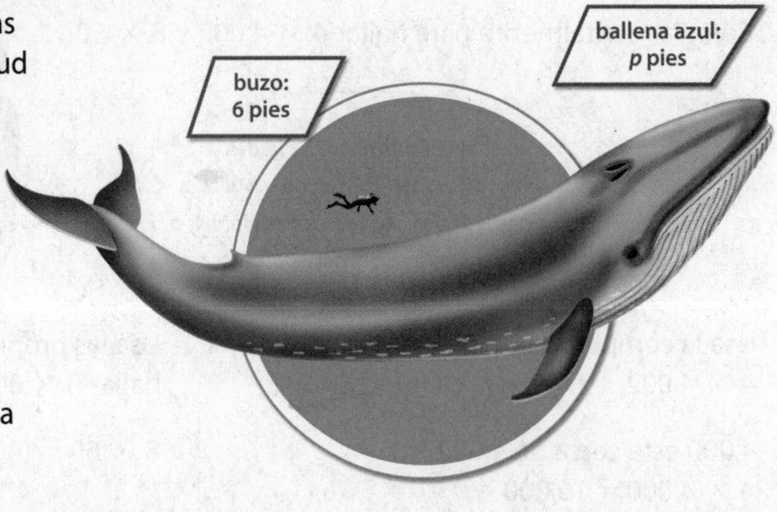

20. Explica cómo estimar la longitud de la ballena usando la compensación.

21. En una elección, votaron 589,067 personas. Escribe 589,067 en forma desarrollada y usando el nombre del número.

22. **Razonamiento de orden superior** La panadería Davidson hornea 108 galletas y 96 pastelitos por hora. ¿Cuántos productos se hornean en 4 horas? Calcula mentalmente para resolver el problema.

Evaluación de *Common Core*

23. ¿Cuál de las siguientes expresiones muestra cómo calcular mentalmente para hallar el producto de 8×490? Marca todas las que apliquen.

- ☐ $8 + (400 \times 90)$
- ☐ $(8 \times 400) + (8 \times 90)$
- ☐ $(8 \times 400) + (8 \times 9)$
- ☐ $(8 \times 500) - (8 \times 10)$
- ☐ $8 \times (500 \times 10)$

24. ¿Cuál de las siguientes expresiones muestra cómo calcular mentalmente para hallar el producto de $4 \times 2{,}025$? Marca todas las que apliquen.

- ☐ $4 \times (2{,}000 + 20 + 5)$
- ☐ $(4 \times 2{,}000) + 25$
- ☐ $(4 \times 2{,}000) + (4 \times 25)$
- ☐ $4 \times (2{,}000 + 25)$
- ☐ $(4 \times 2{,}000 \times 25)$

© Pearson Education, Inc. 4

Nombre ______________________________________

Resuélvelo y coméntalo

La exhibición de un museo tiene 4 vitrinas. Hay 118 monedas en cada vitrina. ¿Cuántas monedas hay en total en las vitrinas? ***Resuelve este problema usando la estrategia que prefieras.***

Resuelve

Lección 3-5
Matrices y productos parciales

Puedo...
usar herramientas y estrategias de multiplicación como ayuda para hallar productos.

Estándar de contenido 4.NBD.B.5
Prácticas matemáticas PM.2, PM.4, PM.5

Puedes usar las herramientas apropiadas. Los bloques de valor de posición o los dibujos te pueden ayudar a visualizar el problema. ¡Muestra tu trabajo en el espacio de arriba!

¡Vuelve atrás! **PM.4 Representar con modelos matemáticos** Si descompones 118 según los valores de posición para multiplicar, ¿cuántos productos parciales tendrías que sumar para determinar el producto final? Explícalo.

Aprende Glosario

Pregunta esencial **¿Cómo se puede escribir una multiplicación?**

A

Una tienda de mascotas compró 3 peceras grandes para exhibir los diferentes tipos de peces que tienen. Cada pecera tiene capacidad para la misma cantidad de agua. ¿Cuánta agua se necesita para llenar las 3 peceras?

Los productos parciales son productos que se hallan al descomponer un factor en unidades, decenas, centenas, y así sucesivamente, y, luego, se multiplican por otro factor usando la propiedad distributiva.

B **Lo que muestras**

245

245

245

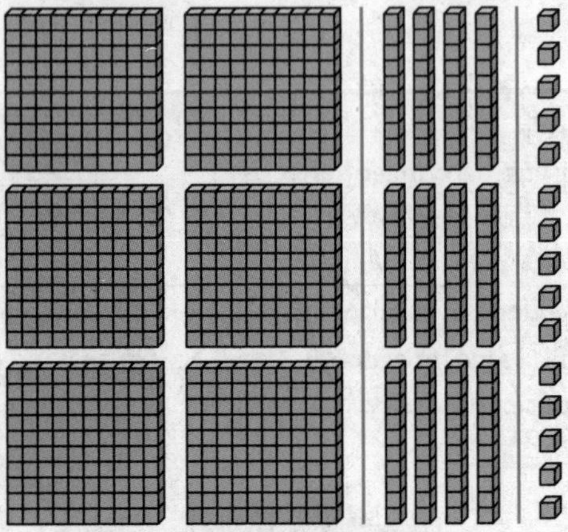

6 centenas 12 decenas 15 unidades

C **Lo que escribes**

$$\begin{array}{rl} 245 & \\ \times\ \ 3 & \\ \hline 15 & 3 \times 5 \\ 120 & 3 \times 40 \\ +\ 600 & 3 \times 200 \\ \hline 735 & \end{array}$$

Puedes usar el valor de posición para descomponer factores y la propiedad distributiva para hallar productos parciales.

Se necesitan 735 galones de agua para llenar las tres peceras.

¡Convénceme! **PM.4 Representar con modelos matemáticos** ¿Cómo se representan los productos parciales usando bloques de valor de posición?

 © Pearson Education, Inc. 4

Nombre ______________________________

Amigo de práctica Herramientas Evaluación

Otro ejemplo

El acuario tiene 2 peceras que tienen capacidad para 1,125 galones de agua cada una. ¿Cuánta agua se necesita para llenar las 2 peceras?

1,125 = 1,000 + 100 + 20 + 5

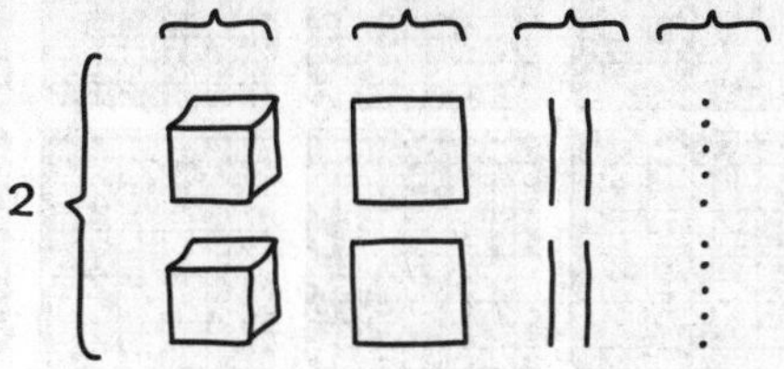

```
   1,125
 ×     2
      10    2 × 5
      40    2 × 20
     200    2 × 100
 + 2,000    2 × 1,000
   2,250
```

Puedes dibujar un modelo para representar productos parciales.

Hacen falta 2,250 galones para llenar las peceras.

Práctica guiada*

¿Lo entiendes?

1. **PM.2 Razonar** ¿Qué cálculos se usaron para hallar los productos parciales 12, 30 y 300?

```
    114
 ×    3
     12
     30
 +  300
    342
```

¿Cómo hacerlo?

Completa los cálculos en los Ejercicios **2** y **3**.

2.
```
   1 2 4
 ×     2
   □
   □□
 + □□□
   □□□
```

3.
```
   2 1 8
 ×     3
   □□
   □□
 + □□□
   □□□
```

Práctica independiente

Práctica al nivel Completa los cálculos en los Ejercicios **4** a **7.** Usa bloques de valor de posición o matrices, si es necesario.

4.
```
   2 2 7
 ×     3
   □□
   □□
 + □□□
   □□□
```

5.
```
   1 2 2
 ×     4
       6
     7 0
 + 9 0 0
   9 7 6
```

6.
```
   1,165
 ×     7
   8,154
```

7.
```
   391
 ×   5
```

Puedes encontrar otro ejemplo en el Grupo E, página 159.

8. **PM.4 Representar con modelos matemáticos** ¿Qué multiplicación muestran los bloques de valor de posición? Halla el producto. Luego, escribe un problema que se pueda resolver usando este modelo.

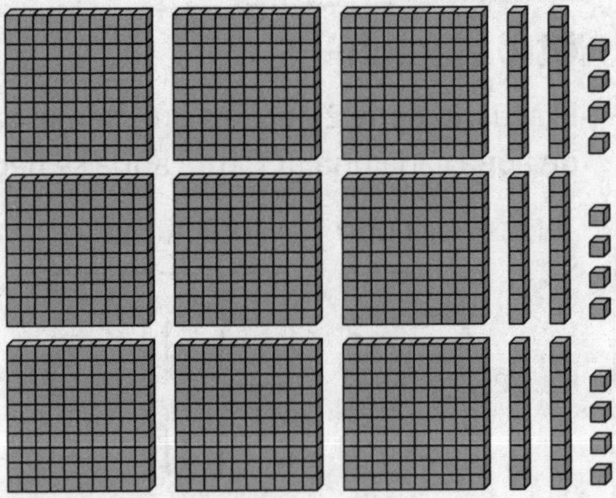

9. ¿Cuántas canicas hay en 3 bolsas grandes y 4 bolsas pequeñas?

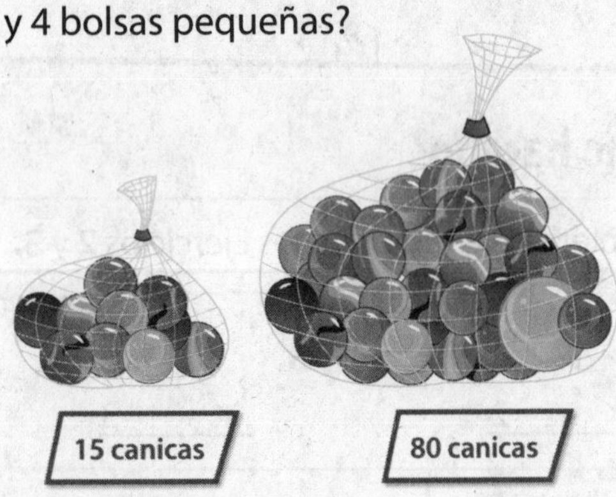

10. **Razonamiento de orden superior** ¿Cómo se puede usar la propiedad distributiva para hallar 4 × 875? Dibuja una matriz.

Evaluación de *Common Core*

11. Completa el cálculo usando los números de la caja. Usa cada número una sola vez.

```
     1, 4 7 5
×            8
--------------
             □ 0
           □ □ 0
       □, □ 0 0
       8, 0 0 0
--------------
    1 □, □ 0 □
```

0	1
2	3
4	5
6	8

12. Completa el cálculo usando los números de la caja. Usa cada número una sola vez.

```
     1, 6 1 8
×            9
--------------
           □ 2
           9 0
    □, □ 0 0
       □, 0 0 □
--------------
  □ 4, 5 □ □
```

0	1
2	4
5	6
7	9

 © Pearson Education, Inc. 4

Nombre ______________________

Ayuda | Amigo de práctica | Herramientas | Juegos

Tarea y práctica 3-5

Matrices y productos parciales

¡Revisemos!

Puedes usar matrices, el valor de posición y las propiedades de las operaciones como ayuda para multiplicar.

Halla 3 × 124.

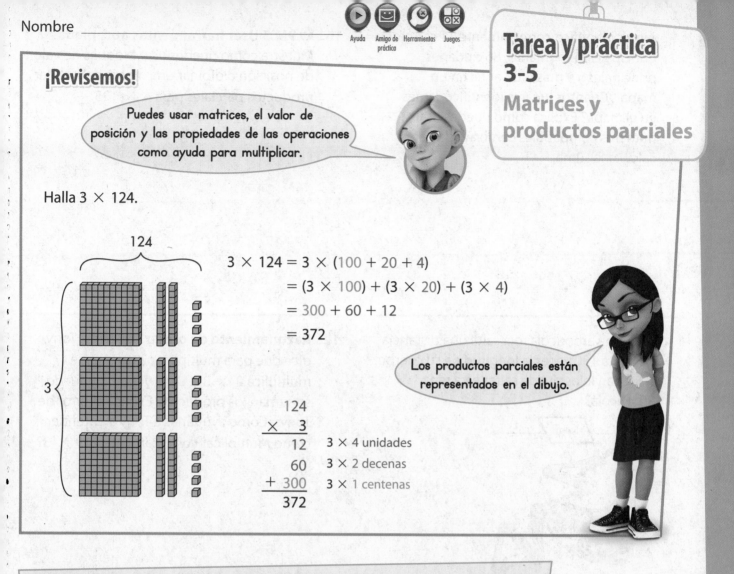

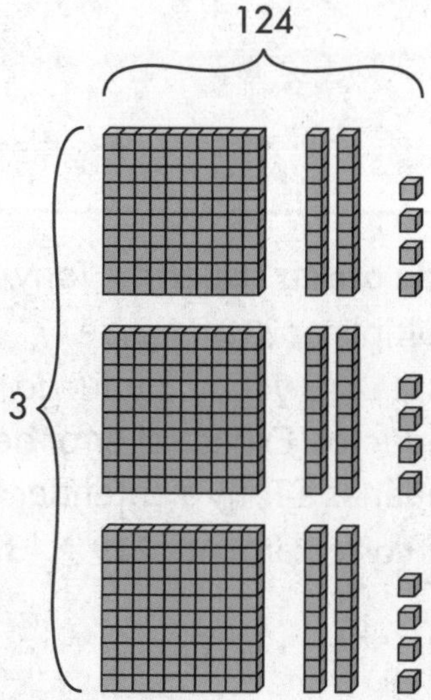

124
3

$3 \times 124 = 3 \times (100 + 20 + 4)$
$= (3 \times 100) + (3 \times 20) + (3 \times 4)$
$= 300 + 60 + 12$
$= 372$

```
   124
×    3
    12    3 × 4 unidades
    60    3 × 2 decenas
 + 300    3 × 1 centenas
   372
```

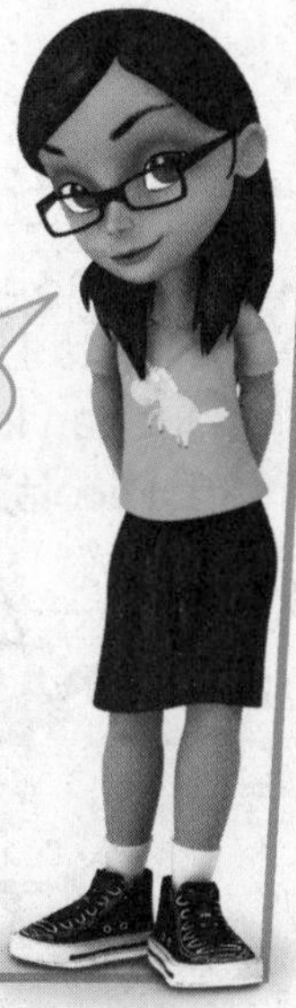

Los productos parciales están representados en el dibujo.

Completa los cálculos en los Ejercicios **1** a **8.** Usa bloques de valor de posición o dibuja una matriz, si es necesario.

1. 218 × 4 = ☐☐ + ☐☐ + ☐☐☐ = ☐☐☐

2. 411 × 2 = ☐ + ☐☐ + ☐☐☐ = ☐☐☐

3. 223 × 5 = ☐☐ + ☐☐☐ + ☐☐☐☐ = ☐☐☐☐

4. 316 × 3 = ☐☐ + ☐☐ + ☐☐☐ = ☐☐☐

5. 1,178 × 5

6. 2,148 × 3

7. 1,116 × 2

8. 2,136 × 4

9. James identificó correctamente 11 carreteras principales, 4 montañas, 86 ciudades principales y 9 masas de agua en un mapa. ¿Cuántos lugares identificó James en el mapa? Explica cómo puedes usar números compatibles como ayuda para calcular la suma.

10. © PM.5 Usar herramientas apropiadas Muestra cómo puedes usar bloques de valor de posición o dibujar una matriz para hallar productos parciales para 4 × 125.

11. Una rana arborícola roja salta una distancia de hasta 150 veces la longitud de su cuerpo. ¿Qué tan lejos puede saltar esta rana arborícola?

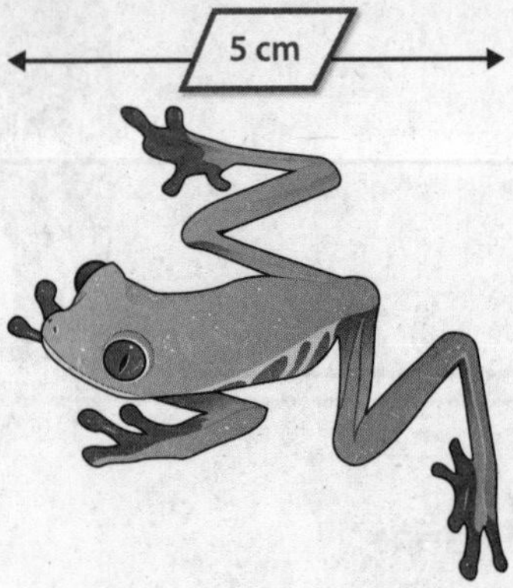

12. Razonamiento de orden superior Tony dice que para multiplicar 219 × 3, se multiplica 2 × 3, 1 × 3 y 9 × 3 y, luego, se suman los productos. Explica el error de Tony. ¿Cómo ayudarías a Tony a entender cómo multiplicar correctamente 219 × 3?

© Evaluación de *Common Core*

13. Completa el cálculo usando los números de la caja. Usa cada número una sola vez.

```
     2, 4 8 1
  ×         6
 ------------
            □
         □ 8 0
      □, 4 0 0
    1 2, 0 0 □
 ------------
     □4, □ 8 6
```

0	1
2	4
6	8

14. Completa el cálculo usando los números de la caja. Usa cada número una sola vez.

```
     3, 0 4 9
  ×         6
 ------------
          □4
         2 □0
            0
     1□, 0 0 0
 ------------
     □8, □ □4
```

1	2
4	5
8	9

 © Pearson Education, Inc. 4

Nombre ______________________

Resuelve

Lección 3-6
Usar productos parciales para multiplicar números de 1 dígito

Resuélvelo y coméntalo

Hay 6 escuelas primarias en un distrito escolar. Cada escuela tiene 412 estudiantes. ¿Cuántos estudiantes hay en el distrito? ***Resuelve este problema usando la estrategia que prefieras.***

Puedo...
usar el valor de posición y productos parciales como ayuda para multiplicar.

Estándar de contenido 4.NBD.B.5
Prácticas matemáticas PM.4, PM.5, PM.7, PM.8

Puedes usar herramientas apropiadas. ¿Cómo puedes usar bloques de valor de posición o dibujos para resolver este problema? ¡Muestra tu trabajo en el espacio de arriba!

¡Vuelve atrás! **PM.8 Generalizar** ¿Qué método abreviado puedes usar para comprobar si la solución es razonable?

Aprende A-Z Glosario

Pregunta esencial

¿Cuál puede ser una manera de escribir una multiplicación?

A

David leyó que los bates de beisbol se pesan en onzas y que las pelotas de beisbol se cosen a mano con puntadas dobles. David quiere saber cuántas onzas pesan 6 bates de beisbol y cuántas puntadas dobles se usan para coser 6 pelotas de beisbol.

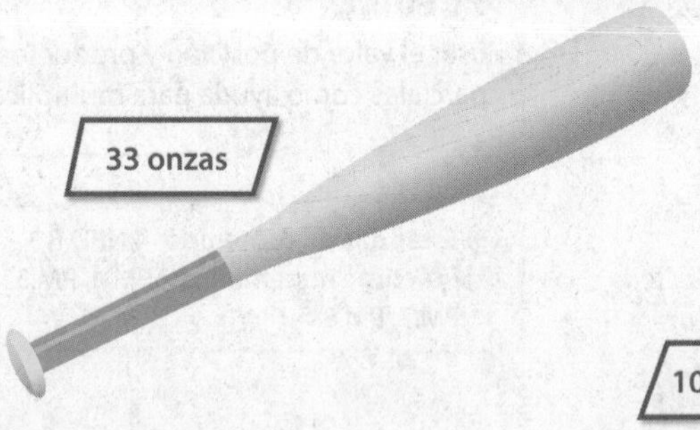
33 onzas

Puedes escribir las matemáticas usando un algoritmo.
108 puntadas dobles

B

Halla 6×33.

Multiplica los valores de posición para hallar los productos parciales. Luego, suma los productos parciales.

$$\begin{array}{rl} 33 & \\ \times\ \ 6 & \\ \hline 18 & 6 \times 3 \\ +\ 180 & 6 \times 30 \\ \hline 198 & \end{array}$$

Seis bates de beisbol pesan 198 onzas.

C

Halla 6×108.

$$\begin{array}{rl} 108 & \\ \times\ \ 6 & \\ \hline 48 & 6 \times 8 \\ 0 & 6 \times 0 \\ +\ 600 & 6 \times 100 \\ \hline 648 & \end{array}$$

Usa el redondeo para hacer una estimación.
$6 \times 100 = 600$

Se usan 648 puntadas dobles para coser 6 pelotas de beisbol. 600 está cerca de 648; por tanto, la respuesta es razonable.

¡Convénceme! **PM.7 Usar la estructura** Mara usó el algoritmo de la derecha. ¿Tiene razón? Explica tu respuesta.

$$\begin{array}{r} 124 \\ \times\ \ 4 \\ \hline 400 \\ 80 \\ +\ 16 \\ \hline 496 \end{array}$$

© Pearson Education, Inc. 4

Nombre ______________________

Amigo de práctica Herramientas Evaluación

Práctica guiada*

¿Lo entiendes?

1. **PM.7 Usar la estructura** Seth halló 374 × 3. ¿Qué producto parcial falta en el trabajo de Seth? Explícalo.

$$\begin{array}{r} 374 \\ \times \quad 3 \\ \hline 12 \\ +\ 900 \\ \hline 912 \end{array}$$

¿Cómo hacerlo?

Halla los productos usando un algoritmo en los Ejercicios **2** y **3**.

2. $\begin{array}{r} 117 \\ \times \quad 5 \\ \hline \end{array}$

3. $\begin{array}{r} 243 \\ \times \quad 3 \\ \hline \end{array}$

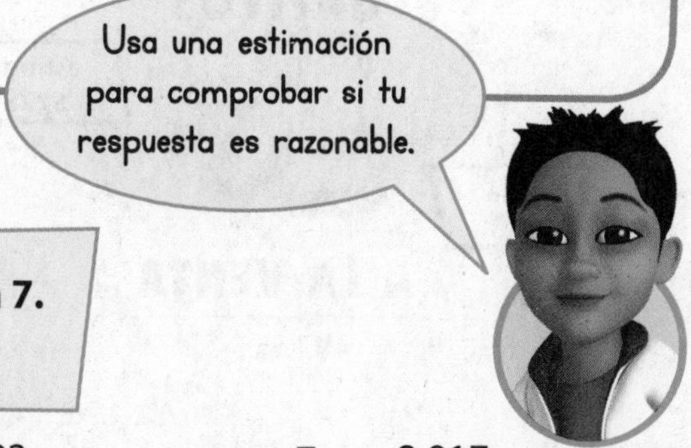

Usa una estimación para comprobar si tu respuesta es razonable.

Práctica independiente

Halla los productos usando un algoritmo en los Ejercicios **4** a **7**. Haz dibujos, si es necesario.

4. $\begin{array}{r} 223 \\ \times \quad 5 \\ \hline \end{array}$

5. $\begin{array}{r} 418 \\ \times \quad 8 \\ \hline \end{array}$

6. $\begin{array}{r} 193 \\ \times \quad 3 \\ \hline \end{array}$

7. $\begin{array}{r} 2{,}917 \\ \times \quad 7 \\ \hline \end{array}$

Halla los productos usando un algoritmo en los Ejercicios **8** a **11**.

8. 6 × 138

9. 7 × 226

10. 8 × 242

11. 5 × 1,640

Puedes encontrar otro ejemplo en el Grupo E, página 159.

Prácticas matemáticas y resolución de problemas

12. **PM.4 Representar con modelos matemáticos** El diagrama de barras muestra 4 grupos de 225. Halla 4 × 225 usando un algoritmo.

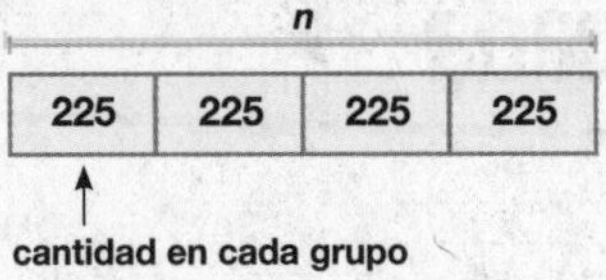

n
225
225
225
225
cantidad en cada grupo

13. Normalmente, hay 365 días en un año. Cada cuatro años hay un año bisiesto y febrero tiene un día más. ¿Cuántos días hay en 8 años si hay dos años bisiestos?

14. Hay 1,250 semillas en cada paquete. Hay 5 paquetes. ¿Cuántas semillas hay en total?

15. Un criador de gatos tiene 6 gatitos esfinge y 7 gatitos persa a la venta. Si se venden los 13 gatitos, ¿cuánto dinero ganará el criador? Explícalo.

GATITOS
esfinge
$775
persa
$698
A LA VENTA

16. **Razonamiento de orden superior** Patricia crea un diseño con 163 azulejos. Luego, duplica la cantidad de azulejos para hacer un segundo diseño. Su tercer diseño requiere 3 veces la cantidad de azulejos que el segundo diseño. ¿Cuántos azulejos usa en el tercer diseño? Explica cómo hallaste la respuesta.

Evaluación de *Common Core*

17. En un barco de motor caben 60 adultos y 50 niños. ¿Cuántas personas pueden hacer 4 viajes en barco de motor? ¿Cuáles son los tres productos parciales que se sumarían para hallar la cantidad de personas que pueden hacer 4 viajes en barco de motor?

- ☐ 0
- ☐ 40
- ☐ 400
- ☐ 4,000
- ☐ 40,000

Primero, suma para hallar la cantidad de personas en cada viaje. Luego, multiplica para hallar cuántas personas pueden hacer 4 viajes.

© Pearson Education, Inc. 4

Nombre ______________________

Ayuda | Amigo de práctica | Herramientas | Juegos

Tarea y práctica 3-6

Usar productos parciales para multiplicar números de 1 dígito

¡Revisemos!

Tres grupos de 145 estudiantes asistieron a una obra de teatro. ¿Cuántos estudiantes asistieron a la obra?

Halla 3 × 145.

Anota los productos parciales.

$$
\begin{array}{rl}
145 & \\
\times \quad 3 & \\
\hline
15 & 3 \times 5 \\
120 & 3 \times 40 \\
+\,300 & 3 \times 100 \\
\hline
435 &
\end{array}
$$

Puedes usar un algoritmo para anotar los productos parciales cuando multiplicas.

435 estudiantes asistieron a la obra de teatro.

Usa un algoritmo para hallar los productos en los Ejercicios **1** a **16.** Haz dibujos, usa matrices o modelos de área, si es necesario. Comprueba que tu respuesta sea razonable.

1. 275×6

2. 164×5

3. 317×9

4. $3,933 \times 4$

5. 15×8

6. 137×4

7. $1,619 \times 7$

8. $4,269 \times 5$

9. 7 × 64

10. 96 × 3

11. 531 × 8

12. 5 × 2,111

13. 62 × 9

14. 217 × 4

15. 119 × 3

16. 1,231 × 2

17. © **PM.4 Representar con modelos matemáticos** Completa el modelo mostrando cómo usar la propiedad distributiva para hallar el producto de 7 y 16. Luego, escribe una ecuación que muestre cómo hallar el producto usando la propiedad distributiva.

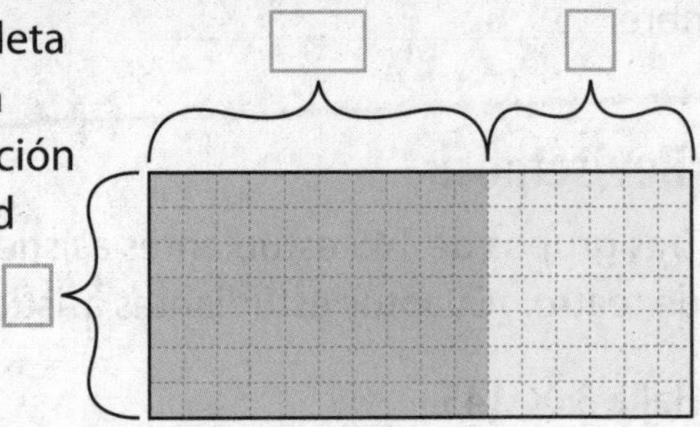

18. Fred compró 3 carros nuevos para su tienda de carros por $11,219, $31,611 y $18,204. ¿Cuál fue el costo total de todos los carros?

19. Kinsey gana $54,625 por año. Compra una moto de nieve por $12,005. ¿Cuánto le queda de sus ingresos anuales?

20. **Sentido numérico** Dalton sumó 3,402 + 4,950 para obtener 8,352. Estima la suma redondeando los sumandos a la centena más cercana. ¿Es razonable la suma de Dalton? Explícalo.

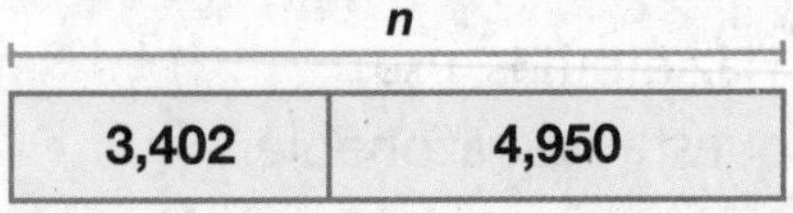

21. **Razonamiento de orden superior** Josh usó un algoritmo para hallar el producto de 9 × 239. A continuación se muestra su trabajo. ¿Tiene razón Josh? Explícalo.

```
   239
×    9
 1,800
   270
+   81
 2,151
```

© Evaluación de *Common Core*

22. DeShawn carga combustible en 2 yates y 6 barcazas. Cada bote lleva 126 galones de combustible. Para saber cuánto combustible necesita para todos los botes, DeShawn halla primero la cantidad de botes. Luego, usa un algoritmo para multiplicar. ¿Cuáles son los tres productos parciales que podría usar para hallar el producto final?

- ☐ 48
- ☐ 80
- ☐ 160
- ☐ 800
- ☐ 8,000

Recuerda que puedes sumar los productos parciales en cualquier orden y la suma será la misma.

© Pearson Education, Inc. 4

Nombre ____________________

Resuélvelo y coméntalo

Supón que una escuela encargó 7 cajas de libros. Hay 25 libros en cada caja. ¿Cómo puedes usar papel y lápiz para hallar cuántos libros hay en total? ¿Cómo puedes comprobar si tu respuesta es razonable? ***Resuelve este problema usando la estrategia que prefieras.***

Lección 3-7
Multiplicar números de 2 y 3 dígitos por números de 1 dígito

Puedo...
usar estrategias del valor de posición y algoritmos para multiplicar números de 2 y 3 dígitos.

Estándares de contenido 4.NBD.B.5, 4.OA.A.3
Prácticas matemáticas PM.1, PM.2, PM.3, PM.4, PM.8

Puedes entender y perseverar. Formular un plan te puede ayudar a resolver problemas. ¡Muestra tu trabajo en el espacio de arriba!

¡Vuelve atrás! **PM.8 Generalizar** ¿Qué método abreviado puedes usar para comprobar si tu respuesta es razonable?

Aprende Glosario

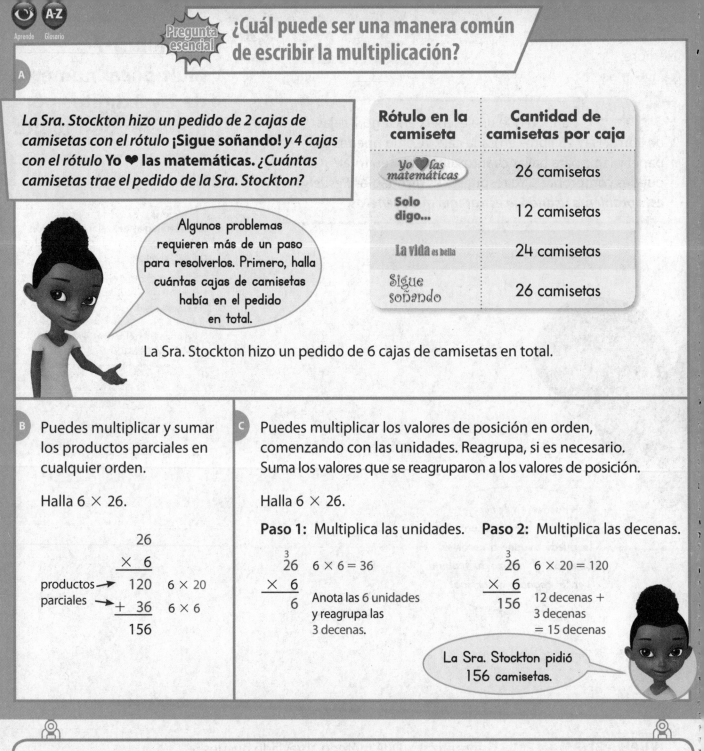

Pregunta esencial

¿Cuál puede ser una manera común de escribir la multiplicación?

A

La Sra. Stockton hizo un pedido de 2 cajas de camisetas con el rótulo **¡Sigue soñando!** *y 4 cajas con el rótulo* **Yo ❤ las matemáticas.** *¿Cuántas camisetas trae el pedido de la Sra. Stockton?*

Rótulo en la camiseta	Cantidad de camisetas por caja
Yo ❤ las matemáticas	26 camisetas
Solo digo...	12 camisetas
La vida es bella	24 camisetas
Sigue soñando	26 camisetas

Algunos problemas requieren más de un paso para resolverlos. Primero, halla cuántas cajas de camisetas había en el pedido en total.

La Sra. Stockton hizo un pedido de 6 cajas de camisetas en total.

B

Puedes multiplicar y sumar los productos parciales en cualquier orden.

Halla 6 × 26.

$$\begin{array}{r} 26 \\ \times\ 6 \\ \hline 120 \\ +\ 36 \\ \hline 156 \end{array}$$

productos parciales → 120 (6 × 20), 36 (6 × 6)

C

Puedes multiplicar los valores de posición en orden, comenzando con las unidades. Reagrupa, si es necesario. Suma los valores que se reagruparon a los valores de posición.

Halla 6 × 26.

Paso 1: Multiplica las unidades.

$$\begin{array}{r} {}^{3} \\ 26 \\ \times\ 6 \\ \hline 6 \end{array}$$

6 × 6 = 36

Anota las 6 unidades y reagrupa las 3 decenas.

Paso 2: Multiplica las decenas.

$$\begin{array}{r} {}^{3} \\ 26 \\ \times\ 6 \\ \hline 156 \end{array}$$

6 × 20 = 120

12 decenas + 3 decenas = 15 decenas

La Sra. Stockton pidió 156 camisetas.

¡Convénceme! **PM.3 Evaluar el razonamiento** Un estudiante hizo el cálculo para 3 cajas de camisetas con el rótulo *Yo ❤ las matemáticas* y obtuvo la respuesta incorrecta que se muestra a la derecha. ¿Qué error cometió este estudiante? ¿Cuál es la respuesta correcta?

Respuesta incorrecta

$$\begin{array}{r} {}^{1} \\ 26 \\ \times\ 3 \\ \hline 98 \end{array}$$

© Pearson Education, Inc. 4

Otro ejemplo

La Sra. Stockton hace un pedido de 156 camisetas todas las semanas. ¿Cuántas camisetas pidió en 4 semanas? Halla 156 × 4.

El algoritmo funciona con cualquier cantidad de dígitos.

Una manera

$$\begin{array}{rl} 156 & \\ \times\ \ 4 & \\ \hline 24 & 4 \times 6 \\ 200 & 4 \times 50 \\ +\ 400 & 4 \times 100 \\ \hline 624 & \end{array}$$

Otra manera

$$\begin{array}{r} {}^{2\,2} \\ 156 \\ \times\ \ 4 \\ \hline 624 \end{array}$$

Multiplica las unidades, luego, las decenas, y, por último, las centenas. Reagrupa, si es necesario.

La Sra. Stockton hizo un pedido de 624 camisetas.

Práctica guiada*

¿Lo entiendes?

1. Explica cómo puedes comprobar si la respuesta de Otro ejemplo es razonable.

2. **PM.2 Razonar** ¿Por qué hay un 5 en el lugar de las decenas en el producto del siguiente problema?

$$\begin{array}{r} 738 \\ \times\ \ 4 \\ \hline 2{,}952 \end{array}$$

¿Cómo hacerlo?

Halla los productos en los Ejercicios **3** a **10.** Haz una estimación para comprobar si tu respuesta es razonable.

3. $\begin{array}{r} 523 \\ \times\ \ 4 \\ \hline \end{array}$

4. $\begin{array}{r} 378 \\ \times\ \ 2 \\ \hline \end{array}$

5. $\begin{array}{r} 157 \\ \times\ \ 5 \\ \hline \end{array}$

6. $\begin{array}{r} 746 \\ \times\ \ 3 \\ \hline \end{array}$

7. 123 × 9

8. 445 × 5

9. 27 × 3

10. 204 × 6

Práctica independiente

Halla los productos en los Ejercicios **11** a **14.** Haz una estimación para comprobar si tu respuesta es razonable.

11. $\begin{array}{r} 519 \\ \times\ \ 4 \\ \hline \end{array}$

12. $\begin{array}{r} 28 \\ \times\ 3 \\ \hline \end{array}$

13. $\begin{array}{r} 72 \\ \times\ 5 \\ \hline \end{array}$

14. $\begin{array}{r} 138 \\ \times\ \ 5 \\ \hline \end{array}$

**Puedes encontrar otro ejemplo en el Grupo F, página 159.*

Prácticas matemáticas y resolución de problemas

Usa la información de las siguientes ilustraciones para hallar las masas en los Ejercicios **15** a **17.**

15. Elefante marino **16.** Carro deportivo **17.** Bisonte

cebra:
435 kilogramos

bisonte:
2 veces el peso de una cebra

carro deportivo:
4 veces el peso de una cebra

elefante marino:
8 veces el peso de una cebra

---

18. **PM.4 Representar con modelos matemáticos** El año pasado, la abuela de Anthony le dio 33 monedas de plata y 16 monedas de oro para empezar una colección de monedas. Ahora, Anthony tiene seis veces esa cantidad de monedas en su colección. ¿Cuántas monedas tiene Anthony? Completa el diagrama de barras para mostrar tu trabajo.

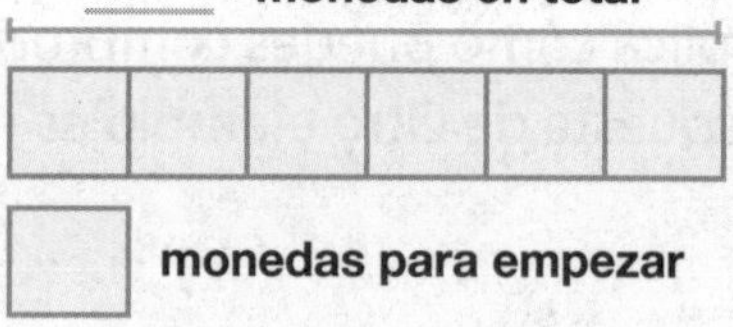

---

19. **Vocabulario** Usa *distributiva* o *conmutativa* para completar la definición.

Según la propiedad ____________ de la multiplicación, los factores se pueden multiplicar en cualquier orden y el producto es el mismo.

20. **Razonamiento de orden superior** ¿Crees que podrías usar un algoritmo de multiplicación para multiplicar un número de 4 dígitos por un número de 1 dígito? Explica tu respuesta.

Evaluación de *Common Core*

21. Halla los números que faltan en la multiplicación. Escribe los números que faltan en los recuadros de la derecha.

□□
7 6 8
× 8
6,□□4

© Pearson Education, Inc. 4

Nombre ____________________

Ayuda | Amigo de práctica | Herramientas | Juegos

Tarea y práctica 3-7

Multiplicar números de 2 y 3 dígitos por números de 1 dígito

¡Revisemos!

Los siguientes pasos muestran cómo multiplicar números de 3 dígitos por números de 1 dígito.

Paso 1

Multiplica las unidades. Reagrupa, si es necesario.

$$\begin{array}{r} {}^{1} \\ 154 \\ \times\ \ 4 \\ \hline 6 \end{array}$$

Paso 2

Multiplica las decenas. Suma las decenas adicionales. Reagrupa, si es necesario.

$$\begin{array}{r} {}^{2\,1} \\ 154 \\ \times\ \ 4 \\ \hline 16 \end{array}$$

Paso 3

Multiplica las centenas. Suma las centenas adicionales.

$$\begin{array}{r} {}^{2\,1} \\ 154 \\ \times\ \ 4 \\ \hline 616 \end{array}$$

Halla los productos en los Ejercicios **1** a **16**.

Recuerda que debes reagrupar, si es necesario.

1. 13×3

2. 17×7

3. 741×3

4. 587×3

5. 413×6

6. 625×6

7. 36×5

8. 731×9

9. 88×5

10. 52×8

11. 352×3

12. 159×5

13. 164×5

14. 19×8

15. 478×2

16. 862×7

Usa la tabla de la derecha en los Ejercicios **17** y **18.**

17. En promedio, ¿cuánto crecerán las uñas en 12 meses?

18. ¿Cuánto más que las uñas crecerá el cabello en seis meses?

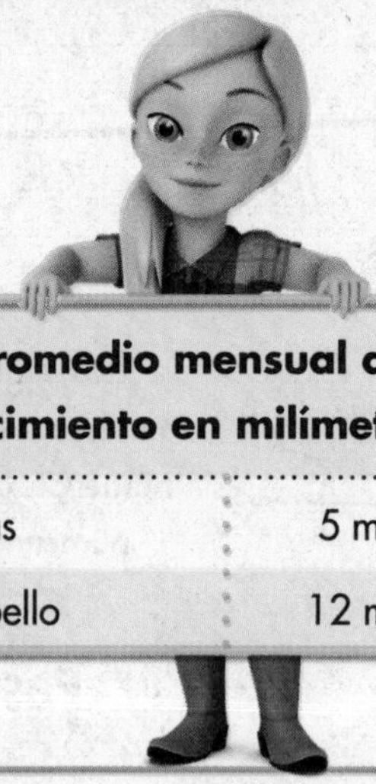

DATOS

Promedio mensual de crecimiento en milímetros	
Uñas	5 mm
Cabello	12 mm

19. Derek participa en tres carreras de motocicletas. Cada carrera tiene 150 millas. ¿Cuántas millas recorre Derek?

20. El promedio de Walt en 4 carreras es de 98 millas por hora. Si cada carrera tiene 95 millas de longitud, ¿cuántas millas recorrió Walt en total?

21. La Fosa de Puerto Rico tiene 30,246 pies de profundidad. Escribe los números que son 10,000 menos y 10,000 más que esa cifra.

22. ¿Qué valor de posición usarías para comparar 225,998 y 225,988?

23. **PM.3 Evaluar el razonamiento** Martín multiplicó 423 por 7 y dice que el producto es 2,841. ¿Tienen sentido los cálculos de Martín? Explícalo.

24. **Razonamiento de orden superior** Tyrone tiene 6 veces la cantidad de canicas que tiene su hermana Pam. Pam tiene 34 canicas. Louis tiene 202 canicas. ¿Quién tiene más canicas, Tyrone o Louis? Explícalo.

Evaluación de *Common Core*

25. Halla los números que faltan en la multiplicación. Escribe los números que faltan en los recuadros de la derecha.

$$\begin{array}{r} \square \\ 651 \\ \times\quad 7 \\ \hline \square,\square\square\square \end{array}$$

© Pearson Education, Inc. 4

Nombre ______________________________ Resuelve

Lección 3-8

Multiplicar números de 4 dígitos por números de 1 dígito

Resuélvelo y coméntalo El diseño de un piso tiene un patrón de 5,835 baldosas. El mismo patrón se usa 7 veces. ¿Cuántas baldosas se usan en total? ***Resuelve este problema usando la estrategia que prefieras.***

Puedo...
multiplicar números más grandes siguiendo los mismos pasos que para multiplicar números más pequeños.

Estándares de contenido 4.NBD.B.5, 4.OA.A.3
Prácticas matemáticas PM.2, PM.4, PM.8

Puedes razonar. ¿En qué se parecen los números de 3 dígitos a los números de 4 dígitos? ¿En qué se diferencian? ¡Muestra tu trabajo en el espacio de arriba!

¡Vuelve atrás! **PM.2 Razonar** Explica por qué tuviste que reagrupar cuando multiplicaste en el problema de arriba.

Aprende A-Z Glosario

Pregunta esencial

¿Cómo se pueden multiplicar números de 4 dígitos por números de 1 dígito?

A

Un centro de protección de fauna y flora presupuestó los siguientes gastos mensuales de alimentación y veterinaria. ¿Cuál es el presupuesto para un período de 3 meses?

Puedes usar un algoritmo para multiplicar millares de la misma manera que lo usas para multiplicar centenas o decenas.

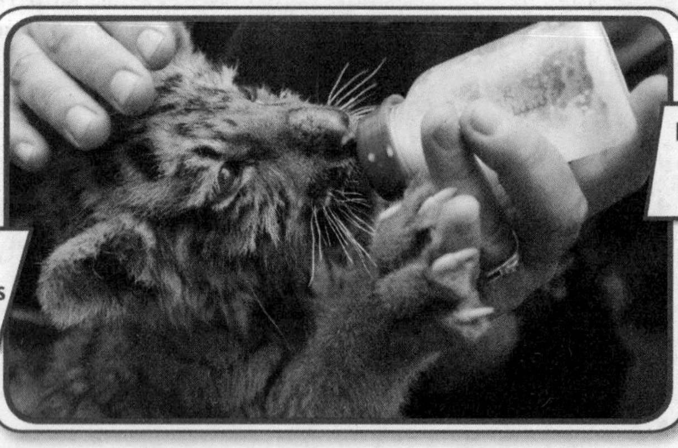

El costo mensual en gastos veterinarios es de $1,215.

El costo mensual de alimentación es de $1,531.

$$\begin{array}{r} \$1,215 \\ +\ \$1,531 \\ \hline \$2,746 \end{array}$$

El centro presupuestó $2,746 de gastos mensuales en veterinaria y alimentación.

Halla 3 × 2,746.

B

Paso 1

Multiplica las unidades. Reagrupa, si es necesario.

$$\begin{array}{r} {}^{1} \\ 2,746 \\ \times\quad 3 \\ \hline 8 \end{array}$$

Paso 2

Multiplica las decenas. Suma las decenas adicionales. Reagrupa, si es necesario.

$$\begin{array}{r} {}^{1\,1} \\ 2,746 \\ \times\quad 3 \\ \hline 38 \end{array}$$

Paso 3

Multiplica las centenas. Suma las centenas adicionales. Reagrupa, si es necesario.

$$\begin{array}{r} {}^{2\,1\,1} \\ 2,746 \\ \times\quad 3 \\ \hline 238 \end{array}$$

Paso 4

Multiplica los millares. Suma los millares adicionales. Reagrupa, si es necesario.

$$\begin{array}{r} {}^{2\,1\,1} \\ 2,746 \\ \times\quad 3 \\ \hline 8,238 \end{array}$$

El presupuesto para gastos de alimentación y gastos veterinarios para 3 meses es $8,238.

¡Convénceme! **PM.8 Generalizar** ¿Cómo puedes hacer una estimación para decidir si un producto es razonable? Usa el problema anterior para explicarlo.

© Pearson Education, Inc. 4

Nombre

Amigo de práctica | Herramientas | Evaluación

☆ Práctica guiada*

¿Lo entiendes?

1. ¿En qué se parece multiplicar un número de 4 dígitos a multiplicar un número de 3 dígitos?

2. PM.2 **Razonar** Explica en qué caso no hace falta reagrupar las centenas en millares cuando multiplicas un número de 4 dígitos por un número de 1 dígito.

¿Cómo hacerlo?

Halla los productos en los Ejercicios **3** a **6**.

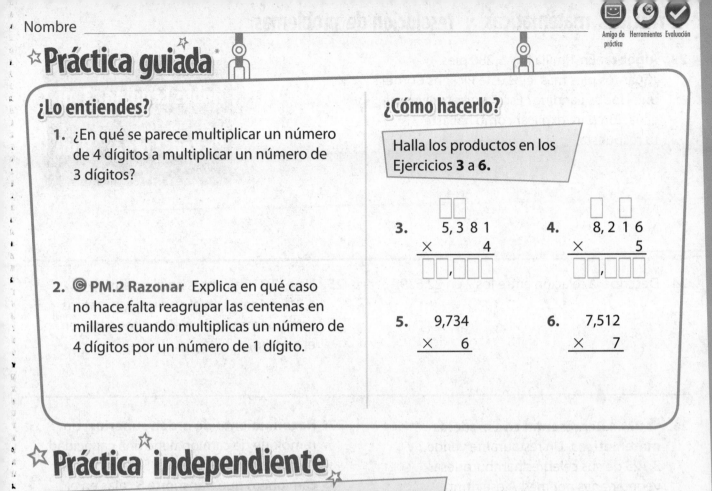

3. 5,381 × 4 = ☐☐,☐☐☐

4. 8,216 × 5 = ☐☐,☐☐☐

5. 9,734 × 6

6. 7,512 × 7

☆ Práctica independiente

Práctica al nivel Halla los productos en los Ejercicios **7** a **22.**

7. 1,842 × 3 = ☐,☐☐☐

8. 2,089 × 2 = ☐,☐☐☐

9. 9,152 × 7 = ☐☐,☐☐☐

10. 6,451 × 8 = ☐☐,☐☐☐

11. 3,287 × 1

12. 8,721 × 6

13. 1,428 × 3

14. 3,756 × 9

15. 6,912 × 4

16. 7,856 × 8

17. 4,005 × 5

18. 1,624 × 2

19. 4,569 × 3

20. 2,146 × 7

21. 1,002 × 4

22. 6,191 × 5

*Puedes encontrar otro ejemplo en el Grupo G, página 160.

Prácticas matemáticas y resolución de problemas

23. Álgebra En 1 milla hay 5,280 pies. ¿Cuántos pies más lejos está Pickens Corner que Hobbs Landing? Escribe y resuelve una ecuación para explicar cómo hallaste tu respuesta.

Hobbs Landing 3 mi

Pickens Corner 9 mi

24. Describe la relación entre los 2 en 22,679.

25. Hay 12,216 asientos en el estadio y 4,216 asientos en el auditorio. ¿Cuántos asientos más que en el auditorio hay en el estadio?

26. PM.4 Representar con modelos matemáticos Un restaurante vende 3,125 de sus célebres hamburguesas vegetarianas por mes. A ese ritmo, ¿cuántas hamburguesas vegetarianas se venderán en 6 meses?

n

3,125	3,125	3,125	3,125	3,125	3,125

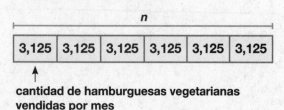

cantidad de hamburguesas vegetarianas vendidas por mes

27. Razonamiento de orden superior Un remolque de camión tiene una capacidad de carga de 25,900 libras. Se le pide a un camionero que transporte 5 cajas en el remolque. Cada caja pesa 4,450 libras. ¿Puede el camionero transportar las 5 cajas en una carga? Explícalo.

Evaluación de *Common Core*

28. La distancia en carro de Boston, MA, a Colorado Springs, CO, ida y vuelta es 4,084 millas. Una vendedora ya hizo el viaje de ida y vuelta dos veces. La vendedora puede conducir hasta 12,500 millas por mes. ¿Puede hacer el viaje de nuevo sin sobrepasar las millas mensuales permitidas? Si es así, ¿cuántas millas le quedarán para el mes?

© Pearson Education, Inc. 4

Nombre ______________________

Ayuda | Amigo de práctica | Herramientas | Juegos

Tarea y práctica 3-8

Multiplicar números de 4 dígitos por números de 1 dígito

¡Revisemos!

Halla 1,214 × 7.

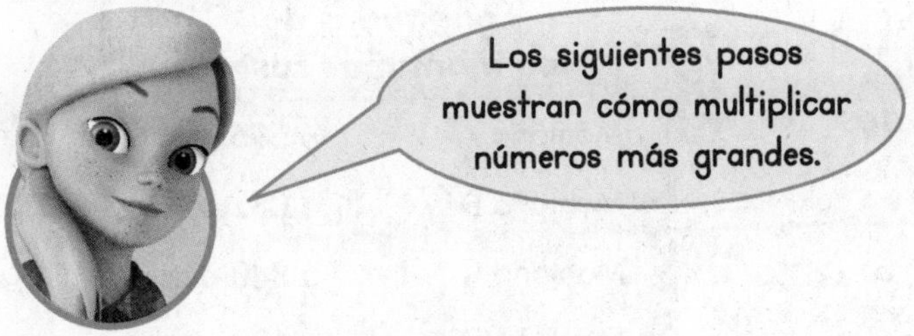
Los siguientes pasos muestran cómo multiplicar números más grandes.

Paso 1

Multiplica las unidades. Reagrupa, si es necesario.

$$\begin{array}{r} {\scriptsize 2} \\ 1{,}214 \\ \times \quad 7 \\ \hline 8 \end{array}$$

Paso 2

Multiplica las decenas. Suma las decenas adicionales. Reagrupa, si es necesario.

$$\begin{array}{r} {\scriptsize 2} \\ 1{,}214 \\ \times \quad 7 \\ \hline 98 \end{array}$$

Paso 3

Multiplica las centenas. Suma las centenas adicionales. Reagrupa, si es necesario.

$$\begin{array}{r} {\scriptsize 1\ 2} \\ 1{,}214 \\ \times \quad 7 \\ \hline 498 \end{array}$$

Paso 4

Multiplica los millares. Suma los millares adicionales.

$$\begin{array}{r} {\scriptsize 1\ 2} \\ 1{,}214 \\ \times \quad 7 \\ \hline 8{,}498 \end{array}$$

Halla los productos en los Ejercicios **1** a **16.**

1. 1,324 × 2

2. 5,618 × 7

3. 4,810 × 3

4. 9,018 × 6

5. 2,721 × 4

6. 7,183 × 2

7. 8,734 × 5

8. 6,451 × 7

9. 2,649 × 8

10. 1,273 × 5

11. 6,019 × 2

12. 4,867 × 7

13. 3,258 × 2

14. 4,307 × 4

15. 2,894 × 8

16. 6,113 × 9

Usa la tabla de la derecha en los Ejercicios **17** y **18.**

17. Bailey se subió a la Montaña B cuatro veces. ¿Cuántos pies recorrió? ¿Cuál es tu respuesta si redondeas el número al millar más cercano?

18. Janna se subió a las cuatro montañas rusas dos veces. ¿Cuántos pies recorrió en total?

DATOS

Longitudes de las montañas rusas

Montaña A	6,595 pies
Montaña B	6,072 pies
Montaña C	5,843 pies
Montaña D	5,600 pies

19. El Camino de los Apalaches tiene 2,174 millas de longitud. Si 7 personas caminan todo el camino, ¿cuántas millas caminarán en total?

20. El Camino de Chisholm tenía aproximadamente 800 millas de longitud. Si un vaquero lo recorrió caminando 9 veces, aproximadamente, ¿cuántas millas caminó en total?

21. **PM.4 Representar con modelos matemáticos** El Camino de los Apalaches tiene 2,174 millas de longitud. ¿Cuán largo sería un camino si tuviera 3 veces la longitud del Camino de los Apalaches?

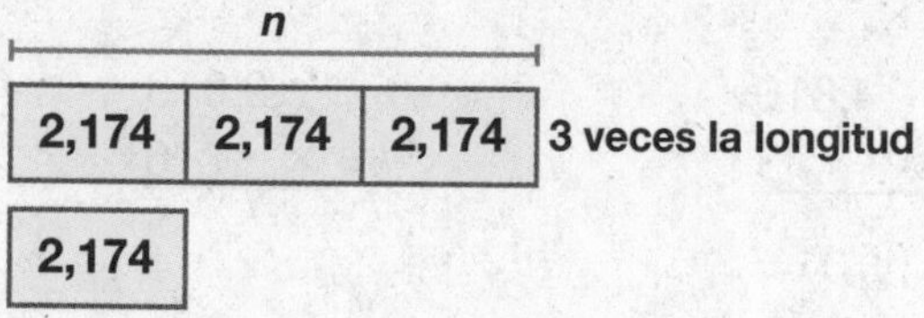

22. **Razonamiento de orden superior** Describe los errores en la siguiente solución. Muestra la solución correcta.

$$\begin{array}{r} 1{,}892 \\ \times \quad 4 \\ \hline 8 \\ 36 \\ 320 \\ +\ 4{,}000 \\ \hline 4{,}364 \end{array}$$

Evaluación de *Common Core*

23. Muestra dos maneras de resolver el siguiente problema. Las ruedas de una montaña rusa giran 3,999 veces durante el paseo. ¿Cuántas veces girarán las ruedas en 2 paseos?

© Pearson Education, Inc. 4

Nombre ________________________________

Resuelve

Lección 3-9

Multiplicar por números de 1 dígito

Puedo...
usar un algoritmo para multiplicar números y hacer estimaciones para comprobar si mi respuesta es razonable.

Estándares de contenido 4.NBD.B.5, 4.OA.A.3
Prácticas matemáticas PM.2, PM.3, PM.6, PM.8

Resuélvelo y coméntalo Un multicine tiene 4 salas. En cada sala caben 312 personas. ¿Cuántas personas caben en el multicine en total? ***Resuelve este problema usando la estrategia que prefieras.***

Puedes hacerlo con precisión y usar la información dada para calcular correctamente. *¡Muestra tu trabajo en el espacio de arriba!*

¡Vuelve atrás! **PM.6 Hacerlo con precisión** Si el multicine tuviera 8 salas con 312 asientos cada una, ¿cuántos asientos tendría el multicine? Explica cómo usar la respuesta de arriba para resolver el problema. Recuerda que debes rotular tu respuesta.

Aprende Glosario

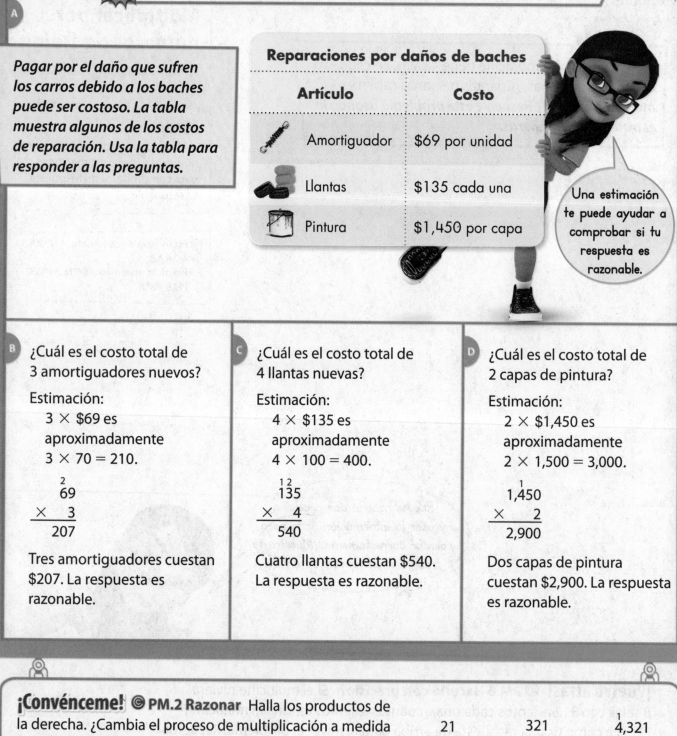

Pregunta esencial ¿Cuáles son los pasos para escribir una multiplicación?

A

Pagar por el daño que sufren los carros debido a los baches puede ser costoso. La tabla muestra algunos de los costos de reparación. Usa la tabla para responder a las preguntas.

Reparaciones por daños de baches

Artículo	Costo
Amortiguador	$69 por unidad
Llantas	$135 cada una
Pintura	$1,450 por capa

Una estimación te puede ayudar a comprobar si tu respuesta es razonable.

B

¿Cuál es el costo total de 3 amortiguadores nuevos?

Estimación:
3 × $69 es aproximadamente
3 × 70 = 210.

$$\begin{array}{r} \scriptstyle 2 \\ 69 \\ \times \quad 3 \\ \hline 207 \end{array}$$

Tres amortiguadores cuestan $207. La respuesta es razonable.

C

¿Cuál es el costo total de 4 llantas nuevas?

Estimación:
4 × $135 es aproximadamente
4 × 100 = 400.

$$\begin{array}{r} \scriptstyle 1\,2 \\ 135 \\ \times \quad 4 \\ \hline 540 \end{array}$$

Cuatro llantas cuestan $540. La respuesta es razonable.

D

¿Cuál es el costo total de 2 capas de pintura?

Estimación:
2 × $1,450 es aproximadamente
2 × 1,500 = 3,000.

$$\begin{array}{r} \scriptstyle 1 \\ 1,450 \\ \times \quad 2 \\ \hline 2,900 \end{array}$$

Dos capas de pintura cuestan $2,900. La respuesta es razonable.

¡Convénceme! **PM.2 Razonar** Halla los productos de la derecha. ¿Cambia el proceso de multiplicación a medida que el valor de un factor aumenta?

$$\begin{array}{r} 21 \\ \times \quad 4 \\ \hline \end{array} \qquad \begin{array}{r} 321 \\ \times \quad 4 \\ \hline \end{array} \qquad \begin{array}{r} \scriptstyle 1 \\ 4,321 \\ \times \quad 4 \\ \hline \end{array}$$

© Pearson Education, Inc. 4

Nombre Cedrica

Amigo de práctica Herramientas Evaluación

Práctica guiada*

¿Lo entiendes?

1. Un equipo de reparación de calles arregla habitualmente 825 baches por semana. ¿Cuántos baches puede arreglar en 6 semanas?

2. **PM.3 Construir argumentos** Una tienda de llantas vende 3 llantas por $175 cada una e incluye una cuarta llanta gratis. ¿Es esto más o menos costoso que comprar 4 llantas por $135 cada una?

¿Cómo hacerlo?

Halla los productos en los Ejercicios **3** a **10.**

3. 74×6

4. 819×5

5. 4×309

6. 3×175

7. 8×218

8. $6 \times 1{,}741$

9. 29×7

10. $1{,}461 \times 9$

Práctica independiente

Halla los productos en los Ejercicios **11** a **26.** Haz estimaciones para comprobar si tu respuesta es razonable.

11. 77×6 462

12. 83×5

13. 62×4

14. 89×7 623

15. 245×3

16. 318×9 2,862

17. 736×2 1,472

18. 314×8 2,512

19. $4 \times 4{,}347$

20. $6 \times 2{,}716$

21. $7 \times 1{,}287$ 9,009

22. $3 \times 1{,}942$ 5,826

23. $2{,}319 \times 5$

24. $1{,}467 \times 5$

25. $2{,}138 \times 9$

26. $9{,}749 \times 5$

Puedes encontrar otro ejemplo en el Grupo G, página 160.

Prácticas matemáticas y resolución de problemas

27. El equipo de baile de Maura quiere comprar vestuario. Cada prenda cuesta \$56. El equipo tiene \$523 ahorrados. ¿Cuánto dinero quedará en el fondo después de comprar 9 prendas?

¿Cuál es la pregunta escondida que debes responder primero?

28. Elaine alquila un carro por 5 días. Alquilar un carro cuesta \$44 por día más \$7 del seguro por día. Al final del viaje Elaine gasta \$35 en llenar el tanque con gasolina. ¿Cuánto le cuesta a Elaine alquilar el carro en total?

29. En la ceremonia del Club de Matemáticas había 17 mesas con 8 invitados en cada una. Si cada invitado recibió 2 certificados, ¿cuántos certificados se entregaron durante la ceremonia?

30. El agua que sale de los géiseres en erupción puede alcanzar una temperatura de 244 °F. La temperatura media en el Parque Nacional Yellowstone es 35 °F. Usa la compensación para hallar la diferencia entre estas dos temperaturas.

31. **Razonamiento de orden superior** El lunes, Paolo vendió 21 boletos para el baile. El martes, vendió tres veces más boletos de los que vendió el lunes. El miércoles, vendió dos veces más boletos de los que vendió el martes. ¿Cuántos boletos vendió en los tres días en total?

Evaluación de *Common Core*

32. Al Sr. Tran le gustaría comprar un sofá nuevo que cuesta \$934. Puede pagar el total de una sola vez o puede hacer un pago de \$125 por mes durante 8 meses. ¿Qué plan cuesta menos? Explícalo.

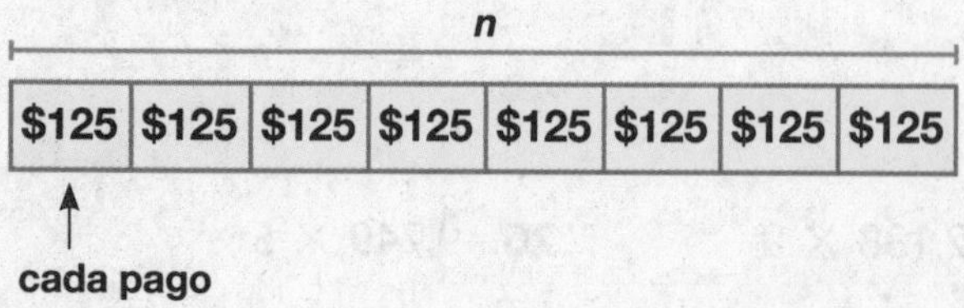

© Pearson Education, Inc. 4

Nombre ______________________

Ayuda | Amigo de práctica | Herramientas | Juegos

Tarea y práctica 3-9

Multiplicar por números de 1 dígito

¡Revisemos!

Halla 78×4.

Haz una estimación redondeando a la decena más cercana.

78×4 es aproximadamente

$80 \times 4 = 320$.

$$\begin{array}{r} \overset{3}{7}8 \\ \times\ \ 4 \\ \hline 312 \end{array}$$

312 está cerca de 320.
La respuesta es razonable.

Halla $2{,}802 \times 2$.

Haz una estimación redondeando al millar más cercano.

$2{,}802 \times 2$ es aproximadamente

$3{,}000 \times 2 = 6{,}000$.

$$\begin{array}{r} \overset{1}{2},802 \\ \times\ \ \ \ \ 2 \\ \hline 5,604 \end{array}$$

5,604 está cerca de 6,000.
La respuesta es razonable.

Halla los productos en los Ejercicios **1** a **15**.

1. $\begin{array}{r} 538 \\ \times\ \ 4 \\ \hline \end{array}$

2. $\begin{array}{r} 214 \\ \times\ \ 8 \\ \hline \end{array}$

3. $\begin{array}{r} 3,721 \\ \times\ \ \ \ 7 \\ \hline \end{array}$

4. $\begin{array}{r} 7,956 \\ \times\ \ \ \ 8 \\ \hline \end{array}$

5. $\begin{array}{r} 92 \\ \times\ 4 \\ \hline \end{array}$

6. $\begin{array}{r} 37 \\ \times\ 8 \\ \hline \end{array}$

7. 6×505

8. 3×589

9. $5 \times 6{,}384$

10. $2 \times 9{,}497$

11. $7 \times 3{,}218$

12. $9 \times 1{,}938$

13. $5{,}219 \times 3$

14. $6{,}205 \times 3$

15. $1{,}236 \times 8$

Recuerda que debes usar la estimación para comprobar que tus respuestas sean razonables.

16. Una tienda de abarrotes encarga 47 bolsas de cebollas y 162 bolsas de papas. La bolsa de cebollas cuesta $2 y la de papas cuesta $3. ¿Cuánto se gasta en cebollas y papas?

17. El albergue para animales cobra $119 por adoptar una mascota. El sábado se adoptaron 2 perros y 7 gatos. ¿Cuánto dinero recibió el albergue por esas adopciones?

18. **Álgebra** En la exposición de insectos del museo hay 8 vitrinas con 417 insectos en cada una. Escribe y resuelve una ecuación para mostrar cuántos insectos se exponen en el museo.

19. Kamiko y sus 4 hermanas tienen 18 nietos cada una. Calcula la cantidad total de nietos que tienen Kamiko y sus 4 hermanas.

20. Se vendieron 1,719 boletos para un musical durante el fin de semana. ¿Cuánto dinero recaudó el musical?

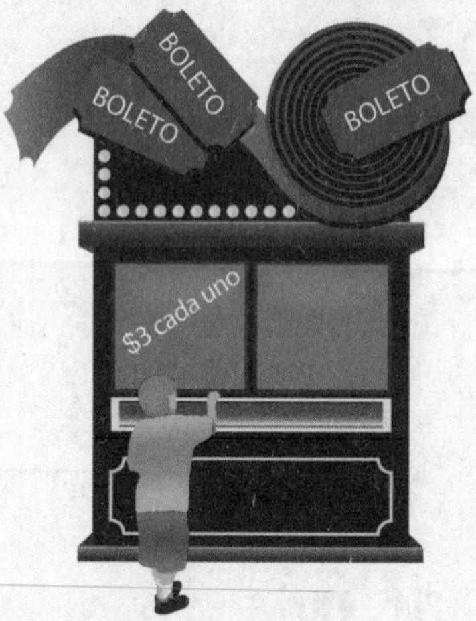

21. **Razonamiento de orden superior** Bob vende 23 videojuegos. Quiere donar el dinero a una obra benéfica local. Si Bob quiere donar $100, ¿cuál es la cantidad mínima, en números enteros, que debería cobrar por cada juego? Explícalo.

Evaluación de *Common Core*

22. Zoe tiene 1,500 cuentas. Quiere hacer 6 pulseras de la amistad. Necesita 215 cuentas para cada pulsera. ¿Cuántas cuentas le quedarán a Zoe después de hacer todas las pulseras? Explícalo.

En un problema de varios pasos, vuelve atrás para asegurarte de que respondiste a la pregunta.

© Pearson Education, Inc. 4

Nombre ______________________________

Resuelve

Lección 3-10

Representar con modelos matemáticos

Puedo...

aplicar lo que sé de matemáticas para resolver problemas.

Prácticas matemáticas PM.4. También, PM.1, PM.2, PM.5, PM.6.
Estándar de contenido 4.NBD.B.5

Resuélvelo y coméntalo

Kevin tomó 120 fotos a color y 128 fotos en blanco y negro en una excursión. Marco tomó 2 veces la cantidad de fotos que tomó Kevin. ¿Cuántas fotos tomó Marco? ***Resuelve el problema usando la estrategia que prefieras. Usa los diagramas de barras como ayuda para resolver el problema.***

Hábitos de razonamiento

¡Razona correctamente! Estas preguntas te ayudarán.

- ¿Cómo puedo usar lo que sé de matemáticas para resolver este problema?
- ¿Cómo puedo usar dibujos, objetos y ecuaciones para representar el problema?
- ¿Cómo puedo usar números, palabras y símbolos para resolver este problema?

¡Vuelve atrás! **PM.4 Representar con modelos matemáticos**
¿Qué representación usaste para resolver el problema y mostrar relaciones?

Pregunta esencial ¿Cómo se puede representar una situación con un modelo matemático?

A

Una exhibición de arte tiene 9 equipos de jueces. Si cada equipo evalúa la obra de 13 pintores y 14 escultores, ¿cuántos artistas hay en la exhibición?

¿Qué tengo que hallar?

Tengo que hallar a cuántos artistas evalúa cada equipo.

e

13	14

Cada equipo juzga a 27 artistas.

Tengo que hallar la cantidad total de artistas.

B **¿Cómo puedo representar con modelos matemáticos?**

Puedo

- usar diagramas de barras y ecuaciones para representar y resolver este problema.
- decidir si mis resultados tienen sentido.

C Halla 9 × 27.

Este es mi razonamiento...

Usa un diagrama de barras. Escribe y resuelve una ecuación.

***a*, artistas**

27	27	27	27	27	27	27	27	27

↑ **cantidad de artistas por cada equipo de jueces**

$a = 9 \times 27$

$a = 243$

Hay 243 artistas en la exhibición.

¡Convénceme! © **Representar con modelos matemáticos** ¿Cómo puedes decidir si tu respuesta tiene sentido?

© Pearson Education, Inc. 4

Práctica guiada*

PM.4 Representar con modelos matemáticos

En la Papelería de Sharon hay 1,219 cajas de tarjetas. En el Mercado de Mayo hay 3 veces la cantidad de tarjetas que en la Papelería de Sharon. ¿Cuántas cajas, *c*, hay en el Mercado de Mayo?

Cuando representas con modelos matemáticos, puedes escribir una ecuación para representar las relaciones en el problema.

1. Explica cómo usar un dibujo para representar el problema y mostrar relaciones.

2. ¿Qué ecuación puedes escribir para representar el problema?

3. ¿Cuál es la solución al problema?

Práctica independiente

PM.4 Representar con modelos matemáticos

Annie tiene 6 álbumes de estampillas en su colección. Cada álbum tiene 440 estampillas. ¿Cuántas estampillas tiene Annie en su colección? Resuelve los Ejercicios 4 a 6 para responder a la pregunta.

4. Haz un dibujo y escribe una ecuación para representar el problema.

5. ¿Qué cálculo que has aprendido previamente puedes usar para resolver el problema?

6. ¿Cuál es la solución al problema? Explica por qué tu solución tiene sentido.

Puedes encontrar otro ejemplo en el Grupo H, página 160.

Prácticas matemáticas y resolución de problemas

Evaluación de rendimiento de *Common Core*

Carga de gasolina
Un camión como el que se muestra a la derecha distribuye un cargamento de gasolina a una gasolinera 3 veces por semana. El tanque de almacenamiento en la estación tiene espacio para 9 cargamentos de gasolina. ¿Cuánta capacidad más que el camión tiene el tanque de la gasolinera?

Carga 2,700 galones.

7. **PM.1 Entender y perseverar** ¿Qué sabes y qué debes hallar?

Cuando representas con modelos matemáticos, usas las matemáticas para representar situaciones de la vida diaria.

8. **PM.2 Razonar** ¿Qué tienes que saber para determinar cuánta más capacidad que el camión tiene el tanque?

9. **PM.4 Representar con modelos matemáticos** Explica cómo usar modelos como diagramas de barras y ecuaciones para representar el problema y mostrar relaciones. Resuélvelo.

© Pearson Education, Inc. 4

Tarea y práctica 3-10

Representar con modelos matemáticos

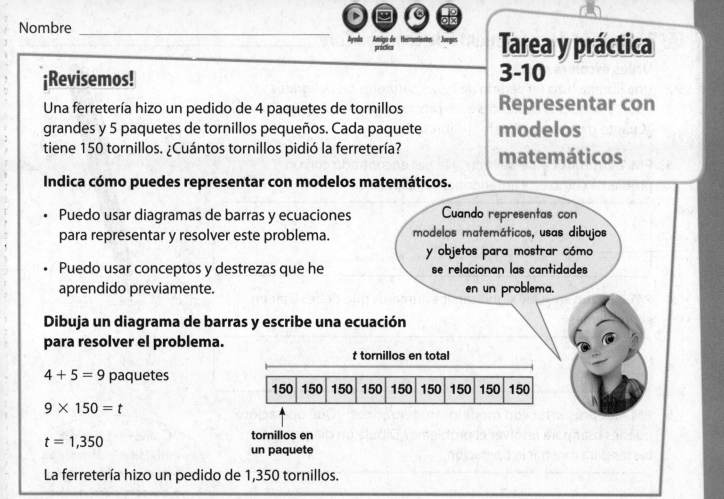

¡Revisemos!

Una ferretería hizo un pedido de 4 paquetes de tornillos grandes y 5 paquetes de tornillos pequeños. Cada paquete tiene 150 tornillos. ¿Cuántos tornillos pidió la ferretería?

Indica cómo puedes representar con modelos matemáticos.

- Puedo usar diagramas de barras y ecuaciones para representar y resolver este problema.
- Puedo usar conceptos y destrezas que he aprendido previamente.

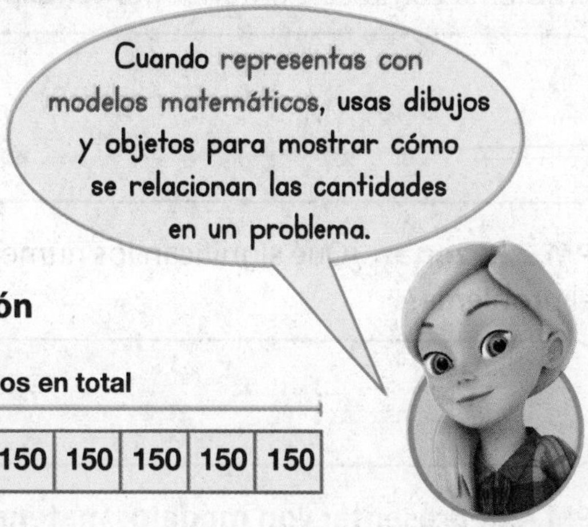

Cuando representas con modelos matemáticos, usas dibujos y objetos para mostrar cómo se relacionan las cantidades en un problema.

Dibuja un diagrama de barras y escribe una ecuación para resolver el problema.

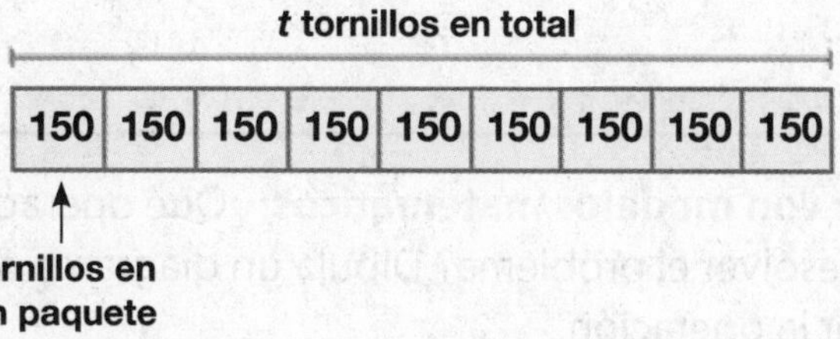

$4 + 5 = 9$ paquetes

$9 \times 150 = t$

$t = 1{,}350$

La ferretería hizo un pedido de 1,350 tornillos.

PM.4 Representar con modelos matemáticos

Mary pesaba 8 libras cuando nació. Cuando tenía 10 años, pesaba 10 veces más. ¿Cuánto más pesaba Mary a los 10 años que cuando nació? Resuelve los Ejercicios 1 y 2 para responder a la pregunta.

1. Haz un dibujo, escribe y resuelve una ecuación para hallar el peso de Mary, *p*, cuando tenía 10 años.

2. Haz un dibujo, escribe y resuelve una ecuación para hallar la diferencia, *d*, entre el peso de Mary cuando tenía 10 años y cuando nació.

© Evaluación de rendimiento de *Common Core*

Útiles escolares
Una librería hizo un pedido de 1,528 paquetes de bolígrafos y 1,823 paquetes de lápices a los precios que se muestran. ¿Cuánto gastó en bolígrafos la librería?

$3
por paquete
$4
por paquete

3. **PM.1 Entender y perseverar** ¿Te has encontrado con un problema como este anteriormente? Explícalo.

4. **PM.2 Razonar** ¿Qué significan los números que debes usar en el problema?

5. **PM.4 Representar con modelos matemáticos** ¿Qué operación puedes usar para resolver el problema? Dibuja un diagrama de barras para mostrar la operación.

Cuando representas con modelos matemáticos, usas los cálculos que ya conoces para resolver el problema.

6. **PM.5 Usar herramientas apropiadas** ¿Son los bloques de valor de posición una herramienta apropiada para resolver el problema? Explícalo.

7. **PM.6 Hacerlo con precisión** ¿Cuál es el costo total de los bolígrafos? Demuestra que hiciste los cálculos de manera correcta.

8. **PM.2 Razonar** Explica por qué tu respuesta tiene sentido.

© Pearson Education, Inc. 4

Nombre ____

TEMA 3

Actividad de práctica de fluidez

Sigue la ruta

Sombrea una ruta que vaya desde la **SALIDA** hasta la **META.** Sigue las diferencias que sean correctas. Solo te puedes mover hacia arriba, hacia abajo, hacia la derecha o hacia la izquierda.

Puedo...
restar números enteros de varios dígitos.

Estándar de contenido
4.NBD.B.4

Salida

812 − 44 768	929 − 879 150	511 − 423 112	767 − 31 636	698 − 12 586
621 − 85 536	341 − 299 142	486 − 230 256	825 − 789 36	333 − 111 222
543 − 97 446	836 − 788 48	178 − 98 80	123 − 53 30	342 − 88 254
111 − 87 76	876 − 55 72	912 − 842 170	282 − 32 150	293 − 95 198
684 − 485 299	922 − 87 865	312 − 219 193	986 − 887 199	876 − 543 333

Meta

TEMA 3

Repaso del vocabulario

A-Z Glosario

Lista de palabras

- compensación
- estimación
- expresión numérica
- matriz
- producto parcial
- propiedad asociativa de la multiplicación
- propiedad conmutativa de la multiplicación
- propiedad distributiva

Comprender el vocabulario

1. Encierra en un círculo la propiedad que se muestra en $4 \times (6 + 2) = (4 \times 6) + (4 \times 2)$.

asociativa   conmutativa   distributiva

2. Encierra en un círculo la propiedad que se muestra en $21 \times 34 = 34 \times 21$.

asociativa   conmutativa   distributiva

3. Encierra en un círculo la propiedad que se muestra en $(1 \times 3) \times 7 = 1 \times (3 \times 7)$.

asociativa   conmutativa   distributiva

4. Traza líneas para unir las palabras del vocabulario con su ejemplo.

matriz	7×19 es aprox. 140.
compensación	7×9
estimación	$2 \times 19 = 2 \times 20 = 40$ $40 - 2 = 38$
expresión numérica	$15 \times 2 = 10 + 20 = 30$
producto parcial	

Usar el vocabulario al escribir

5. Halla 4×114. Usa por lo menos 3 términos de la Lista de palabras para describir cómo se halla el producto.

© Pearson Education, Inc. 4

Nombre ______________________________

TEMA 3

Refuerzo

Grupo A páginas 95 a 100

Usa operaciones básicas y propiedades de la multiplicación para multiplicar por múltiplos de 10 y 100.

Halla 4 × 60.

4 × 60 = 4 × (6 × 10)
4 × 60 = (4 × 6) × 10
4 × 60 = 24 × 10
4 × 60 = 240

Método abreviado: Multiplica 4 × 6 y escribe 1 cero.

Halla 4 × 600.

4 × 600 = 4 × (6 × 100)
4 × 600 = (4 × 6) × 100
4 × 600 = 24 × 100
4 × 600 = 2,400

Método abreviado: Multiplica 4 × 6 y escribe 2 ceros.

Halla 4 × 6,000.

4 × 6,000 = 4 × (6 × 1,000)
4 × 6,000 = (4 × 6) × 1,000
4 × 6,000 = 24 × 1,000
4 × 6,000 = 24,000

Método abreviado: Multiplica 4 × 6 y escribe 3 ceros.

Recuerda que cuando el producto de una operación básica termina en cero, la respuesta tendrá un cero adicional.

1. 8 × 60 **2.** 3 × 10

3. 6 × 50 **4.** 5 × 300

5. 7,000 × 4 **6.** 2 × 900

7. 80 × 8 **8.** 400 × 5

9. 30 × 9 **10.** 5 × 8,000

11. 700 × 8 **12.** 9,000 × 6

13. 7 × 9,000 **14.** 5 × 100

15. 20 × 5 **16.** 5 × 4,000

17. 5 × 500 **18.** 3 × 2,000

Grupo B páginas 101 a 106

Usa el redondeo para estimar 9 × 1,993.

Redondea 1,993 a 2,000.

9 × 1,993
↓
9 × 2,000 = 18,000

Por tanto, 9 × 1,993 es aproximadamente 18,000.

Recuerda que debes redondear los números de tres dígitos a la centena más cercana y los números de cuatro dígitos al millar más cercano.

Estima los productos.

1. 8 × 7,632 **2.** 493 × 3

3. 9,379 × 5 **4.** 678 × 6

5. 707 × 4 **6.** 5,703 × 3

7. 483 × 6 **8.** 6 × 8,166

Grupo C páginas 107 a 112

Usa la propiedad distributiva para hallar 5 × 2,345.

Piensa en 2,345 como 2,000 + 300 + 40 + 5.

$$
\begin{aligned}
5 \times 2{,}345 &= 5 \times (2{,}000 + 300 + 40 + 5)\\
&= (5 \times 2{,}000) + (5 \times 300) +\\
&\quad (5 \times 40) + (5 \times 5)\\
&= 10{,}000 + 1{,}500 + 200 + 25\\
&= 11{,}725
\end{aligned}
$$

Por tanto, 5 × 2,345 = 11,725.

Recuerda que puedes usar la propiedad distributiva como ayuda para multiplicar números más grandes.

1. 7 × 45 **2.** 4,326 × 9

3. 720 × 6 **4.** 3 × 46

5. 371 × 8 **6.** 5 × 95

7. 88 × 3 **8.** 4 × 1,865

9. 57 × 3 **10.** 209 × 7

Grupo D páginas 113 a 118

Usa la propiedad distributiva para hallar 3 × 1,275.

$$
\begin{aligned}
3 \times 1{,}275 &= 3 \times (1{,}000 + 200 + 70 + 5)\\
&= (3 \times 1{,}000) + (3 \times 200) +\\
&\quad (3 \times 70) + (3 \times 5)\\
&= 3{,}000 + 600 + 210 + 15\\
&= 3{,}825
\end{aligned}
$$

Usa las propiedades conmutativa y asociativa para hallar 8 × 50.

$$
\begin{aligned}
8 \times 50 &= (2 \times 4) \times 50\\
&= (4 \times 2) \times 50\\
&= 4 \times (2 \times 50)\\
&= 4 \times 100\\
&= 400
\end{aligned}
$$

Usa la compensación para hallar 3 × 175.

175 está cerca de 200.
3 × 200 = 600
200 − 25 = 175 3 × 25 = 75
600 − 75 = 525

Recuerda que puedes usar la compensación o las propiedades de las operaciones como ayuda para multiplicar mentalmente.

1. 1,468 × 4 **2.** 361 × 3

3. 25 × 7 **4.** 2,189 × 7

5. 6 × 987 **6.** 8 × 22

7. 763 × 5 **8.** 14 × 9

9. 171 × 8 **10.** 22 × 9

11. 1,409 × 5 **12.** 17 × 6

13. 211 × 4 **14.** 7,800 × 5

15. 8,756 × 2 **16.** 2,105 × 3

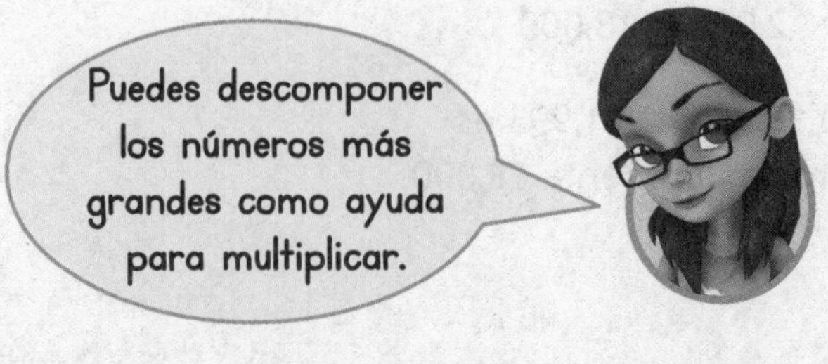
Puedes descomponer los números más grandes como ayuda para multiplicar.

© Pearson Education, Inc. 4

Nombre ______________________________

TEMA 3

Refuerzo (continuación)

Grupo E páginas 119 a 130

Usa una matriz y productos parciales para hallar 3×121.

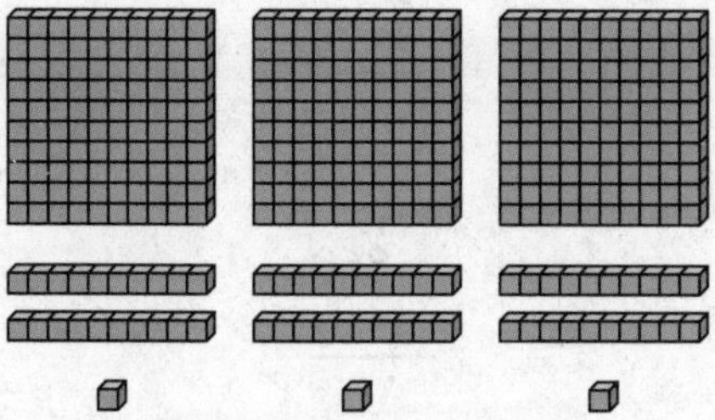

$3 \times 100 = 300$

$3 \times 20 = 60$

$3 \times 1 = 3$

$300 + 60 + 3 = 363$

Paso 1

Multiplica las unidades.

$$\begin{array}{r} 121 \\ \times\ \ 3 \\ \hline 3 \end{array}$$

Paso 2

Multiplica las decenas.

$$\begin{array}{r} 121 \\ \times\ \ 3 \\ \hline 3 \\ 60 \end{array}$$

Paso 3

Multiplica las centenas.

$$\begin{array}{r} 121 \\ \times\ \ 3 \\ \hline 3 \\ 60 \\ +\ 300 \\ \hline 363 \end{array}$$

Recuerda que debes alinear los productos parciales de manera prolija.

1. $\begin{array}{r} 75 \\ \times\ 5 \\ \hline \end{array}$

2. $\begin{array}{r} 253 \\ \times\ \ 4 \\ \hline \end{array}$

3. $\begin{array}{r} 214 \\ \times\ \ 7 \\ \hline \end{array}$

4. $\begin{array}{r} 1{,}341 \\ \times\ \ 7 \\ \hline \end{array}$

Grupo F páginas 131 a 136

Halla 8×24.

Paso 1

Multiplica las unidades. Reagrupa, si es necesario.

$$\begin{array}{r} \overset{3}{2}4 \\ \times\ 8 \\ \hline 2 \end{array}$$

Paso 2

Multiplica las decenas. Suma cualquier decena adicional.

$$\begin{array}{r} \overset{3}{2}4 \\ \times\ 8 \\ \hline 192 \end{array}$$

Halla 6×768.

Paso 1

Multiplica las unidades. Reagrupa, si es necesario.

$$\begin{array}{r} 7\overset{4}{6}8 \\ \times\ \ 6 \\ \hline 8 \end{array}$$

Paso 2

Multiplica las decenas. Suma cualquier decena adicional. Reagrupa, si es necesario.

$$\begin{array}{r} \overset{4}{7}\overset{4}{6}8 \\ \times\ \ 6 \\ \hline 08 \end{array}$$

Paso 3

Multiplica las centenas. Suma cualquier centena adicional.

$$\begin{array}{r} \overset{4}{7}\overset{4}{6}8 \\ \times\ \ 6 \\ \hline 4{,}608 \end{array}$$

Recuerda que primero debes hacer una estimación para comprobar que tu respuesta sea razonable.

1. $\begin{array}{r} 18 \\ \times\ 2 \\ \hline \end{array}$

2. $\begin{array}{r} 48 \\ \times\ 5 \\ \hline \end{array}$

3. $\begin{array}{r} 52 \\ \times\ 7 \\ \hline \end{array}$

4. $\begin{array}{r} 33 \\ \times\ 6 \\ \hline \end{array}$

5. $\begin{array}{r} 97 \\ \times\ 7 \\ \hline \end{array}$

6. $\begin{array}{r} 88 \\ \times\ 4 \\ \hline \end{array}$

7. $\begin{array}{r} 239 \\ \times\ \ 4 \\ \hline \end{array}$

8. $\begin{array}{r} 148 \\ \times\ \ 5 \\ \hline \end{array}$

9. $\begin{array}{r} 233 \\ \times\ \ 6 \\ \hline \end{array}$

10. $\begin{array}{r} 937 \\ \times\ \ 7 \\ \hline \end{array}$

Grupo G páginas 137 a 148

Halla 8 × 1,649.

Paso 1	Paso 2	Paso 3	Paso 4
Multiplica las unidades. Reagrupa, si es necesario.	Multiplica las decenas. Suma cualquier decena adicional. Reagrupa, si es necesario.	Multiplica las centenas. Suma cualquier centena adicional. Reagrupa, si es necesario.	Multiplica los millares. Suma cualquier millar adicional.
$\begin{array}{r} {\scriptstyle 7} \\ 1{,}649 \\ \times \quad 8 \\ \hline 2 \end{array}$	$\begin{array}{r} {\scriptstyle 3\,7} \\ 1{,}649 \\ \times \quad 8 \\ \hline 92 \end{array}$	$\begin{array}{r} {\scriptstyle 5\,3\,7} \\ 1{,}649 \\ \times \quad 8 \\ \hline 192 \end{array}$	$\begin{array}{r} {\scriptstyle 5\,3\,7} \\ 1{,}649 \\ \times \quad 8 \\ \hline 13{,}192 \end{array}$

Recuerda que primero debes hacer una estimación para comprobar que tu respuesta sea razonable.

1. $\begin{array}{r} 43 \\ \times \ 8 \\ \hline \end{array}$

2. $\begin{array}{r} 57 \\ \times \ 9 \\ \hline \end{array}$

3. $\begin{array}{r} 215 \\ \times \ 7 \\ \hline \end{array}$

4. $\begin{array}{r} 869 \\ \times \ 2 \\ \hline \end{array}$

5. $\begin{array}{r} 4{,}233 \\ \times \quad 7 \\ \hline \end{array}$

6. $\begin{array}{r} 3{,}261 \\ \times \quad 4 \\ \hline \end{array}$

7. $\begin{array}{r} 1{,}250 \\ \times \quad 8 \\ \hline \end{array}$

8. $\begin{array}{r} 2{,}239 \\ \times \quad 5 \\ \hline \end{array}$

Grupo H páginas 149 a 154

Piensa en estas preguntas como ayuda para **representar con modelos matemáticos.**

Hábitos de razonamiento

- ¿Cómo puedo usar lo que sé de matemáticas para resolver este problema?
- ¿Cómo puedo usar dibujos, objetos y ecuaciones para representar el problema?
- ¿Cómo puedo usar números, palabras y símbolos para resolver este problema?

Recuerda que un diagrama de barras te puede ayudar a escribir una ecuación.

Maia tiene una colección de 34 muñecas. En el depósito de una juguetería hay 5 veces la cantidad de muñecas que tiene Maia.

1. Usa dibujos, un diagrama de barras o una ecuación para hallar la cantidad de muñecas en el depósito.

2. ¿Cómo puedes decidir si tu respuesta tiene sentido?

© Pearson Education, Inc. 4

Nombre ___________________________

TEMA 3

Evaluación

1. Raquel organizó una presentación de piedras pintadas en 3 filas de 126 piedras cada una. ¿Cuántas piedras hay en la presentación de Raquel? Escoge números de la caja para completar y resolver la ecuación.

$$\begin{array}{r} 126 \\ \times \quad 3 \\ \hline \square \\ \square \\ + \square \\ \hline \square \end{array}$$

18	30
60	180
600	300
378	387

2. Alberto hizo un viaje en tren de ida y vuelta de 198 millas 4 veces el mes pasado. Usa la compensación para hallar la distancia total que viajó Alberto. Explica tu respuesta.

3. El Sr. Ortiz vende bolsas de 25 tortillas y bolsas de 50 tortillas. Si vende 4 bolsas de 50, ¿cuántas tortillas habrá vendido el Sr. Ortiz?

Ⓐ 8 tortillas

Ⓑ 20 tortillas

Ⓒ 200 tortillas

Ⓓ 2,000 tortillas

4. La familia Amnel gasta $1,874 en alquiler por mes. ¿Cuánto gasta la familia en 3 meses?

5. Una clase de Ciencias cultiva frutas y verduras en un terreno detrás del colegio. Las secciones están divididas en filas.

DATOS

Frutas y verduras	Cantidad de filas
Fresas	65
Pimentones	18
Calabaza	11
Tomates	22

Parte A

Hay 9 plantas de fresas en cada fila. Escribe y resuelve una ecuación para hallar cuántas plantas de fresas se cultivaron.

Parte B

Hay 9 plantas de pimentones en cada fila. Dibuja un modelo de área y muestra los productos parciales para hallar cuántas plantas de pimentones se cultivaron detrás del colegio.

6. Marca todas las expresiones que se podrían usar para hallar el área de un campo que tiene 1,235 yardas de longitud y 9 yardas de ancho.

- ☐ $9 \times (1{,}000 + 200 + 20 + 5)$
- ☐ $9 \times (1{,}000 + 200 + 30 + 5)$
- ☐ $(9 \times 1{,}000) + (9 \times 200) + (9 \times 30) + (9 \times 5)$
- ☐ $9 \times 1{,}235$
- ☐ $1{,}235 + 9$

7. Dibuja una matriz para mostrar y hallar la cantidad de días que hay en 3 años. Recuerda que hay 365 días en un año.

8. Un boleto cuesta $1,182. Halla el costo de 3 boletos. Explica cómo sabes que tu respuesta es razonable.

9. La tabla muestra la cantidad de bebidas que se venden en 1 semana en una tienda de café concurrida.

DATOS

Bebida	Cantidad
Café	835
Latte	567
Moca	200
Capuchino	139

Parte A

Si se vendiera la misma cantidad de tazas de café durante 6 semanas seguidas, ¿cuántas tazas se venderían en total?

Parte B

Si se vendiera la misma cantidad de tazas de *latte* y capuchino por semana, ¿cuántas tazas se venderían en 4 semanas?

Parte C

El especial del mes fue el moca frío. La cantidad de tazas de moca frío que vendió la tienda en una semana fue 5 veces la cantidad que vendió de tazas de moca caliente. ¿Cuántas más tazas de moca frío que de moca caliente se vendieron en 4 semanas? Explícalo.

© Pearson Education, Inc. 4

10. Haz estimaciones para comprobar si los productos son razonables. Escoge números del recuadro para completar las ecuaciones. Luego, determina si el producto es razonable.

200	300	800
900	2,400	2,700

$8 \times 296 = 2{,}368$

$8 \times$ ______ $=$ ______

Es razonable　　No es razonable

$3 \times 932 = 2{,}796$

$3 \times$ ______ $=$ ______

Es razonable　　No es razonable

11. ¿Qué expresión muestra cómo usar la descomposición para hallar 5×617?

Ⓐ $(5 \times 6) + (5 \times 1) + (5 \times 7)$

Ⓑ $(5 \times 60) + (5 \times 10) + (5 \times 70)$

Ⓒ $(5 \times 600) + (5 \times 1) + (5 \times 7)$

Ⓓ $(5 \times 600) + (5 \times 10) + (5 \times 7)$

12. Iván gana $115 al mes trabajando en una tienda de abarrotes. ¿Cuáles de las siguientes opciones muestran estimaciones razonables de la cantidad de dinero que tendría Iván si ahorrara todo el dinero que gana en 6 meses?

- ☐ $200
- ☐ $600
- ☐ $700
- ☐ $1,200
- ☐ $1,500

13. El empleado de una tienda pone 3 cajas de 312 lápices cada una en un estante. ¿Cuántos lápices pone en el estante? Dibuja un diagrama de barras para resolver el problema.

14. La Panadería de Betty hornea 215 galletas y 45 pastelitos por hora. ¿Cuántos productos pueden hornear en 4 horas?

15. Hay cuatro autobuses disponibles para una excursión. En un autobús caben 48 personas. Escribe y resuelve una ecuación que se pueda usar para hallar la cantidad de personas que caben en todos los autobuses.

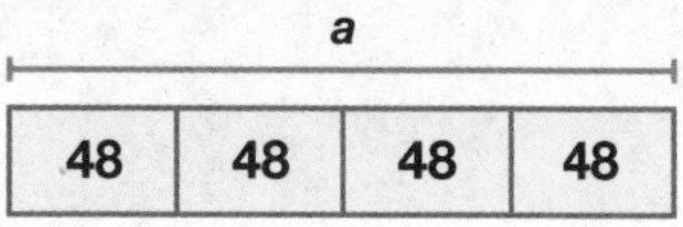

16. La Sra. Henderson compró 4 cajas de pañuelos faciales. Cada caja tiene 174 pañuelos. ¿Cuál es la mejor estimación del total de pañuelos que compró la Sra. Henderson?

Ⓐ 200

Ⓑ 800

Ⓒ 1,200

Ⓓ 1,740

17. Al Sr. Luca le gustaría comprar teclados digitales para 3 sobrinas y 1 sobrino. El teclado cuesta $415.

Parte A

El Sr. Luca piensa que el costo total será aproximadamente $1,200. ¿Es razonable esta cantidad? Explícalo.

Parte B

Escribe y resuelve una ecuación para hallar el costo total de los teclados. Explica por qué tu respuesta es razonable.

18. Traza líneas para unir la cantidad de cajas con la cantidad total de los artículos.

DATOS

Artículos	Cantidad por caja
Clips	100
Borradores pequeños	300
Tachuelas	500
Grapas	3,000

5 cajas de ________	21,000
9 cajas de ________	2,500
4 cajas de ________	900
7 cajas de ________	1,200

19. Keira está en el equipo de remo. Para entrenar, rema 295 millas por mes. Calcula mentalmente la cantidad de millas que rema Keira en 6 meses. Explícalo.

20. Marca todos los productos parciales de 8 × 321.

- ☐ 8
- ☐ 80
- ☐ 160
- ☐ 1,600
- ☐ 2,400

© Pearson Education, Inc. 4

Nombre ______________________________

Evaluación del rendimiento

Comprar computadoras para la clase

El colegio de Jorge va a comprar computadoras e impresoras a los siguientes precios. La tabla muestra información sobre las clases de cuarto grado.

DATOS

Clases del cuarto grado

Maestro	Dinero recaudado	Cantidad de estudiantes
Sr. Jones	$6,000	25
Srta. Sánchez	$9,000	24
Srta. Katz	$7,500	26

computadora de escritorio: $1,050

computadora portátil: $798

impresora: $128

1. Jorge está en la clase de la Srta. Sánchez. Su clase quiere comprar 8 computadoras de escritorio y 3 impresoras.

Parte A

¿Cuál es el costo total de 8 computadoras de escritorio? Usa las estrategias de valor de posición y las propiedades de las operaciones.

Parte B

¿Cuál es el costo total de 3 impresoras? Dibuja una matriz y muestra los productos parciales para hallar el costo.

Parte C

¿Recaudó la clase de Jorge suficiente dinero para comprar 8 computadoras de escritorio y 3 impresoras? Explícalo.

2. Rachel está en la clase del Sr. Jones. Su clase quiere comprar 7 computadoras y 2 impresoras.

Parte A

¿Cuánto más cuestan 7 computadoras de escritorio que 7 computadoras portátiles? Usa diagramas de barras y ecuaciones para representar y resolver el problema.

Parte B

¿De qué otra manera se puede hallar la diferencia entre el costo de 7 computadoras de escritorio y 7 computadoras portátiles? Explícalo.

3. Miranda está en la clase de la Srta. Katz. Su clase quiere comprar 9 computadoras portátiles y 4 impresoras. Miranda dice que el total será $7,494. ¿Es razonable esa cifra? Explícalo. ¿Tiene la clase suficiente dinero?

© Pearson Education, Inc. 4

TEMA 4

Usar estrategias y propiedades para multiplicar por números de 2 dígitos

Preguntas esenciales: ¿Cómo se puede usar un modelo para multiplicar? ¿Cómo se puede usar la propiedad distributiva para multiplicar? ¿Cómo se puede usar la multiplicación para resolver problemas?

Recursos digitales

Resuelve · Aprende · Glosario · Amigo de práctica · Herramientas · Evaluación · Ayuda · Juegos

La energía renovable proviene de recursos naturales que nunca se agotan.
Estas turbinas gigantes aprovechan la energía del viento para producir energía eléctrica y reducir la contaminación que producen los combustibles fósiles.
¡Voy a buscar mi cometa! Este es un proyecto sobre la energía y la multiplicación.

Proyecto de Matemáticas y Ciencias: La energía renovable y la multiplicación

Investigar Usa la Internet u otras fuentes para hallar información sobre diferentes fuentes de energía renovable.

Diario: Escribir un informe Incluye lo que averiguaste. En tu informe, también:

- dibuja una matriz con 15 filas para representar las turbinas en una granja eólica, que es un área de terreno con una gran cantidad de turbinas. ¿Cuántas turbinas hay en la granja eólica?
- halla cuánta energía puede producir una de estas turbinas en un año. Algunas turbinas producen 63 megavatio-horas de energía por semana. Recuerda que hay 52 semanas en un año.

Nombre ____________________

Repasa lo que sabes

Vocabulario

Escoge el mejor término del recuadro.
Escríbelo en el espacio en blanco.

- algoritmo
- producto
- matriz
- variable

1. Se multiplican números para hallar un __________.

2. Una __________ muestra la cantidad de objetos en filas y columnas.

3. Un símbolo o letra que representa un número se llama __________.

Multiplicación

Halla los productos.

4. 4 × 8 **5.** 2 × 9 **6.** 9 × 5

7. 6 × 8 **8.** 16 × 4 **9.** 6 × 68

10. 87 × 5 **11.** 19 × 9 **12.** 128 × 6

Redondeo

Redondea los números a la centena más cercana.

13. 164 **14.** 8,263

15. 527 **16.** 2,498

17. 7,892 **18.** 472

En este tema, usarás el redondeo para estimar productos.

Redondea los números al millar más cercano.

19. 8,685 **20.** 4,991 **21.** 62,549

22. 167,241 **23.** 77,268 **24.** 34,162

25. 1,372 **26.** 9,009 **27.** 121,619

28. **PM.3 Construir argumentos** Explica cómo redondear 608,149 al lugar de los millares más cercano.

© Pearson Education, Inc. 4

Mis tarjetas de palabras

Usa el ejemplo de la palabra de la tarjeta para ayudarte a completar la definición que está al reverso.

números compatibles

24 está cerca de 25.

38 está cerca de 40.

$$24 \times 38 \rightarrow 25 \times 40$$

Mis tarjetas de palabras

Completa cada definición. Para ampliar tu conocimiento, escribe tu propia definición.

Los números que son fáciles de calcular mentalmente se llaman ________________ ________________.

© Pearson Education, Inc. 4

Nombre ______________________________

Resuelve

Lección 4-1
Cálculo mental: Multiplicar por múltiplos de 10

Resuélvelo y coméntalo

El director de una escuela necesita pedir útiles escolares para 20 salones de clase nuevos. Cada salón de clase necesita los siguientes artículos: 20 escritorios, 30 sillas y 40 lápices. ¿Cuántos de cada artículo necesita pedir el director? ***Resuelve este problema usando la estrategia que prefieras.***

Puedo...
usar estrategias de valor de posición o patrones para multiplicar por múltiplos de 10.

Estándares de contenido 4.NBD.B.5, 4.OA.A.3
Prácticas matemáticas PM.2, PM.7

Puedes usar la estructura. ¿Qué operaciones básicas puedes usar para ayudarte a resolver este problema? ¿Cómo se relacionan? *¡Muestra tu trabajo en el espacio que sigue!*

¡Vuelve atrás! **PM.7 Buscar relaciones** Mira los factores y los productos que hallaste. ¿Qué patrones ves?

0207_000171_0328841951_p1.pdf

Pregunta esencial ¿Cómo se puede multiplicar por múltiplos de 10?

A

La cantidad de visitantes de cada grupo de edades en el parque de diversiones Sunny Day se muestra abajo. ¿Cuántos adultos menores de 65 años visitan el parque en 20 días? ¿Cuántos niños visitan el parque en 30 días? ¿Cuántos adultos mayores de 65 años visitan el parque en 50 días?

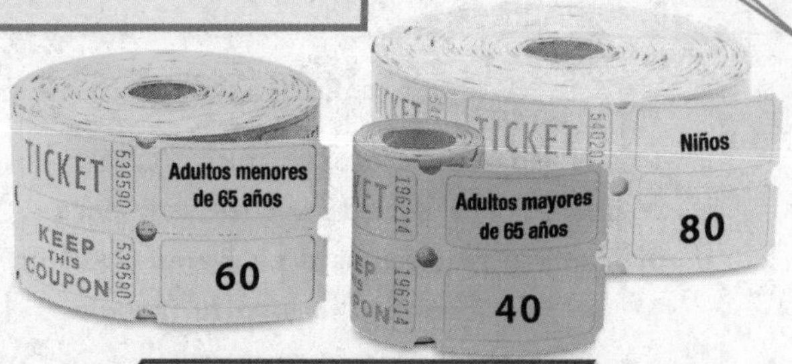

cantidad de visitantes por día

B

Adultos menores de 65 años en 20 días

Halla $20 \times 60 = a$.

Para multiplicar 20×60, usa un patrón.

$$2 \times 6 = 12$$
$$20 \times 6 = 120$$
$$20 \times 60 = 1{,}200$$

$a = 1{,}200$

1,200 adultos menores de 65 años visitan el parque en 20 días.

C

Niños en 30 días

Halla $30 \times 80 = n$.

La cantidad de ceros en el producto es la cantidad total de ceros en ambos factores.

$$30 \times 80 = 2{,}400$$

1 cero (30) 1 cero (80) 2 ceros (2,400)

$n = 2{,}400$

2,400 niños visitan el parque en 30 días.

D

Adultos mayores de 65 años en 50 días

Halla $50 \times 40 = a$.

Si el producto de una operación básica termina en cero, debes incluir ese cero en la cuenta.

$$5 \times 4 = 20$$
$$50 \times 40 = 2{,}000$$

$a = 2{,}000$

2,000 adultos mayores de 65 años visitan el parque en 50 días.

¡Convénceme! **PM.7 Buscar relaciones** Escribe los números que faltan en cada uno de los siguientes ejercicios. Explícalo.

_______ $\times 7 = 280$ _______ $\times 40 = 1{,}600$ _______ $\times 50 = 3{,}000$

© Pearson Education, Inc. 4

Otro ejemplo

Halla 30 × 80. El producto tiene la misma cantidad de ceros que hay en los dos factores.

$$30 \times 80 = 3 \times 10 \times 8 \times 10$$
$$= (3 \times 8) \times (10 \times 10)$$
$$= 24 \times 100$$
$$= 2{,}400$$

Puedes usar las propiedades conmutativa y asociativa de la multiplicación para ver por qué funcionan los patrones con ceros.

Práctica guiada*

¿Lo entiendes?

1. **PM.2 Razonar** Halla 50 × 20. ¿Cuántos ceros hay en el producto?

2. En noviembre van menos personas al parque que en mayo. Noviembre tiene 30 días. Si 30 personas visitan el parque todos los días en noviembre, ¿cuántas personas visitan el parque durante todo el mes?

¿Cómo hacerlo?

Usa operaciones básicas y estrategias de valor de posición para hallar el producto en los Ejercicios **3** a **8**.

3. 30 × 10 **4.** 50 × 10

5. 20 × 10 **6.** 60 × 20

7. 90 × 40 **8.** 80 × 50

Práctica independiente

Usa operaciones básicas y estrategias de valor de posición para hallar el producto en los Ejercicios **9** a **16.**

9. 20 × 70 **10.** 70 × 90 **11.** 40 × 20 **12.** 40 × 30

13. 70 × 40 **14.** 20 × 30 **15.** 60 × 40 **16.** 60 × 90

Halla el factor que falta en los Ejercicios **17** a **22.**

17. 10 × _______ = 100 **18.** _______ × 20 = 1,600 **19.** _______ × 30 = 1,500

20. 20 × _______ = 1,000 **21.** _______ × 90 = 8,100 **22.** 60 × _______ = 4,200

Puedes encontrar otro ejemplo en el Grupo A, página 239.

23. **PM.2 Razonar** El producto de dos factores es 4,200. Si uno de los factores es 60, ¿cuál es el otro factor? Explícalo.

24. **Álgebra** Hay 30 jugadores en cada equipo de futbol americano de la escuela secundaria. Explica cómo puedes hallar la cantidad total de jugadores si hay 40 equipos. Escribe una ecuación y resuélvela.

25. Bob deja que el agua corra mientras se cepilla los dientes, y así consume 2 galones de agua. Para lavar ropa, consume 10 galones de agua. ¿Cuántas más tazas usa Bob cuando lava ropa que cuando se cepilla los dientes?

Hay 16 tazas en 1 galón.

26. **PM.7 Buscar relaciones** James caminó 30 minutos todos los días durante 90 días. Muestra cómo puedes usar operaciones básicas para hallar cuántos minutos caminó James en total.

27. **Razonamiento de orden superior** Explica por qué el producto de 50 y 80 tiene tres ceros si los números 50 y 80 tienen un cero cada uno.

Evaluación de *Common Core*

28. La Srta. Kim viaja 10 semanas al año por trabajo, y está en su ciudad las otras 42 semanas. Hay 7 días en 1 semana. ¿Cuál de las siguientes expresiones se puede usar para calcular mentalmente la cantidad de días que está en su ciudad?

Ⓐ $(7 \times 2) + (4 \times 10)$

Ⓑ 7×100

Ⓒ $(7 \times 40) + (7 \times 10)$

Ⓓ $(7 \times 40) + (7 \times 2)$

29. El Sr. Kim viaja 32 semanas al año por trabajo, y está en su ciudad las otras 20 semanas. Hay 7 días en 1 semana. ¿Cuál de las siguientes operaciones básicas se puede usar para hallar la cantidad de días que está en su ciudad?

Ⓐ 2×7

Ⓑ 3×7

Ⓒ $32 + 7$

Ⓓ $20 + 7$

© Pearson Education, Inc. 4

Nombre ______________________

Ayuda | Amigo de práctica | Herramientas | Juegos

Tarea y práctica 4-1

Cálculo mental: Multiplicar por múltiplos de 10

¡Revisemos!

Una maestra de kínder quiere comprar cajas individuales de crayones para sus estudiantes. Cada caja contiene 50 crayones. ¿Cuántos crayones recibirá si compra 30 cajas de crayones?

Usa un patrón para hallar 50×30.

$5 \times 3 = 15$
$50 \times 3 = 150$
$50 \times 30 = 1{,}500$

Por tanto, $50 \times 30 = 1{,}500$.

La maestra de kínder recibirá 1,500 crayones.

Puedes usar operaciones básicas y estrategias de valor de posición para multiplicar mentalmente.

Usa operaciones básicas y estrategias de valor de posición para hallar los productos en los Ejercicios **1** a **12**.

1. $2 \times 2 =$ ______
$20 \times 2 =$ ______
$20 \times 20 =$ ______

2. $6 \times 3 =$ ______
$60 \times 3 =$ ______
$60 \times 30 =$ ______

3. $5 \times 6 =$ ______
$50 \times 6 =$ ______
$50 \times 60 =$ ______

4. 30×80

5. 60×60

6. 50×90

7. 30×70

8. 70×60

9. 40×50

10. 10×90

11. 40×10

12. 10×50

Halla el factor que falta en los Ejercicios **13** a **21**.

13. $10 \times$ ______ $= 200$

14. $40 \times$ ______ $= 3{,}600$

15. $50 \times$ ______ $= 4{,}000$

16. $70 \times$ ______ $= 700$

17. $30 \times$ ______ $= 2{,}700$

18. ______ $\times 70 = 3{,}500$

19. ______ $\times 90 = 7{,}200$

20. $20 \times$ ______ $= 1{,}800$

21. $40 \times$ ______ $= 3{,}200$

22. Álgebra La Srta. Marks anota la cantidad de palabras que cada estudiante puede teclear en 1 minuto. ¿Cuántas palabras más teclearía el estudiante más veloz en 30 minutos que el estudiante más lento? Usa estrategias de valor de posición. Escribe una ecuación y resuélvela.

DATOS

Velocidad de tecleo en 1 minuto

Estudiante	Palabras
Lavon	50
Jerome	40
Charlie	60

---

23. Amy dice: "Para hallar 50 × 20, multiplico 5 × 2 y luego coloco la cantidad total de ceros en ambos factores al final". ¿Estás de acuerdo con ella? Explícalo.

24. Álgebra Si en un año una ciudad tuvo un total de 97 días lluviosos, ¿en cuántos días **NO** llovió? Escribe y resuelve una ecuación.

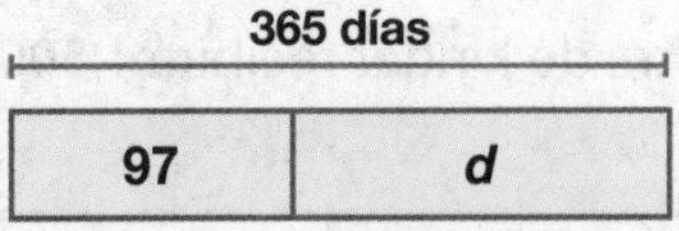

---

25. Nombra dos factores de 2 dígitos cuyo producto sea mayor que 200, pero menor que 600.

26. Razonamiento de orden superior Por cada 30 minutos de tiempo de emisión en la televisión, hay aproximadamente 8 minutos de anuncios publicitarios. Si se emiten 90 minutos de televisión, ¿cuántos minutos de anuncios publicitarios habrá?

Evaluación de *Common Core*

27. El producto de dos factores es 7,200. Si uno de los factores es 90, ¿cuál es el otro factor?

Ⓐ 8,000
Ⓑ 800
Ⓒ 80
Ⓓ 8

28. Derek resolvió 1,400 problemas de matemáticas en 70 días. Si Derek resuelve la misma cantidad de problemas de matemáticas todos los días, ¿cuántos problemas resuelve Derek en un día?

Ⓐ 2
Ⓑ 20
Ⓒ 200
Ⓓ 2,000

Usa las operaciones básicas como ayuda para hallar los factores que faltan.

© Pearson Education, Inc. 4

Nombre ______________________

Resuelve

Lección 4-2
Usar modelos para multiplicar números de 2 dígitos por múltiplos de 10

Resuélvelo y coméntalo Hay 10 equipos en una liga de beisbol. Cada equipo tiene 25 jugadores. ¿Cuántos jugadores hay en total en toda la liga? ***Resuelve este problema usando la estrategia que prefieras.***

Puedo...
usar modelos y las propiedades de las operaciones como ayuda para multiplicar.

Estándar de contenido 4.NBD.B.5
Prácticas matemáticas PM.1, PM.2, PM.4, PM.5

Puedes utilizar herramientas apropiadas. Los bloques de valor de posición o el papel cuadriculado te pueden ayudar a visualizar el problema. ¡Muestra tu trabajo en el espacio de arriba!

¡Vuelve atrás! **PM.2 Razonar** ¿Cómo se relacionan los dígitos de un número multiplicado por 10 con los dígitos del producto? Explícalo.

Pregunta esencial ¿Cómo se pueden usar matrices o modelos de área para multiplicar?

A

La Compañía de Mudanzas Max tiene cajas para empacar libros. Si en cada caja caben 24 libros, ¿cuántos libros caben en 20 cajas?

B Usa bloques de valor de posición para hacer una matriz.

Halla 20 × 24 = *l*.

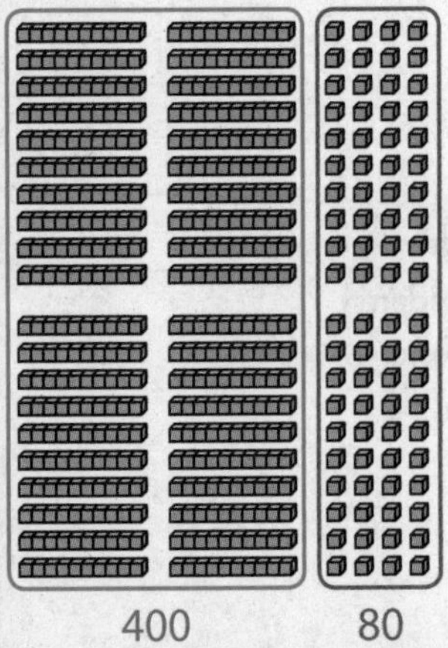

  400 ← productos
\+ 80 ← parciales
―――
  480

20 × 24 = 480

l = 480

Caben 480 libros en 20 cajas.

C Dibuja un modelo de área.

Halla 20 × 24 = *l*.

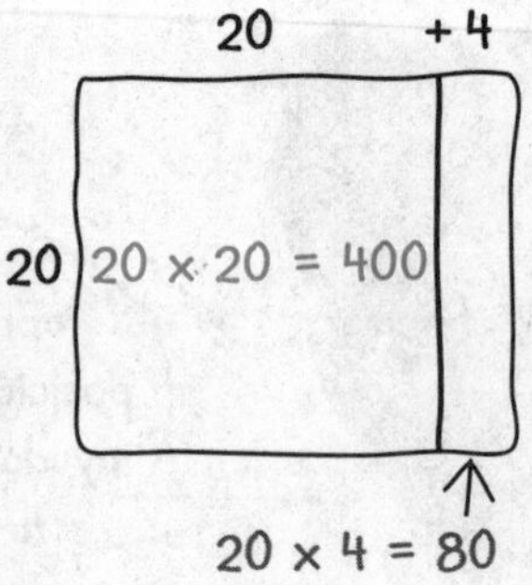

  400 ← productos
\+ 80 ← parciales
―――
  480

20 × 24 = 480

l = 480

Caben 480 libros en 20 cajas.

¡Convénceme! © **PM.4 Representar con modelos matemáticos** Usa la cuadrícula para representar una matriz de 20 × 27. ¿Cuál es el producto? Explícalo.

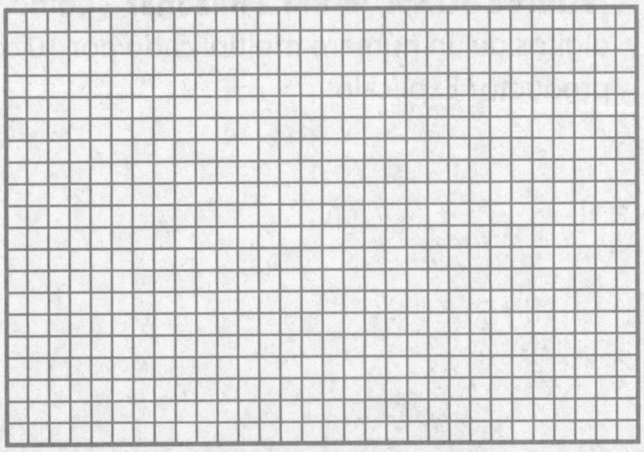

 © Pearson Education, Inc. 4

Nombre ____________________

Práctica guiada*

¿Lo entiendes?

1. **PM.4 Representar con modelos matemáticos** Dibuja un modelo de área para representar 20 × 26. Luego, halla el producto.

¿Cómo hacerlo?

2. La matriz de bloques de valor de posición representa 10 × 16. Halla el producto.

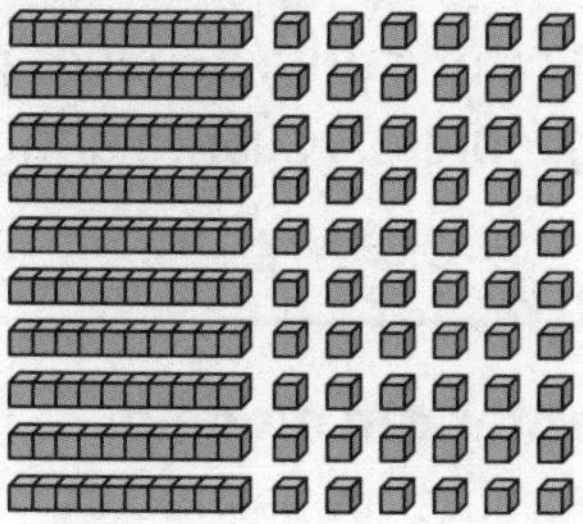

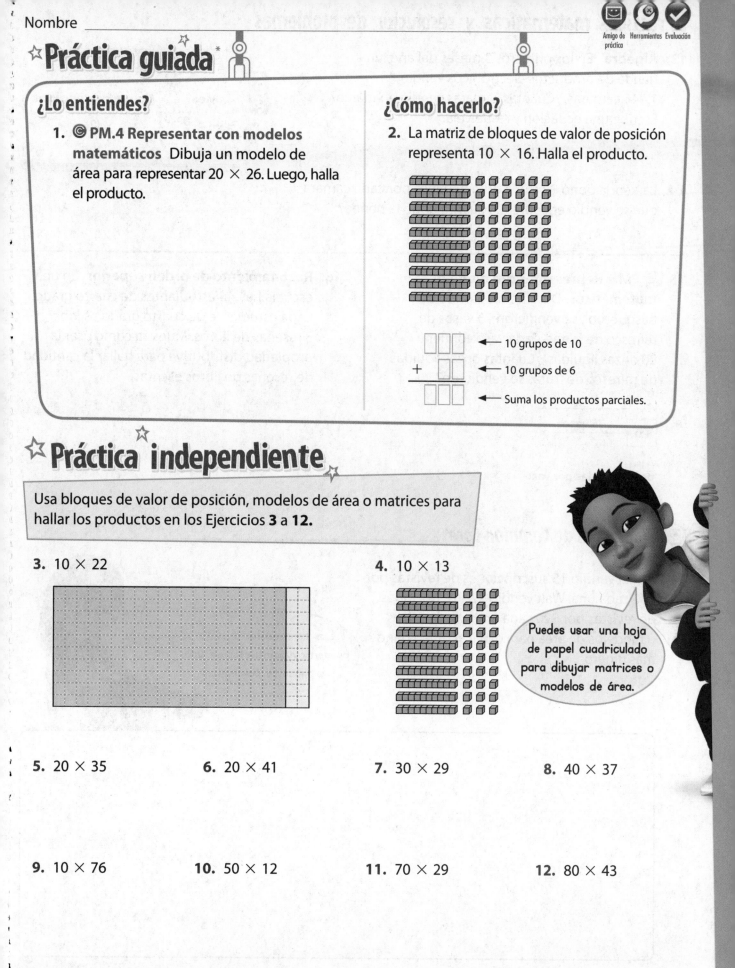

☐☐☐ ← 10 grupos de 10
\+ ☐☐ ← 10 grupos de 6
☐☐☐ ← Suma los productos parciales.

Práctica independiente

Usa bloques de valor de posición, modelos de área o matrices para hallar los productos en los Ejercicios **3** a **12**.

3. 10 × 22

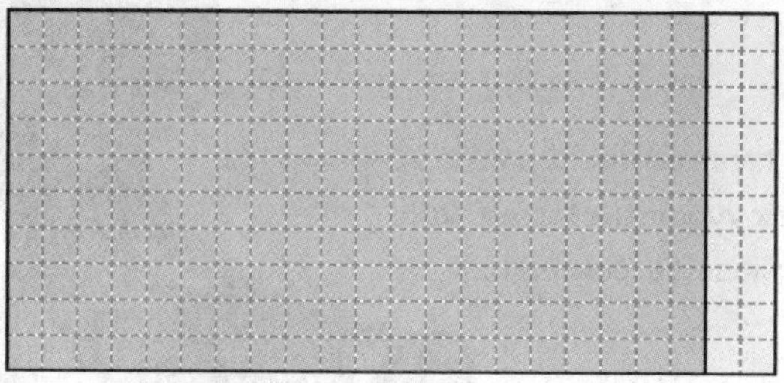

4. 10 × 13

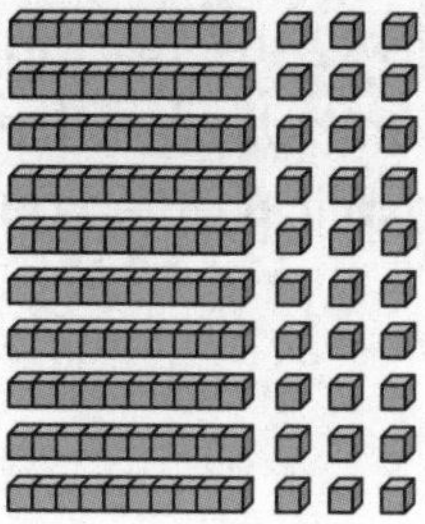

Puedes usar una hoja de papel cuadriculado para dibujar matrices o modelos de área.

5. 20 × 35

6. 20 × 41

7. 30 × 29

8. 40 × 37

9. 10 × 76

10. 50 × 12

11. 70 × 29

12. 80 × 43

Puedes encontrar otro ejemplo en el Grupo B, página 239.

13. Álgebra En los primeros 3 meses del año, una tienda de productos electrónicos vendió 1,446 cámaras. ¿Cuántas cámaras vendió en marzo? Escribe una ecuación y resuélvela.

DATOS

Ventas de cámaras

Mes	Cámaras vendidas
Enero	486
Febrero	385

14. La tienda donó $2 a una obra benéfica por cada cámara que se vendió en febrero. ¿Cuánto donó la tienda?

15. PM.4 Representar con modelos matemáticos Durante un partido de básquetbol, se vendieron 75 vasos de refresco de frutas. Cada vaso contiene 20 onzas líquidas. ¿Cuántas onzas líquidas de refresco de frutas se vendieron?

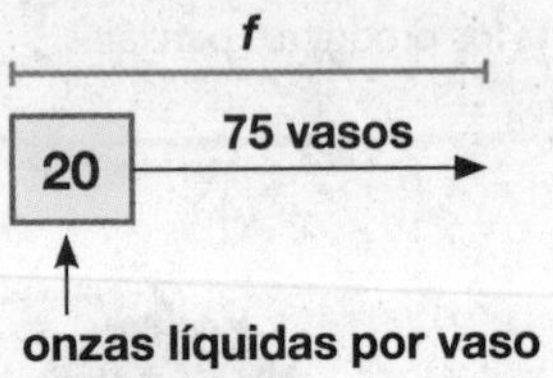

16. Razonamiento de orden superior En una escuela hay 46 estudiantes de cuarto grado. Cada estudiante de cuarto grado escribe 3 reseñas de libros. Muestra cómo usar la propiedad distributiva para hallar la cantidad de reseñas de libros escritas.

Evaluación de *Common Core*

17. Ángel vendió 15 suscripciones de revistas por $30 cada una. Walt vendió 22 suscripciones de revistas por $20 cada una. Usa matrices o modelos de área para explicar quién ganó más dinero.

Las representaciones te pueden ayudar a escribir una explicación completa.

© Pearson Education, Inc. 4

Nombre ______________________

Ayuda | Amigo de práctica | Herramientas | Juegos

Tarea y práctica 4-2

Usar modelos para multiplicar números de 2 dígitos por múltiplos de 10

¡Revisemos!

Puedes usar matrices, modelos de área o bloques de valor de posición para hallar el producto de 20×14.

20×14 significa 20 grupos de 14, o (20 grupos de 10) + (20 grupos de 4).

Suma los productos parciales del modelo.

20 grupos de 10 = 200
20 grupos de 4 = 80

$200 + 80 = 280$

Por tanto, $20 \times 14 = 280$.

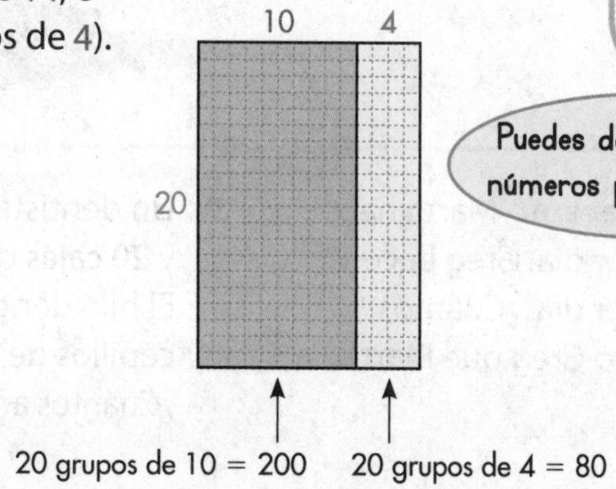

Usa la matriz para hallar los productos en los Ejercicios **1** y **2.**

1. 10×12

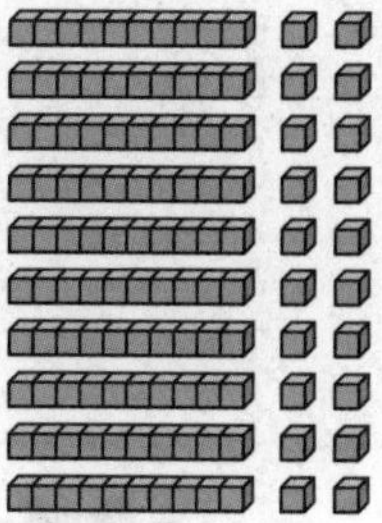

10 grupos de 10 = ________
10 grupos de 2 = ________
________ + ________ = ________
Por tanto, 10×12 = ________.

2. 20×18

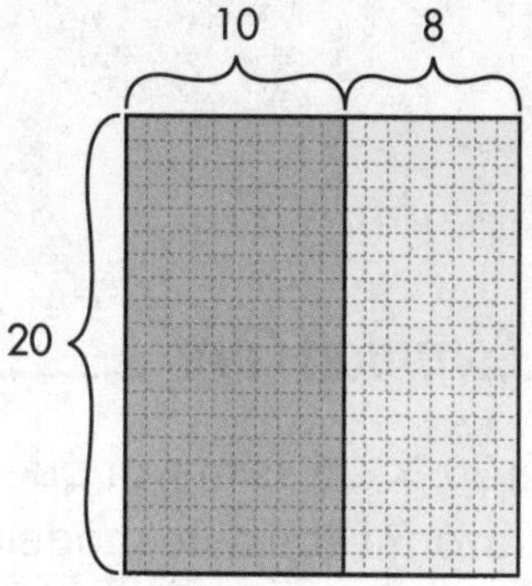

20 grupos de 10 = ________
20 grupos de 8 = ________
________ + ________ = ________
Por tanto, 20×18 = ________.

Halla los productos en los Ejercicios **3** a **6.** Dibuja una matriz o un modelo de área como ayuda para resolver el problema.

3. 50×15

4. 40×22

5. 30×39

6. 60×21

7. La altura de un piso de un edificio de apartamentos se mide desde la base de un piso hasta la base del piso siguiente. Cada piso tiene una altura de 18 pies. ¿Cuánto mide el edificio de alto?

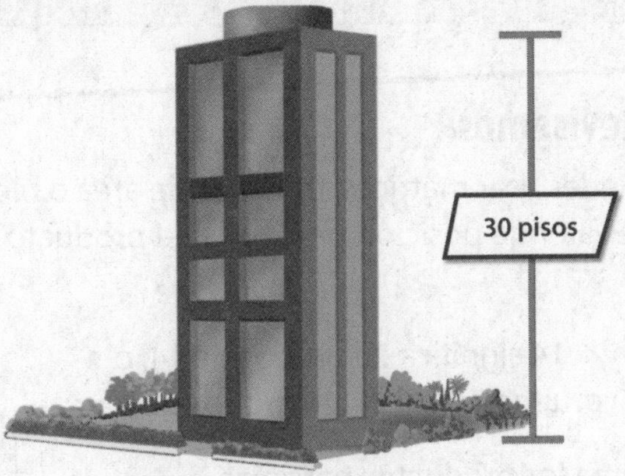
30 pisos

8. PM.1 **Entender y perseverar** Marta hace 30 minutos de ejercicio por día. Greg hace 40 minutos de ejercicio por día. ¿Cuántos minutos más hace ejercicio Greg que Marta en un mes de 31 días?

9. Un dentista encarga 15 cajas de hilo dental y 20 cajas de cepillos de dientes por mes. El hilo dental se vende en cajas de 70 y los cepillos de dientes se venden en cajas de 50. ¿Cuántos artículos encarga el dentista por mes?

10. La Sra. Harrigan encargó 30 cajas de vasos para su restaurante. Cada caja contiene 16 vasos. También encargó 30 cajas de platos. Hay 25 platos en cada caja. ¿Cuántos vasos y platos encargó la Sra. Harrigan en total?

11. **Razonamiento de orden superior** Sin multiplicar, decide si es mayor el producto de 45×10 o el producto de 50×10. Explícalo.

Evaluación de *Common Core*

12. Miranda dice que 30×26 es mayor que 20×32. ¿Tiene razón? Dibuja un modelo para explicar si Miranda tiene razón.

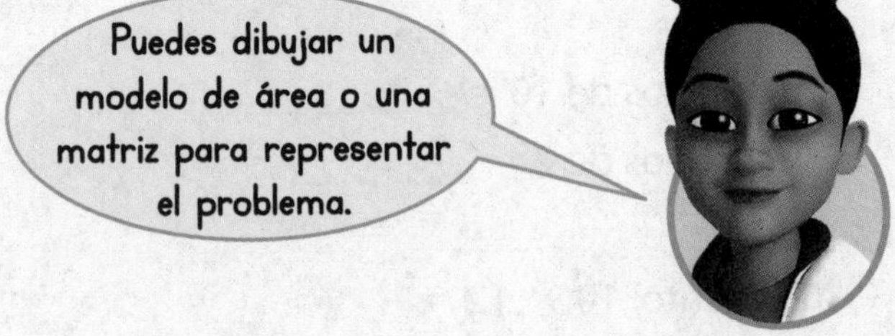
Puedes dibujar un modelo de área o una matriz para representar el problema.

© Pearson Education, Inc. 4

Nombre ______________________________

Lección 4-3
Hacer una estimación: Redondear

Puedo...
estimar productos redondeando los factores.

Estándares de contenido 4.NBD.B.5, 4.OA.A.3
Prácticas matemáticas PM.2, PM.3

Resuélvelo y coméntalo

Halla un producto que esté lo más cerca posible de 1,400. Escoge dos factores entre los números 18, 42, 66 y 71. ***Resuelve este problema usando la estrategia que prefieras.***

Razona. ¿Cómo te puede ayudar el redondeo a escoger dos factores? *¡Muestra tu trabajo en el espacio que sigue!*

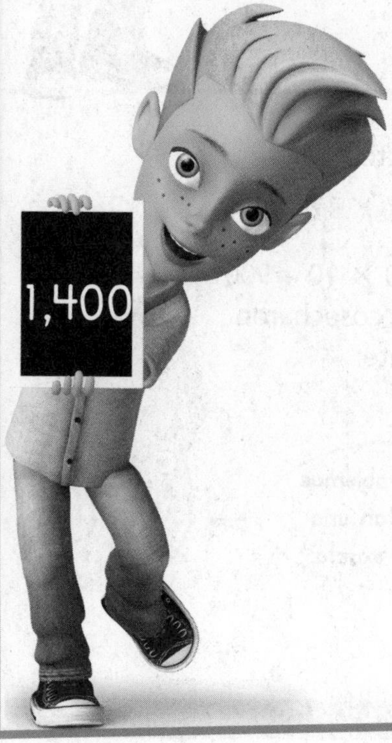

¡Vuelve atrás! **PM.2 Razonar** ¿Qué tienen en común los números que redondeaste?

Aprende Glosario

Pregunta esencial

¿Cómo se puede redondear para hacer una estimación?

A

En el huerto de la Sra. Piper, los trabajadores cosecharon 50 docenas de manzanas, y en el huerto del Sr. Stuart, cosecharon 37 docenas de manzanas. Hay 12 manzanas en una docena. Aproximadamente, ¿cuántas manzanas cosecharon los trabajadores?

1 docena de manzanas

Puedes usar el valor de posición como ayuda para redondear números. Redondear es una manera de estimar productos.

B Primero, suma para hallar cuántas docenas de manzanas se cosecharon.

$50 + 37 = 87$ docenas de manzanas

Luego, redondea para estimar 87×12. Para estimar el producto, reemplaza los factores por el múltiplo de diez más cercano.

Redondea 87 a la decena más cercana.

87 está más cerca de 90 que de 80; por tanto, 87 se redondea a 90.

Redondea 12 a la decena más cercana.

12 está más cerca de 10 que de 20; por tanto, 12 se redondea a 10.

C Estima el producto.

$$87 \times 12 = n$$
$$\downarrow \quad \downarrow$$
$$90 \times 10 = 900$$

Los trabajadores cosecharon aproximadamente 900 manzanas.

Algunos problemas no necesitan una respuesta exacta.

¡Convénceme! **PM.2 Razonar** Sue dijo que 870 es una estimación razonable de 87×12, y su maestra estuvo de acuerdo. ¿Cómo habrá llegado Sue a la estimación de 870? Recuerda que debes pensar en qué números se multiplican fácilmente.

© Pearson Education, Inc. 4

Nombre ______________________

Amigo de práctica Herramientas Evaluación

Práctica guiada*

¿Lo entiendes?

1. **PM.2 Razonar** En el ejemplo de la página anterior, ¿cómo sabes que solo necesitas una estimación y no la respuesta exacta?

2. **PM.3 Evaluar el razonamiento** Howie redondeó para estimar el producto de 35 × 42 y obtuvo 1,200. ¿Qué error cometió?

¿Cómo hacerlo?

Estima los productos en los Ejercicios **3** a **6.**

3. 24 × 18 se redondea a
_____ × _____ = _____.

4. 33 × 31 se redondea a
_____ × _____ = _____.

5. 38 × 22

6. 45 × 48

Práctica independiente

Práctica al nivel Estima los productos en los Ejercicios **7** a **12.**

7. 39 × 19 se redondea a
_____ × _____ = _____.

8. 28 × 27 se redondea a
_____ × _____ = _____.

9. 64 × 13

10. 42 × 17

11. 82 × 36

12. 54 × 18

Haz una estimación para comprobar si la respuesta es razonable en los Ejercicios **13** y **14.**

13. 66 × 41 = 2,706
Se redondea a _____ × _____ = _____

Es razonable. No es razonable.

14. 34 × 52 = 2,288
Se redondea a _____ × _____ = _____

Es razonable. No es razonable.

Compara tu estimación con la respuesta dada para comprobar si la respuesta es razonable.

Puedes encontrar otro ejemplo en el Grupo C, página 240.

Usa la tabla de la derecha en los Ejercicios **15** a **17.**

15. Sentido numérico Aproximadamente, ¿cuántos más naranjos Valencia que naranjos Temple tiene el Sr. González? Explícalo.

Tu respuesta puede ser una estimación porque no es necesario dar una respuesta exacta.

16. Sentido numérico Aproximadamente, ¿cuántos naranjos tiene el Sr. González? Explícalo.

17. Razonamiento de orden superior El Sr. González tiene la misma cantidad de dos tipos de naranjos. ¿Cuáles son? Usa una propiedad de la multiplicación para explicar tu respuesta.

DATOS

Naranjos del Sr. González

Tipo de naranjo	Cantidad de filas	Cantidad de naranjos por fila
Hamlin	28	38
Temple	38	28
Valencia	31	46

Evaluación de *Common Core*

18. Aproximadamente, ¿cuántos libros por año vende El Rincón de los Libros?

Ⓐ Aproximadamente 6,500 libros
Ⓑ Aproximadamente 7,500 libros
Ⓒ Aproximadamente 8,500 libros
Ⓓ Aproximadamente 9,500 libros

19. Aproximadamente, ¿cuántos más libros se vendieron de no ficción e infantiles que libros de ficción en 1 año?

Ⓐ Aproximadamente 2,000 libros
Ⓑ Aproximadamente 1,500 libros
Ⓒ Aproximadamente 1,000 libros
Ⓓ Aproximadamente 500 libros

DATOS

El Rincón de los Libros: Ventas semanales

Tipo de libro	Cantidad de libros
Ficción	72
No ficción	38
Infantiles	59

 © Pearson Education, Inc. 4

Nombre ______________________

Ayuda | Amigo de práctica | Herramientas | Juegos

Tarea y práctica 4-3

Hacer una estimación: Redondear

¡Revisemos!

Estima 28 × 36. Reemplaza los factores con el múltiplo de 10 más cercano.

Puedes usar el valor de posición para redondear, y usar el redondeo para estimar productos.

Paso 1

Redondea ambos números en 28 × 36.

Redondea 28 a la decena más cercana. 28 está más cerca de 30 que de 20; por tanto, 28 se redondea a 30.

Redondea 36 a la decena más cercana. 36 está más cerca de 40 que de 30; por tanto, 36 se redondea a 40.

Paso 2

Estima el producto.

$28 \times 36 = n$

↓ ↓

$30 \times 40 = 1{,}200$

Por tanto, el producto es aproximadamente 1,200.

Estima los productos en los Ejercicios **1** a **10**.

1. 31 × 12 se redondea a ______ × ______ = ______.

2. 28 × 17 se redondea a ______ × ______ = ______.

3. 54 × 14

4. 44 × 22

5. 45 × 19

6. 34 × 48

7. 64 × 76

8. 15 × 38

9. 88 × 23

10. 11 × 68

Haz una estimación para comprobar si la respuesta dada es razonable en los Ejercicios **11** y **12**.

11. 39 × 37 = 2,183

Se redondea a ______ × ______ = ______

Es razonable. No es razonable.

12. 27 × 83 = 2,241

Se redondea a ______ × ______ = ______

Es razonable. No es razonable.

Redondea los factores a la decena más cercana para estimar el producto.

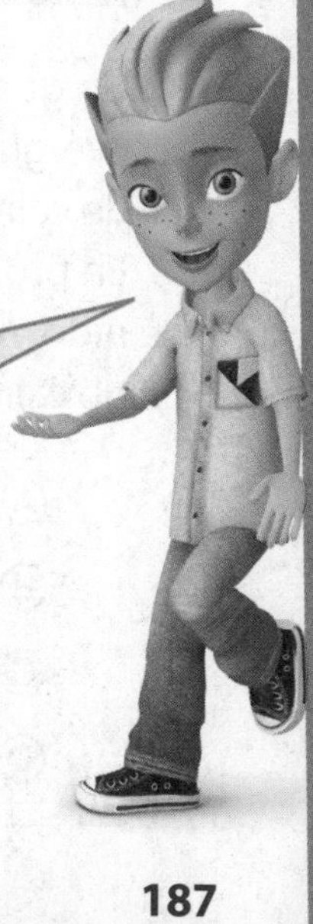

13. Sam horneó 18 docenas de bizcochitos de chocolate y 13 docenas de bizcochitos de vainilla. Aproximadamente, ¿cuántos bizcochitos horneó Sam? Explícalo.

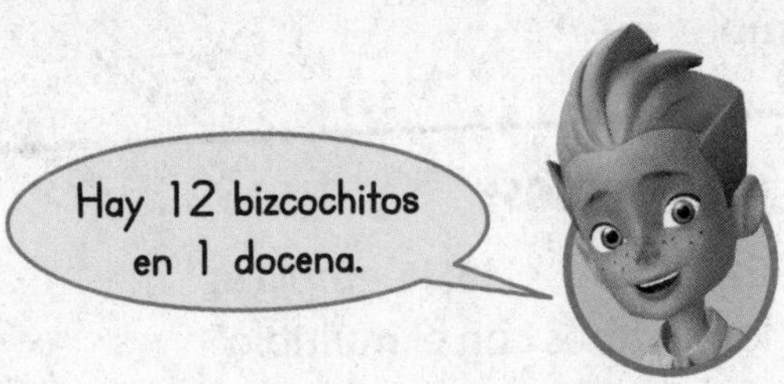
Hay 12 bizcochitos en 1 docena.

14. La maestra de arte tiene 30 cajas de 16 crayones cada una. Les da 10 cajas a sus estudiantes para que las usen. Explica cómo hallar la cantidad de crayones que le quedaron a la maestra.

15. Sentido numérico Eric estimó 28 × 48 hallando 30 × 50. Estimó que el producto era 1,500. Eric piensa que el producto real es mayor. ¿Tiene razón? Explícalo.

16. Matemáticas y Ciencias Las turbinas eólicas usan la energía del viento para generar grandes cantidades de electricidad. Las aspas de una turbina eólica pueden dar una vuelta completa 22 veces por minuto. Si una turbina eólica funciona durante 1 hora, aproximadamente, ¿cuántas veces las aspas darán una vuelta completa? Recuerda que hay 60 minutos en 1 hora.

17. Razonamiento de orden superior Leonore redondea los factores de 51 × 37 a la decena más cercana y estima que el producto es 1,500. ¿Es razonable la estimación de Leonore? Explícalo.

Evaluación de *Common Core*

18. Un guardaparques del Parque Nacional Everglades contó la cantidad de huevos de caimán que había en 28 nidos. En promedio, había 40 huevos en cada nido. Aproximadamente, ¿cuántos huevos de caimán contó el guardaparques?

Ⓐ Aproximadamente 80 huevos
Ⓑ Aproximadamente 120 huevos
Ⓒ Aproximadamente 800 huevos
Ⓓ Aproximadamente 1,200 huevos

19. Un pescador fue a pescar 14 veces el mes pasado. Pescó 28 peces cada vez. Aproximadamente, ¿cuántos peces pescó el pescador el mes pasado?

Ⓐ Aproximadamente 100 peces
Ⓑ Aproximadamente 200 peces
Ⓒ Aproximadamente 300 peces
Ⓓ Aproximadamente 400 peces

© Pearson Education, Inc. 4

Nombre ______________________

Resuelve

Lección 4-4
Hacer una estimación: Usar números compatibles

Puedo...
usar números compatibles para estimar productos cuando multiplico dos números de 2 dígitos.

Estándar de contenido 4.NBD.B.5
Prácticas matemáticas PM.2, PM.3

Resuélvelo y coméntalo

Escoge dos factores de los números del recuadro para hallar un producto que esté lo más cerca posible de 1,600. ***Resuelve este problema usando la estrategia que prefieras.***

24	32	61	78

Razona. ¿Qué estrategias conoces que te puedan ayudar a estimar un producto? ¡Muestra tu trabajo en el espacio que sigue!

¡Vuelve atrás! **PM.3 Construir argumentos** ¿Por qué escogiste esos factores? ¿Cómo sabes si los factores te darán la estimación más cercana al producto?

Aprende Glosario

Pregunta esencial ¿Cómo se pueden usar números compatibles para hacer una estimación?

A

Nolan publicó un blog para que sus amigos lo visiten. Estima la cantidad de visitas que tendrá Nolan en 24 días.

Hay más de una estrategia para hacer una estimación.

El blog de Nolan
¡Bienvenidos a mi blog!
Mis cosas
Inicio
Sobre mí
Novedades
Agenda
promedio de visitas por día: 41

B Estima 24×41.

Redondear a la decena más cercana da una estimación de $20 \times 40 = 800$.

Sin embargo, obtienes una estimación más cercana si usas números compatibles. Los números compatibles son números que son fáciles de calcular mentalmente.

Reemplaza los factores por números que estén cerca y sean fáciles de multiplicar.

24 está cerca de 25. 41 está cerca de 40.

C Es fácil hallar 25×40 porque 25 y 40 son números compatibles. Recuerda que

$$25 \times 4 = 100.$$

Por tanto, $25 \times 40 = 1{,}000$.

Observa que 24 está más cerca de 25 que de 20.

Por tanto, 25×40 da una estimación más cercana que 20×40. Sin embargo, los dos métodos se pueden usar para hallar una estimación.

Nolan tendrá aproximadamente 1,000 visitas en 24 días.

¡Convénceme! **PM.3 Evaluar el razonamiento** ¿Cuál de las dos explicaciones de cómo estimar 76×24 es correcta? Explícalo.

Explicación de Michelle

Redondeé 76 a 80 y 24 a 20. $80 \times 20 = 1{,}600$; por tanto, 76×24 es aproximadamente 1,600.

Explicación de Diana

Usé números compatibles. 76 está cerca de 80 y 24 está cerca de 25. $80 \times 25 = 2{,}000$; por tanto, 76×24 es aproximadamente 2,000.

© Pearson Education, Inc. 4

Nombre ______________________

Amigo de práctica | Herramientas | Evaluación

Práctica guiada*

¿Lo entiendes?

1. En el ejemplo de la página anterior, supón que el promedio de visitas por día fue 61. Si estimas 24 × 61 como 25 × 60, ¿cuál es la nueva estimación para la cantidad de visitas?

2. © **PM.2 Razonar** Una estimación para 24 × 61 usando el redondeo sería 20 × 60. ¿Por qué 25 × 60 da una estimación más cercana que 20 × 60?

¿Cómo hacerlo?

Estima los productos en los Ejercicios **3** a **7.**

3. 24 × 18
24 está cerca de 25.
18 está cerca de ______.
Multiplica 25 × ______ = ______

4. 24 × 37

5. 52 × 27

6. 25 × 59

7. 18 × 19

Práctica independiente

Estima los productos en los Ejercicios **8** a **22.**

8. 26 × 43

9. 31 × 46

10. 21 × 25

11. 58 × 12

12. 22 × 26

13. 78 × 21

14. 36 × 49

15. 66 × 31

16. 64 × 24

17. 21 × 19

18. 76 × 39

19. 32 × 24

20. 89 × 43

21. 79 × 79

22. 46 × 18

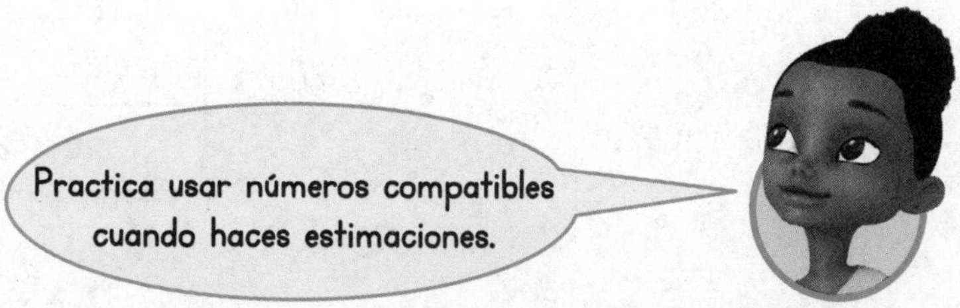
Practica usar números compatibles cuando haces estimaciones.

**Puedes encontrar otro ejemplo en el Grupo D, página 240.*

Prácticas matemáticas y resolución de problemas

23. **Álgebra** Escribe una ecuación de multiplicación para el modelo de área de la derecha. Usa la propiedad distributiva para hallar el producto.

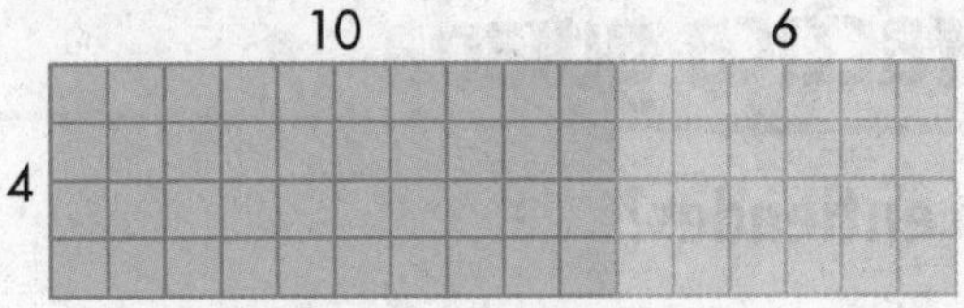

24. En 1858, dos barcos conectaron un cable de telégrafo a través del océano Atlántico por primera vez. Usa el siguiente diagrama para calcular la cantidad total de cable que usaron.

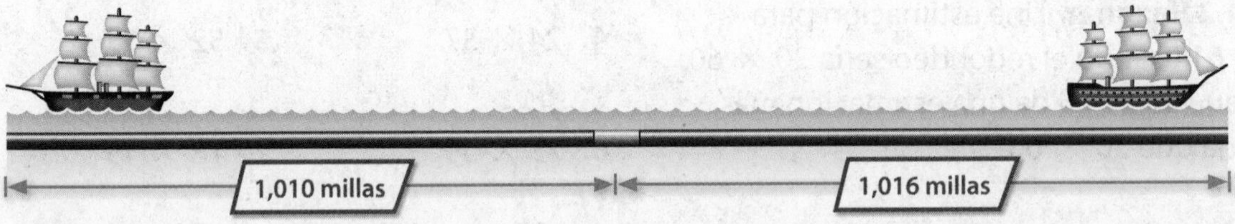

25. **PM.3 Construir argumentos** Explica cómo usarías la estimación para decidir qué multiplicación tiene el producto mayor: 39 × 21 o 32 × 32.

26. **Razonamiento de orden superior** ¿En qué se parece usar números compatibles para hacer una estimación a usar el redondeo? ¿En qué se diferencia?

Evaluación de *Common Core*

27. Una empresa encargó 28 cajas de cinta adhesiva. Cada caja contiene 24 rollos. Escoge números compatibles del recuadro para escribir dos estimaciones diferentes para obtener la cantidad total de rollos encargados. Usa cada número una vez.

© Pearson Education, Inc. 4

Nombre ____________________

Ayuda | Amigo de práctica | Herramientas | Juegos

Tarea y práctica 4-4

Hacer una estimación: Usar números compatibles

¡Revisemos!

Una montaña rusa tiene 38 asientos para pasajeros. La montaña rusa da una vuelta 24 veces en una hora. Aproximadamente, ¿cuántos pasajeros pueden subir a la montaña rusa en una hora?

Escoge números cercanos a 38 y 24 que puedas multiplicar mentalmente.

Paso 1

Escoge números compatibles.

24 está cerca de 25.

38 está cerca de 40.

24 × 38
↓ ↓
25 × 40

Paso 2

Multiplica los números compatibles.

25 × 40 = 1,000

Por tanto, 24 × 38 es aproximadamente 1,000.

Aproximadamente 1,000 pasajeros pueden subir a la montaña rusa en una hora.

Estima los productos en los Ejercicios **1** a **16**.

1. 23 × 12
23 está cerca de 25.
12 está cerca de ________.
25 × ________ = ________

2. 24 × 31
24 está cerca de 25.
31 está cerca de ________.
________ × ________ = ________

3. 19 × 24 **4.** 51 × 17 **5.** 82 × 78 **6.** 12 × 26

7. 24 × 62 **8.** 48 × 29 **9.** 53 × 39 **10.** 51 × 23

11. 53 × 54 **12.** 68 × 39 **13.** 29 × 43 **14.** 62 × 87

15. 36 × 42 **16.** 91 × 77

Hay más de una manera de estimar un producto.

17. Aproximadamente, ¿cuántos galones de agua se usan para llenar la bañera todos los días durante 31 días? Explícalo.

18. **Vocabulario** Usa un término de vocabulario para completar la definición.

Los ____________________ son números que son fáciles de calcular mentalmente.

19. Una tienda vende aproximadamente 45 aparatos por día, 7 días por semana. Aproximadamente, ¿cuántos aparatos podría vender la tienda en 4 semanas? Explícalo.

20. **Sentido numérico** Nathan estima 67×36 hallando 70×40. ¿La estimación de Nathan será mayor o menor que el producto real? Explícalo.

21. **Razonamiento de orden superior** ¿Qué considerarías para decidir si redondear o usar números compatibles para hacer una estimación? Explícalo.

Evaluación de *Common Core*

22. Una guía de excursiones lleva a grupos de 26 personas a recorrer un museo. El año pasado, la guía llevó a 42 grupos. Escoge números compatibles del recuadro para escribir dos estimaciones diferentes de la cantidad total de personas que la guía llevó el año pasado. Usa cada número una vez.

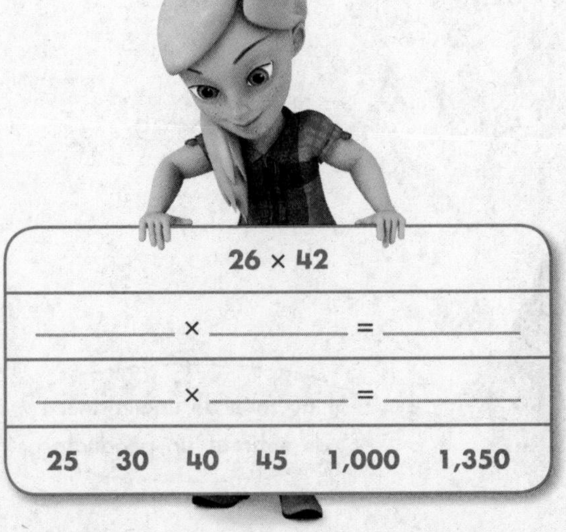

© Pearson Education, Inc. 4

Nombre ____________________ Resuelve

Lección 4-5
Matrices y productos parciales

Resuélvelo y coméntalo

Un teatro tiene 14 filas de 23 asientos cada una. ¿Cuántos asientos hay en el teatro? ***Resuelve este problema usando la estrategia que prefieras.***

Puedo...
usar matrices, valor de posición, productos parciales y propiedades de las operaciones para multiplicar.

Estándares de contenido 4.NBD.B.5, 4.OA.A.3
Prácticas matemáticas PM.4, PM.7

Puedes representar con modelos matemáticos usando papel cuadriculado o matrices para representar el problema. ¡Muestra tu trabajo en el espacio que sigue!

¡Vuelve atrás! **PM.7 Usar la estructura** La disposición de los asientos de un teatro es un ejemplo de cómo los objetos se ordenan en filas y columnas, es decir, matrices. ¿Cuáles son las dimensiones de la matriz que representa la disposición de los asientos del teatro del problema de arriba?

Pregunta esencial ¿Cómo se puede usar una matriz para multiplicar?

A

Hay 13 perros de juguete en cada fila de un puesto de feria. Hay 20 filas con bulldogs de juguete y 4 filas con siberianos de juguete. ¿Cuántos perros de juguete hay?

Para resolver el problema, primero debes hallar cuántas filas de perros de juguete hay en el puesto.
13 perros por fila

20 filas de *bulldogs* de juguete
$+$ 4 filas de siberianos de juguete
24 filas de perros de juguete

Hay 24 filas con 13 perros de juguete cada una.

B Usa una matriz para hallar 24×13.

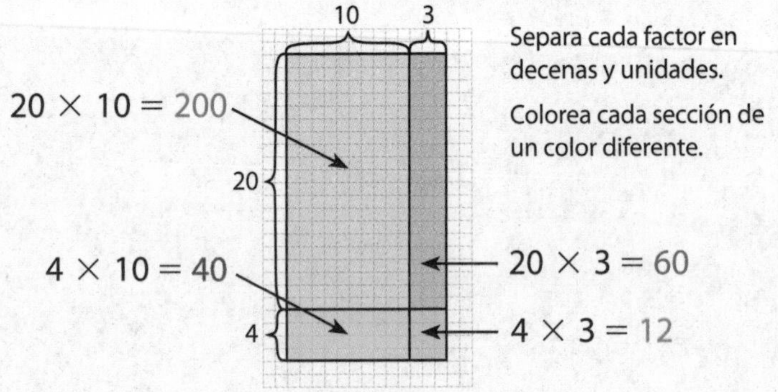
10
3
20
4
$20 \times 10 = 200$
$4 \times 10 = 40$
$20 \times 3 = 60$
$4 \times 3 = 12$

Separa cada factor en decenas y unidades.

Colorea cada sección de un color diferente.

12, 40, 60, y 200 son productos parciales.

C Suma la cantidad de casillas de cada parte de la matriz.

$$\begin{array}{r} 12 \\ 40 \\ 60 \\ +\ 200 \\ \hline 312 \end{array}$$

Hay 312 perros de juguete en el puesto.

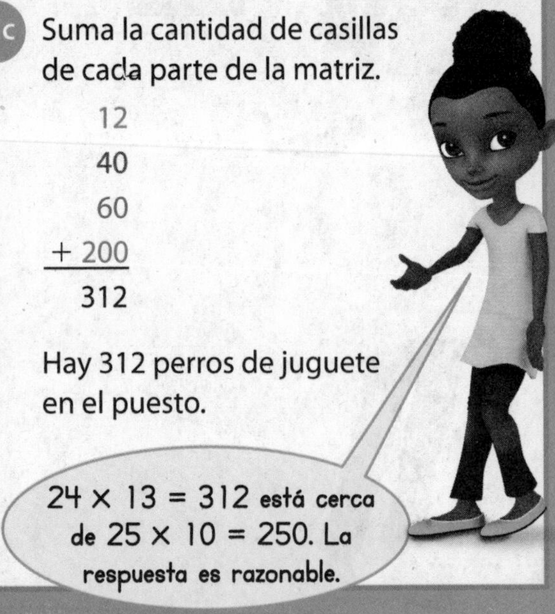
$24 \times 13 = 312$ está cerca de $25 \times 10 = 250$. La respuesta es razonable.

¡Convénceme! **PM.4 Representar con modelos matemáticos** ¿Qué multiplicación de 2 dígitos por 2 dígitos representa el modelo de la derecha? ¿Cuál es el producto? Explica cómo usaste el modelo para hallar el producto.

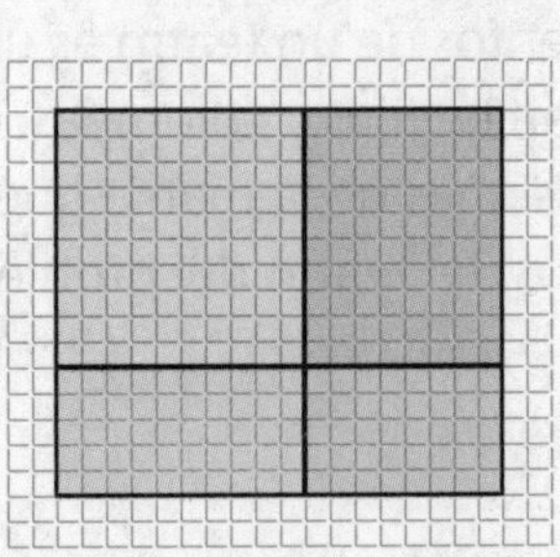

 © Pearson Education, Inc. 4

Nombre ____________________

Amigo de práctica · Herramientas · Evaluación

Práctica guiada*

¿Lo entiendes?

1. **PM.4 Representar con modelos matemáticos** En el ejemplo de la página anterior, ¿cuáles son los cuatro problemas de multiplicación más sencillos que se usaron para hallar 24 × 13?

2. ¿Cómo puedes usar propiedades de las operaciones para hallar el producto de 24 × 13?

¿Cómo hacerlo?

Usa la matriz de la cuadrícula para hallar el producto en el Ejercicio **3.** Comprueba si tu respuesta es razonable.

3. 24 × 16

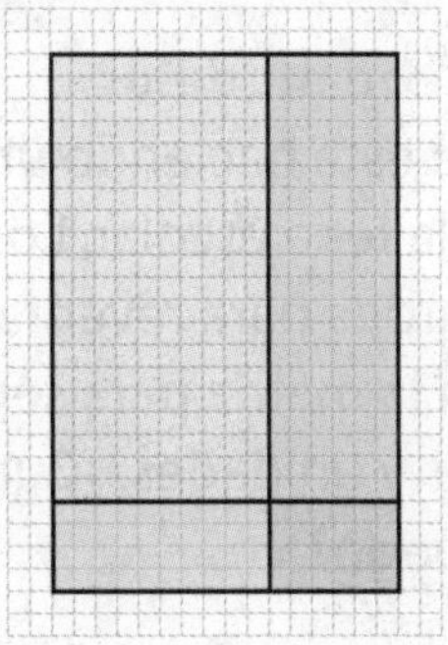

Práctica independiente

Usa la matriz de la cuadrícula para hallar los productos en los Ejercicios **4** a **7.**

Según la propiedad conmutativa de la suma, puedes sumar los productos parciales en cualquier orden.

4. 14 × 21

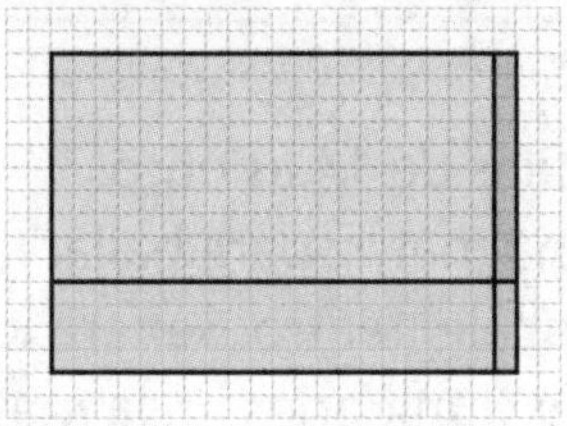

5. 14 × 12

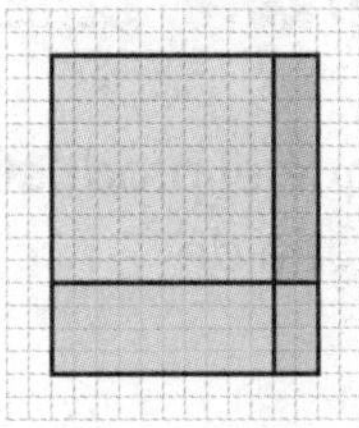

6. 18 × 18

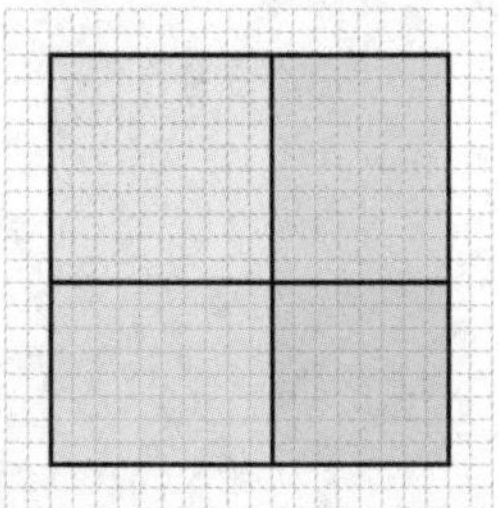

7. 15 × 13

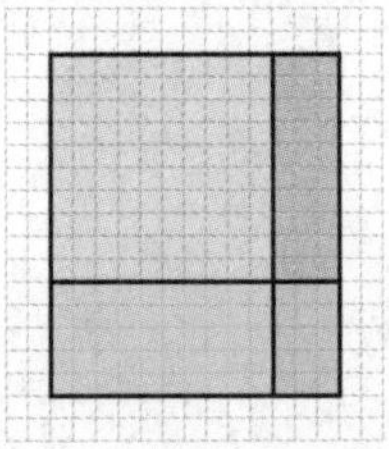

*Puedes encontrar otro ejemplo en el Grupo E, página 240.

Prácticas matemáticas y resolución de problemas

8. El mástil de una bandera que está frente al Ayuntamiento de la ciudad de Lou mide 35 pies de altura. ¿Cuántas pulgadas de altura mide el mástil? Recuerda que hay 12 pulgadas en 1 pie.

9. **Vocabulario** Completa la definición con *asociativa* o *conmutativa*.

La propiedad ________________ de la multiplicación dice que se puede cambiar la agrupación de los factores y el producto sigue siendo el mismo.

Usa la matriz de la derecha en los Ejercicios **10** y **11**.

10. **PM.4 Representar con modelos matemáticos** Maggie está haciendo un juego de globos para la feria escolar. Los estudiantes arrojan dardos para reventar los globos. Traza líneas en la matriz para separar cada factor en decenas y unidades. ¿Cuántos globos se usan en el juego?

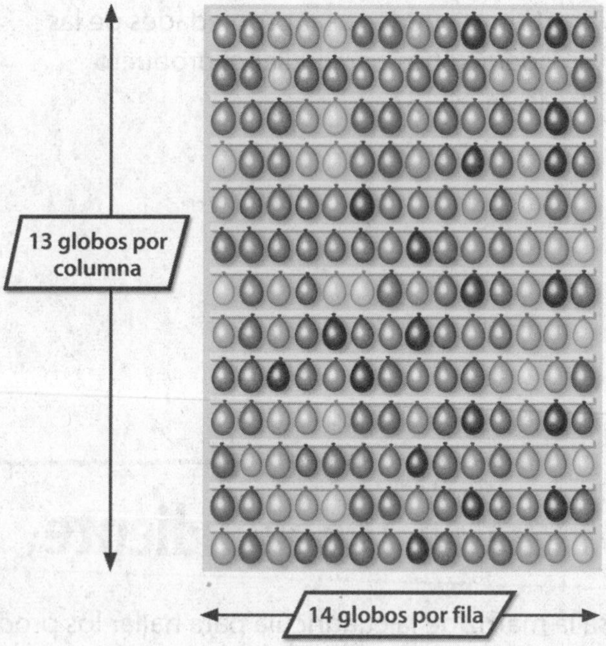

11. **Razonamiento de orden superior** Maggie sabe que tendrá que reemplazar todos los globos aproximadamente 15 veces. Escribe una ecuación para mostrar la cantidad de globos que necesitará Maggie.

Evaluación de *Common Core*

12. Escribe para explicar por qué el producto de 15 × 32 es igual a la suma de 10 × 32 y 5 × 32.

13. Un teatro tiene 17 filas de 14 asientos cada una. Dibuja una matriz para hallar la cantidad de asientos del teatro. Separa los factores en decenas y unidades en la matriz.

© Pearson Education, Inc. 4

Nombre ______________________

Ayuda | Amigo de práctica | Herramientas | Juegos

Tarea y práctica 4-5

Matrices y productos parciales

¡Revisemos!

Una manera de hallar el producto de 12×24 es usar una matriz.

Dibuja una matriz en una cuadrícula. Divide la matriz en decenas y unidades para cada factor. Halla la cantidad de casillas de cada rectángulo más pequeño. Luego, suma la cantidad de casillas que hay en los cuatro rectángulos más pequeños.

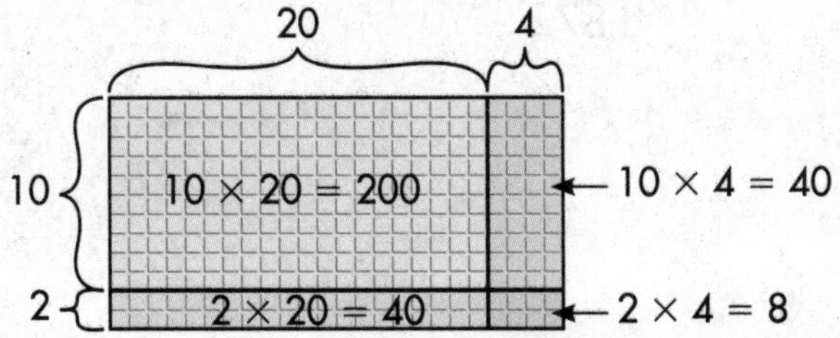

$$\begin{array}{r} 8 \\ 40 \\ 40 \\ +\ 200 \\ \hline 288 \end{array}$$

Por tanto, $12 \times 24 = 288$.

Halla los productos en los Ejercicios **1** a **4.** Usa las matrices dibujadas en las cuadrículas para ayudarte.

1. 26×18

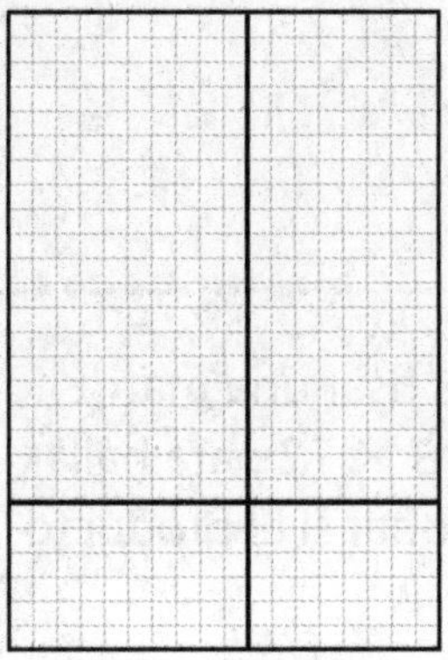

2. 23×23

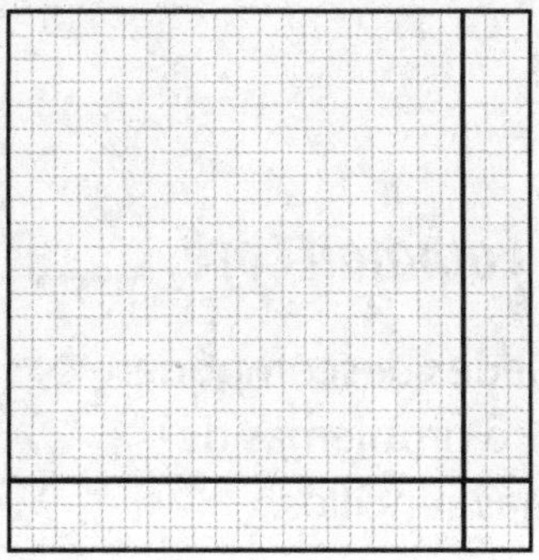

3. 19×27

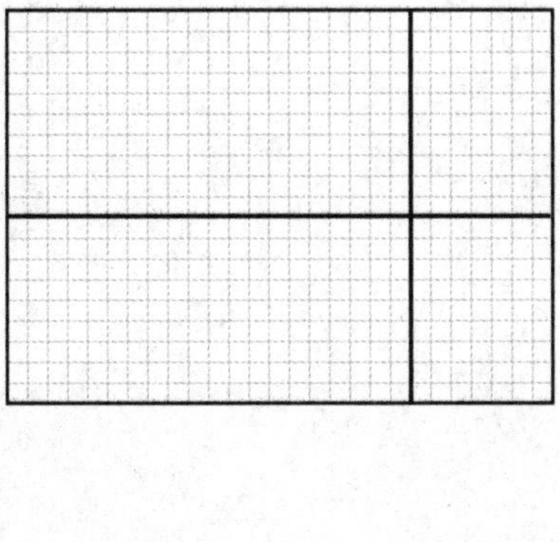

4. 11×16

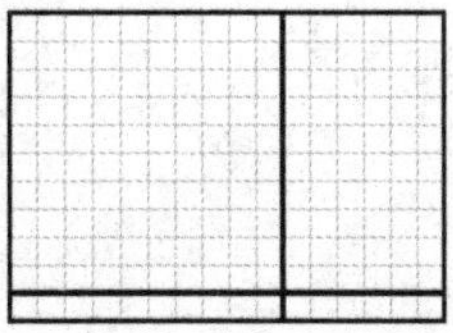

5. Barb hace 22 horas de ejercicio por semana. ¿Cuántas horas hace ejercicio Barb durante 14 semanas? Usa la matriz dibujada en la cuadrícula para ayudarte a multiplicar.

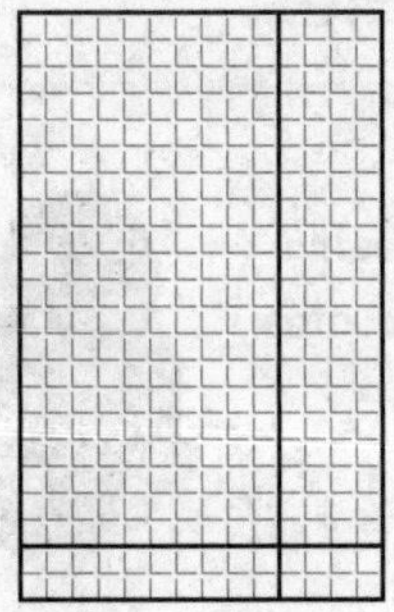

6. Teri usó un algoritmo para hallar el siguiente producto. ¿La respuesta de Teri es razonable? Explícalo.

$$\begin{array}{r} 4{,}296 \\ \times \quad 7 \\ \hline 42 \\ 630 \\ 1{,}400 \\ 2{,}800 \\ \hline 4{,}872 \end{array}$$

7. **Razonamiento de orden superior** A la derecha se muestran los precios de la tienda de curiosidades de Nolan. Si se venden 27 cajas de llaveros de neón y 35 cajas de bolígrafos fosforescentes, ¿cuál es la venta total en dólares?

DATOS

Artículo	Precio por caja
Llaveros de neón	$15
Bolígrafos fosforescentes	$10

Evaluación de *Common Core*

8. Explica cómo puedes descomponer 16×34 en cuatro problemas de multiplicación más sencillos.

9. Explica cómo puedes usar una matriz para descomponer 18×12 para hallar el producto y comprobar si el producto es razonable.

© Pearson Education, Inc. 4

Nombre ____________________

Resuelve

Lección 4-6
Multiplicar usando la propiedad distributiva

Puedo...
usar modelos de área y propiedades de las operaciones para multiplicar números de 2 dígitos.

Estándar de contenido 4.NBD.B.5
Prácticas matemáticas PM.4, PM.7

Resuélvelo y coméntalo Un área de juego está dividida en cuatro secciones, como se muestra en el diagrama. Halla el área del área de juego. Explica cómo hallaste la respuesta. ***Resuelve este problema usando la estrategia que prefieras.***

Puedes usar dibujos, modelos de área y propiedades de las operaciones para representar con modelos matemáticos.

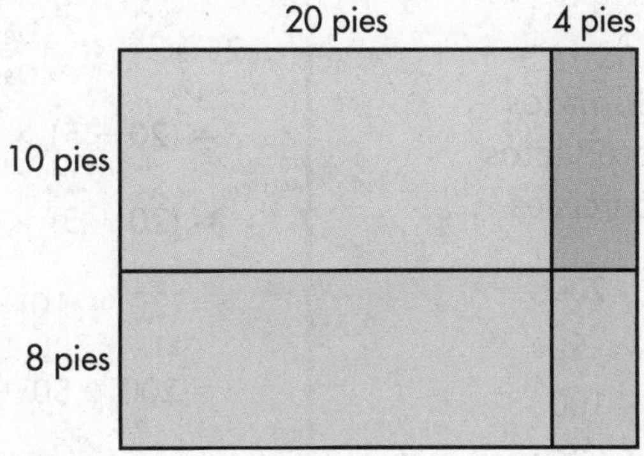

¡Vuelve atrás! **PM.7 Usar la estructura** ¿Cuáles son los cuatro productos parciales de las secciones que se muestran en el modelo de área del área de juego?

Aprende Glosario

Pregunta esencial

¿Cómo se puede usar la propiedad distributiva para multiplicar?

A

Hay 15 jugadores en cada equipo de beisbol del club Los Leones. ¿Cuántos jugadores hay en todos los equipos del club Los Leones?

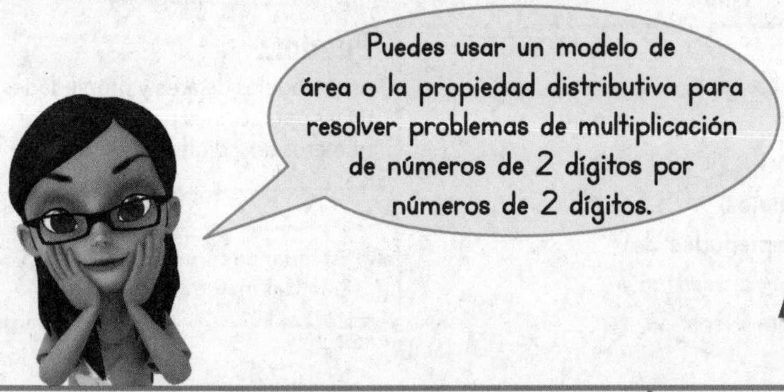
Puedes usar un modelo de área o la propiedad distributiva para resolver problemas de multiplicación de números de 2 dígitos por números de 2 dígitos.

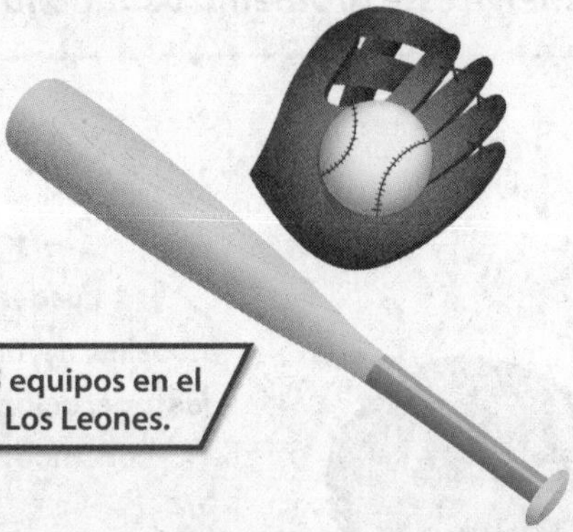
Hay 25 equipos en el club Los Leones.

B Usa un modelo de área para hallar 25 × 15.

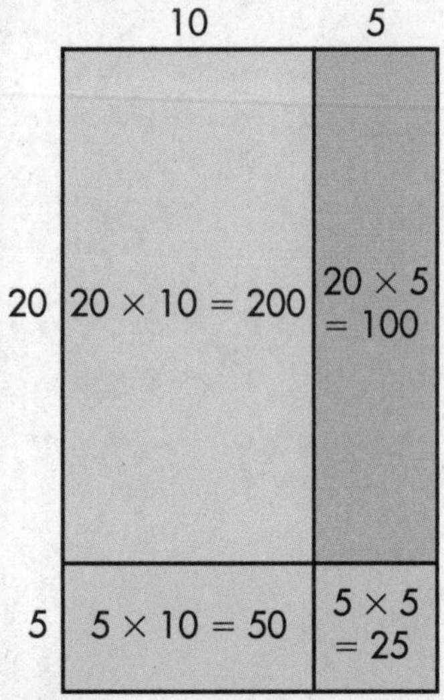
10
5
20
20 × 10 = 200
20 × 5 = 100
5
5 × 10 = 50
5 × 5 = 25

Suma los productos parciales.

$$\begin{array}{r} 200 \\ 50 \\ 100 \\ +\ 25 \\ \hline 375 \end{array}$$

C Usa la propiedad distributiva para hallar 25 × 15.

25 × 15 Descompón 25 en 20 + 5. Descompón 15 en 10 + 5.

$= (20 + 5) \times (10 + 5)$

$= (20 + 5) \times 10 + (20 + 5) \times 5$

$= (20 \times 10) + (5 \times 10) + (20 \times 5) + (5 \times 5)$

$= 200 + 50 + 100 + 25$

$= 375$

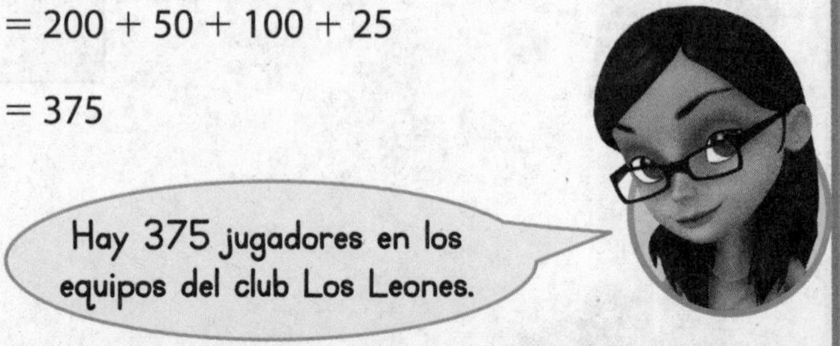
Hay 375 jugadores en los equipos del club Los Leones.

¡Convénceme! **PM.7 Usar la estructura** ¿Hay otra manera de usar la propiedad distributiva para resolver el problema de arriba?

© Pearson Education, Inc. 4

☆ Práctica guiada*

¿Lo entiendes?

1. **PM.4 Representar con modelos matemáticos** Usa el modelo de área y la propiedad distributiva para hallar 24×23.

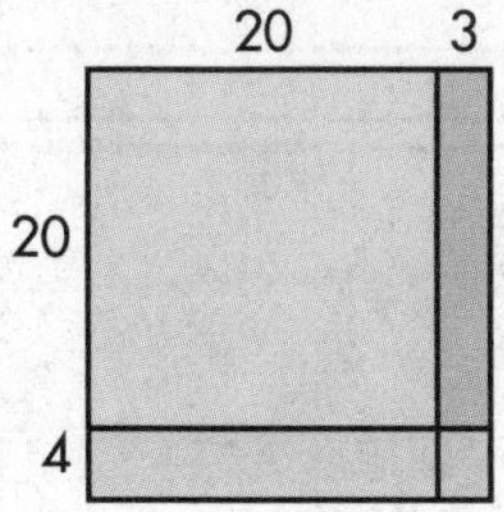

2. ¿Cómo puedes usar un modelo de área y la propiedad distributiva para ayudarte a multiplicar? Explícalo usando 12×16.

¿Cómo hacerlo?

3. Usa el modelo de área y la propiedad distributiva para hallar 35×12.

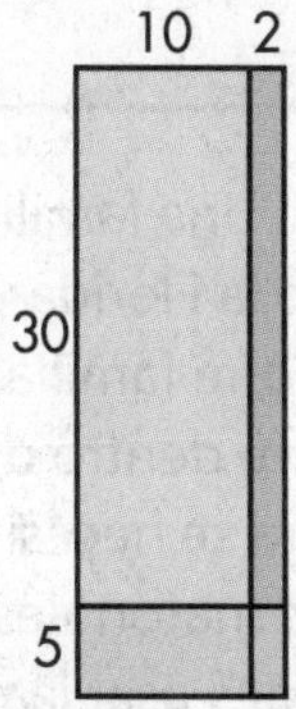

35×12

$= (30 + \_\_\_\_) \times (10 + \_\_\_\_)$

$= (30 + 5) \times \_\_\_\_ + (30 + 5) \times \_\_\_\_$

$= (30 \times 10) + (5 \times 10) +$

$(30 \times 2) + (5 \times 2)$

$= \_\_\_\_ + \_\_\_\_ + \_\_\_\_ + \_\_\_\_$

$= \_\_\_\_$

☆ Práctica independiente

Dibuja un modelo de área para hallar los productos en los Ejercicios **4** a **6.**

4. 18×25

5. 16×27

6. 22×88

Halla los productos en los Ejercicios **7** a **11.** Usa las propiedades de las operaciones.

7. 41×12

8. 38×27

9. 58×19

10. 29×15

11. 73×47

**Puedes encontrar otro ejemplo en el Grupo F, página 241.*

12. Escribe 652,079 con los nombres de los números y en la forma desarrollada.

13. Sentido numérico Sara estimó 23×43 usando 20×40. Sam estimó 23×43 usando 25×40. ¿Cuál de los dos métodos dará una estimación más cercana a la respuesta exacta? Explícalo.

14. PM.7 Usar la estructura Una familia de urracas de los matorrales de la Florida vive en 25 acres de tierra. Ninguna otra familia de urracas de los matorrales vive dentro de esa área. ¿Cuántos acres de tierra se necesitan para 24 familias de urracas de los matorrales de la Florida? Muestra cómo puedes usar la propiedad distributiva para resolver el problema.

Vive en 25 acres
de tierra.

15. Marla quiere comprar una tableta digital que cuesta $565, con el impuesto incluido. Ahorró $15 por semana durante 30 semanas. ¿Ahorró dinero suficiente para comprar la tableta digital? Explícalo.

16. Razonamiento de orden superior ¿Qué cuesta menos: 13 naranjas que cuestan 29 centavos cada una o 17 manzanas que cuestan 25 centavos cada una? ¿Cuánto menos?

Evaluación de *Common Core*

17. Parte A

Escribe los productos parciales en los rectángulos del modelo de área.

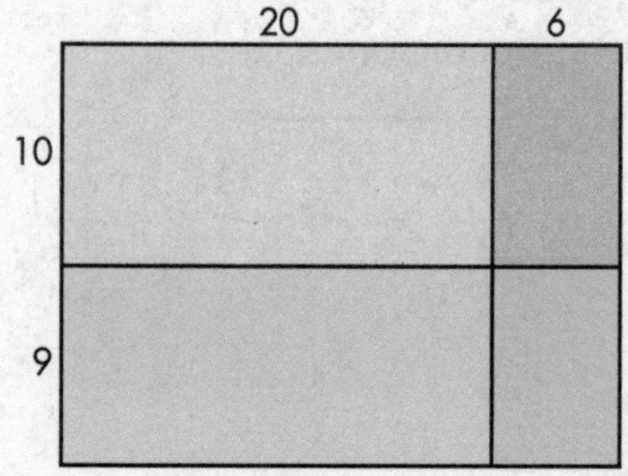
20
6
10
9

Parte B

Halla la suma de los productos parciales.

© Pearson Education, Inc. 4

Nombre ______________________

Ayuda | Amigo de práctica | Herramientas | Juegos

Tarea y práctica 4-6

Multiplicar usando la propiedad distributiva

¡Revisemos!

Halla 23 × 18.

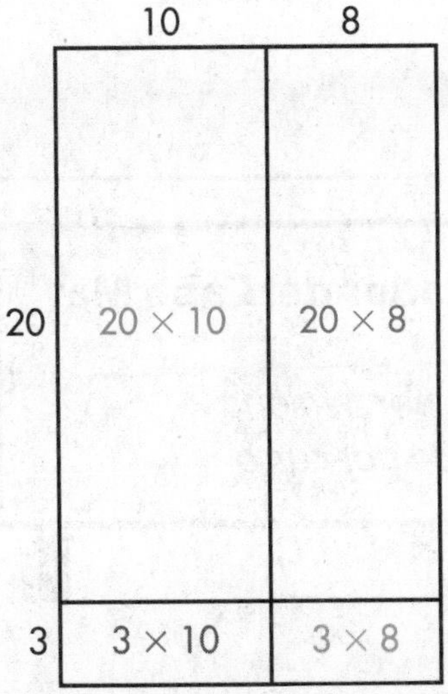

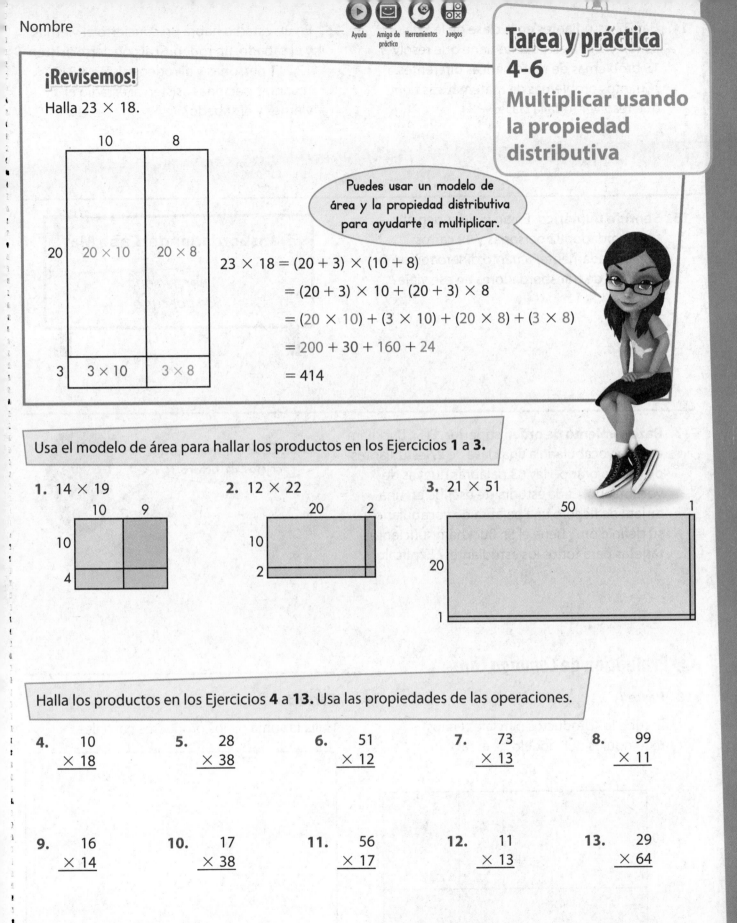

Puedes usar un modelo de área y la propiedad distributiva para ayudarte a multiplicar.

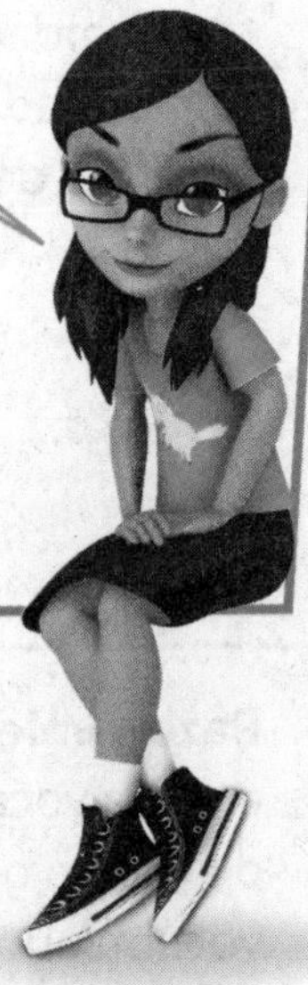

$$\begin{aligned}23 \times 18 &= (20 + 3) \times (10 + 8)\\ &= (20 + 3) \times 10 + (20 + 3) \times 8\\ &= (20 \times 10) + (3 \times 10) + (20 \times 8) + (3 \times 8)\\ &= 200 + 30 + 160 + 24\\ &= 414\end{aligned}$$

Usa el modelo de área para hallar los productos en los Ejercicios **1** a **3.**

1. 14 × 19

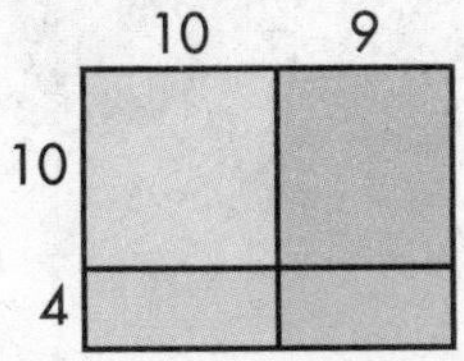

2. 12 × 22

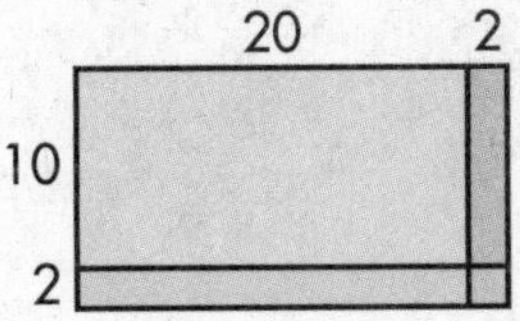

3. 21 × 51

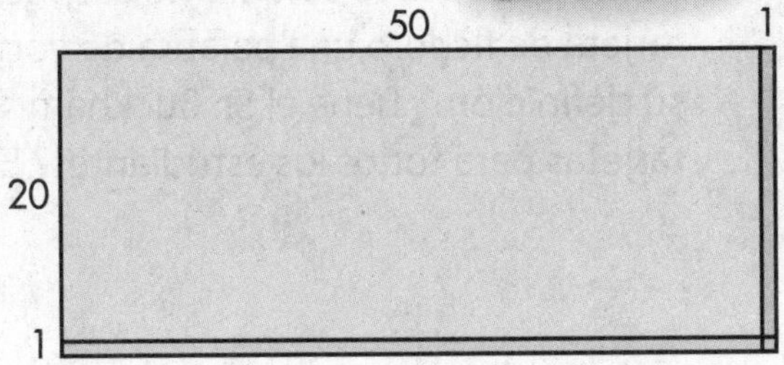

Halla los productos en los Ejercicios **4** a **13.** Usa las propiedades de las operaciones.

4. $\begin{array}{r} 10 \\ \times\ 18 \\ \hline \end{array}$

5. $\begin{array}{r} 28 \\ \times\ 38 \\ \hline \end{array}$

6. $\begin{array}{r} 51 \\ \times\ 12 \\ \hline \end{array}$

7. $\begin{array}{r} 73 \\ \times\ 13 \\ \hline \end{array}$

8. $\begin{array}{r} 99 \\ \times\ 11 \\ \hline \end{array}$

9. $\begin{array}{r} 16 \\ \times\ 14 \\ \hline \end{array}$

10. $\begin{array}{r} 17 \\ \times\ 38 \\ \hline \end{array}$

11. $\begin{array}{r} 56 \\ \times\ 17 \\ \hline \end{array}$

12. $\begin{array}{r} 11 \\ \times\ 13 \\ \hline \end{array}$

13. $\begin{array}{r} 29 \\ \times\ 64 \\ \hline \end{array}$

14. Hay 27 estudiantes en la clase de la Srta. Langley. Cada estudiante tiene que resolver 15 problemas de matemáticas diferentes. ¿Cuántos problemas de matemáticas tiene que resolver toda la clase?

15. En un estadio habrá un concierto el viernes y el sábado, un rodeo. Si al concierto asisten 12,211 personas y al rodeo asisten 9,217, ¿cuántas personas asisten al estadio el viernes y el sábado?

16. Sentido numérico En un viaje suben al transbordador 82 personas y 49 carros. Aproximadamente, ¿cuánto dinero reunió la empresa de transbordadores en ese viaje?

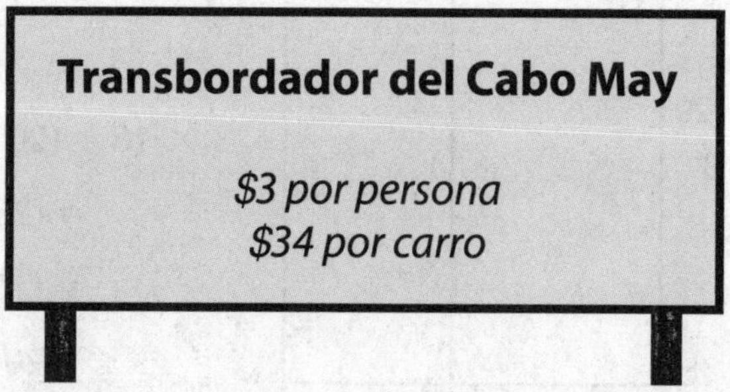

17. Razonamiento de orden superior El Sr. Buckham enseña vocabulario a una clase de 27 estudiantes de cuarto grado. Hay 63 palabras nuevas de vocabulario. Cada estudiante escribe en una tarjeta de fichero una palabra de vocabulario y su definición. ¿Tiene el Sr. Buckham suficientes tarjetas para todos los estudiantes? Explícalo.

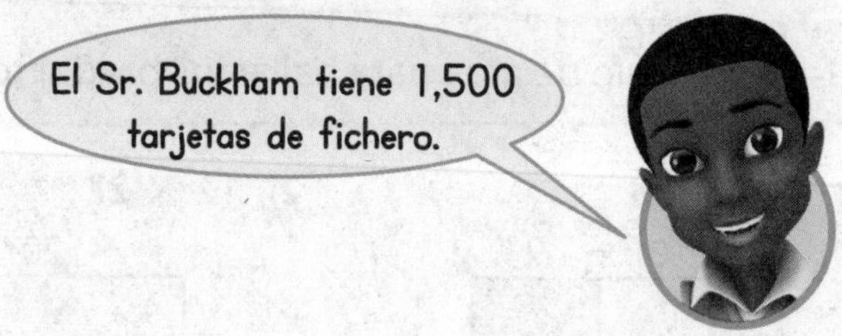

El Sr. Buckham tiene 1,500 tarjetas de fichero.

Evaluación de *Common Core*

18. Parte A

Escribe los productos parciales en los rectángulos del modelo de área.

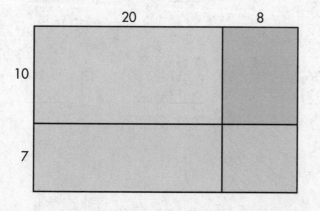

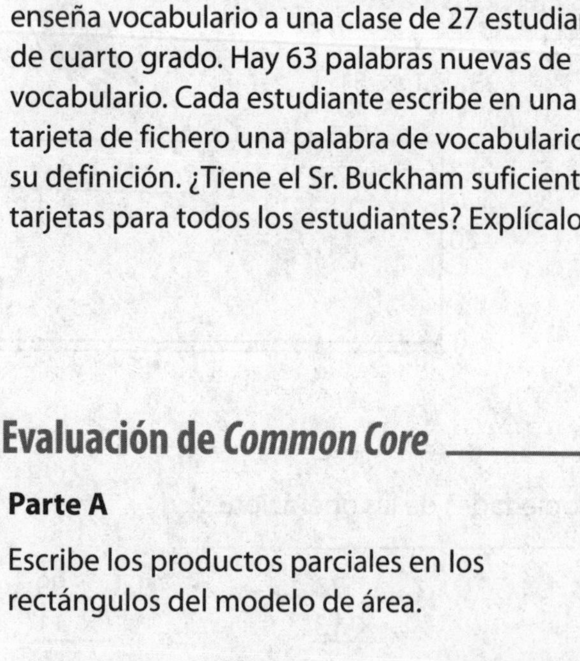

Parte B

Halla la suma de los productos parciales.

© Pearson Education, Inc. 4

Nombre ______________________

Resuelve

Lección 4-7
Usar productos parciales para multiplicar por números de 2 dígitos

Resuélvelo y coméntalo

Hay 11 jugadores titulares y 5 jugadores suplentes en un equipo profesional de futbol. ¿Cuántos jugadores hay en 15 equipos de futbol? ***Resuelve este problema usando la estrategia que prefieras.***

Puedo...
usar el valor de posición y productos parciales para multiplicar.

Estándares de contenido 4.NBD.B.5, 4.OA.A.3
Prácticas matemáticas PM.2, PM.3, PM.4, PM.7

Puedes usar la estructura. Usa lo que sabes sobre multiplicar por números de 1 dígito para multiplicar números de 2 dígitos. *¡Muestra tu trabajo en el espacio que sigue!*

¡Vuelve atrás! PM.4 Representar con modelos matemáticos
¿Cómo podrías usar una matriz y el redondeo, o una matriz y números compatibles, para estimar el producto del problema de arriba?

Aprende Glosario

Pregunta esencial

¿Cómo se pueden anotar las multiplicaciones?

A

Marcia puso 7 naranjas y 8 manzanas en cada bolsa de un conjunto de 12. ¿Cuántas frutas puso Marcia en todas las bolsas?

Algunos problemas tienen más de un paso en la resolución.

$7 + 8 = 15$

Marcia puso 15 frutas en cada una de las 12 bolsas.

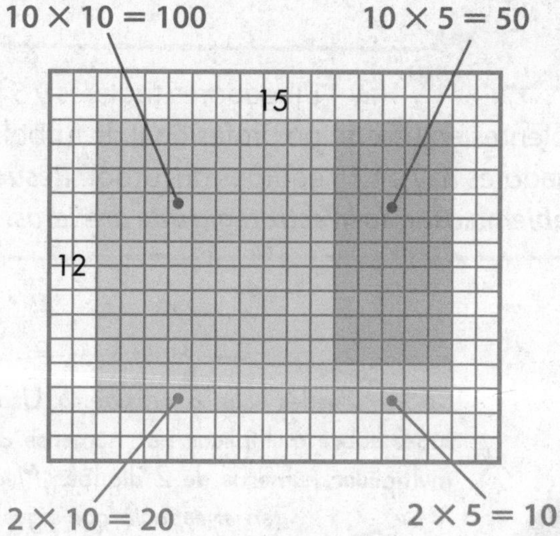

B Halla 12 × 15.

Primero, multiplica las unidades.

$$\begin{array}{r} 15 \\ \times\ 12 \\ \hline 10 \\ 20 \end{array} \quad \begin{array}{l} \\ \\ 2 \times 5 = 10 \\ 2 \times 10 = 20 \end{array}$$

C Luego, multiplica las decenas.

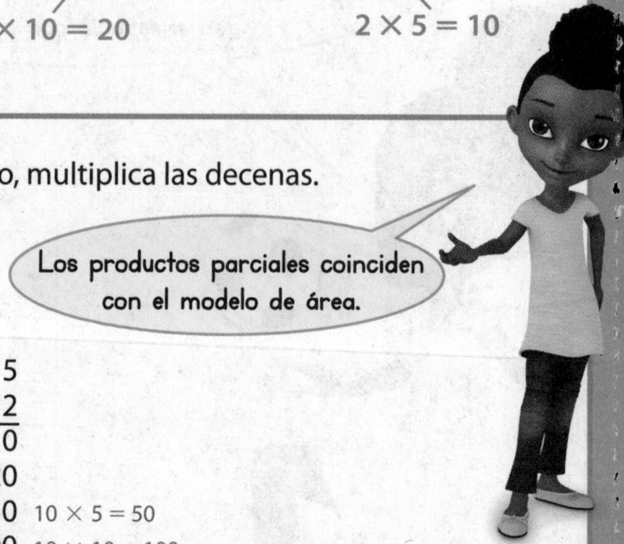

Los productos parciales coinciden con el modelo de área.

$$\begin{array}{r} 15 \\ \times\ 12 \\ \hline 10 \\ 20 \\ 50 \\ +\ 100 \\ \hline 180 \end{array} \quad \begin{array}{l} \\ \\ \\ \\ 10 \times 5 = 50 \\ 10 \times 10 = 100 \\ \\ \end{array}$$

Marcia puso 180 frutas en las bolsas.

¡Convénceme! **PM.4 Representar con modelos matemáticos** Escribe los productos parciales en los rectángulos del modelo de área. ¿Cuál es el producto final?

$$\begin{array}{r} 26 \\ \times\ 12 \\ \hline \end{array}$$

© Pearson Education, Inc. 4

Nombre ____________________

Amigo de práctica Herramientas Evaluación

Práctica guiada*

¿Lo entiendes?

1. PM.2 Razonar En el ejemplo de la página anterior, ¿por qué se halla 2 × 10 en vez de 2 × 1?

2. En el ejemplo de la página anterior, ¿puedes anotar los 4 productos parciales en otro orden? Explícalo.

¿Cómo hacerlo?

Halla todos los productos parciales en los Ejercicios **3** y **4.** Luego, suma para hallar el producto final. Dibuja modelos de área cuando sea necesario.

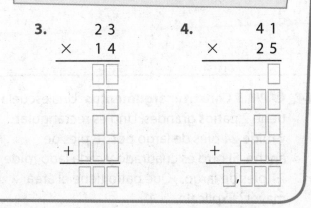

3. 23×14

4. 41×25

Práctica independiente

Práctica al nivel Halla todos los productos parciales en los Ejercicios **5** a **12.** Luego, suma para hallar el producto final. Dibuja modelos de área cuando sea necesario.

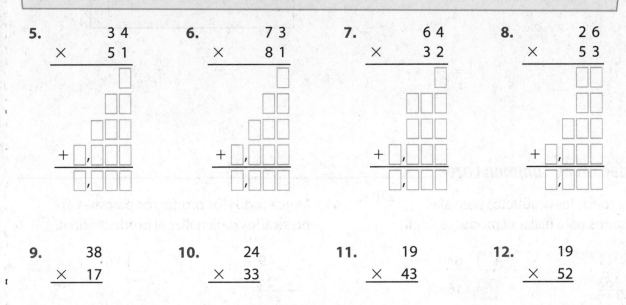

5. 34×51

6. 73×81

7. 64×32

8. 26×53

9. 38×17

10. 24×33

11. 19×43

12. 19×52

Puedes encontrar otro ejemplo en el Grupo G, página 241.

13. El Castillo de San Marcos es un fuerte español construido entre 1672 y 1695.

a. Redondeados a la decena de millar más cercana, ¿cuántos pesos costó construir el fuerte?

b. ¿Cuántos años llevó construir el fuerte?

Costó 138,375 pesos construir el fuerte.

14. **PM.3 Construir argumentos** Una escuela tiene 2 patios grandes. Uno es rectangular y mide 24 pies de largo por 18 pies de ancho. El otro es cuadrado y cada lado mide 21 pies de largo. ¿Qué patio tiene el área mayor? Explícalo.

15. **Razonamiento de orden superior** Explica cómo puedes usar el siguiente modelo de área para hallar 14 × 22. Escribe los productos parciales y resuelve la multiplicación.

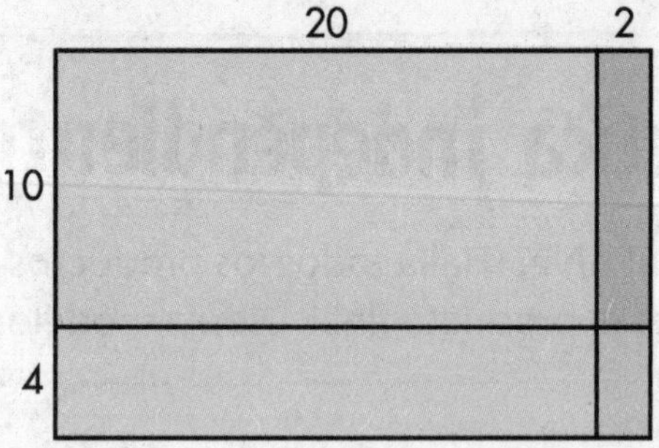
20
2
10
4

Evaluación de *Common Core*

16. Marca todos los productos parciales necesarios para hallar el producto final.

```
   13
×  62
   □
   20
   □
+ 600
  806
```

- ☐ 6
- ☐ 16
- ☐ 18
- ☐ 180
- ☐ 600

17. Marca todos los productos parciales necesarios para hallar el producto final.

```
   19
×  24
   □
   40
   □
+  □
  456
```

- ☐ 6
- ☐ 36
- ☐ 180
- ☐ 200
- ☐ 280

© Pearson Education, Inc. 4

Nombre ____________________

Ayuda | Amigo de práctica | Herramientas | Juegos

Tarea y práctica 4-7

Usar productos parciales para multiplicar por números de 2 dígitos

¡Revisemos!

Las pelotas de golf vienen en cajas de 12. ¿Cuántas pelotas de golf hay en 14 cajas?

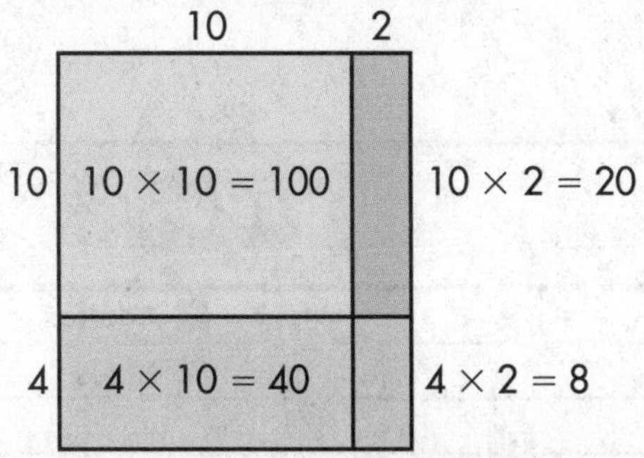
10
2
10
10 × 10 = 100
10 × 2 = 20
4
4 × 10 = 40
4 × 2 = 8

$$\begin{array}{rl} 12 & \\ \times\ 14 & \\ \hline 8 & 4 \times 2 = 8 \\ 40 & 4 \times 10 = 40 \\ 20 & 10 \times 2 = 20 \\ +\ 100 & 10 \times 10 = 100 \\ \hline 168 & \end{array}$$

Halla todos los productos parciales en los Ejercicios **1** a **8.** Luego, suma para hallar el producto final. Dibuja modelos de área cuando sea necesario.

1. 16×15 = ▢▢ + ▢▢ + ▢▢ + ▢▢▢ = ▢▢▢

2. 16×12 = ▢▢ + ▢▢ + ▢▢ + ▢▢▢ = ▢▢▢

3. 19×13 = ▢▢ + ▢▢ + ▢▢ + ▢▢▢ = ▢▢▢

4. 24×12 = ▢▢ + ▢▢ + ▢▢ + ▢▢▢ = ▢▢▢

5. 32×23

6. 79×47

7. 23×46

8. 82×74

9. © **PM.2 Razonar** ¿Por qué los cálculos en rojo se pueden considerar problemas más sencillos?

$$\begin{array}{rl} 34 & \\ \times\ 24 & \\ \hline 16 & 4 \times 4 \\ 120 & 4 \times 30 \\ 80 & 20 \times 4 \\ +\ 600 & 20 \times 30 \\ \hline 816 & \end{array}$$

10. Explica los errores en el siguiente cálculo. Muestra el cálculo correcto.

$$\begin{array}{r} 12 \\ \times\ 13 \\ \hline 6 \\ 3 \\ 20 \\ +\ 10 \\ \hline 39 \end{array}$$

11. Un cine cobra $10 el boleto para adultos y $9 el boleto para niños. La meta es recaudar $1,200 en boletos para adultos por semana. ¿El cine alcanzó su meta esta semana? ¿Cuánto dinero más o menos que la meta pudo recaudar el cine?

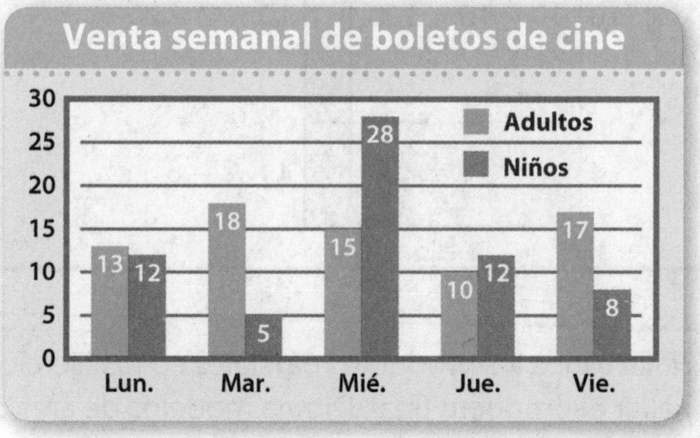

12. **Razonamiento de orden superior** Un campo de práctica de golf tiene 245 pelotas. El dueño compró un envase de pelotas de golf. ¿Cuántas pelotas de golf tiene el dueño después de comprar el envase?

DATOS

Pelotas de golf
12 pelotas por paquete
15 paquetes por caja
5 cajas por envase

© Evaluación de *Common Core*

13. Marca todos los productos parciales necesarios para hallar el producto final.

$$\begin{array}{r} 12 \\ \times\ 18 \\ \hline 16 \\ \square \\ 20 \\ +\ \square \\ \hline 216 \end{array}$$

- ☐ 8
- ☐ 80
- ☐ 100
- ☐ 180
- ☐ 600

14. Marca todos los productos parciales necesarios para hallar el producto final.

$$\begin{array}{r} 41 \\ \times\ 77 \\ \hline \square \\ \square \\ \square \\ +\ 2{,}800 \\ \hline 3{,}157 \end{array}$$

- ☐ 7
- ☐ 70
- ☐ 280
- ☐ 700
- ☐ 2,800

© Pearson Education, Inc. 4

Nombre ______________________________

Resuelve

Lección 4-8
Multiplicar números de 2 dígitos por múltiplos de 10

Puedo...
usar modelos de área y estrategias de valor de posición para multiplicar por múltiplos de 10.

© Estándares de contenido 4.NBD.B.5, 4.OA.A.3
Prácticas matemáticas PM.2, PM.7

Resuélvelo y coméntalo

El año pasado, el acuario de Tim tenía 23 peces guppy. Este año, el acuario tiene 90 veces esa cantidad de peces guppy. ¿Cuántos peces tiene este año el acuario de Tim? ***Resuelve este problema usando la estrategia que prefieras.***

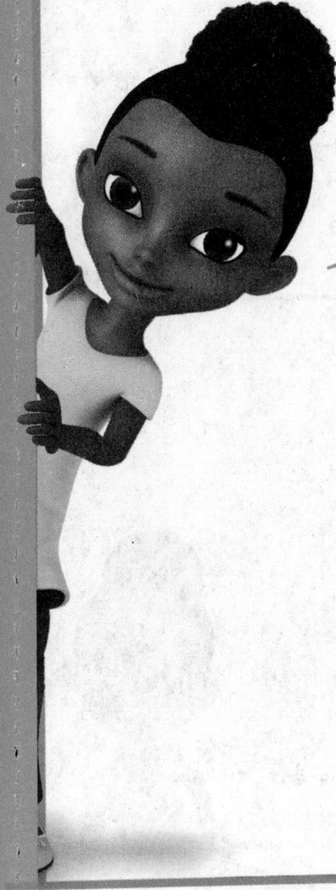

Puedes usar la estructura. ¿Cómo te puede ayudar a resolver este problema descomponer cada factor usando el valor de posición? *¡Muestra tu trabajo en el espacio que sigue!*

¡Vuelve atrás! © **PM.2 Razonar** ¿En qué se parece multiplicar 23 por 90 a multiplicar 23 por 9?

Aprende Glosario

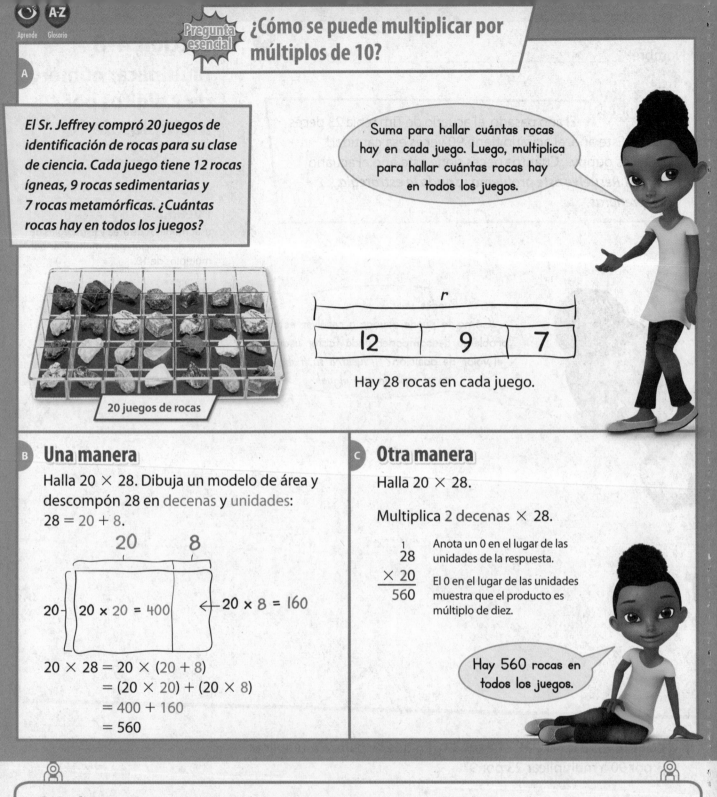

Pregunta esencial

¿Cómo se puede multiplicar por múltiplos de 10?

A

El Sr. Jeffrey compró 20 juegos de identificación de rocas para su clase de ciencia. Cada juego tiene 12 rocas ígneas, 9 rocas sedimentarias y 7 rocas metamórficas. ¿Cuántas rocas hay en todos los juegos?

20 juegos de rocas

Suma para hallar cuántas rocas hay en cada juego. Luego, multiplica para hallar cuántas rocas hay en todos los juegos.

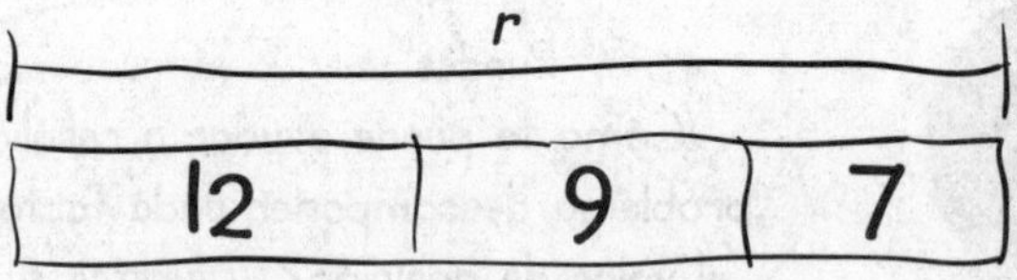
r
12
9
7

Hay 28 rocas en cada juego.

B

Una manera

Halla 20×28. Dibuja un modelo de área y descompón 28 en decenas y unidades: $28 = 20 + 8$.

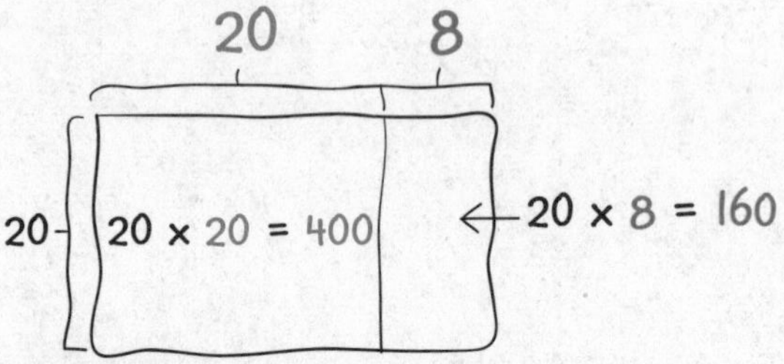
20
8
20
20 x 20 = 400
20 x 8 = 160

$$20 \times 28 = 20 \times (20 + 8)$$
$$= (20 \times 20) + (20 \times 8)$$
$$= 400 + 160$$
$$= 560$$

C

Otra manera

Halla 20×28.

Multiplica 2 decenas $\times$ 28.

$$\begin{array}{r} \overset{1}{2}8 \\ \times\ 20 \\ \hline 560 \end{array}$$

Anota un 0 en el lugar de las unidades de la respuesta.

El 0 en el lugar de las unidades muestra que el producto es múltiplo de diez.

Hay 560 rocas en todos los juegos.

¡Convénceme! **PM.7 Buscar relaciones** Amanda dijo: "Para hallar 68×30, solo tengo que hallar 68×3 y escribir un cero al final". ¿Tiene razón? Explícalo.

© Pearson Education, Inc. 4

Nombre ______________________________

Amigo de práctica · Herramientas · Evaluación

Práctica guiada*

¿Lo entiendes?

1. Cuando multiplicas por 20, ¿por qué hay un cero en el lugar de las unidades del producto?

2. **PM.7 Usar la estructura** ¿Qué multiplicación más simple te puede ayudar a hallar 38 × 70?

¿Cómo hacerlo?

Multiplica para hallar los productos en los Ejercicios **3** a **6.**

3. 12 × 20 = □□0

4. 21 × 30 = □□0

5. 27 × 60

6. 66 × 40

Práctica independiente

Práctica al nivel Multiplica para hallar los productos en los Ejercicios **7** a **20.** Dibuja modelos cuando sea necesario.

7. 12 × 30 = □□0

8. 24 × 50 = □,□□0

9. 33 × 20 = □□0

10. 71 × 30 = □,□□0

11. 18 × 30

12. 20 × 51

13. 32 × 30

14. 40 × 22

15. 24 × 40

16. 34 × 50

17. 40 × 73

18. 88 × 30

19. 10 × 52

20. 30 × 97

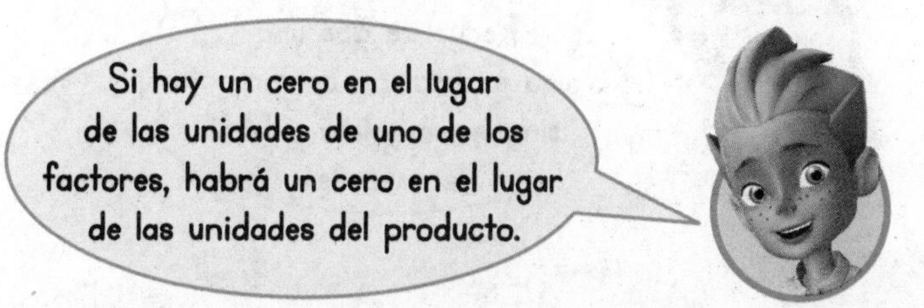
Si hay un cero en el lugar de las unidades de uno de los factores, habrá un cero en el lugar de las unidades del producto.

*Puedes encontrar otro ejemplo en el Grupo H, página 241.

Prácticas matemáticas y resolución de problemas

21. **Álgebra** Una montaña rusa dio 50 vueltas durante una tarde. Si en todas las vueltas la montaña rusa estaba llena ¿cuántas personas subieron a la montaña rusa esa tarde? Escribe y resuelve una ecuación.

22. La montaña rusa dio 30 vueltas en la mañana. Si estaba llena en todas las vueltas, ¿cuántas personas subieron por la mañana?

23. Danika vendió 285 artículos la primera semana y 374 artículos la segunda semana. Si cada artículo cuesta $6, ¿cuánto dinero ganó Danika con las ventas?

24. **Razonamiento de orden superior** Todos los años, la Escuela Logan encarga 100 juegos de rocas. ¿Cuántas rocas hay en todos los juegos? Recuerda que hay 2 ceros cuando multiplicas por 100.

Evaluación de *Common Core*

25. Jared dice que es más fácil poner un número con 0 unidades como segundo factor que como primero. Jasmine dice que no importa el orden en que se ubican los factores en el problema.

Jared $\begin{array}{r} 24 \\ \times\ 10 \\ \hline \end{array}$

Jasmine $\begin{array}{r} 10 \\ \times\ 24 \\ \hline \end{array}$ $\begin{array}{r} 24 \\ \times\ 10 \\ \hline \end{array}$

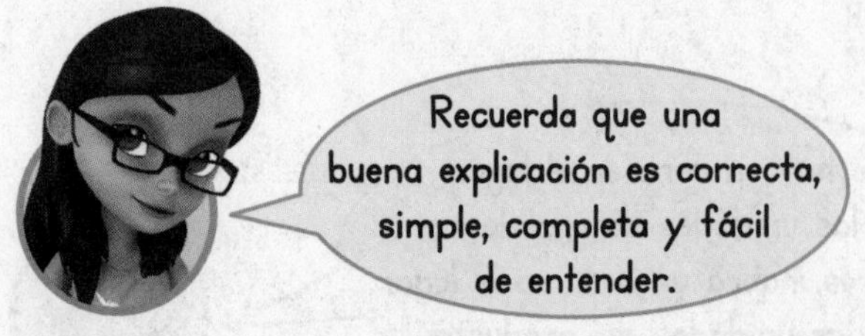

Recuerda que una buena explicación es correcta, simple, completa y fácil de entender.

Parte A

Explica por qué a Jared podría resultarle más fácil poner el número con 0 unidades como segundo factor.

Parte B

Escribe para explicar por qué no importa el orden en que se ubican los factores.

© Pearson Education, Inc. 4

Nombre ______________________

Tarea y práctica 4-8

Multiplicar números de 2 dígitos por múltiplos de 10

¡Revisemos!

Halla 30×26 descomponiendo uno de los factores.

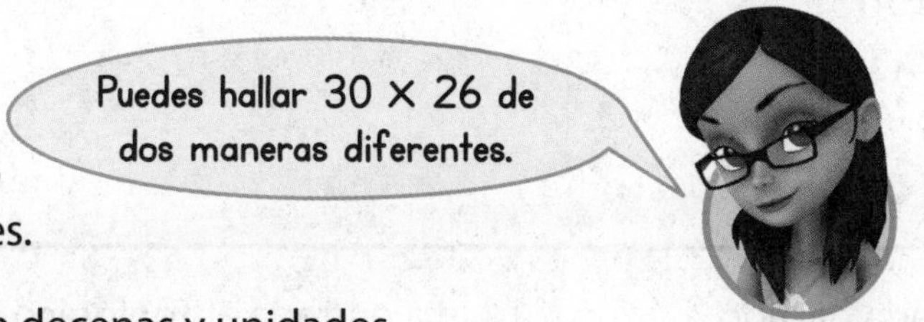

Descompón 26 en decenas y unidades.
$26 = 20 + 6$

Multiplica para hallar los productos parciales.
$30 \times 20 = 600$ y $30 \times 6 = 180$

Suma los productos parciales.
$600 + 180 = 780$
Por tanto, $30 \times 26 = 780$.

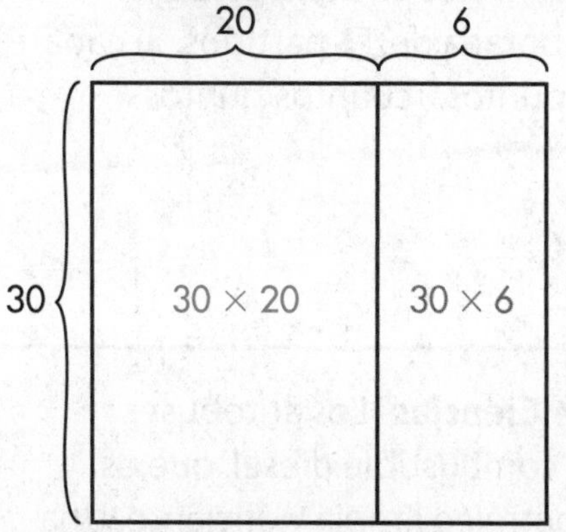

$$\begin{aligned}30 \times 26 &= 30 \times (20 + 6)\\ &= (30 \times 20) + (30 \times 6)\\ &= 600 + 180\\ &= 780\end{aligned}$$

Halla 30×26 usando un patrón.

$$\begin{array}{r} \scriptstyle 1 \\ 26 \\ \times\ 30 \\ \hline 780 \end{array}$$

Anota un 0 en el lugar de las unidades del producto. Luego, halla 3 decenas × 26.

Usa el modelo de área para hallar los productos en los Ejercicios 1 y 2.

1. 23×50

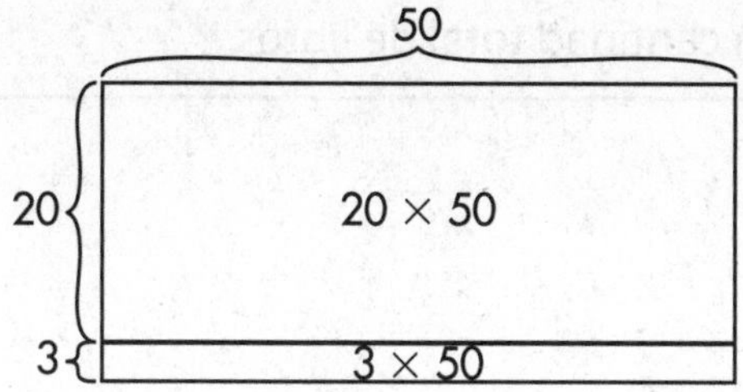

2. 30×82

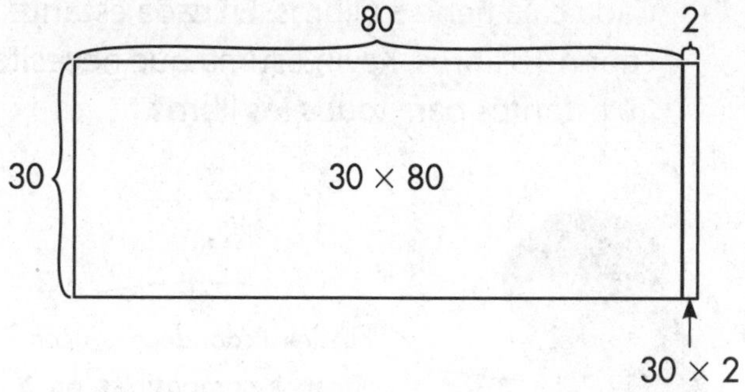

Usa un patrón para hallar los productos en los Ejercicios 3 a 10.

3. $\begin{array}{r} 75 \\ \times\ 70 \\ \hline \end{array}$ □,□□0

4. $\begin{array}{r} 93 \\ \times\ 50 \\ \hline \end{array}$ □,□□0

5. $\begin{array}{r} 66 \\ \times\ 20 \\ \hline \end{array}$ □,□□0

6. $\begin{array}{r} 53 \\ \times\ 40 \\ \hline \end{array}$ □,□□0

7. 32×20

8. 82×80

9. 60×14

10. 50×52

11. **PM.2 Razonar** ¿Cuántos juegos de fósiles de 10 muestras cada uno tienen la misma cantidad de fósiles que 30 juegos de 8 muestras cada uno?

12. Escribe 975,204 en forma desarrollada.

13. Julie anotó 10 canastas en cada partido durante la temporada de 11 partidos. Si cada canasta vale 2 puntos, ¿cuántos puntos hizo Julie?

14. La entrada al zoológico cuesta $20. Si una familia de 12 integrantes quiere ir al zoológico, ¿cuánto costará?

15. **Matemáticas y Ciencias** Los autobuses escolares usan combustible diesel, que es una forma de petróleo limpia y eficiente. Una escuela tiene 60 autobuses. Cada autobús lleva a 34 estudiantes. Si todos los autobuses escolares están llenos, ¿cuántos estudiantes hay en los autobuses?

16. **Razonamiento de orden superior** Explica cómo puedes resolver 40×16 descomponiendo los factores.

Evaluación de *Common Core*

17. Hay 12 cajas de libros para poner en estantes. Cada caja tiene 31 libros. En cada estante caben 18 libros. Kevin estima que necesitará 20 estantes para todos los libros.

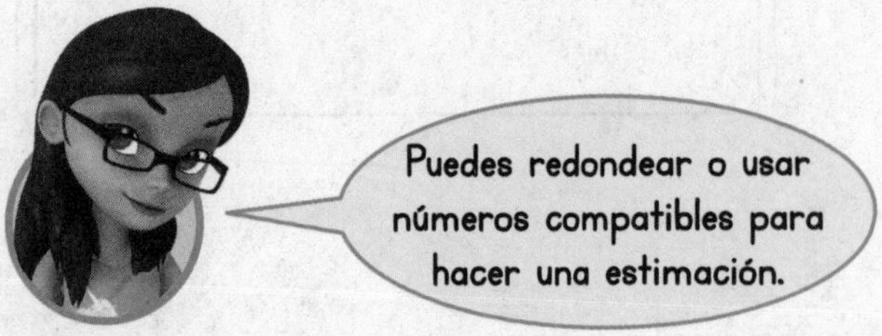

Puedes redondear o usar números compatibles para hacer una estimación.

Parte A

Estima la cantidad total de libros.

Parte B

Explica si estás de acuerdo con la estimación de 20 estantes de Kevin.

© Pearson Education, Inc. 4

Nombre ______________________

Resuelve

Lección 4-9
Multiplicar números de 2 dígitos por números de 2 dígitos

Puedo...
usar modelos de área, estrategias de valor de posición y propiedades de las operaciones para ayudarme a multiplicar números de 2 dígitos por números de 2 dígitos.

Estándares de contenido 4.NBD.B.5, 4.OA.A.3
Prácticas matemáticas PM.1, PM.3, PM.4, PM.7

Resuélvelo y coméntalo La Srta. Silva tiene 12 semanas para entrenar para una carrera. Durante el curso de una semana, planea correr 15 millas. Si continúa con el entrenamiento, ¿cuántas millas habrá corrido la Srta. Silva antes de la carrera? ***Resuelve este problema usando la estrategia que prefieras.***

Puedes usar productos parciales para ayudarte a entender el problema y perseverar para resolverlo. *¡Muestra tu trabajo en el espacio que sigue!*

¡Vuelve atrás! **PM.3 Evaluar el razonamiento** Dwayne estimó 60 millas como la respuesta del problema de arriba. ¿La estimación es razonable? Si no lo es, ¿qué error piensas que cometió Dwayne?

Aprende Glosario

Pregunta esencial

¿Cuál puede ser una manera común de anotar la multiplicación?

A

Un transbordador llevó 37 carros por viaje durante el fin de semana. Si el transbordador hizo 11 viajes el sábado y 13 viajes el domingo, ¿cuántos carros llevó el transbordador durante el fin de semana?

Puedes sumar y hallar que se hicieron 24 viajes el sábado y el domingo.

11 viajes el sábado
+ 13 viajes el domingo
24 viajes durante el fin de semana

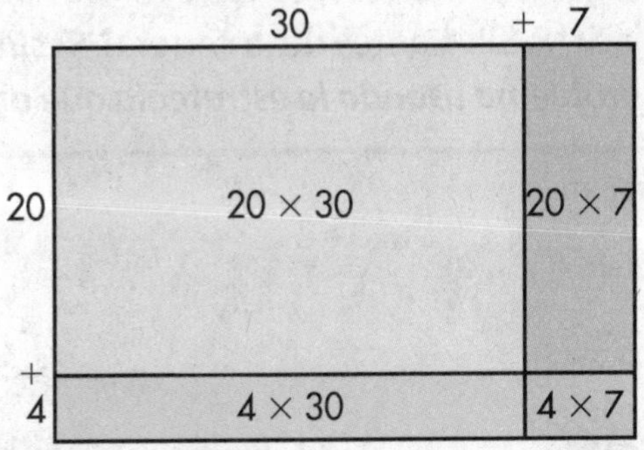

B

Usar productos parciales

Usa el modelo de área para hallar los productos parciales de 24 × 37.

$$\begin{array}{r} 37 \\ \times\ 24 \\ \hline 28 \\ 120 \\ 140 \\ +\ 600 \\ \hline 888 \end{array}$$

El transbordador llevó 888 carros durante el fin de semana.

C

Usar un algoritmo

$$\begin{array}{r} \scriptstyle 2 \\ 37 \\ \times\ 24 \\ \hline 148 \end{array}$$ Multiplica por 4 unidades.

$$\begin{array}{r} \scriptstyle 1 \\ \scriptstyle 2 \\ 37 \\ \times\ \ 24 \\ \hline 148 \\ +\ 740 \\ \hline 888 \end{array}$$

Multiplica por 2 decenas.
Suma los productos parciales.

El transbordador llevó 888 carros durante el fin de semana.

D

Redondear para comprobar

$$\begin{array}{r} 40 \\ \times\ 20 \\ \hline 800 \end{array}$$

Redondea 37 a la decena más cercana.
Redondea 24 a la decena más cercana.

800 está cerca de 888. La respuesta es razonable.

Puedes redondear, usar números compatibles o calcular mentalmente para hacer una estimación.

¡Convénceme! **PM.7 Buscar relaciones** Nannette dijo: "El algoritmo de arriba descompuso 24 × 37 en dos problemas más sencillos".

$$\begin{array}{r} 37 \\ \times\ 20 \\ \hline \end{array} \qquad \begin{array}{r} 37 \\ \times\ \ 4 \\ \hline \end{array}$$

¿Tiene razón Nannette? ¿Cuáles son los productos de los problemas más sencillos? ¿Cuál es el producto de 24 × 37?

© Pearson Education, Inc. 4

Nombre ____________________

Amigo de práctica | Herramientas | Evaluación

Práctica guiada*

¿Lo entiendes?

1. **PM.1 Entender y perseverar** El transbordador hizo 18 viajes el lunes y 18 viajes el martes. En cada viaje, llevó 21 carros. ¿Cuántos carros llevó el transbordador el lunes y el martes? Haz una estimación y calcula mentalmente para comprobar si tu respuesta es razonable.

¿Cómo hacerlo?

Usa un algoritmo o productos parciales para hallar el producto en el Ejercicio **2.** Haz una estimación para comprobar si tu respuesta es razonable.

2.

```
    4 1
  × 2 3
  -----
    1 2 □
+ □ 2 0
  -----
    9 □ □
```

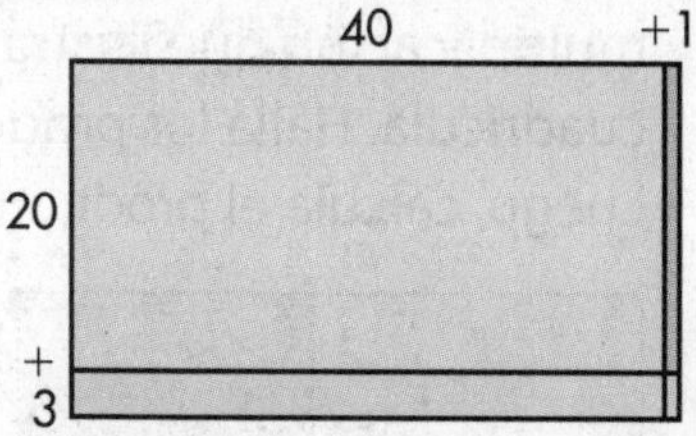

Práctica independiente

Práctica al nivel Usa un algoritmo o productos parciales para hallar el producto en los Ejercicios **3** a **16.** Dibuja modelos de área cuando sea necesario.

Haz una estimación para comprobar si tus respuestas son razonables.

3.

```
    1 6
  × 2 2
  -----
    □ 2
+ □ □ 0
  -----
  □ □ □
```

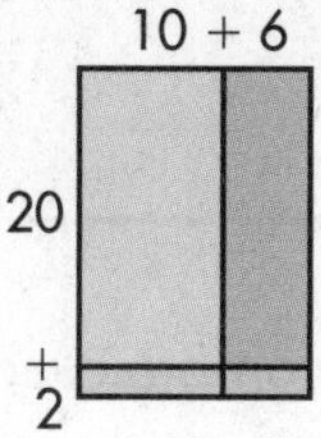

4.

```
    1 5
  × 1 6
  -----
    □ □
    □ □
+ □ □ □
  -----
  □ □ □
```

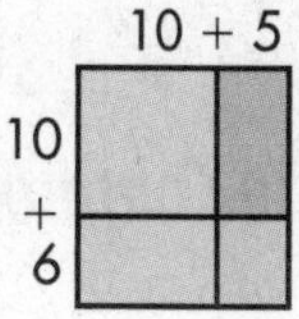

5. 27 × 12
324

6. 36 × 23
328

7. 18 × 42
426

8. 34 × 21
714

9. 53 × 17
901

10. 81 × 46
3,746

11. 15 × 16
240

12. 17 × 21
357

13. 12 × 22

14. 38 × 41

15. 42 × 52

16. 38 × 19

Puedes encontrar otro ejemplo en el Grupo I, página 242.

Prácticas matemáticas y resolución de problemas

17. Sentido numérico La altura sobre el agua del *Queen Mary 2* es aproximadamente la altura de un edificio de 14 pisos. ¿Cuál es la altura sobre el agua del *Queen Mary 2*?

Cada piso mide
12 pies de altura.

18. PM.4 Representar con modelos matemáticos Escribe la ecuación de multiplicación que ilustra la matriz en la cuadrícula. Halla los productos parciales. Luego, calcula el producto final.

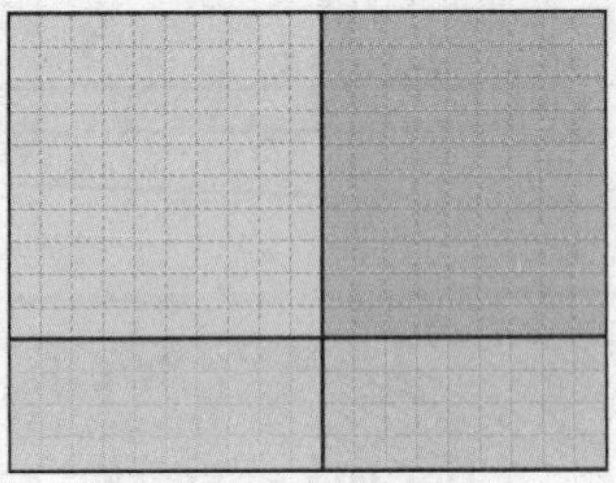

19. Razonamiento de orden superior Un ascensor puede llevar a 15 adultos o 20 niños por vez. Durante el curso de un día, el ascensor lleva 52 veces una carga completa de pasajeros. Si todos los pasajeros fueran niños en lugar de adultos, ¿cuántas personas más podría llevar el ascensor?

Evaluación de *Common Core*

20. Hace diez años, Melissa plantó un árbol en el patio. Todas las semanas, Melissa tomó una foto del árbol para ver cómo crecía a medida que pasaba el tiempo. ¿Cuántas fotos del árbol tiene Melissa ahora?

Ⓐ 62 fotos

Ⓑ 120 fotos

Ⓒ 520 fotos

Ⓓ 620 fotos

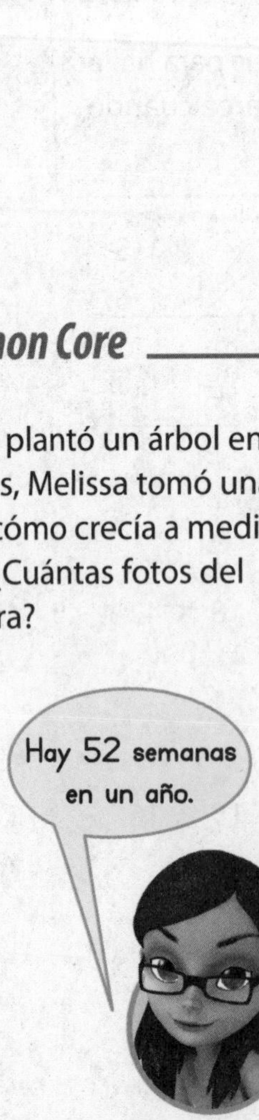
Hay 52 semanas en un año.

21. El Sr. Morris compró cuadernos de dibujo para 24 de sus estudiantes. Cada cuaderno tiene 50 hojas. ¿Cuántas hojas hay en todos los cuadernos?

Ⓐ 1,000 hojas

Ⓑ 1,200 hojas

Ⓒ 1,400 hojas

Ⓓ 1,600 hojas

© Pearson Education, Inc. 4

Nombre ______________________

Ayuda | Amigo de práctica | Herramientas | Juegos

Tarea y práctica 4-9

Multiplicar números de 2 dígitos por números de 2 dígitos

¡Revisemos!

24 carros compiten en una carrera de velocidad. Cada carro tiene 13 mecánicos en la zona de pits. ¿Cuántos mecánicos hay en la carrera?

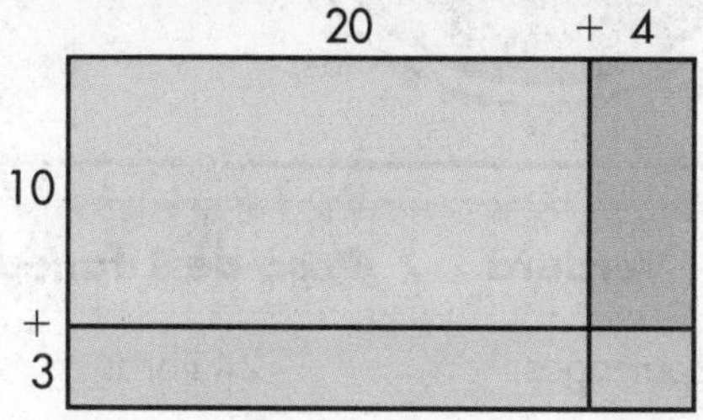

Hay más de una manera de multiplicar.

Usar productos parciales

$$\begin{array}{r} 24 \\ \times\ 13 \\ \hline 12 \\ 60 \\ 40 \\ +\ 200 \\ \hline 312 \end{array}$$

Usar un algoritmo

Multiplica por las unidades. Reagrupa, si es necesario.

$$\begin{array}{r} \overset{1}{2}4 \\ \times\ 13 \\ \hline 72 \end{array}$$

Multiplica por las decenas. Reagrupa, si es necesario.

$$\begin{array}{r} \overset{1}{2}4 \\ \times\ 13 \\ \hline 72 \\ +\ 240 \\ \hline 312 \end{array}$$

Suma los productos parciales.

Hay 312 mecánicos en la carrera.

Usa un algoritmo o productos parciales para hallar el producto en los Ejercicios **1** a **10.** Dibuja modelos de área cuando sea necesario.

Puedes redondear o usar números compatibles para hacer una estimación y comprobar si tu respuesta es razonable.

1. 18 × 26 = ☐☐☐ + ☐☐0 = ☐☐☐

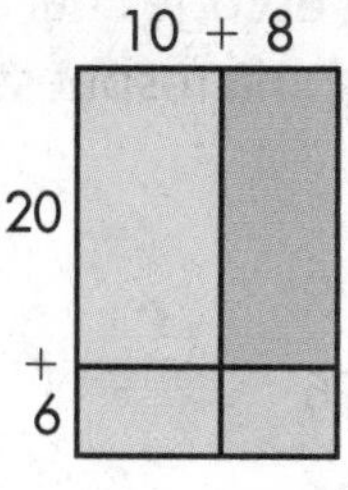

2. 17 × 25 = ☐☐ + ☐☐0 = ☐☐☐

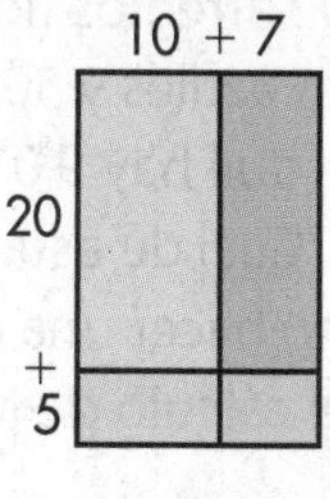

3. 88 × 32

4. 53 × 48

5. 18 × 77

6. 67 × 27

7. 67 × 34

8. 91 × 46

9. 56 × 31

10. 67 × 57

11. Un avión ultraliviano siguió a las mariposas monarca en su migración hacia México durante el mes de septiembre. Hay 30 días en septiembre. ¿Cuántas millas viajó el avión ultraliviano en septiembre?

Usa la tabla de la derecha en los Ejercicios **12** y **13.**

DATOS

Verdura	Peso de 1 fanega
Espárragos	24 libras
Remolachas	52 libras
Zanahorias	50 libras
Maíz dulce	35 libras

12. ¿Cuánto pesan 21 fanegas de maíz dulce?

13. ¿Cuánto pesan 18 fanegas de espárragos y 7 fanegas de zanahorias?

---

14. Rob compró un tapete para su apartamento. El tapete mide 72 pulgadas por 96 pulgadas. Calcula el área del tapete en pulgadas cuadradas.

15. Razonamiento de orden superior Corina halló $62 \times 22 = 1,042$. ¿La respuesta de Corina es razonable? Explícalo.

Evaluación de *Common Core*

16. María tiene 92 arreglos florales. Cada arreglo tiene 48 flores azules y 50 flores amarillas. María calcula que hay 9,016 flores en todos los arreglos. ¿Cuál de estas expresiones muestra cómo hacer una estimación para comprobar el cálculo de María?

Ⓐ $90 + 50 + 50$

Ⓑ 90×10

Ⓒ $90 \times (50 + 50)$

Ⓓ $90 \times (50 \times 50)$

17. Sin calcular, escoge cuál de las siguientes opciones es una respuesta razonable para 28×32.

Ⓐ 196

Ⓑ 496

Ⓒ 896

Ⓓ 12,096

© Pearson Education, Inc. 4

Nombre ____________________

Resuelve

Lección 4-10

Más sobre multiplicar por números de 2 dígitos

Puedo...
usar modelos de área y algoritmos para multiplicar números de 2 dígitos por números de 2 dígitos.

Estándares de contenido 4.NBD.B.5, 4.OA.A.3
Prácticas matemáticas PM.1, PM.6, PM.7, PM.8

Resuélvelo y coméntalo El club de deportes de la Escuela Carmel compró 23 boletos para la tribuna. El club de deportes de la Escuela Valley compró 34 boletos para el cuadro interior. ¿Qué club pagó más? ¿Cuánto más? ***Resuelve este problema usando la estrategia que prefieras.***

Puedes entender los problemas y perseverar para resolverlos. ¿Qué operaciones necesitas usar para resolver el problema? ¡Muestra tu trabajo en el espacio que sigue!

DATOS

Beisbol: Precio de los boletos

Ubicación	Precio
Jardín	$12
Cuadro interior	$18
Tribuna	$24
Home	$45

¡Vuelve atrás! **PM.8 Generalizar** ¿Qué método general puedes usar para estimar los productos del problema y comprobar si la respuesta es razonable?

Pregunta esencial ¿Cómo se puede usar la multiplicación para resolver problemas?

A

El parque tiene un jardín grande con un camino alrededor. ¿Cuál es el área del camino?

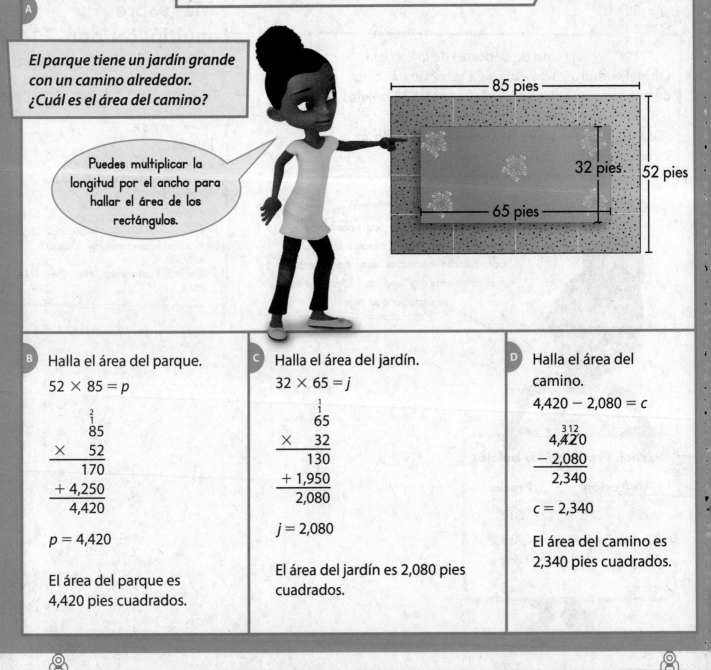

Puedes multiplicar la longitud por el ancho para hallar el área de los rectángulos.

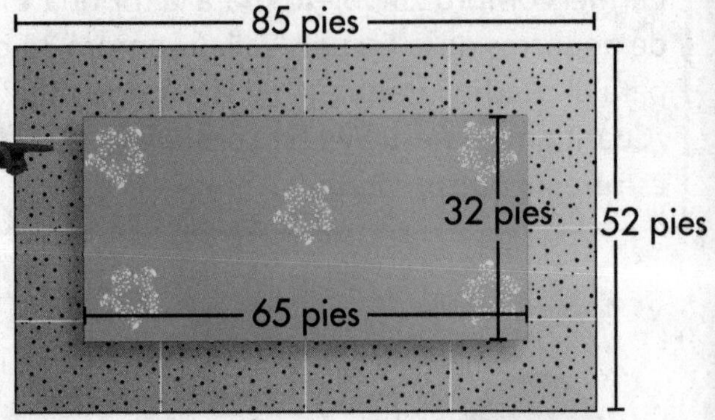

B Halla el área del parque.

$52 \times 85 = p$

$$\begin{array}{r} {}^{2}_{1} \\ 85 \\ \times \quad 52 \\ \hline 170 \\ +\,4{,}250 \\ \hline 4{,}420 \end{array}$$

$p = 4{,}420$

El área del parque es 4,420 pies cuadrados.

C Halla el área del jardín.

$32 \times 65 = j$

$$\begin{array}{r} {}^{1}_{1} \\ 65 \\ \times \quad 32 \\ \hline 130 \\ +\,1{,}950 \\ \hline 2{,}080 \end{array}$$

$j = 2{,}080$

El área del jardín es 2,080 pies cuadrados.

D Halla el área del camino.

$4{,}420 - 2{,}080 = c$

$$\begin{array}{r} {}^{3\,12} \\ 4{,}\not{4}\not{2}0 \\ -\,2{,}080 \\ \hline 2{,}340 \end{array}$$

$c = 2{,}340$

El área del camino es 2,340 pies cuadrados.

¡Convénceme! **PM.6 Hacerlo con precisión** Debajo se muestra el trabajo de Sally para hallar el área del parque. ¿En qué se diferencia su trabajo del trabajo que se muestra arriba? ¿El trabajo de Sally es correcto? ¿Qué falta en la respuesta de Sally?

$$\begin{array}{r} {}^{2}_{1} \\ 85 \\ \times \quad 52 \\ \hline 170 \\ +\,4{,}25 \\ \hline 4{,}420 \end{array}$$

© Pearson Education, Inc. 4

Nombre ______________________

Amigo de práctica | Herramientas | Evaluación

Práctica guiada*

¿Lo entiendes?

1. ¿Cuál es el factor que falta?

$$\begin{array}{r} 47 \\ \times \; \square\square \\ \hline 94 \\ +\; 1,410 \\ \hline 1,504 \end{array}$$

2. **PM.7 Buscar relaciones** Cuando usas el algoritmo de la página anterior para multiplicar números de 2 dígitos, ¿por qué el segundo producto parcial termina en 0?

¿Cómo hacerlo?

Halla los productos en los Ejercicios **3** a **6.** Dibuja modelos de área cuando sea necesario.

3.
$$\begin{array}{r} 37 \\ \times \; 83 \\ \hline \square\square\square \\ +\; \square,\square\square\square \\ \hline \square,\square\square\square \end{array}$$

4.
$$\begin{array}{r} 62 \\ \times \; 17 \\ \hline \square\square\square \\ +\; \square\square\square \\ \hline \square,\square\square\square \end{array}$$

5. 43×56

6. 67×39

Práctica independiente

Halla los productos en los Ejercicios **7** a **21.**

Puedes dibujar matrices, modelos de área o usar un algoritmo para hallar los productos.

7. 36×29 **8.** 84×37 **9.** 47×46 **10.** 71×63 **11.** 89×52

12. 25×64 **13.** 77×33 **14.** 92×19 **15.** 54×64 **16.** 75×35

17. 18×21 **18.** 12×17 **19.** 72×55 **20.** 67×14 **21.** 99×11

Puedes encontrar otro ejemplo en el Grupo I, página 242.

Prácticas matemáticas y resolución de problemas

22. Halla los dígitos que faltan para completar el cálculo.

¿Qué dígito debe ir en el lugar de las unidades del primer producto parcial?

$$\begin{array}{r} 37 \\ \times\ \square 6 \\ \hline 2\square\square \\ +\ 740 \\ \hline 9\square 2 \end{array}$$

23. Un pino produjo 78 piñas con un promedio de 42 semillas en cada piña. Otro pino produjo 72 piñas con un promedio de 53 semillas en cada piña. Haz una estimación para hallar qué pino produjo más semillas. Multiplica para comprobar tu estimación.

24. Razonamiento de orden superior Una pintura mide 13 pulgadas de largo y 17 pulgadas de ancho. La pintura está en un marco de madera. ¿Cuál es el área del marco?

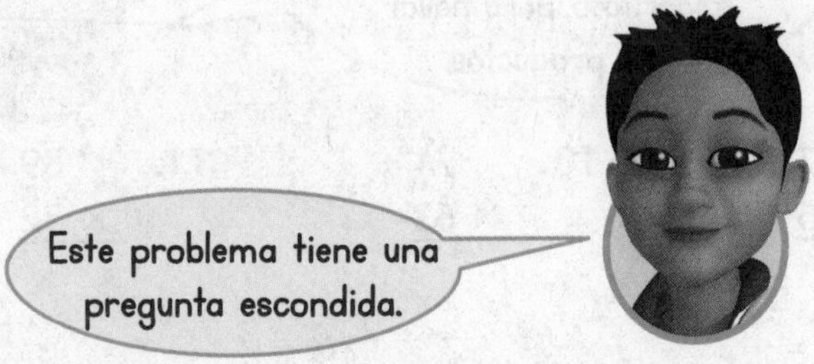

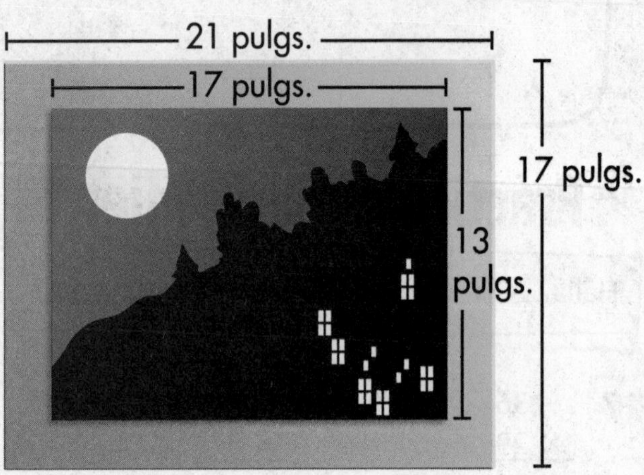

Este problema tiene una pregunta escondida.

Evaluación de *Common Core*

25. En un aeropuerto funcionan 14 aerolíneas. Cada aerolínea tiene programadas 45 salidas de aviones por día. ¿Cuántos aviones salen del aeropuerto en un día?

Ⓐ 205 aviones

Ⓑ 550 aviones

Ⓒ 610 aviones

Ⓓ 630 aviones

26. Patrick cosechó 18 manzanas de cada uno de 24 manzanos. ¿Cuántas manzanas cosechó Patrick?

Ⓐ 432 manzanas

Ⓑ 622 manzanas

Ⓒ 834 manzanas

Ⓓ 934 manzanas

© Pearson Education, Inc. 4

Nombre ______________________

Ayuda | Amigo de práctica | Herramientas | Juegos

Tarea y práctica 4-10

Más sobre multiplicar por números de 2 dígitos

¡Revisemos!

Un edificio de oficinas tiene 27 pisos. Cada piso tiene 42 ventanas que hay que lavar. ¿Cuántas ventanas hay que lavar?

Halla 27 × 42.

$$\begin{array}{r} \overset{1}{4}2 \\ \times\ 27 \\ \hline 294 \\ +\ 840 \\ \hline 1{,}134 \end{array}$$

294 ← Multiplica por 7 unidades.
+ 840 ← Multiplica por 2 decenas.
1,134 ← Suma los productos parciales.

Hay que lavar 1,134 ventanas.

El algoritmo para multiplicar por números de 2 dígitos es una extensión del algoritmo para multiplicar por números de 1 dígito.
Recuerda que debes escribir un cero en la posición de las unidades cuando multiplicas por las decenas.

Halla los productos en los Ejercicios **1** a **20.** Dibuja modelos de área o usa productos parciales cuando sea necesario. Haz una estimación para comprobar si tu respuesta es razonable.

1. $\begin{array}{r} 70 \\ \times\ 39 \\ \hline \end{array}$

2. $\begin{array}{r} 58 \\ \times\ 90 \\ \hline \end{array}$

3. $\begin{array}{r} 97 \\ \times\ 42 \\ \hline \end{array}$

4. $\begin{array}{r} 64 \\ \times\ 88 \\ \hline \end{array}$

5. $\begin{array}{r} 51 \\ \times\ 47 \\ \hline \end{array}$

6. $\begin{array}{r} 62 \\ \times\ 69 \\ \hline \end{array}$

7. $\begin{array}{r} 34 \\ \times\ 82 \\ \hline \end{array}$

8. $\begin{array}{r} 98 \\ \times\ 23 \\ \hline \end{array}$

9. $\begin{array}{r} 59 \\ \times\ 44 \\ \hline \end{array}$

10. $\begin{array}{r} 13 \\ \times\ 31 \\ \hline \end{array}$

11. $\begin{array}{r} 85 \\ \times\ 18 \\ \hline \end{array}$

12. $\begin{array}{r} 36 \\ \times\ 29 \\ \hline \end{array}$

13. 24 × 31

14. 62 × 48

15. 36 × 93

16. 41 × 11

17. 21 × 22

18. 59 × 78

19. 43 × 37

20. 90 × 24

21. La entrada de adultos al museo de ciencias cuesta $22. El costo de la entrada de niños es $5 menos que el costo de la entrada de adultos. ¿Cuál será el costo de la entrada de 12 adultos y 15 niños? Explícalo.

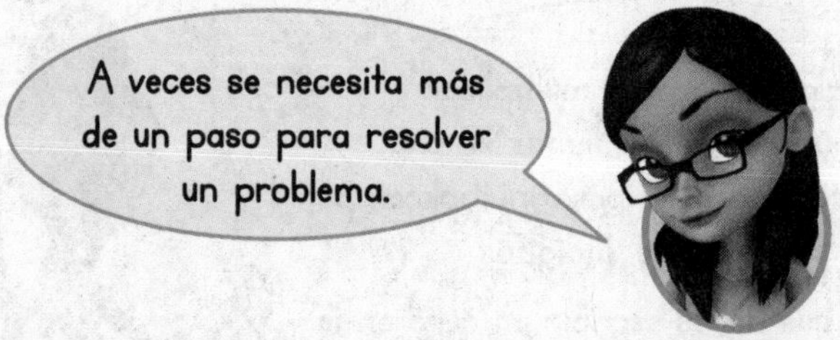

A veces se necesita más de un paso para resolver un problema.

22. Sentido numérico Las bolsas de papas pesan 35 libras cada una. Los cajones de cebollas pesan 19 libras cada uno. Haz una estimación para saber qué pesa más: 23 bolsas de papas o 32 cajones de cebollas.

23. Álgebra Un estadounidense consume un promedio aproximado de 17 galones de palomitas de maíz por año. ¿Cuántos galones de palomitas de maíz es el consumo promedio de un estadounidense en 12 años? Escribe y resuelve una ecuación.

24. Razonamiento de orden superior ¿En qué se parece usar productos parciales para hallar el producto de factores de 2 dígitos a la manera en que usaste productos parciales anteriormente? ¿En qué se diferencia? Explícalo.

Evaluación de *Common Core*

25. Un tren tira de 23 vagones rojos y 36 vagones azules. Cada vagón tiene 32 cajones de carga. ¿Cuál es la mejor estimación de la cantidad de cajones que lleva el tren?

Ⓐ 3,600 cajones

Ⓑ 2,000 cajones

Ⓒ 1,800 cajones

Ⓓ 1,500 cajones

26. Hay 13 soportes para estacionar bicicletas en el parque. En cada soporte se pueden estacionar 18 bicicletas. Hay 93 bicicletas en los soportes. ¿Cuántas bicicletas más se pueden estacionar en los soportes? ¿Cuál de las ecuaciones es correcta?

Ⓐ $(18 \times 93) - 13 = 121$ bicicletas

Ⓑ $(13 \times 18) - 93 = 131$ bicicletas

Ⓒ $(13 \times 18) - 93 = 141$ bicicletas

Ⓓ $(13 \times 93) - 98 = 151$ bicicletas

© Pearson Education, Inc. 4

Nombre ______________________________ Resuelve

Prácticas matemáticas y resolución de problemas

Lección 4-11
Entender y perseverar

Puedo...
entender los problemas y continuar trabajando si no puedo seguir adelante.

Prácticas matemáticas PM. 1. También, PM.2, PM.4, PM.6, PM.7.
Estándares de contenido 4.NBD.B.5, 4.OA.A.3

Resuélvelo y coméntalo

La tabla muestra la distancia que caminaron 5 estudiantes para recaudar dinero para beneficencia. Los patrocinadores donaron $25 por cada milla que caminaron los estudiantes. ¿Cuánto dinero recaudaron los estudiantes? ***Resuelve este problema usando la estrategia que prefieras.***

DATOS

Estudiante	Millas caminadas
Susan	3
Maxine	2
Charlie	2
Fillip	4
Rachael	3

Hábitos de razonamiento

¡Razona correctamente! Estas preguntas te pueden ayudar.

- ¿Qué necesito hallar?
- ¿Qué sé?
- ¿Cuál es mi plan para resolver el problema?
- ¿Qué más puedo intentar si no puedo seguir adelante?
- ¿Cómo puedo comprobar si mi solución tiene sentido?

¡Vuelve atrás! **PM.1 Entender y perseverar** ¿Hay más de una manera de resolver el problema? Explícalo.

Aprende A-Z Glosario

Pregunta esencial

¿Cómo se pueden entender los problemas que tienen más de un paso y perseverar para resolverlos?

A

Ana y José se prepararon para una carrera de bicicletas. Todos los días, durante 12 días, recorrieron 15 millas por la mañana y 22 millas por la tarde. ¿Qué distancia recorrieron durante los 12 días?

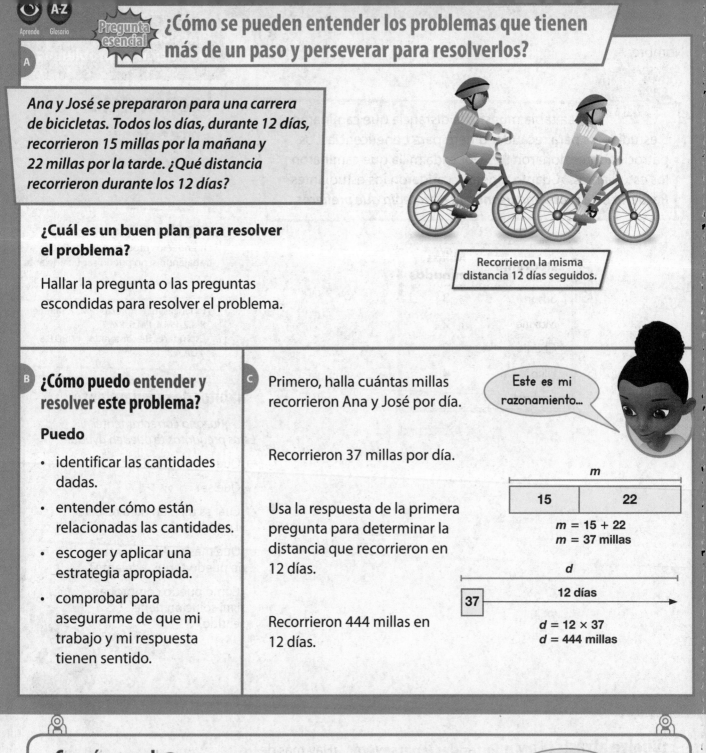

Recorrieron la misma distancia 12 días seguidos.

¿Cuál es un buen plan para resolver el problema?

Hallar la pregunta o las preguntas escondidas para resolver el problema.

B

¿Cómo puedo entender y resolver este problema?

Puedo

- identificar las cantidades dadas.
- entender cómo están relacionadas las cantidades.
- escoger y aplicar una estrategia apropiada.
- comprobar para asegurarme de que mi trabajo y mi respuesta tienen sentido.

C

Primero, halla cuántas millas recorrieron Ana y José por día.

Recorrieron 37 millas por día.

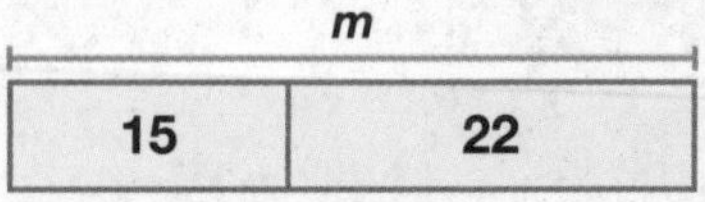

$m = 15 + 22$

$m = 37$ millas

Usa la respuesta de la primera pregunta para determinar la distancia que recorrieron en 12 días.

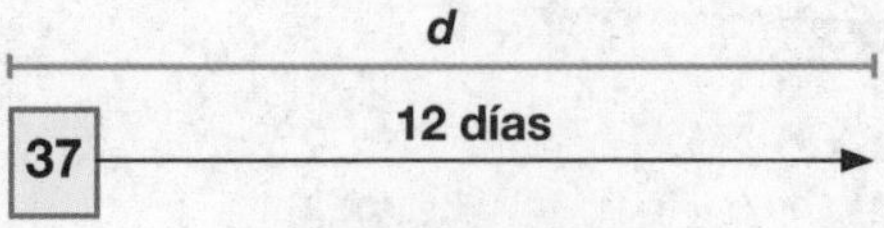

Recorrieron 444 millas en 12 días.

$d = 12 \times 37$

$d = 444$ millas

¡Convénceme! **PM.1 Entender y perseverar** ¿Puedes resolver el problema usando una estrategia diferente y obtener el mismo resultado? Explícalo.

¿Qué propiedad te permite descomponer un problema?

© Pearson Education, Inc. 4

Nombre ______________________________

Amigo de práctica | Herramientas | Evaluación

Práctica guiada*

PM.1 Entender y perseverar

Durante sus vacaciones, Julia llenó 3 tarjetas de memoria como la que se muestra. Julia imprimió 2 copias de cada foto. ¿Cuántas fotos imprimió Julia?

Una tarjeta de memoria almacena 28 fotos.

1. ¿Qué sabes y qué necesitas hallar?

Cuando entiendes y perseveras, compruebas con frecuencia si tu trabajo es razonable.

2. ¿Qué pasos seguirías para resolver el problema?

3. ¿Cuántas fotos imprimió Julia? Explícalo.

Práctica independiente

PM.1 Entender y perseverar

Jarrod entrega 63 periódicos de lunes a sábado y 78 periódicos los domingos. El mes pasado tuvo 4 domingos y 26 de los otros días. ¿Cuántos periódicos entregó Jarrod el mes pasado? Usa los Ejercicios 4 a 6 para resolver el problema.

4. ¿Qué estrategias puedes usar para hallar cuántos periódicos entregó Jarrod el mes pasado?

5. ¿Cómo están relacionadas las cantidades?

6. Explica cómo resolver el problema.

*Puedes encontrar otro ejemplo en el Grupo J, página 242.

Evaluación de rendimiento de *Common Core*

Uniformes

El equipo de futbol El Huracán de Stillwater tiene 16 jugadores. Cada jugador necesita un uniforme. El uniforme incluye dos camisetas, un par de pantalones cortos y un par de medias. La tabla muestra el precio de cada artículo por separado. Nueve jugadores usan talla mediana y los otros usan talla pequeña. Si el equipo compra más de 10 uniformes, el precio de cada uniforme es $56. ¿Cuánto dinero se ahorra si el equipo compra todos los uniformes juntos en vez de comprarlos por separado?

DATOS

Artículo	Precio
Camiseta	$23
Pantalones cortos	$17
Par de medias	$8

7. PM.2 Razonar ¿Cuáles son las cantidades del problema y cómo están relacionadas?

8. PM.4 Representar con modelos matemáticos Usa los diagramas de barras para escribir ecuaciones y hallar el costo total de los uniformes cuando se compran por separado y cuando se compran 10 o más uniformes juntos.

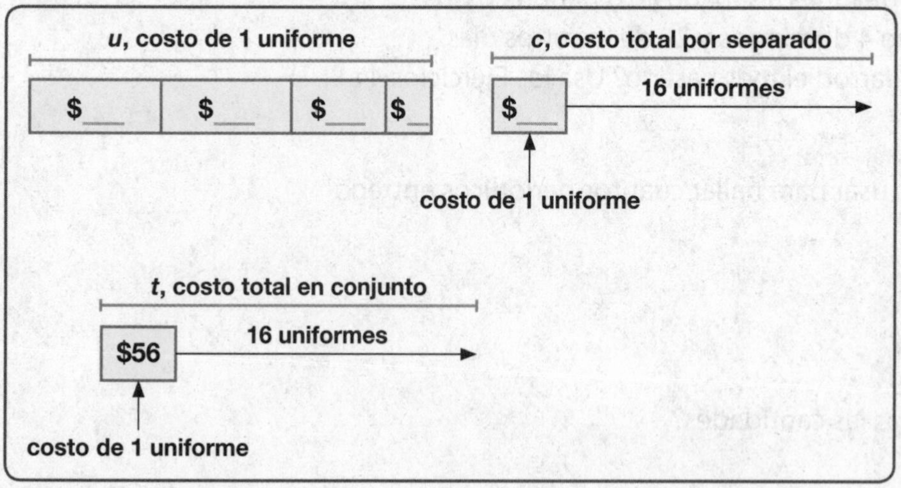

9. PM.6 Hacerlo con precisión ¿Cuál es la diferencia entre el costo de comprar todos los uniformes juntos y el costo de comprarlos por separado?

© Pearson Education, Inc. 4

Nombre ______________________

Ayuda | Amigo de práctica | Herramientas | Juegos

Tarea y práctica 4-11

Entender y perseverar

¡Revisemos!

April debe armar 18 canastas con 15 plantas de seda cada una. April quiere que haya 8 flores de seda en cada planta. ¿Cuántas flores de seda habrá en todas las canastas?

Indica cómo puedes entender el problema para resolverlo.

- Puedo identificar las cantidades dadas.
- Puedo entender cómo están relacionadas las cantidades.
- Puedo escoger y aplicar una estrategia apropiada.

Halla cuántas plantas de seda necesita April.

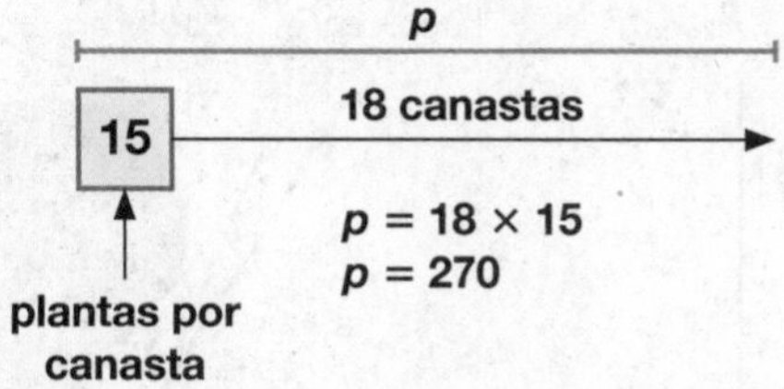

April necesita 270 plantas de seda.

Luego, halla cuántas flores de seda habrá en todas las canastas.

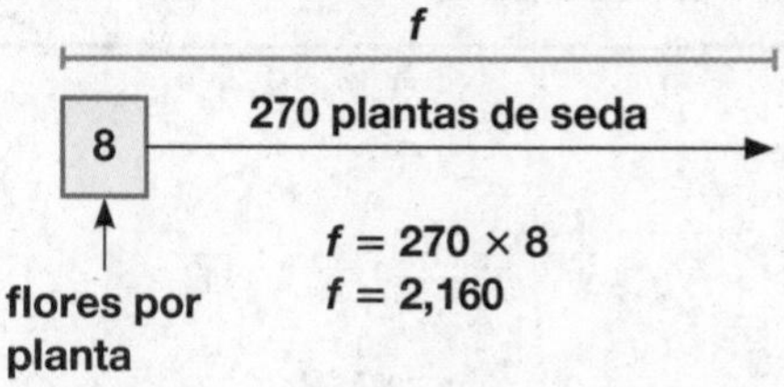

Habrá 2,160 flores en todas las canastas.

PM.1 Entender y perseverar

Una tienda recibió un envío de 4 cajas de maníes. Las cuatro cajas apiladas una sobre otra medían 12 pies de altura. ¿Cuántas onzas de maníes recibió la tienda? Usa los Ejercicios 1 a 4 para responder a la pregunta.

1. ¿Qué sabes y qué necesitas hallar?

2. ¿Qué pasos podrías seguir para resolver el problema?

3. ¿Crees que la tienda recibió más o menos de 800 onzas de maníes? Justifica tu respuesta.

4. ¿Cuántas onzas de maníes recibió la tienda? Explícalo.

Cámaras

El gerente de compras de una tienda de productos electrónicos tiene que decidir entre dos cámaras digitales. Debajo se muestra la información de cada cámara. ¿Cuánto dinero puede ganar la tienda con la cámara 1? El dinero que gana la tienda es la diferencia entre el precio al que la tienda vende la cámara menos el precio al que la tienda compra la cámara.

12x

Cámara 1
Precio para la tienda: $46
Precio de venta: $85
La tienda puede comprar: 21.

Cámara 2
Precio para la tienda: $62
Precio de venta: $98
La tienda puede comprar: 16.

5. **PM.1 Entender y perseverar** ¿Cuáles son las preguntas escondidas que hay que responder antes de hallar la solución del problema?

Cuando entiendes y perseveras, escoges y aplicas una estrategia apropiada para resolver el problema.

6. **PM.4 Representar con modelos matemáticos** ¿Cómo puedes usar diagramas de barras y ecuaciones para representar y resolver el problema?

7. **PM.7 Buscar relaciones** ¿Cómo puedes saber si tu respuesta tiene sentido? Explícalo.

© Pearson Education, Inc. 4

Nombre ______________________________

TEMA 4

Actividad de práctica de fluidez

Trabaja con un compañero. Señala una pista y léela.

Mira la tabla de la parte de abajo de la página y busca la pareja de esa pista. Escribe la letra de la pista en la casilla al lado de su pareja.

Halla una pareja para cada pista.

Puedo...
sumar y restar números enteros de varios dígitos.

Estándar de contenido
4.NBD.B.4

Pistas

A La diferencia está entre 950 y 1,000.

B La diferencia es exactamente 913.

C La suma está entre 600 y 700.

D La suma es exactamente 500.

E La diferencia está entre 700 y 800.

F La suma es mayor que 300 pero menor que 400.

G La suma es exactamente 753.

H La diferencia es exactamente 413.

☐ 571 + 54	☐ 425 − 12	☐ 485 + 15	☐ 283 + 38
☐ 672 + 81	☐ 818 − 93	☐ 994 − 24	☐ 986 − 73

TEMA 4

Repaso del vocabulario

A-Z Glosario

Lista de palabras

- estimación
- factores
- matriz
- números compatibles
- producto
- productos parciales
- redondear
- variable

Comprender el vocabulario

1. Tacha los números que **NO** son factores de 12.

1 3 5 6 8

2. Tacha los números que **NO** son buenas estimaciones de 17 × 23.

600 400 300 200 100

3. Tacha los números que **NO** son productos parciales de 12 × 41.

2 10 18 80 400

Rotula los ejemplos con un término de la Lista de palabras.

4.  ________________

5. *n* ________________

6. 2,318 al millar más cercano es 2,000. ________________

7. 3 × 4 = <u>12</u> ________________

Usar el vocabulario al escribir

8. Alicia debe hallar 23 × 47. Usa al menos 3 términos de la Lista de palabras para explicar cómo Alicia puede hallar 23 × 47.

© Pearson Education, Inc. 4

Nombre ____________________

TEMA 4

Refuerzo

Grupo A páginas 171 a 176

Calcula mentalmente para hallar 20 × 80.

Piensa en el patrón.

2 × 8 = 16

20 × 8 = 160

20 × 80 = 1,600

La cantidad de ceros del producto es igual a la cantidad de ceros de ambos factores.

Recuerda que por cada cero que hay en los factores de una operación básica, habrá un cero en la respuesta.

Usa un patrón para hallar los productos.

1. 40 × 10
2. 60 × 20
3. 80 × 50
4. 30 × 90
5. 80 × 70
6. 60 × 60
7. 80 × 30
8. 20 × 50

Grupo B páginas 177 a 182

Usa una matriz o un modelo de área para multiplicar 20 × 14.

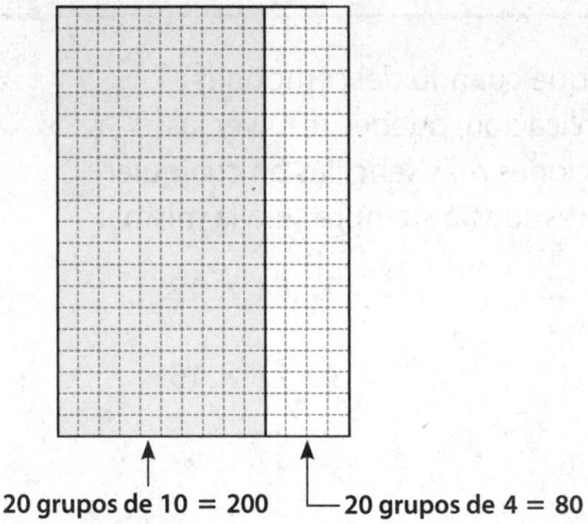

200 + 80 = 280

Por tanto, 20 × 14 = 280.

Recuerda que puedes dibujar matrices o modelos de área para representar los problemas de multiplicación.

Dibuja un modelo para hallar los productos.

1. 10 × 23
2. 16 × 20
3. 10 × 17
4. 18 × 30

Grupo C páginas 183 a 188

Redondea para estimar 24 × 16.

Redondea cada número a la decena más cercana.

24 se redondea a 20.
16 se redondea a 20.

20 × 20 = 400

Por tanto, 24 × 16 es aproximadamente 400.

Recuerda que el dígito que está a la derecha del lugar de redondeo determina cómo se redondea.

Estima los productos.

1. 27 × 21 **2.** 64 × 16

3. 53 × 32 **4.** 44 × 51

5. 35 × 42 **6.** 71 × 24

Grupo D páginas 189 a 194

Usa números compatibles para estimar 28 × 19.

28 está cerca de 25.
19 está cerca de 20.

Si 25 × 2 = 50, entonces
25 × 20 = 500.

Por tanto, 28 × 19 es aproximadamente 500.

Recuerda que los números compatibles son números fáciles de calcular mentalmente.

Estima los productos.

1. 29 × 31 **2.** 42 × 49

3. 73 × 18 **4.** 24 × 38

5. 19 × 31 **6.** 63 × 87

Grupo E páginas 195 a 200

Halla 14 × 12. Dibuja una matriz de 14 × 12.

Separa cada sector en decenas y unidades.
Colorea cada sección de un color diferente.
Suma cada parte para hallar el producto.

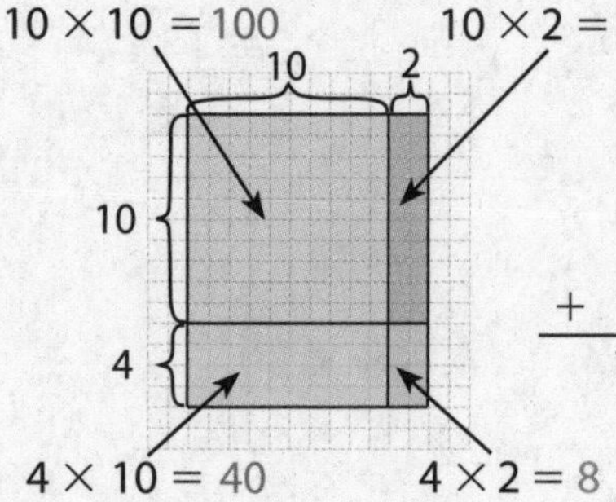

$$\begin{array}{r} 8 \\ 20 \\ 40 \\ +\ 100 \\ \hline 168 \end{array}$$

Recuerda que cuando descompones una multiplicación, puedes resolver las multiplicaciones más sencillas en cualquier orden y la respuesta siempre será la misma.

1. 14 × 32 **2.** 64 × 12

3. 56 × 17 **4.** 72 × 15

5. 26 × 63 **6.** 47 × 27

7. 19 × 51 **8.** 12 × 56

9. 76 × 23 **10.** 84 × 37

11. 14 × 72 **12.** 21 × 51

© Pearson Education, Inc. 4

Nombre ______________________________

TEMA 4

Refuerzo
(continuación)

Grupo F páginas 201 a 206

Usa la propiedad distributiva para hallar 13 × 55.

13×55
$= (10 + 3) \times (50 + 5)$
$= (10 + 3) \times 50 + (10 + 3) \times 5$
$= (10 \times 50) + (3 \times 50) + (10 \times 5) + (3 \times 5)$
$= 500 + 150 + 50 + 15$
$= 715$

Recuerda que puedes descomponer los números de más de una manera cuando usas la propiedad distributiva para resolver multiplicaciones.

1. 12 × 19
2. 38 × 12
3. 19 × 25
4. 45 × 23
5. 62 × 11
6. 46 × 26

Grupo G páginas 207 a 212

Halla 16 × 35. Escribe los productos parciales.

Multiplica las unidades:

```
   16
 × 35
   30 ←—— 5 × 6
   50 ←—— 5 × 10
```

Multiplica las decenas:

```
   16
 × 35
   30
   50
  180 ←—— 30 × 6
+ 300 ←—— 30 × 10
```

Suma: 30 + 50 + 180 + 300 = 560

Recuerda que para multiplicar factores de 2 dígitos, puedes hallar cuatro productos parciales.

1. 18 × 34
2. 51 × 15
3. 53 × 17
4. 26 × 28
5. 22 × 66
6. 41 × 54
7. 64 × 86
8. 32 × 71
9. 93 × 44
10. 57 × 91

Grupo H páginas 213 a 218

Halla 16 × 30.
Multiplica 16 × 3 decenas.

```
   1
   16
 × 30
  480
```

El 0 del lugar de las unidades muestra que el producto es un múltiplo de 10.

Recuerda que debes comprobar que tu respuesta tenga un 0 en el lugar de las unidades.

1. 39 × 10
2. 56 × 30
3. 41 × 20
4. 60 × 30

Grupo I páginas 219 a 230

Usa un algoritmo para hallar 14 × 19.

Multiplica las unidades. Reagrupa, si es necesario.

$$\begin{array}{r} \overset{3}{1}9 \\ \times\ 14 \\ \hline 76 \end{array}$$

Multiplica las decenas. Reagrupa, si es necesario.

$$\begin{array}{r} 19 \\ \times\ 14 \\ \hline 76 \\ +\ 190 \\ \hline 266 \end{array}$$

Suma los productos parciales.

Haz una estimación para comprobar.

$$\begin{array}{r} 20 \\ \times\ 10 \\ \hline 200 \end{array}$$

Redondea 19 a la decena más cercana.
Redondea 14 a la decena más cercana.

200 está cerca de 266.
La respuesta es razonable.

Recuerda que debes hacer una estimación para comprobar que tu respuesta es razonable.

1. 53×36
2. 23×18
3. 73×33
4. 23×12
5. 76×19
6. 91×56
7. 43×94
8. 77×11
9. 93×36

Grupo J páginas 231 a 236

Piensa en estas preguntas para ayudarte a **entender** los problemas **y perseverar** para resolverlos.

Hábitos de razonamiento

- ¿Qué necesito hallar?
- ¿Qué sé?
- ¿Cuál es mi plan para resolver el problema?
- ¿Qué más puedo intentar si no puedo seguir adelante?
- ¿Cómo puedo comprobar si mi solución tiene sentido?

Recuerda que debes usar la información dada para resolver el problema.

Rose visitó 14 ciudades durante sus vacaciones. Compró 8 recuerdos en cada ciudad para enviar a sus amigos. Rose pagó $2 en sellos postales por cada recuerdo que envió.

1. ¿Qué pregunta escondida necesitas responder para hallar cuánto le costó a Rose enviar todos los recuerdos?

2. ¿Qué estrategias puedes usar para hallar cuánto gastó Rose?

3. ¿Cuánto gastó Rose?

© Pearson Education, Inc. 4

Nombre ______________________________

1. Don trabaja 18 horas por semana. ¿Qué expresión muestra una buena manera de redondear para hacer una estimación de cuántas horas trabajará Don en 52 semanas?

Ⓐ 10×50

Ⓑ 10×60

Ⓒ 20×50

Ⓓ 18×60

2. Hay 24 equipos de animadoras que compiten en un concurso. Hay 18 animadoras en cada equipo. Marca todas las expresiones que **NO** sean buenas maneras de usar números compatibles para estimar la cantidad de animadoras que compiten.

- ☐ 20×20
- ☐ 25×18
- ☐ 18×24
- ☐ 10×10
- ☐ 20×15

3. Hay 21 filas de asientos. Cada fila tiene 42 asientos. Redondea para estimar la cantidad total de asientos.

4. Un cine vende 50 boletos para cada función de una película. El cine dio 40 funciones de la película. ¿Cuántos boletos vendió el cine en total?

Ⓐ 20,000 boletos

Ⓑ 2,000 boletos

Ⓒ 200 boletos

Ⓓ 20 boletos

5. Margo caminó 12 millas 13 veces el mes pasado. Caminó 14 millas 12 veces este mes.

Parte A

Dibuja matrices o modelos de área para hallar la cantidad de millas que caminó Margo durante los últimos dos meses.

Parte B

Escribe y resuelve ecuaciones para representar tus matrices o modelos de área.

6. Elaine hará 20 coronas de piñas para vender en una feria. Necesita 13 piñas para cada corona. ¿Cuántas piñas necesita Elaine en total?

7. El Sr. Hans compró azulejos para su tienda de azulejos. Cada caja de azulejos cuesta $30. Traza líneas para unir la cantidad de cajas con el costo total.

40 cajas	$2,400
24 cajas	$570
80 cajas	$1,200
19 cajas	$720

8. Un florista hace centros de mesa. Pone 18 rosas en cada uno. ¿Cuál es la mejor manera de usar números compatibles para estimar la cantidad de rosas que el florista necesita para 24 centros de mesa?

Ⓐ $10 \times 25 = 250$

Ⓑ $20 \times 25 = 500$

Ⓒ $25 \times 30 = 750$

Ⓓ $30 \times 30 = 900$

9. Elizabeth hace collares. Cada collar tiene 16 cuentas. Escribe cada número del recuadro en el espacio correcto de la tabla para mostrar la cantidad de cuentas que se necesitan para cada cantidad de collares.

50
90
160
480
1,440

Cantidad de collares	Cantidad de cuentas
10	
30	
	800

10. La tienda de plantas de Justine tiene 12 estantes. Cada estante tiene 18 plantas. Usa las propiedades de las operaciones para hallar la cantidad de plantas que hay en los estantes. Redondea para comprobar si tu respuesta es razonable.

11. Joe recibe $25 por cortar el césped. Joe quiere cortar el césped 19 veces antes de que termine el verano. Escribe y resuelve una ecuación para hallar la cantidad total de dinero que ganará Joe.

12. Cuando la tienda de llantas El Buen Precio vende una llanta nueva, la ganancia es $15. ¿Qué expresión usarías para hallar la ganancia que recibe la tienda si venden 60 llantas nuevas en un día?

Ⓐ 15×15

Ⓑ 60×60

Ⓒ 60×1

Ⓓ 60×15

© Pearson Education, Inc. 4

Nombre ____________________

13. Tess tiene 15 páginas en su álbum de colección de monedas. En cada página caben 32 monedas. Tess quiere hallar cuántas monedas cabrán en todo el álbum. ¿Qué producto parcial falta en el trabajo de Tess?

Ⓐ 15

Ⓑ 150

Ⓒ 315

Ⓓ 480

$$\begin{array}{r} 32 \\ \times\ 15 \\ \hline 10 \\ \square \\ 20 \\ +\ 300 \\ \hline 480 \end{array}$$

14. Jonah compró 25 postales que costaron 17 centavos cada una. Usó productos parciales para hallar el costo total en centavos. ¿Qué opciones **NO** son posibles productos parciales de 25 × 17?

☐ 35

☐ 50

☐ 60

☐ 140

☐ 170

15. Lorin dibujó un modelo de área para resolver 19 × 15. Escribe el producto parcial de cada rectángulo en el modelo de área.

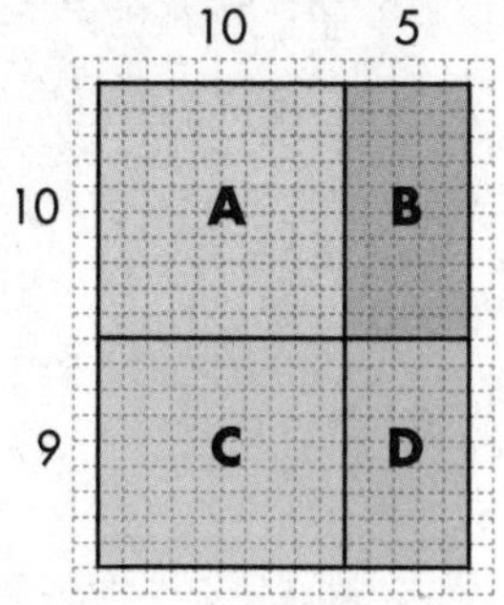

A ____________

B ____________

C ____________

D ____________

16. El bibliotecario encargó 29 juegos de marcapáginas. Cada juego contiene 20 marcapáginas. ¿Cuántos marcapáginas encargó el bibliotecario?

17. Las mesas grandes de la biblioteca tienen 18 sillas y las mesas pequeñas tienen 12 sillas.

Parte A

Dibuja una matriz o un modelo de área para hallar cuántas sillas hay en 15 mesas grandes.

Parte B

Usa estrategias de valor de posición o las propiedades de las operaciones para hallar cuántas sillas hay en 19 mesas pequeñas. Redondea para comprobar si tu respuesta es razonable.

18. LuAnn practica para las olimpíadas de matemáticas de la escuela. ¿Qué expresión muestra una manera en que LuAnn puede usar productos parciales para resolver 60×78?

Ⓐ $(60 \times 70) + (60 \times 8)$

Ⓑ $(60 \times 70) + (60 \times 78)$

Ⓒ $(60 \times 70) + (60 \times 80)$

Ⓓ $(6 \times 70) + (6 \times 8)$

19. El servicio de paisajismo de Jack cobra $78 por plantar un árbol. ¿Cuál es el costo total de plantar 18 árboles el martes y 23 árboles el miércoles? Escribe y resuelve ecuaciones.

20. Una escuela compró 28 microscopios. El precio de cada microscopio es $87. ¿Cuál es el costo total de todos los microscopios? Usa los números del recuadro para completar y resolver la ecuación.

```
      28
  ×   87
      56
     14□
     6□0
 + □,600
 $ □,4□□
```

0	1
2	3
4	6

21. La meta de Tori es aprender 15 palabras en español por día. Si Tori alcanza su meta, ¿cuántas palabras en español habrá aprendido en 40 días?

22. Philip gana $11 por hora. Anotó la cantidad de horas que trabajó durante un período de un mes.

DATOS

Horas de trabajo de Philip

Semana	Cantidad de horas trabajadas
Semana A	15
Semana B	24
Semana C	22
Semana D	18

Usa números compatibles para estimar cuánto ganó Philip durante el período de un mes.

© Pearson Education, Inc. 4

Nombre ______________________________

TEMA 4

Evaluación del rendimiento

Recaudación de fondos

Los estudiantes de cuarto grado de la Escuela Skyline vendieron velas para recaudar fondos. El dinero recaudado se usará para comprar juguetes para niños que viven en un hogar grupal. La tabla **Venta de velas para recaudar fondos** muestra cuántas velas vendió cada clase.

Las velas de cera de abeja se venden a $20 cada una. La clase recaudó $12 por cada vela vendida.

Las velas de soja se venden a $22 cada una. La clase recaudó $14 por cada vela vendida.

DATOS

Venta de velas para recaudar fondos

Maestro	Cantidad vendida	Cantidad reunida por clase
Sr. Li	32	$12
Srta. Schmidt	25	$14
Srta. Picard	18	$14
Srta. Goldwasser	47	$12

1. Aproximadamente, ¿cuánto dinero recaudaron los estudiantes de cuarto grado? Explícalo.

2. La secretaria de la escuela necesita saber exactamente cuánto dinero se recaudó.

Parte A

¿Cuánto dinero recaudó la clase de la Srta. Schmidt? Usa un modelo de área y productos parciales para hallar el producto.

Parte B

¿Cuánto dinero recaudó la clase de la Srta. Picard? Usa la propiedad distributiva para hallar el producto.

Parte C

¿Cuánto dinero recaudaron los estudiantes de cuarto grado? Explícalo.

Parte D

¿Es razonable la cantidad de dinero recaudada de la Parte C, según la estimación que hiciste para el Ejercicio 1? Explícalo.

Los estudiantes de cuarto grado de la Escuela Skyline decidieron comprar los juguetes que se muestran.

Compra de juguetes

- Compraron 68 juguetes en total.
- Compraron al menos 25 juguetes de cada tipo.
- No pueden gastar más dinero del que recaudaron.

3. ¿Qué cantidad de cada juguete se puede comprar siguiendo las instrucciones de la lista **Compra de juguetes**? Halla el costo total de las cantidades que escogiste.

© Pearson Education, Inc. 4

TEMA 5

Usar estrategias y propiedades para dividir por números de 1 dígito

Preguntas esenciales: ¿Cómo se puede usar el cálculo mental para dividir? ¿Cómo se estiman los cocientes? ¿Cómo se puede explicar cuáles son los pasos para dividir?

Recursos digitales

Resuelve · Aprende · Glosario · Amigo de práctica · Herramientas · Evaluación · Ayuda · Juegos

Los instrumentos musicales producen sonidos cuando un movimiento que causa vibración crea ondas de sonido.
Este piano usa una serie de teclas y martillos que golpean las cuerdas, las cuales producen diferentes notas según su longitud.
¡Los instrumentos musicales usan energía para producir sonidos de diferentes maneras! Este es un proyecto sobre la música y la división.

Proyecto de Matemáticas y Ciencias: La música y la división

Investigar Usa la Internet u otras fuentes para hallar un ejemplo de un instrumento de viento, un instrumento de metal, un instrumento de cuerda y un instrumento de percusión.

Diario: Escribir un informe Incluye lo que averiguaste. En tu informe, también:

- explica la manera en la que cada instrumento que investigaste usa energía para producir sonidos. Incluye información sobre cómo se producen los sonidos.
- La mayor parte de los instrumentos produce notas de diferentes rangos, llamados octavas, que están compuestos de 8 notas. ¿Cuántas octavas abarcan 51 notas? Explica cómo usaste la división para calcular la respuesta.

Nombre ______________________________

Repasa lo que sabes

Vocabulario

Escoge el mejor término del recuadro. Escríbelo en el espacio en blanco.

- divisible
- división
- ecuación
- números compatibles
- redondear
- variable

1. Una __________ usa el signo igual (=) para mostrar que dos expresiones tienen el mismo valor.

2. Una manera de estimar un producto es __________ cada factor.

3. Un número es __________ por otro número si al dividirlo no queda un residuo.

4. Los números que son fáciles de calcular mentalmente se llaman __________.

Operaciones de división

Halla los cocientes.

5. $27 \div 9$	**6.** $30 \div 5$	**7.** $32 \div 4$
8. $54 \div 9$	**9.** $28 \div 7$	**10.** $72 \div 9$
11. $56 \div 8$	**12.** $18 \div 3$	**13.** $15 \div 5$

Redondear

Redondea los números a la centena más cercana.

Usarás el redondeo o los números compatibles para estimar cocientes en este tema.

14. 864	**15.** 651
16. 348	**17.** 985
18. 451	**19.** 749

La división como repartición

20. **PM.1 Entender y perseverar** Julio tiene 47 canicas. Se queda con sus dos canicas favoritas y reparte las canicas que le quedan por igual entre 5 amigos. ¿Cuántas canicas recibe cada amigo? Explícalo.

© Pearson Education, Inc. 4

Mis tarjetas de palabras

Usa los ejemplos de las palabras de las tarjetas para ayudarte a completar las definiciones que están al reverso.

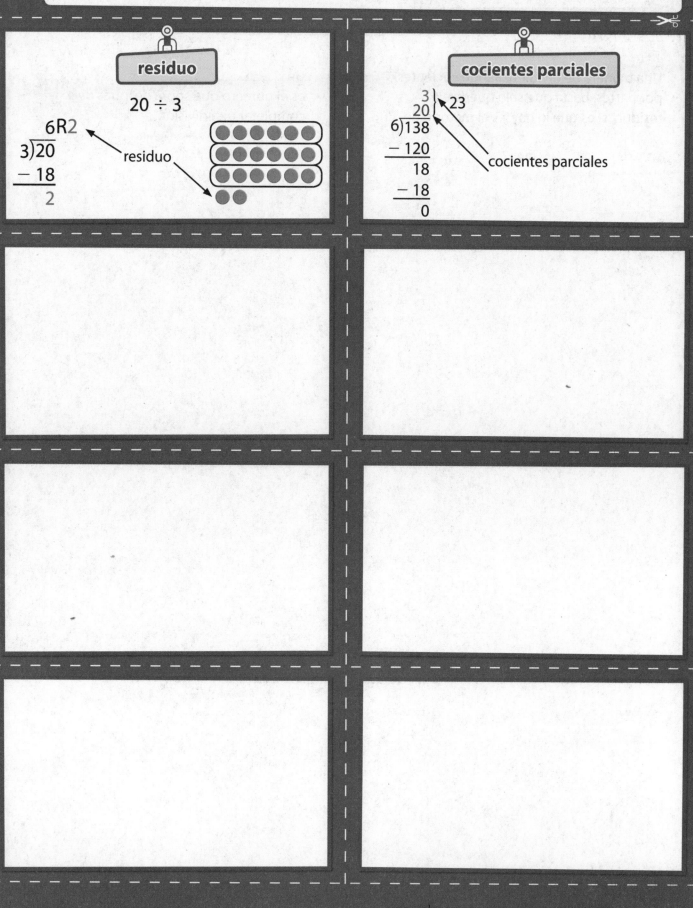

A-Z Glosario

residuo

$20 \div 3$

```
   6R2   ← residuo
3)20
 − 18
    2
```

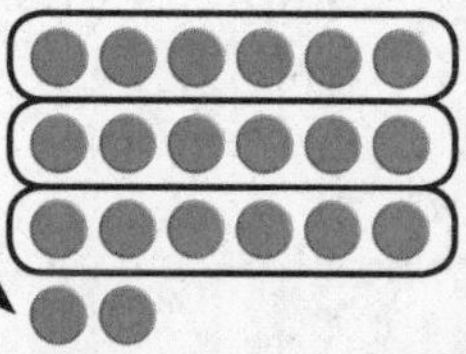

cocientes parciales

```
    3 }
   20 } → 23
6)138
 − 120
    18
  − 18
     0
```

cocientes parciales

Mis tarjetas de palabras

Completa cada definición. Para ampliar lo que aprendiste, escribe tus propias definiciones.

Una manera de dividir hallando cocientes, por partes, hasta que solo quede el residuo, si es que lo hay, es el método de

_______________________________.

Un _______________________________
es el número que sobra después de completar una división.

© Pearson Education, Inc. 4

Nombre ______________________

Resuelve

Lección 5-1
Cálculo mental: Hallar cocientes

Puedo...
entender las cantidades y usar el cálculo mental y las estrategias de valor de posición para dividir.

Estándar de contenido 4.NBD.B.6
Prácticas matemáticas PM.2, PM.3, PM.4, PM.7

Resuélvelo y coméntalo

José tiene 270 tarjetas de hockey que quiere guardar en 9 cajas. Cada caja tiene capacidad para la misma cantidad de tarjetas. ¿Cuántas tarjetas debe guardar José en cada caja? ***Resuelve este problema con la estrategia que prefieras.***

¿Cómo se puede usar el razonamiento para reconocer múltiplos de 10?

¡Vuelve atrás! **PM.2 Razonar** ¿Qué ecuación de multiplicación puede ayudarte a hallar cuántas tarjetas debe guardar José en cada caja?

Pregunta esencial ¿Cómo se puede dividir mentalmente?

A

El Sr. Díaz hizo un pedido de 1,800 crayones pastel. Quiere repartirlos por igual entre su clase y otras 5 clases de arte. ¿Cuántos crayones pastel recibirá cada clase?

Si el Sr. Díaz guarda los crayones pastel para que cada clase reciba nuevos crayones 5 veces al año, ¿cuántos crayones se entregarán a cada clase cada una de esas 5 veces?

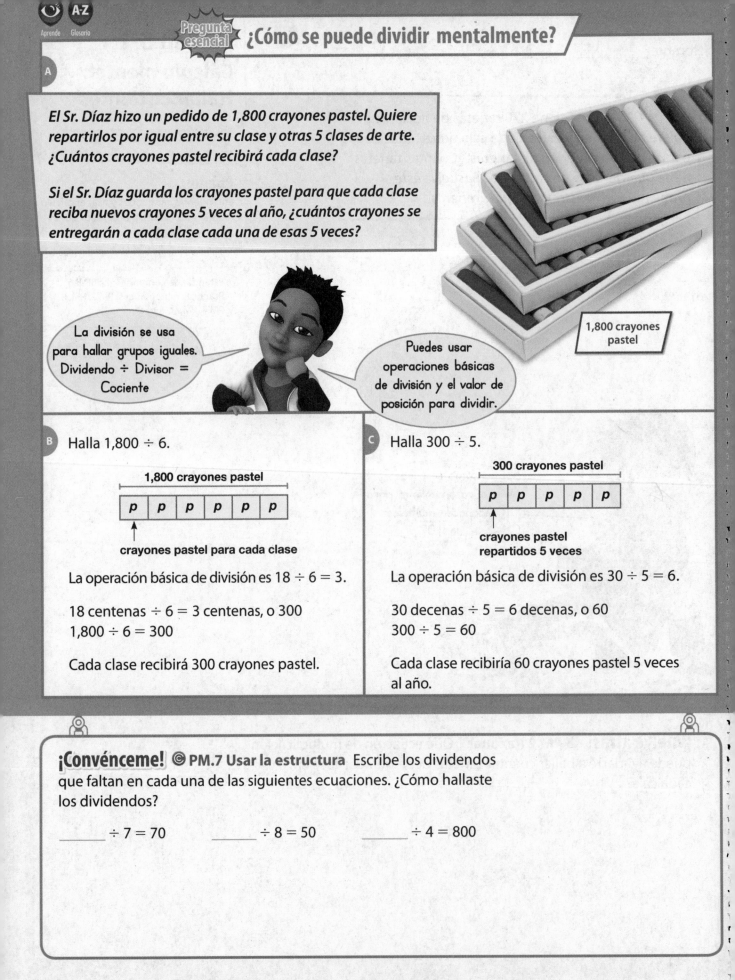

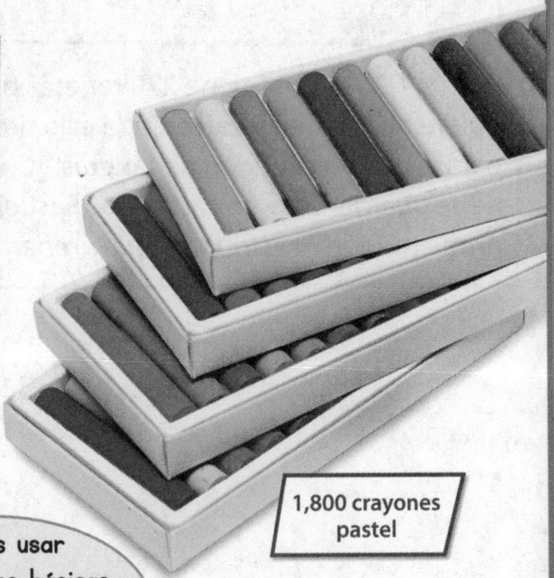

B Halla 1,800 ÷ 6.

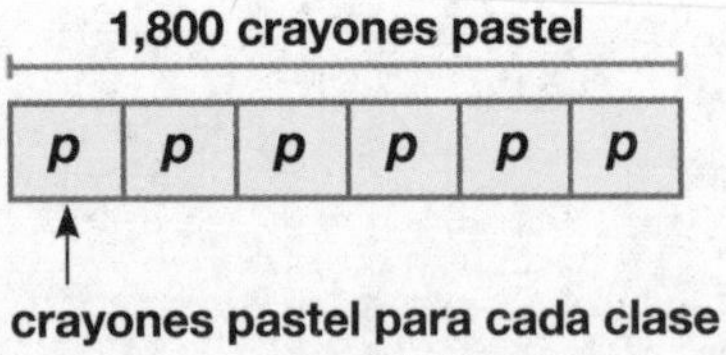

La operación básica de división es 18 ÷ 6 = 3.

18 centenas ÷ 6 = 3 centenas, o 300
1,800 ÷ 6 = 300

Cada clase recibirá 300 crayones pastel.

C Halla 300 ÷ 5.

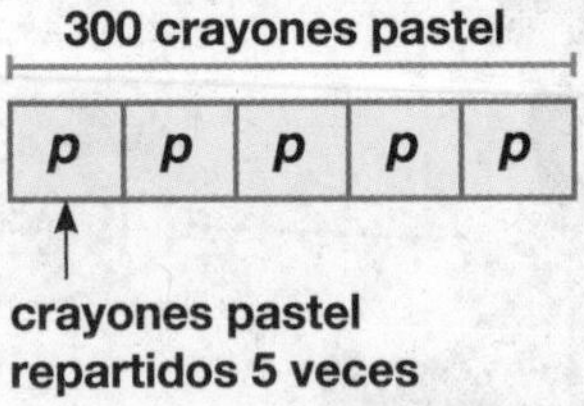

La operación básica de división es 30 ÷ 5 = 6.

30 decenas ÷ 5 = 6 decenas, o 60
300 ÷ 5 = 60

Cada clase recibiría 60 crayones pastel 5 veces al año.

¡Convénceme! **PM.7 Usar la estructura** Escribe los dividendos que faltan en cada una de las siguientes ecuaciones. ¿Cómo hallaste los dividendos?

_____ ÷ 7 = 70   _____ ÷ 8 = 50   _____ ÷ 4 = 800

© Pearson Education, Inc. 4

Nombre ____________________

Amigo de práctica | Herramientas | Evaluación

Práctica guiada*

¿Lo entiendes?

1. **PM.2 Razonar** Explica cómo puede ayudarte 32 ÷ 4 a resolver 320 ÷ 4.

2. La Sra. Gall hace un pedido de 240 carpetas y las reparte por igual entre 3 clases. ¿Cuántas carpetas recibe cada clase? ¿Qué operación básica usaste?

¿Cómo hacerlo?

Usa operaciones básicas y patrones para hallar los cocientes en los Ejercicios **3** y **4.**

3. 28 ÷ 7 = ______

280 ÷ 7 = ______

2,800 ÷ 7 = ______

4. 64 ÷ 8 = ______

640 ÷ 8 = ______

6,400 ÷ 8 = ______

Práctica independiente

Práctica al nivel Usa operaciones básicas, patrones o el cálculo mental para dividir en los Ejercicios **5** a **24.**

5. 36 ÷ 9 = 4
360 ÷ 9 = 40
3,600 ÷ 9 = 400

6. 10 ÷ 2 = 5
100 ÷ 2 = 500
1,000 ÷ 2 = 500

7. 45 ÷ 5 = 9
450 ÷ 5 = 90
4,500 ÷ 5 = 900

8. 24 ÷ 8 = 3
240 ÷ 8 = 30
2,400 ÷ 8 = 300

9. 2,000 ÷ 5
400

10. 360 ÷ 4
90

11. 540 ÷ 9
60

12. 160 ÷ 4
40

13. 900 ÷ 3
300

14. 3,200 ÷ 8
400

15. 360 ÷ 6
60

16. 1,800 ÷ 3
600

17. 7,200 ÷ 8

18. 500 ÷ 5

19. 350 ÷ 7

20. 6,300 ÷ 9

21. 1,600 ÷ 2

22. 210 ÷ 7

23. 4,800 ÷ 6

24. 600 ÷ 6

**Puedes encontrar otro ejemplo en el Grupo A, página 315.*

Prácticas matemáticas y resolución de problemas

25. **PM.7 Usar la estructura** Si sabes que $20 \div 5 = 4$, ¿en qué te ayuda eso a calcular $200 \div 5$?

26. Una panadería horneó 2 tandas de 80 panes cada una. Vendió 30 panes por hora. ¿Cuántos panes se vendieron en 4 horas? ¿Cuántos panes quedaron sin vender?

27. En el concurso de carros solares *North American Solar Challenge,* los equipos que concursan usan hasta 1,000 celdas solares para diseñar carros solares para la carrera. Si hay 810 celdas solares en 9 filas, ¿cuántas celdas hay en cada fila?

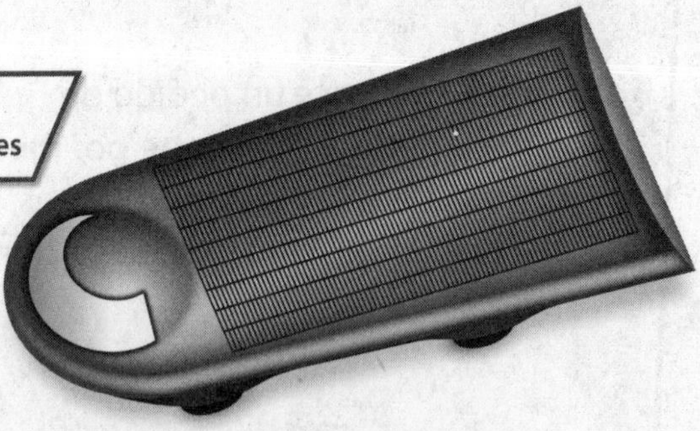

28. **PM.4 Representar con modelos matemáticos** El sábado por la tarde, 350 personas asistieron a una obra de teatro. Las butacas estaban organizadas en 7 filas iguales. ¿Cuántas personas se sentaron en cada fila? Dibuja un diagrama de barras. Escribe y resuelve una ecuación.

29. **Razonamiento de orden superior** Molly y cinco amigas recolectaron 300 naranjas en total. Si cada niña recolectó la misma cantidad de naranjas, ¿cuántas naranjas recolectó Molly? Explícalo.

Evaluación de *Common Core*

30. Tres trabajadores portuarios cargan 240 contenedores divididos por igual en 8 barcos. ¿Cuántos contenedores cargan en cada barco?

Ⓐ 3 contenedores
Ⓑ 10 contenedores
Ⓒ 30 contenedores
Ⓓ 80 contenedores

31. Selena usó una operación básica para resolver $180 \div 6$. ¿Qué operación básica piensas que usó Selena? ¿Cuánto es $180 \div 6$?

Ⓐ $18 \div 3$; 60
Ⓑ $18 \div 3$; 30
Ⓒ $18 \div 6$; 60
Ⓓ $18 \div 6$; 30

© Pearson Education, Inc. 4

Nombre ______________________

Ayuda | Amigo de práctica | Herramientas | Juegos

Tarea y práctica 5-1

Cálculo mental: Hallar cocientes

¡Revisemos!

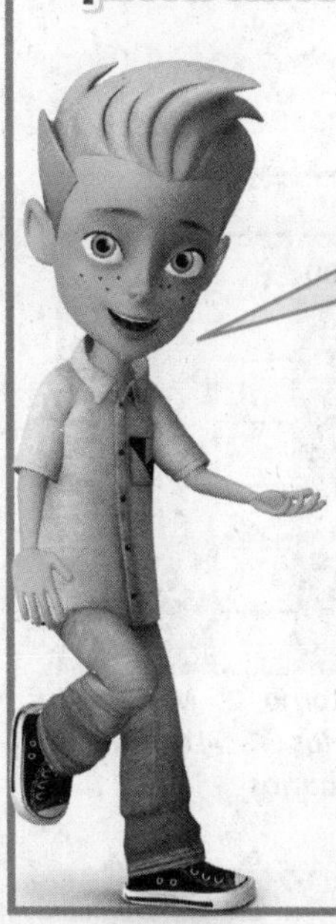

Cuando dividas números que terminan en cero, usa operaciones básicas de división y patrones como ayuda para dividir mentalmente.

Halla 210 ÷ 7.

¿Cuál es la operación básica?

21 ÷ **7** = 3

21 decenas ÷ **7** = 3 decenas, o 30

210 ÷ 7 = 30

Halla 4,200 ÷ 6.

¿Cuál es la operación básica?

42 ÷ **6** = 7

42 centenas ÷ **6** = 7 centenas, o 700

4,200 ÷ 6 = 700

Usa operaciones básicas, patrones o el cálculo mental para dividir en los Ejercicios **1** a **20.**

1. 25 ÷ 5 = ______
250 ÷ 5 = ______
2,500 ÷ 5 = ______

2. 14 ÷ 2 = ______
140 ÷ 2 = ______
1,400 ÷ 2 = ______

3. 30 ÷ 5 = ______
300 ÷ 5 = ______
3,000 ÷ 5 = ______

4. 16 ÷ 4 = ______
160 ÷ 4 = ______
1,600 ÷ 4 = ______

5. 120 ÷ 6

6. 720 ÷ 9

7. 200 ÷ 4

8. 2,800 ÷ 7

9. 5,000 ÷ 5

10. 240 ÷ 8

11. 3,600 ÷ 4

12. 1,600 ÷ 2

13. 4,200 ÷ 7

14. 640 ÷ 8

15. 2,000 ÷ 5

16. 320 ÷ 8

17. 810 ÷ 9

18. 270 ÷ 3

19. 1,200 ÷ 2

20. 300 ÷ 6

Usa la gráfica de la derecha en los Ejercicios **21** a **23.**

21. Barry cobró $4 por cada ejemplar de *El retorno de los dinosaurios.* ¿Cuántos ejemplares vendió Barry?

22. Barry cobró $9 por cada ejemplar de *Parques nacionales de los Estados Unidos.* ¿Cuántos ejemplares vendió Barry?

23. Barry cobró $7 por cada ejemplar de *Musa, el Grande.* ¿Cuántos ejemplares vendió Barry?

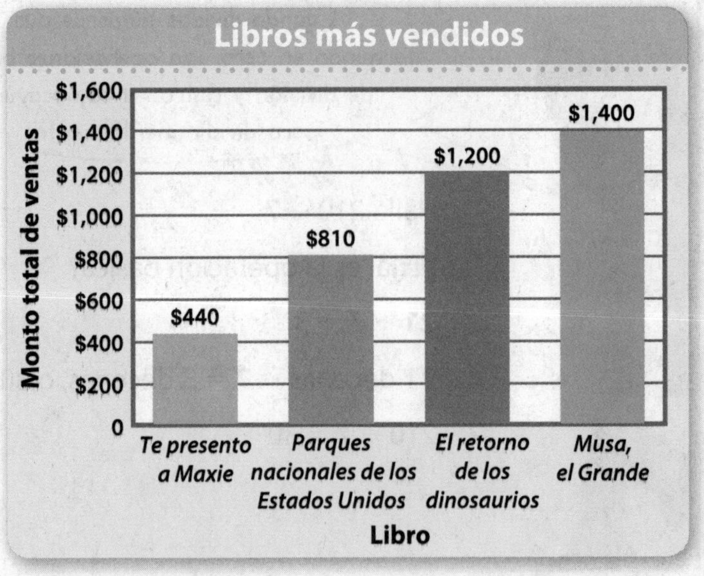

24. **PM.3 Construir argumentos** Explica por qué el siguiente cociente es incorrecto.
$1{,}000 \div 5 = 2{,}000$

25. **Razonamiento de orden superior** Los estudiantes que recaudan fondos para la banda de la escuela recolectaron $2,400 con una venta de hamburguesas y *hot dogs.* Ganaron la misma cantidad de dinero por las hamburguesas que por los *hot dogs.* Las hamburguesas costaban $3 y los *hot dogs,* $2. ¿Cuántos se vendieron de cada uno?

Evaluación de *Common Core*

26. Jessica tiene 120 estampillas en su colección. Compra 60 más. Quiere repartir sus estampillas por igual en 6 páginas de su álbum. ¿Cuántas estampillas habrá en cada página?

Ⓐ 20 estampillas
Ⓑ 25 estampillas
Ⓒ 30 estampillas
Ⓓ 40 estampillas

27. Hay 7 días en 1 semana. Algunos meses tienen 30 días. ¿Cuántas semanas hay en 280 días?

Ⓐ 37 semanas
Ⓑ 40 semanas
Ⓒ 70 semanas
Ⓓ 73 semanas

© Pearson Education, Inc. 4

Nombre ____

Resuelve

Lección 5-2
Cálculo mental: Estimar cocientes

Resuélvelo y coméntalo Tres amigos ganaron un total de 248 boletos en la sala de videojuegos. Decidieron compartir los boletos por igual. Aproximadamente, ¿cuántos boletos recibirá cada amigo? ***Resuelve este problema con la estrategia que prefieras.***

Puedo...
usar números compatibles para estimar cocientes cuando divido con dividendos de 3 dígitos.

Estándar de contenido 4.NBD.B.6
Prácticas matemáticas PM.2, PM.3, PM.4

Puedes razonar para estimar cocientes calculando mentalmente. ¡Muestra tu trabajo en el espacio que sigue!

¡Vuelve atrás! **PM.2 Razonar** Identifica otras situaciones en las que podrías estimar la respuesta de un problema de división.

Aprende A-Z Glosario

Pregunta esencial **¿Cómo se pueden estimar cocientes para resolver problemas?**

A

Max quiere hacer 9 pelotas de ligas con aproximadamente la misma cantidad de ligas en cada pelota. Max compró un frasco de 700 ligas. Haz una estimación para hallar cuántas ligas puede usar Max en cada pelota.

Hay más de una manera de estimar un cociente.

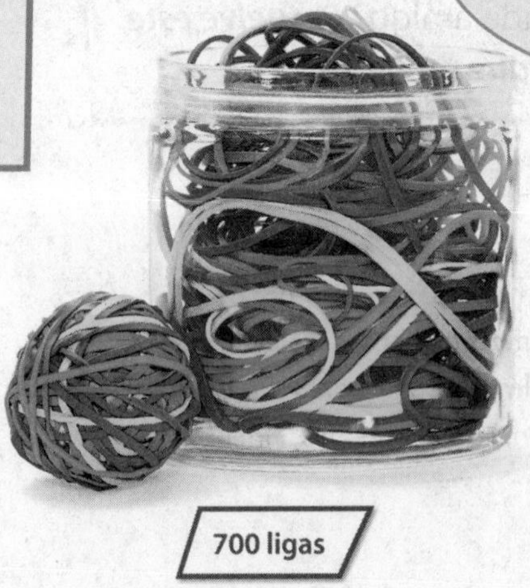
700 ligas

Max no necesita saber la cantidad exacta de ligas que usará en cada pelota. Solo necesita una estimación.

B **Usar números compatibles**

Estima $700 \div 9$.

¿Qué número cercano a 700 es fácil de dividir por 9?

Intenta con múltiplos de diez cercanos a 700.
710 no es fácil de dividir por 9.
720 es 72 decenas y se puede dividir por 9.
$720 \div 9 = 80$

Max puede usar aproximadamente 80 ligas en cada pelota.

C **Usar la multiplicación**

Estima $700 \div 9$.

¿9 veces qué número es aproximadamente 700?

$9 \times 8 = 72$; por tanto, $9 \times 80 = 720$.
$720 \div 9$ es aproximadamente 80.

Max puede usar aproximadamente 80 ligas en cada pelota.

¡Convénceme! **PM.2 Razonar** ¿Qué números compatibles puedes usar para estimar $132 \div 6$? ¿Por qué redondear no es una buena manera de estimar $132 \div 6$?

© Pearson Education, Inc. 4

Nombre ______________________________

Amigo de práctica   Herramientas   Evaluación

Práctica guiada*

¿Lo entiendes?

1. **PM.3 Construir argumentos** En el problema de la página anterior, si Max usa 80 ligas para hacer cada pelota, ¿podrá hacer más o menos pelotas de las que quería?

2. Max decide usar 700 ligas para hacer 8 pelotas. ¿Es razonable decir que usará aproximadamente 90 ligas para hacer cada pelota? Explícalo.

¿Cómo hacerlo?

Estima los cocientes en los Ejercicios **3** a **10.** Usa la multiplicación o números compatibles. Muestra tu trabajo.

3. $48 \div 5$ **4.** $235 \div 8$

5. $547 \div 6$ **6.** $192 \div 5$

7. $662 \div 8$ **8.** $362 \div 3$

9. $41 \div 2$ **10.** $211 \div 4$

Práctica independiente

Estima los cocientes en los Ejercicios **11** a **26.**

Piensa en las operaciones básicas de multiplicación como ayuda para hallar números compatibles.

11. $430 \div 9$ **12.** $620 \div 7$ **13.** $138 \div 5$ **14.** $232 \div 6$

15. $342 \div 8$ **16.** $652 \div 6$ **17.** $59 \div 9$ **18.** $813 \div 8$

19. $637 \div 6$ **20.** $481 \div 4$ **21.** $747 \div 8$ **22.** $232 \div 9$

23. $552 \div 7$ **24.** $52 \div 5$ **25.** $392 \div 2$ **26.** $625 \div 3$

*Puedes encontrar otro ejemplo en el Grupo B, página 315.

Prácticas matemáticas y resolución de problemas

Usa la tabla de la derecha en los Ejercicios **27** y **28.**

27. Ada vendió sus tazas en 3 semanas. Aproximadamente, ¿cuántas tazas vendió Ada por semana?

28. Ben vendió sus tazas en 6 semanas. Aproximadamente, ¿cuántas tazas vendió Ben por semana?

---

29. La Estación Espacial Internacional tarda 644 minutos en orbitar alrededor de la Tierra 7 veces. Aproximadamente, ¿cuánto tiempo lleva cada órbita?

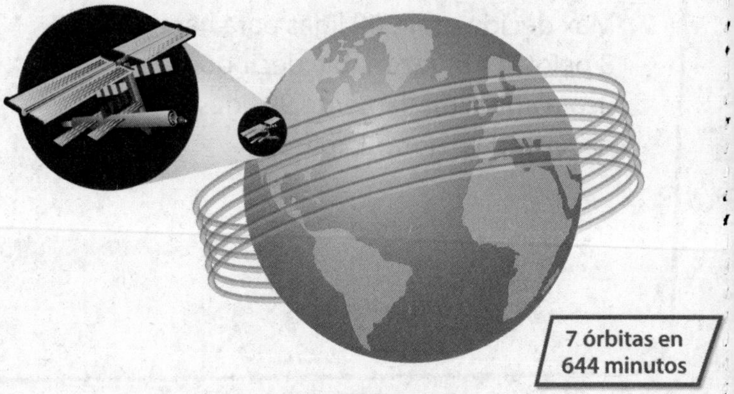

30. Hay 60 minutos en 1 hora y 24 horas en 1 día. Aproximadamente, ¿cuántas veces por día la Estación Espacial Internacional orbita alrededor de la Tierra?

---

31. Sentido numérico Escribe > o < en cada ◯. Sin dividir, explica cómo sabes qué cociente es mayor.

930 ÷ 4 ◯ 762 ÷ 4

32. Razonamiento de orden superior Explica cómo hallar una estimación para 260 ÷ 5 que sea mejor que la siguiente.

Redondear 260 a 300 y luego estimar 300 ÷ 5.

300 ÷ 5 = 60; por tanto, 260 ÷ 5 es aproximadamente 60.

Evaluación de *Common Core*

33. Kaylee quiere dividir 133 caramelos por igual en 7 cajas. Kaylee decide poner 19 caramelos en cada caja. Haz una estimación para determinar si la respuesta es razonable.

© Pearson Education, Inc. 4

Nombre ______________________________

Ayuda | Amigo de práctica | Herramientas | Juegos

Tarea y práctica 5-2

Cálculo mental: Estimar cocientes

¡Revisemos!

Estima 460 ÷ 9.

Estas son dos maneras de estimar cocientes.

Una manera

Usa números compatibles.

¿Qué número cercano a 460 se puede dividir fácilmente por 9? Prueba con 450.

450 ÷ 9 = 50

460 ÷ 9 es aproximadamente 50.

Otra manera

Usa la multiplicación.

¿Nueve por qué número es aproximadamente 460?

9 × 5 = 45; por tanto, 9 × 50 = 450.

460 ÷ 9 es aproximadamente 50.

Estima los cocientes en los Ejercicios **1** a **20.** Muestra tu trabajo.

1. 165 ÷ 4 **2.** 35 ÷ 4 **3.** 715 ÷ 9 **4.** 490 ÷ 8

5. 512 ÷ 5 **6.** 652 ÷ 8 **7.** 790 ÷ 9 **8.** 200 ÷ 7

9. 311 ÷ 6 **10.** 162 ÷ 2 **11.** 418 ÷ 6 **12.** 554 ÷ 7

13. 92 ÷ 3 **14.** 351 ÷ 7 **15.** 497 ÷ 5 **16.** 61 ÷ 2

17. 202 ÷ 2 **18.** 153 ÷ 3 **19.** 98 ÷ 9 **20.** 174 ÷ 9

Usa la lista de tareas de Franny en los Ejercicios **21** a **23.**

21. Franny tiene 5 páginas libres en el álbum. Aproximadamente, ¿cuántas fotos puede poner en cada página libre?

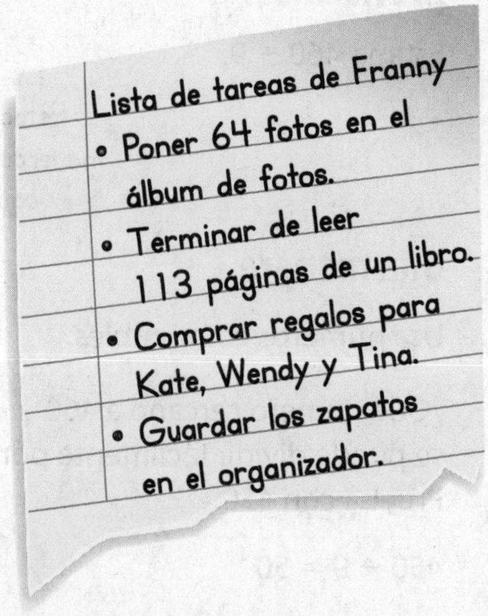

Lista de tareas de Franny
• Poner 64 fotos en el álbum de fotos.
• Terminar de leer 113 páginas de un libro.
• Comprar regalos para Kate, Wendy y Tina.
• Guardar los zapatos en el organizador.

22. Franny piensa leer durante 4 horas. Aproximadamente, ¿cuántas páginas deberá leer por hora para terminar el libro?

23. Franny quiere gastar la misma cantidad de dinero en el regalo para cada amiga. Tiene $62. Aproximadamente, ¿cuánto dinero puede gastar en cada regalo?

24. **© PM.4 Representar con modelos matemáticos** Esta semana, el veterinario revisó 47 perros, 19 gatos, 7 aves exóticas y 3 caballos. Completa el diagrama de barras y halla la cantidad total de animales que revisó el veterinario esta semana.

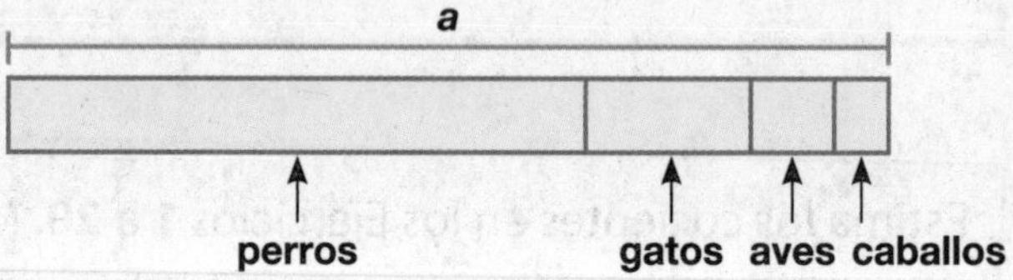

a
perros
gatos
aves
caballos

25. Wayne tiene 303 canicas. Si reparte 123 canicas por igual entre 3 amigos, aproximadamente, ¿cuántas canicas le dará Wayne a cada amigo? ¿Cuántas canicas le quedarán?

26. **Razonamiento de orden superior** Tessa quiere separar 187 mazorcas de maíz en bolsas de 6 mazorcas cada una. Tiene 35 bolsas. Haz una estimación para hallar si Tessa tiene suficientes bolsas. Explícalo.

© Evaluación de *Common Core*

27. Deon se puso la meta de recorrer 310 millas en bicicleta en un mes. Hasta ahora, ha recorrido 145 millas. Si quedan 4 días del mes, aproximadamente, ¿cuántas millas debe recorrer Deon por día para lograr su meta? Explícalo.

© Pearson Education, Inc. 4

Nombre ____________________ Resuelve

Lección 5-3
Cálculo mental: Estimar los cocientes de dividendos más grandes

Puedo...
estimar cocientes de dividendos de 4 dígitos.

Estándar de contenido 4.NBD.B.6
Prácticas matemáticas PM.2, PM.3

Resuélvelo y coméntalo Jimi tiene 3,000 boletos para vender en la feria de la escuela. Jimi separó los boletos en grupos de 8. Aproximadamente, ¿cuántos grupos hizo Jimi? ***Resuelve este problema con la estrategia que prefieras.***

Puedes razonar para hallar números compatibles y hacer una estimación. Dividir con números compatibles hace que sea más fácil hacer una estimación.

¡Vuelve atrás! **PM.2 Razonar** ¿Qué operación básica usaste para resolver el problema de arriba?

Aprende Glosario

Pregunta esencial

¿Cómo se pueden estimar cocientes usando patrones y el valor de posición?

A

Durante el día "Limpia tu ciudad", 1,320 voluntarios se ofrecieron a limpiar los parques de Springville. Los voluntarios se dividieron en equipos con la misma cantidad de personas para limpiar cada parque. Aproximadamente, ¿cuántas personas había en cada equipo?

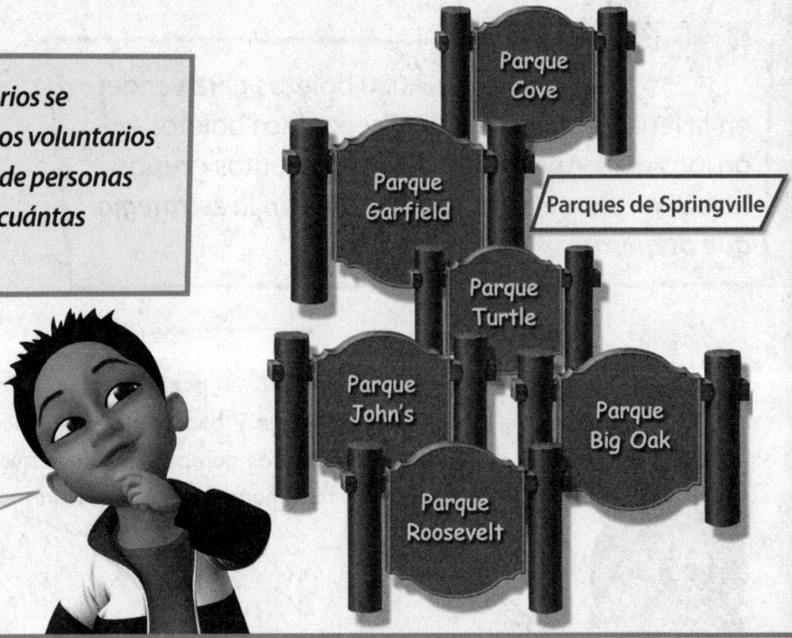

La multiplicación y la división están relacionadas. Multiplicar mentalmente por decenas o centenas te puede ayudar a estimar el cociente de una división de varios dígitos.
Parque Cove
Parque Garfield
Parques de Springville
Parque Turtle
Parque John's
Parque Big Oak
Parque Roosevelt

B **Usar patrones de multiplicación**

Estima 1,320 ÷ 6.

¿6 por qué número es aproximadamente 1,320?

Sabes que 6 × 2 = 12, y
6 × 20 = 120; por tanto,
6 × 200 = 1,200.

1,200 está cerca de 1,320.

Hay aproximadamente 200 personas en cada equipo.

C **Usar operaciones de división y patrones de valor de posición**

Halla números compatibles para estimar 1,320 ÷ 6.

Sabes que 12 ÷ 6 = 2, y
120 ÷ 6 = 20; por tanto,
1,200 ÷ 6 = 200.

1,320 ÷ 6 es aproximadamente 200.

Hay aproximadamente 200 personas en cada equipo.

¡Convénceme! **PM.3 Construir argumentos** Completa los cálculos de la derecha. Explica cómo puedes usarlos para estimar 1,296 ÷ 4.

4 × 100 = ______

4 × 200 = ______

4 × 300 = ______

4 × 400 = ______

© Pearson Education, Inc. 4

Nombre ______________________

Amigo de práctica · Herramientas · Evaluación

Otro ejemplo

Puedes redondear para estimar cocientes.

Estima 357 ÷ 8 redondeando el dividendo.

Redondeo: 400 ÷ 8
400 ÷ 8 = 50
Por tanto, 357 ÷ 8 es aproximadamente 50.

Estima 5,582 ÷ 7 redondeando el dividendo.

Redondeo: 5,600 ÷ 7
5,600 ÷ 7 = 800
Por tanto, 5,600 ÷ 7 es aproximadamente 800.

Práctica guiada*

¿Lo entiendes?

1. **PM.3 Construir argumentos** ¿Por qué redondear no es una buena estrategia para estimar 1,320 ÷ 6?

2. Cuando divides un número de 4 dígitos por un número de 1 dígito, ¿cuántos dígitos puede tener el cociente?

¿Cómo hacerlo?

Estima los cocientes en los Ejercicios **3** a **8.**

3. 3,340 ÷ 8 **4.** 2,943 ÷ 7

5. 552 ÷ 9 **6.** 776 ÷ 4

7. 2,013 ÷ 5 **8.** 281 ÷ 3

Práctica independiente

Estima los cocientes en los Ejercicios **9** a **20.**

9. 61 ÷ 2 **10.** 7,779 ÷ 7 **11.** 3,688 ÷ 6 **12.** 497 ÷ 8

13. 5,684 ÷ 9 **14.** 5,346 ÷ 6 **15.** 508 ÷ 7 **16.** 92 ÷ 3

17. 647 ÷ 3 **18.** 3,958 ÷ 8 **19.** 224 ÷ 3 **20.** 2,438 ÷ 5

**Puedes encontrar otro ejemplo en el Grupo B, página 315.*

Prácticas matemáticas y resolución de problemas

21. El perro de Laura come 1 bolsa de comida cada 6 días. Aproximadamente, ¿cuántas bolsas de comida comerá el perro en 1 año? Aproximadamente, ¿cuántas bolsas de comida comerá el perro en 10 años?

22. Durante el año escolar, un conductor de autobús hizo 7 viajes al museo. La distancia desde la escuela hasta el museo es 36 millas. ¿Cuántas millas hizo el conductor en 7 viajes?

23. A-Z **Vocabulario** Usa una palabra de vocabulario para completar el enunciado.

La multiplicación y la división son operaciones ________ porque una deshace la otra.

24. La hermana de Ramón quiere comprar un carro que cuesta \$7,993. Por cada hora que trabaja, gana \$9. Aproximadamente, ¿cuántas horas debe trabajar la hermana de Ramón para ganar suficiente dinero para comprar el carro?

25. Sentido numérico Ocho estudiantes se pueden sentar en una mesa de la cafetería. Aproximadamente, ¿cuántas mesas se necesitan para 231 estudiantes? Explícalo.

26. Razonamiento de orden superior En un campamento de verano, 4 excursionistas comparten una tienda. El campamento espera recibir 331 excursionistas. Aproximadamente, ¿cuántas tiendas se necesitarán? ¿El número real de tiendas necesarias será mayor o menor que tu estimación? Explícalo.

Evaluación de *Common Core*

27. Selecciona todos los enunciados que tienen estimaciones correctas de los cocientes.

- ☐ 3,351 ÷ 8 es aproximadamente 400.
- ☐ 1,703 ÷ 4 es aproximadamente 600.
- ☐ 325 ÷ 5 es aproximadamente 600.
- ☐ 1,423 ÷ 7 es aproximadamente 300.
- ☐ 4,216 ÷ 6 es aproximadamente 700.

28. Selecciona todos los enunciados que tienen estimaciones correctas de los cocientes.

- ☐ 5,814 ÷ 7 es aproximadamente 700.
- ☐ 2,010 ÷ 4 es aproximadamente 500.
- ☐ 889 ÷ 3 es aproximadamente 300.
- ☐ 4,809 ÷ 6 es aproximadamente 80.
- ☐ 2,417 ÷ 8 es aproximadamente 300.

© Pearson Education, Inc. 4

Nombre ______________________

Ayuda | Amigo de práctica | Herramientas | Juegos

Tarea y práctica 5-3

Cálculo mental: Estimar los cocientes de dividendos más grandes

¡Revisemos!

Estima 2,946 ÷ 5.

Puedes usar estrategias de cálculo mental para estimar cocientes.

Redondea.	Usa patrones.
2,946 se redondea a 3,000.	$5 \times 6 = 30$
3,000 ÷ 5 = 600	$5 \times 600 = 3{,}000$
Por tanto, 2,946 ÷ 5 es aproximadamente 600.	Por tanto, 2,946 ÷ 5 es aproximadamente 600.

Estima los cocientes en los Ejercicios **1** a **18**.

1. 1,561 ÷ 8

¿Cuánto es 8 × 2? ________

¿Cuánto es 8 × 20? ________

¿Cuánto es 8 × 200? ________

¿Cuánto es 1,600 ÷ 8? ________

Por tanto, 1,561 ÷ 8 es aproximadamente ________.

2. 2,008 ÷ 7

¿Cuánto es 7 × 3? ________

¿Cuánto es 7 × 30? ________

¿Cuánto es 7 × 300? ________

¿Cuánto es 2,100 ÷ 7? ________

Por tanto, 2,008 ÷ 7 es aproximadamente ________.

3. 461 ÷ 9 **4.** 2,356 ÷ 6 **5.** 5,352 ÷ 9 **6.** 279 ÷ 9

7. 2,449 ÷ 8 **8.** 3,124 ÷ 6 **9.** 4,519 ÷ 5 **10.** 915 ÷ 3

11. 2,120 ÷ 5 **12.** 423 ÷ 4 **13.** 3,305 ÷ 7 **14.** 1,803 ÷ 2

15. 8,167 ÷ 9 **16.** 1,216 ÷ 6 **17.** 1,007 ÷ 2 **18.** 4,170 ÷ 8

Usa la tabla de la derecha en los Ejercicios **19** a **21**.

19. Bob y Kate hacen pulseras para vender en una feria de manualidades. Determina aproximadamente cuántas pulseras pueden hacer con cada color de cuenta. Completa la tabla.

20. Aproximadamente, ¿cuántas pulseras pueden hacer antes de que se acaben al menos las cuentas de un color? ¿Qué color se acabará primero?

Color	Cantidad de cuentas	Cuentas por pulsera	Cantidad estimada de pulseras
Azul	258	6	
Plateado	428	9	
Rosado	102	3	
Blanco	258	7	

21. Bob y Kate reciben un pedido urgente de 7 pulseras de cada color. ¿Cuántas cuentas se necesitan para 7 pulseras de cada color?

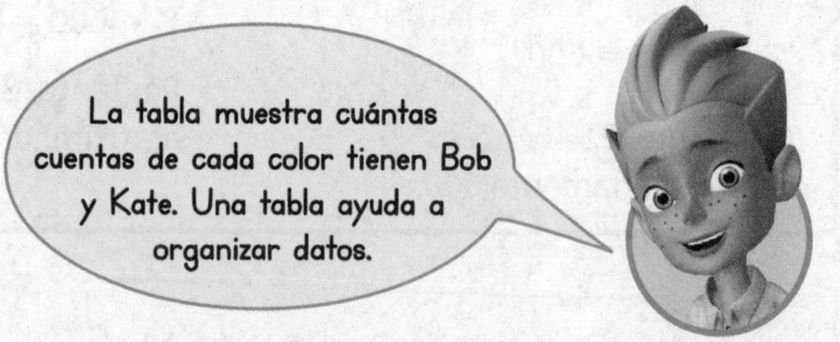

La tabla muestra cuántas cuentas de cada color tienen Bob y Kate. Una tabla ayuda a organizar datos.

22. **PM.2 Razonar** Los estudiantes a cargo de la tienda de la escuela encargaron 1,440 lápices. Los están poniendo en paquetes de 6. Aproximadamente, ¿cuántos paquetes harán? ¿La respuesta exacta será mayor o menor que la estimación? Explícalo.

23. **Razonamiento de orden superior** Haz dos estimaciones de 4,396 ÷ 4 redondeando el dividendo a la centena más cercana y también al millar más cercano. Compara las estimaciones.

Evaluación de *Common Core*

24. Selecciona todas las expresiones cuyo cociente estimado esté cerca de 400.

- ☐ 6,321 ÷ 2
- ☐ 1,193 ÷ 3
- ☐ 5,055 ÷ 8
- ☐ 3,705 ÷ 9
- ☐ 1,649 ÷ 4

25. Selecciona todas las expresiones cuyo cociente estimado esté cerca de 600.

- ☐ 4,900 ÷ 7
- ☐ 1,234 ÷ 6
- ☐ 5,366 ÷ 9
- ☐ 1,332 ÷ 2
- ☐ 1,795 ÷ 3

© Pearson Education, Inc. 4

Nombre ______________________________ Resuelve

Lección 5-4
Interpretar residuos

Puedo...
aplicar lo que sé sobre dividir objetos en grupos iguales para resolver problemas.

Estándar de contenido 4.NBD.B.6
Prácticas matemáticas PM.1, PM.2, PM.3, PM.4

Resuélvelo y coméntalo

Supón que estás haciendo canastas de frutas para regalar. Tienes 14 manzanas y quieres poner 4 manzanas en cada canasta. ¿Cuántas canastas puedes llenar? ¿Sobrarán manzanas? Si es así, ¿cuántas sobran? ***Resuelve este problema con la estrategia que prefieras.***

Puedes hacer un dibujo o representar con modelos matemáticos. ¡Muestra tu trabajo en el espacio que sigue!

¡Vuelve atrás! **PM.4 Representar con modelos matemáticos**
¿Cuántas manzanas hay en las canastas? Escribe una oración de multiplicación para representar la cantidad de manzanas.

Aprende Glosario

Pregunta esencial ¿Qué debes hacer con el residuo cuando terminas de dividir?

A

Cuando divides con números enteros, todo número entero que queda después de terminar la división se llama residuo.

Ned tiene 27 tarjetas de futbol en un álbum. Pone 6 tarjetas en cada página. Ned sabe que 27 ÷ 6 = 4 y sobran 3, porque 6 × 4 = 24, y 24 + 3 = 27.

Usa una R para representar el residuo: 27 ÷ 6 = 4 R3

¿Cómo se usa el residuo para responder preguntas sobre la división?

El residuo debe ser menor que el divisor.

B *¿Cuántas páginas llenó Ned?*

Para responder a la pregunta, halla cuántos grupos de 6 hay. El residuo se puede ignorar.

27 ÷ 6 = 4 R3

Ned llenó 4 páginas.

C *¿En cuántas páginas trabajó Ned?*

Para responder a la pregunta, halla cuántos grupos de 6 están completos o empezados. Suma 1 al cociente e ignora el residuo.

27 ÷ 6 = 4 R3

Ned trabajó en 5 páginas.

D *¿Cuántas tarjetas puso Ned en la quinta página?*

La respuesta a esta pregunta es el residuo.

27 ÷ 6 = 4 R3

Ned puso 3 tarjetas en la quinta página.

¡Convénceme! **PM.1 Entender y perseverar** El siguiente cálculo es incorrecto. ¿Cuál es el error? ¿Cuál es la respuesta correcta?

45 ÷ 6 = 6 R9

© Pearson Education, Inc. 4

Nombre ______________________________

Amigo de práctica Herramientas Evaluación

Otro ejemplo

Usa fichas para hallar 20 ÷ 3. Escribe el cociente e incluye el residuo.

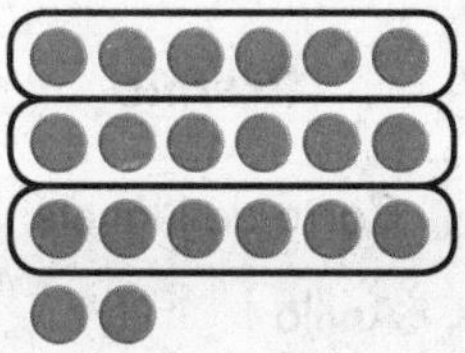

3 grupos iguales de 6 con 2 que sobran

20 ÷ 3 = 6 R2, porque
3 × 6 = 18, y 18 + 2 = 20.

Práctica guiada*

¿Lo entiendes?

1. **PM.2 Razonar** Cuando un divisor es 3, ¿el residuo puede ser 5? Explícalo.

2. Dave quiere guardar 23 suéteres en cajas. Cada caja tendrá 3 suéteres. ¿Cuántas cajas llenará Dave? ¿Cuántas cajas necesitará? Explícalo.

¿Cómo hacerlo?

Halla la cantidad de grupos y la cantidad que sobra en los Ejercicios **3** a **6.** Dibuja una matriz si es necesario.

3. 47 ÷ 3 = ____ con ____ que sobran

4. 29 ÷ 2 = ____ con ____ que sobra

5. 62 ÷ 5 = ____ con ____ que sobran

6. 86 ÷ 6 = ____ con ____ que sobran

Práctica independiente

Halla la cantidad de grupos y la cantidad que sobra en los Ejercicios **7** a **10.**

7. 18 ÷ 4 = ____ con ____ que sobran

8. 22 ÷ 6 = ____ con ____ que sobran

9. 31 ÷ 8 = ____ con ____ que sobran

10. 32 ÷ 9 = ____ con ____ que sobran

Interpreta los residuos en los Ejercicios **11** a **13.**

11. 59 tarjetas de futbol
3 tarjetas en cada página

¿Cuántas páginas puede completar Alex?

12. 55 tarjetas de beisbol
4 tarjetas en cada página

¿Cuántas tarjetas hay en la última página?

13. 84 calcomanías
5 calcomanías en cada página

¿Cuántas páginas tendrán calcomanías?

*Puedes encontrar otro ejemplo en el Grupo C, página 316.

Prácticas matemáticas y resolución de problemas

Usa la tabla de la derecha en los Ejercicios **14** y **15.**

DATOS

Cambio de boletos	
Premio	**Cantidad de boletos**
Carro de juguete	8
Anillo	9
Canica	7
Calcomanía	4

14. Samuel tiene 85 boletos para cambiar por premios. ¿Cuántas canicas puede obtener?

15. Inés escogió 8 anillos y 12 calcomanías. ¿Cuántos boletos usó?

16. Keiko hace collares como el de la ilustración de la derecha. Keiko tiene 19 cuentas azules y 13 cuentas rojas. ¿Cuántos collares puede hacer Keiko? ¿Cuántas cuentas de cada color sobrarán?

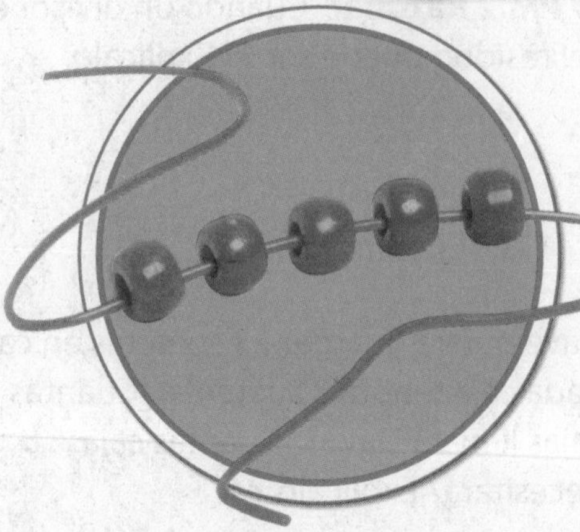

17. **PM.3 Evaluar el razonamiento** Amanda calculó 34 ÷ 8 = 3 R10. ¿La respuesta de Amanda es correcta? Si no lo es, ¿cuál es la respuesta correcta? Explícalo.

18. **Razonamiento de orden superior** Escribe un problema que requiera sumar 1 al cociente cuando se interpreta el residuo.

Evaluación de *Common Core*

19. Hay 39 niños en un parque. Los niños quieren hacer equipos de 9 niños cada uno. Dos niños se van a su casa. ¿Cuántos equipos completos se pueden hacer? Explícalo.

Puedes dibujar una matriz para resolver el problema.

© Pearson Education, Inc. 4

Tarea y práctica 5-4
Interpretar residuos

¡Revisemos!

Jamal tiene 20 canicas para poner en bolsas. Quiere poner 6 canicas en cada bolsa. ¿Cuántas bolsas podrá llenar Jamal?

Halla 20 ÷ 6.

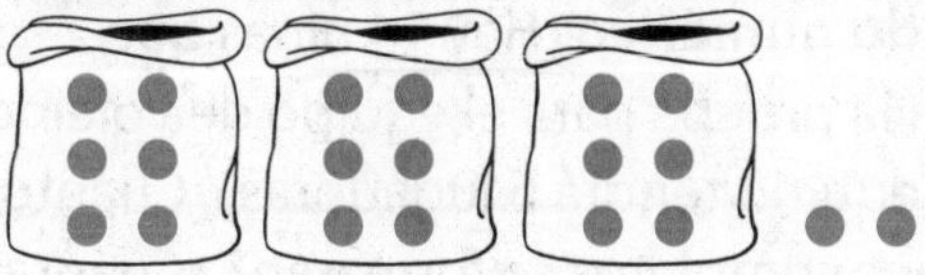

El residuo es el número que queda después de que se termina la división. Recuerda que el residuo debe ser menor que el divisor.

Jamal puede llenar 3 bolsas con 6 canicas.
Sobrarán 2 canicas.

Hay 3 maneras de interpretar un residuo.

Se puede ignorar el residuo.

¿Cuántas bolsas llenó Jamal?
3 bolsas

El residuo puede ser la respuesta.

¿Cuántas canicas no están en bolsas?
2 canicas

Necesitas sumar 1 al cociente.

¿Cuántas bolsas se necesitan para que todas las canicas estén en bolsas?
4 bolsas

Halla la cantidad de grupos iguales y la cantidad que sobra en los Ejercicios **1** a **4.**

1. 66 ÷ 5 = ____ con ____ que sobra

2. 94 ÷ 6 = ____ con ____ que sobran

3. 29 ÷ 9 = ____ con ____ que sobran

4. 46 ÷ 8 = ____ con ____ que sobran

Resuelve las divisiones en los Ejercicios **5** y **6.** Luego interpreta el residuo.

5. 77 manzanas
3 manzanas en cada bolsa
77 ÷ 3 = ____ con ____ que sobran

¿Cuántas manzanas no están en bolsas? ____________

6. 71 tarjetas
5 tarjetas en cada caja
71 ÷ 5 = ____ con ____ que sobra

¿Cuántas cajas se necesitan para todas las tarjetas? ____________

7. ¿Por qué el residuo debe ser menor que el divisor?

8. La Sra. Morris tiene 25 estudiantes en su clase. Quiere dividir la clase en 3, 4 o 5 equipos iguales y que todos los estudiantes estén en un equipo. ¿Qué cantidad de equipos puede hacer la Sra. Morris? Explícalo.

9. Tammy decoró su proyecto de arte con lentejuelas de 12 colores diferentes. Si usó 15 de cada color, ¿cuántas lentejuelas usó Tammy?

10. **Sentido numérico** Hay 14 niñas que hacen la prueba para el equipo de voleibol. Cada equipo tendrá 6 jugadoras. ¿Cuántos equipos completos se formarán? ¿Cuántas niñas no estarán en un equipo?

11. **PM.4 Representar con modelos matemáticos** ¿Cuántas cuerdas se usan para hacer 4 guitarras como las de la ilustración? Dibuja un diagrama de barras para mostrar cómo hallaste tu respuesta.

Los músicos tejanos usan guitarras de 12 cuerdas.

12. Hay 26 estudiantes en la clase de Dante. Un estudiante faltó porque está enfermo. Los estudiantes quieren dividirse en equipos de seis para un juego. ¿Cuántos equipos completos se pueden formar?

13. **Razonamiento de orden superior** Carl tiene 98 fotos para poner en un álbum. Se pueden poner 8 fotos en cada página. ¿Cuántas fotos pondrá Carl en la última página? Explícalo.

Evaluación de *Common Core*

14. Jada compró un equipo de arte que trae 58 lápices de colores. Jada compartirá los lápices con sus 3 hermanas por igual. ¿Cuántos lápices recibirá cada una? ¿Sobrará algún lápiz? Si es así, ¿cuántos sobran?

© Pearson Education, Inc. 4

Nombre ______________________________

Lección 5-5
La división como repartición

Puedo...
clasificar objetos en grupos de igual tamaño para dividir.

Estándares de contenido 4.NBD.B.6, 4.OA.A.3
Prácticas matemáticas PM.2, PM.3, PM.4, PM.5

Resuélvelo y coméntalo

Paulo tiene 39 escudos de tela de los estados que visitaron él y su familia. Paulo quiere ponerlos en un tablero y ordenarlos en 3 filas iguales. ¿Cuántos escudos habrá en cada fila? ***Resuelve este problema con la estrategia que prefieras.***

Usar herramientas apropiadas, como bloques de valor de posición, te puede ayudar a dividir.

¡Vuelve atrás! **PM.2 Razonar** ¿Cuándo podrías necesitar dividir algo en grupos iguales en la vida diaria?

Aprende Glosario

Pregunta esencial

¿Cómo puede ayudar a dividir el valor de posición?

A

El club de manualidades hizo 375 llaveros. Vendieron 137 llaveros en la feria de la escuela. El resto debe guardarse en 2 cajas con la misma cantidad de llaveros en cada caja. ¿Cuántos llaveros habrá en cada caja?

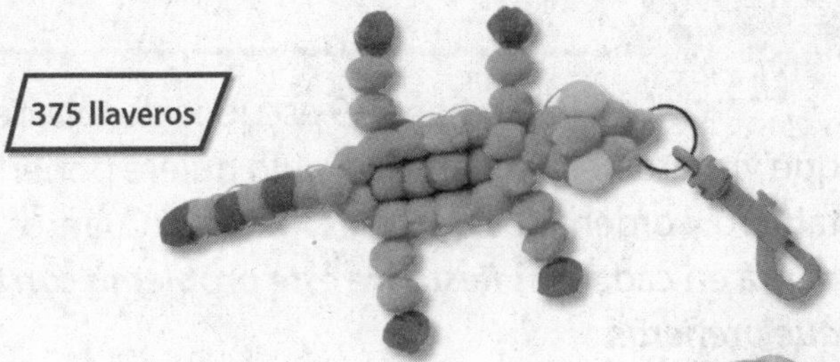
375 llaveros

Primero resta para hallar cuántos llaveros hay que guardar.

$375 - 137 = 238$

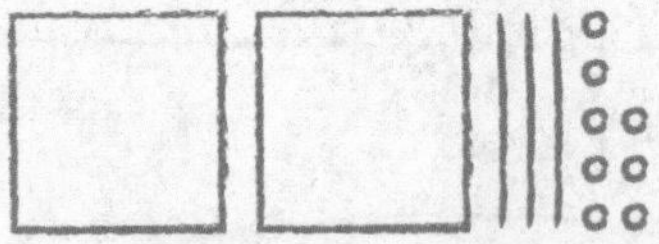

Dibuja centenas, decenas y unidades para mostrar 238. Luego divide.

B Halla $238 \div 2$.

Divide las centenas en dos grupos iguales.

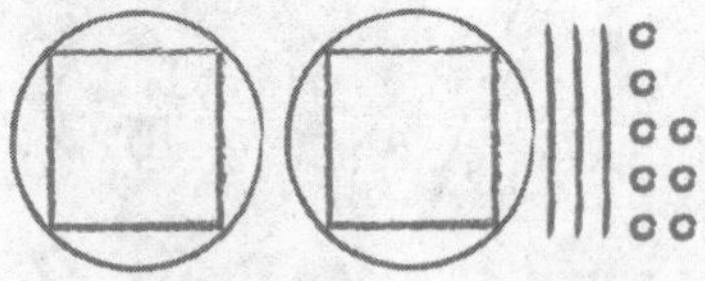

C Luego divide las decenas en dos grupos iguales.

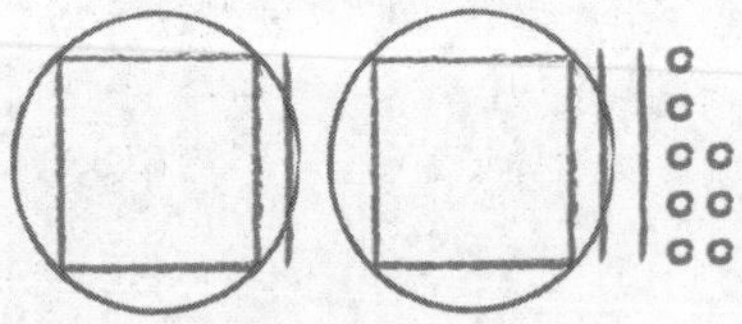

Desarma 1 decena para hacer 10 unidades.

10 unidades + 8 unidades = 18 unidades

D Divide las 18 unidades en dos grupos iguales.

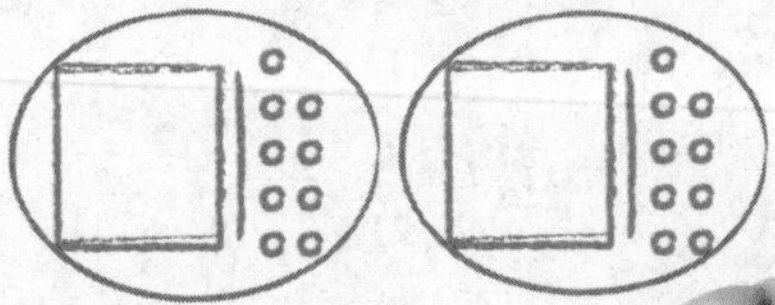

Habrá 119 llaveros en cada caja.

¡Convénceme! **PM.5 Usar herramientas apropiadas** Explica cómo dividirías en cantidades iguales el dinero de la ilustración entre 4 personas usando solamente billetes de $10 o de $1.

© Pearson Education, Inc. 4

Nombre ______________________

Otro ejemplo

Halla 55 ÷ 4.

Divide las decenas en cantidades iguales en 4 grupos. Reagrupa 1 decena en 10 unidades y luego divide las unidades en 4 grupos iguales. Sobran 3 unidades.

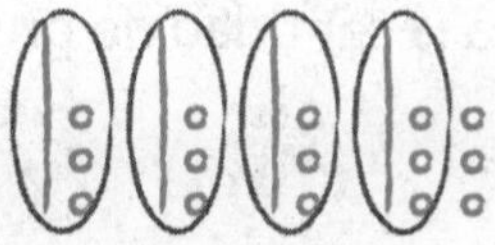

55 ÷ 4 = 13 R3

Práctica guiada*

¿Lo entiendes?

1. PM.4 Representar con modelos matemáticos Haz un dibujo para explicar por qué 423 ÷ 3 = 141.

2. La maestra de arte exhibió 48 dibujos en 3 paredes. Si cada pared tenía la misma cantidad de dibujos, ¿cuántos dibujos había en cada pared?

¿Cómo hacerlo?

Indica cuántos hay en cada grupo y cuántos sobran en los Ejercicios **3** y **4.** Haz dibujos si es necesario.

3. 176 revistas divididas en cantidades iguales en 5 cajas

4. 56 canicas divididas en cantidades iguales en 3 bolsas

Práctica independiente

Usa el dibujo para completar las oraciones de división en los Ejercicios **5** y **6.**

5. 71 ÷ ____ = ____ R2

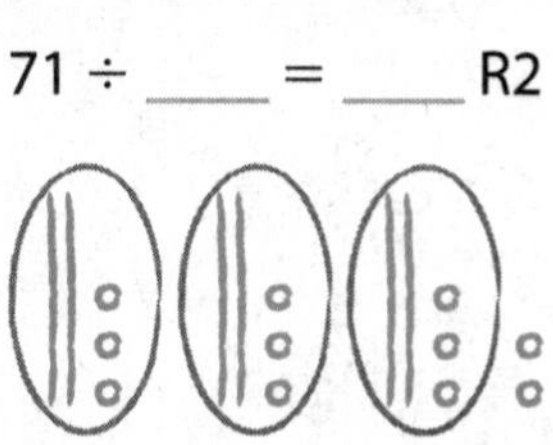

6. 176 ÷ ____ = ____

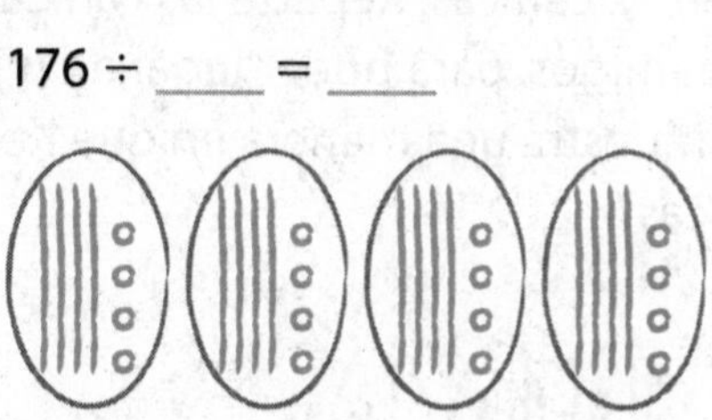

Haz dibujos para resolver los Ejercicios **7** y **8.**

7. 46 ÷ 3

8. 65 ÷ 4

Puedes encontrar otro ejemplo en el Grupo D, página 316.

Prácticas matemáticas y resolución de problemas

9. **PM.4 Representar con modelos matemáticos** Una compañía de 65 empleados se mudará a otro lugar. Los empleados se dividen en grupos de 5 para la mudanza. Escribe una ecuación y halla la cantidad de grupos que habrá en la mudanza.

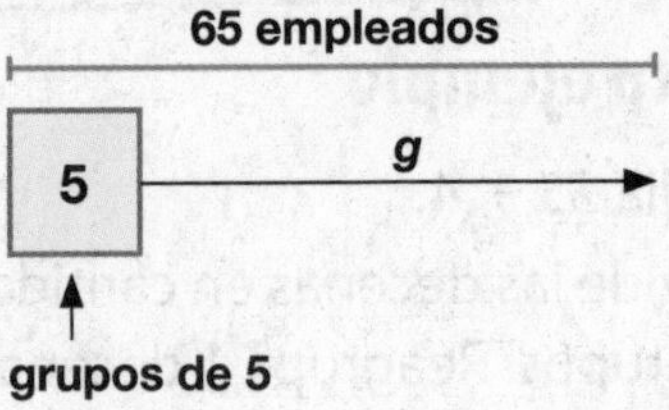

10. Maya usó un dibujo para dividir 86. Hizo grupos de 17 y sobró 1. Haz un dibujo para determinar cuántos grupos hizo Maya.

11. **Sentido numérico** Un museo de ciencias tiene 2,400 gemas exhibidas en cantidades iguales en 3 estuches. ¿Cuántas gemas hay en cada estuche? ¿Qué operación básica usaste para hallar el cociente?

12. **PM.3 Construir argumentos** El Sr. Harold tiene 268 libros en 4 estantes en la biblioteca de la clase. Tiene la misma cantidad de libros en cada estante. Para hallar la cantidad de libros que hay en cada estante, el Sr. Harold dividió 268 por 4. ¿Cuántas decenas reagrupó en unidades? ¿Cuántos libros hay en cada estante?

13. **Razonamiento de orden superior** Cinco clases de cuarto grado de una escuela primaria hicieron una excursión al Capitolio de los Estados Unidos. Había 25 estudiantes por clase. En el Capitolio, se permite un máximo de 40 estudiantes por visita. ¿Cuál fue la menor cantidad de visitas necesarias para que todos los estudiantes hicieran una visita?

Evaluación de *Common Core*

14. Ken tiene 72 canicas. Reparte las canicas en cantidades iguales con algunos amigos, para poder jugar a un juego. ¿Cuál de los siguientes dibujos muestra una manera en que Ken pudo haber repartido sus canicas?

Ⓐ 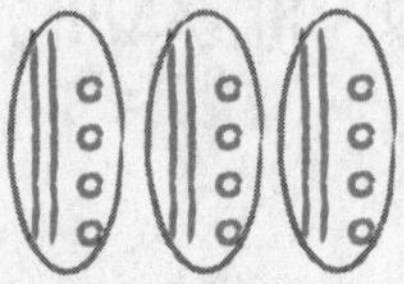

Ⓑ 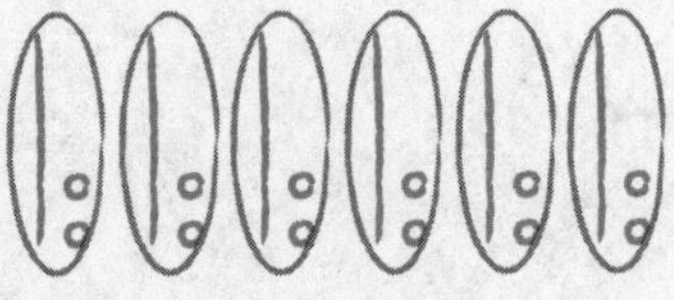

Ⓒ 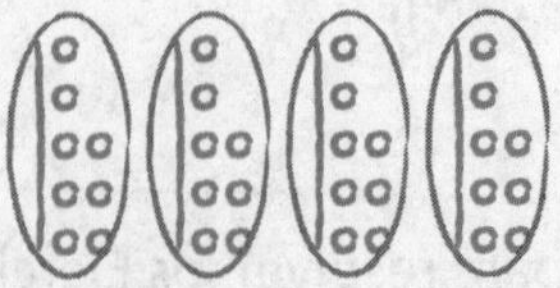

Ⓓ Todos los modelos

© Pearson Education, Inc. 4

Nombre ______________________

Ayuda | Amigo de práctica | Herramientas | Juegos

Tarea y práctica 5-5
La división como repartición

¡Revisemos!

Halla 78 ÷ 5.

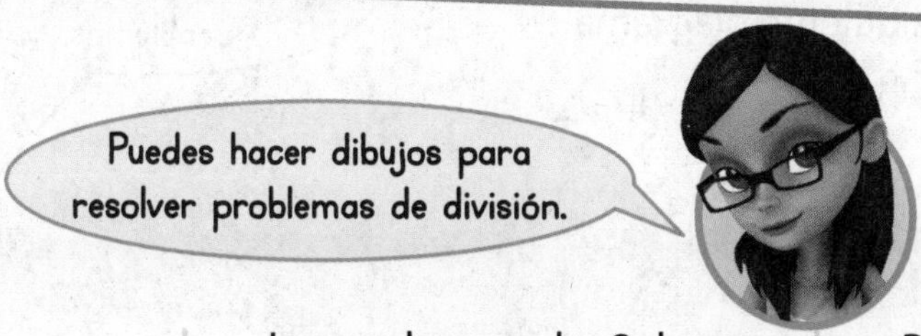
Puedes hacer dibujos para resolver problemas de división.

Primero divide las decenas.

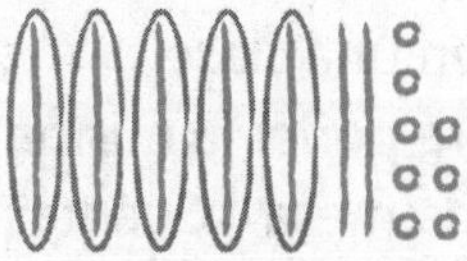

Hay 1 decena en cada uno de los 5 grupos.

Luego desarma las 2 decenas para hacer 20 unidades.

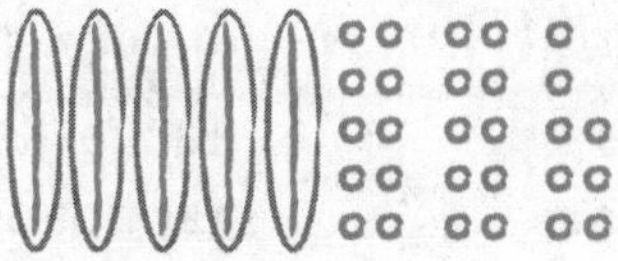

20 unidades y 8 unidades es igual a 28 unidades.

Por último divide las unidades.

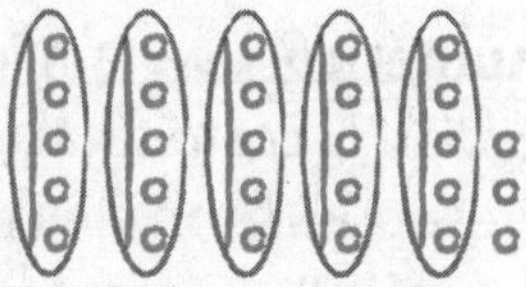

Cada uno de los 5 grupos tiene 1 decena y 5 unidades. Sobran 3 unidades.

78 ÷ 5 = 15 R3

Usa el dibujo para completar las oraciones de división en los Ejercicios 1 a 4.

1. 66 ÷ ____ = ____ R2

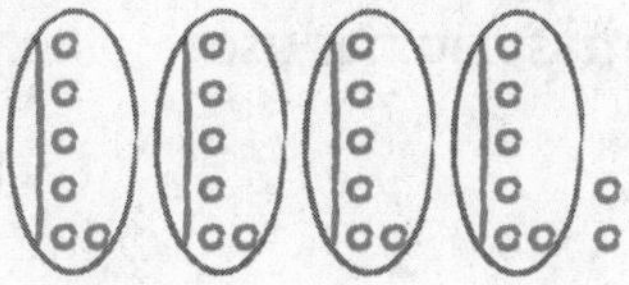

2. 136 ÷ 4 = ____

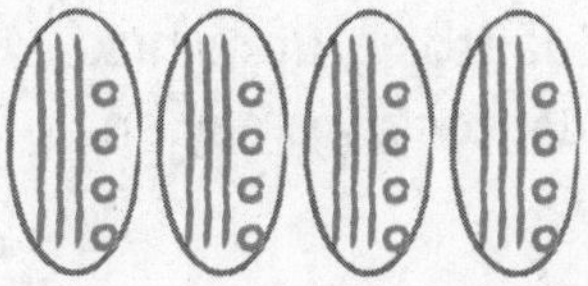

3. 131 ÷ ____ = ____ R1

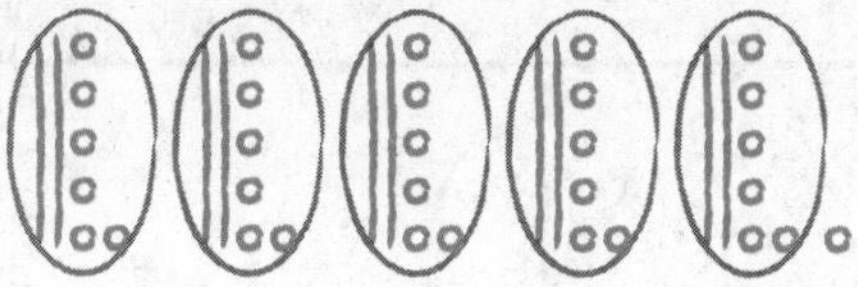

4. 76 ÷ ____ = ____ R ____

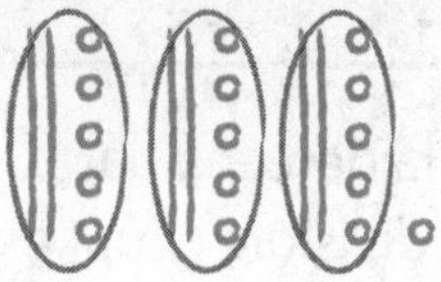

Haz dibujos para resolver los Ejercicios 5 a 8.

5. 140 ÷ 6

6. 95 ÷ 2

7. 96 ÷ 8

8. 51 ÷ 2

9. Marcos tiene 78 carros de juguete. Los ordena en 6 grupos iguales. ¿Cuántos carros de juguete hay en cada grupo? Completa el siguiente diagrama para mostrar tu trabajo.

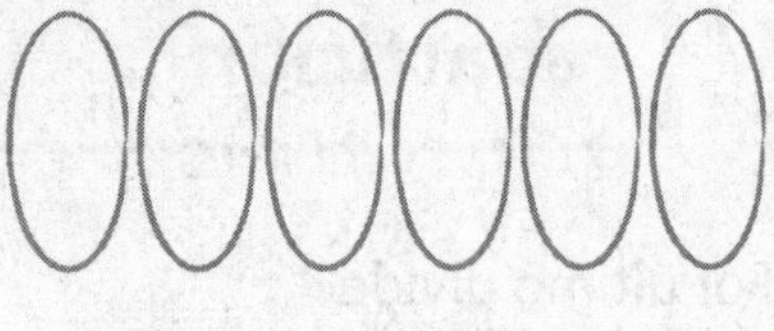

Los dibujos te pueden ayudar a resolver problemas.

10. Sentido numérico Una familia irá de viaje por 3 días. El costo total del hotel es $336. Presupuestaron cien dólares por día para la comida. ¿Cuánto costará cada día del viaje?

11. Hay 37 sillas y 9 mesas en una clase. La Sra. Kensington quiere poner la misma cantidad de sillas en cada mesa. ¿Cuántas sillas puede poner en cada mesa? ¿Sobrará alguna silla?

12. Razonamiento de orden superior La Sra. Dryson dividió su colección de 52 osos de vidrio en grupos iguales. Le sobró 1 oso. ¿Cuántos grupos hizo la Sra. Dryson? ¿Cuántos osos hay en cada grupo?

13. Ben tiene 165 fotos de su viaje a Austria en el verano. Puso 6 fotos en cada página de un álbum de fotos. ¿Cuántas páginas del álbum llenó Ben? ¿Cuántas páginas usó?

14. Adrián usó el dibujo de la derecha para resolver una oración de división. ¿Cuál es la oración de división? Explícalo.

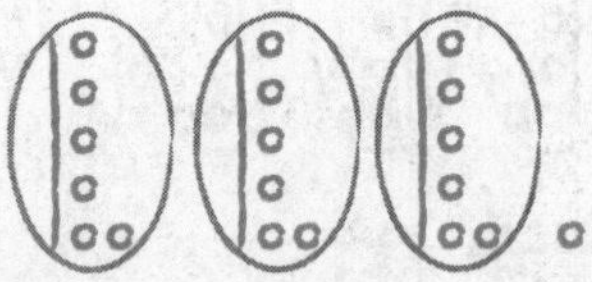

Evaluación de *Common Core*

15. Nancy plantó 44 plantas en filas. Si hay 7 plantas en cada fila, ¿cuántas plantas sobraron?

Ⓐ 6 plantas
Ⓑ 3 plantas
Ⓒ 2 plantas
Ⓓ 1 planta

16. Un envío de 8 cajas se entregó en la librería Mason. Cada caja contiene la misma cantidad de libros. Si hay 744 libros en el envío, ¿cuántos libros hay en cada caja?

Ⓐ 90 libros
Ⓑ 93 libros
Ⓒ 95 libros
Ⓓ 100 libros

© Pearson Education, Inc. 4

Nombre ________________________________

Resuelve

Lección 5-6
Usar cocientes parciales para dividir

Puedo...
dividir pensando en la multiplicación, la estimación y el valor de posición.

Estándares de contenido 4.NBD.B.6, 4.OA.A.3
Prácticas matemáticas PM.1, PM.2, PM.4, PM.7

Resuélvelo y coméntalo En el comedero para aves de Sally caben 6 tazas de alimento para aves. ¿Cuántas veces se puede llenar el comedero de Sally con una bolsa de 72 tazas de alimento para aves? ***Resuelve este problema con la estrategia que prefieras.***

Puedes razonar. Piensa en cuántas veces puedes quitar grupos de seis de la cantidad original.
Alimento para aves
72 tazas

¡Vuelve atrás! **PM.7 Usar la estructura** ¿Cómo puedes comprobar tu respuesta con una multiplicación?

Aprende Glosario

Pregunta esencial

¿Cómo se pueden usar los cocientes parciales para resolver problemas de división?

A

Hay 3 asientos en cada fila de un avión de pasajeros. Si 63 personas viajarán en el avión, ¿cuántas filas de asientos se necesitan para todos los pasajeros?

3 asientos por fila

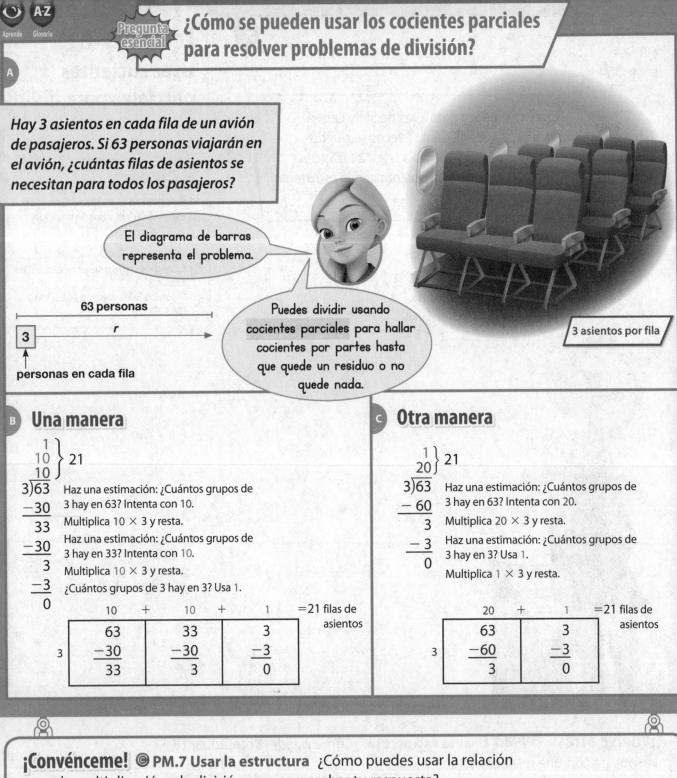

El diagrama de barras representa el problema.

Puedes dividir usando cocientes parciales para hallar cocientes por partes hasta que quede un residuo o no quede nada.

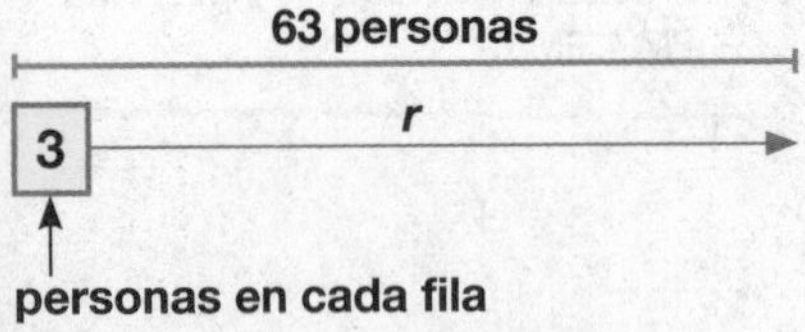

B

Una manera

1, 10, 10 } 21

$3\overline{)63}$ — Haz una estimación: ¿Cuántos grupos de 3 hay en 63? Intenta con 10.

-30

33 — Multiplica 10 × 3 y resta.

Haz una estimación: ¿Cuántos grupos de 3 hay en 33? Intenta con 10.

-30

3 — Multiplica 10 × 3 y resta.

-3 — ¿Cuántos grupos de 3 hay en 3? Usa 1.

0

10 + 10 + 1 = 21 filas de asientos

	10	10	1
3	63 −30 33	33 −30 3	3 −3 0

C

Otra manera

1, 20 } 21

$3\overline{)63}$ — Haz una estimación: ¿Cuántos grupos de 3 hay en 63? Intenta con 20.

-60

3 — Multiplica 20 × 3 y resta.

-3 — Haz una estimación: ¿Cuántos grupos de 3 hay en 3? Usa 1.

0 — Multiplica 1 × 3 y resta.

20 + 1 = 21 filas de asientos

	20	1
3	63 −60 3	3 −3 0

¡Convénceme! **PM.7 Usar la estructura** ¿Cómo puedes usar la relación entre la multiplicación y la división para comprobar tu respuesta?

© Pearson Education, Inc. 4

Nombre ______________________

Amigo de práctica | Herramientas | Evaluación

Otro ejemplo

Usa la propiedad distributiva para mostrar 69 ÷ 3.

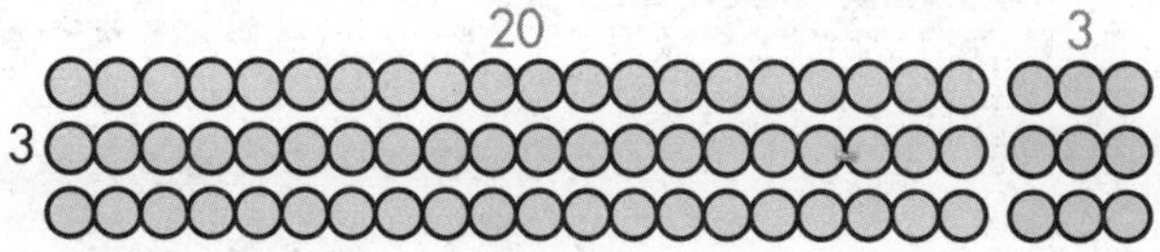

60 + 9 = 69

$69 \div 3 = (60 + 9) \div 3$
$= (60 \div 3) + (9 \div 3)$
$= 20 + 3$
$= 23$

Práctica guiada*

¿Lo entiendes?

1. **PM.7 Usar la estructura** Harry usó el siguiente modelo para hallar 84 ÷ 4. Usa la propiedad distributiva para mostrar por qué funciona la estrategia de Harry.

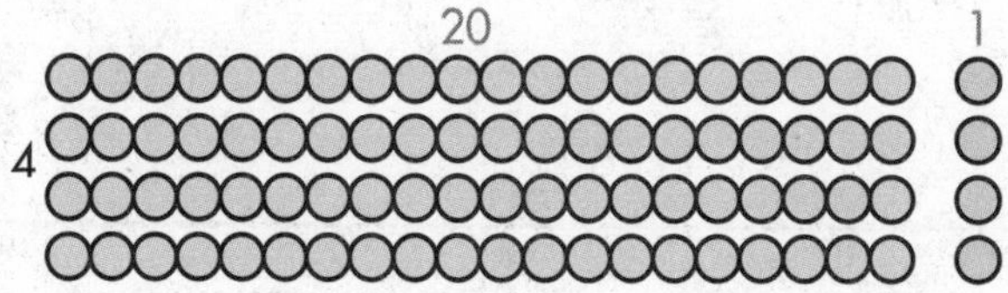

¿Cómo hacerlo?

Usa cocientes parciales para dividir en los Ejercicios **2** y **3**.

2. $4\overline{)48}$

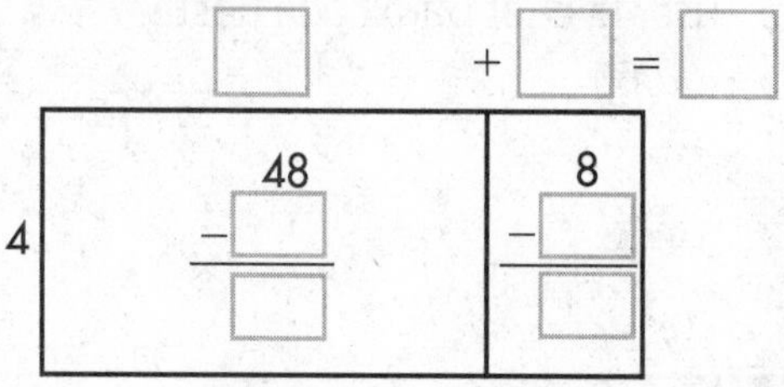

3. $6\overline{)78}$

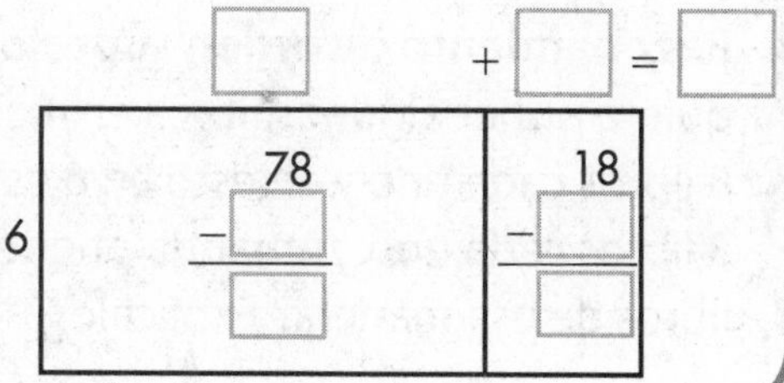

Práctica independiente

Práctica al nivel Usa cocientes parciales para dividir en los Ejercicios **4** a **9.**

4. 90 ÷ 6 ☐

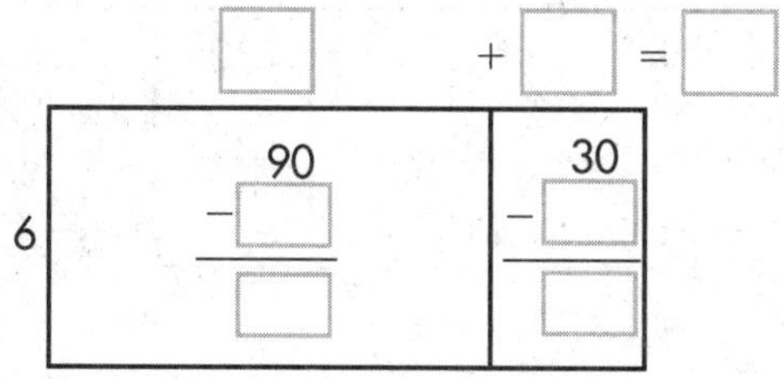

5. 85 ÷ 5 ☐

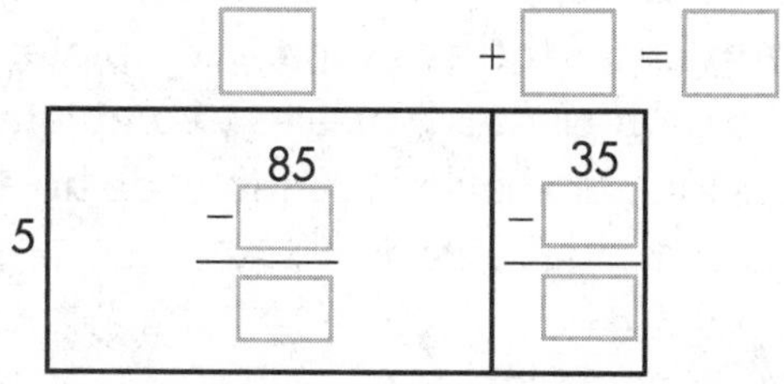

6. $2\overline{)78}$

7. $3\overline{)87}$

8. $2\overline{)84}$

9. $3\overline{)57}$

Puedes encontrar otro ejemplo en el Grupo E, página 317.

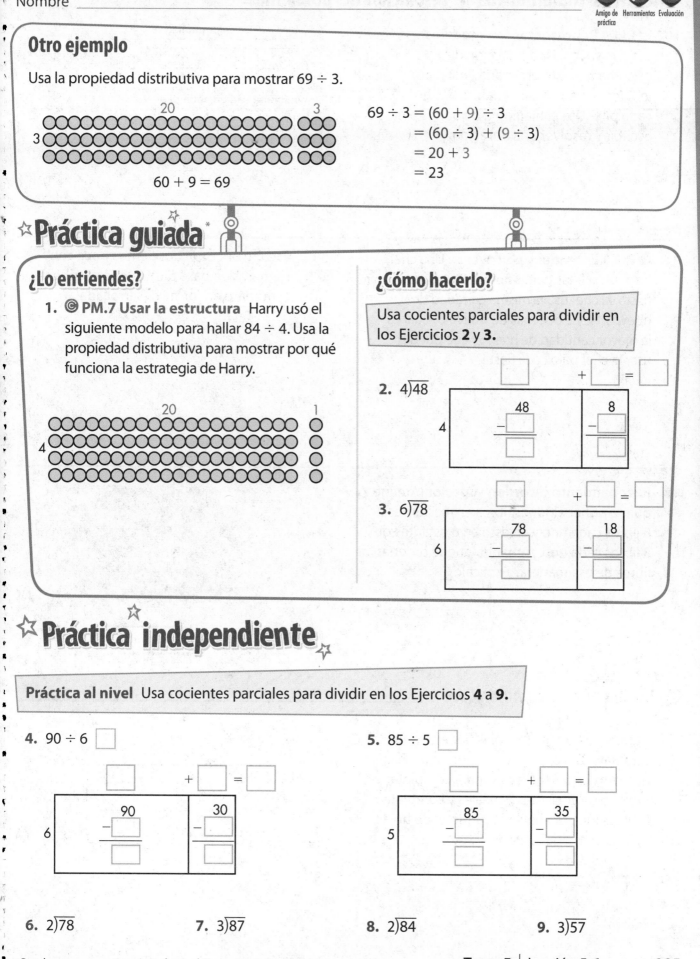

10. **PM.4 Representar con modelos matemáticos** Una colección de calcomanías está ordenada en 4 pilas iguales. ¿Cuántas calcomanías hay en cada pila? Usa el diagrama de barras para escribir y resolver una ecuación.

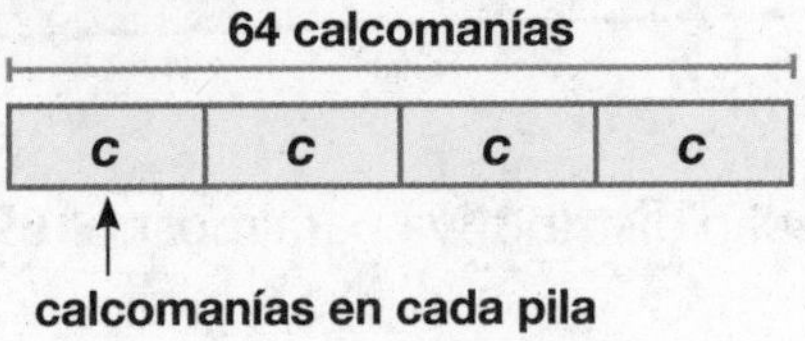

11. **PM.1 Entender y perseverar** Una chef hornea galletas para 3 fiestas. Para cada fiesta, la chef usa la misma cantidad de huevos. Hay 2 docenas de huevos. ¿Cuál es la mayor cantidad de huevos que puede usar la chef para cada fiesta?

12. Escribe once mil doscientos doce con números en base diez. Luego escribe el número en forma desarrollada.

13. **Razonamiento de orden superior** Amanda quiere poner algunos libros en 4 estantes de 6 libros cada uno y el resto en 6 estantes de 3 libros cada uno. ¿Amanda puede ordenar los libros de esa manera? Explícalo.

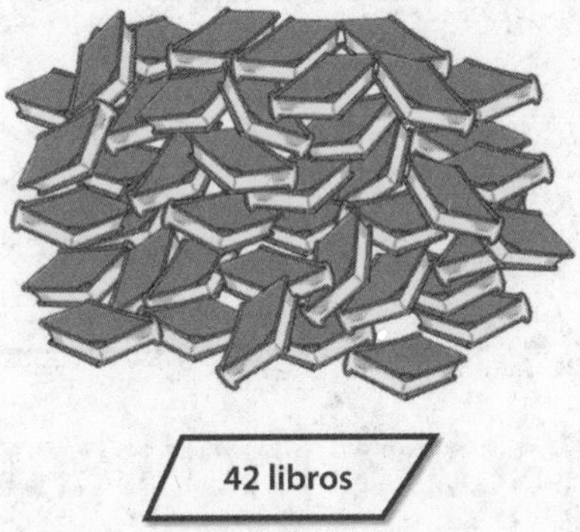

Evaluación de *Common Core*

14. Annabelle recogió 98 hojas durante una caminata. Las ordenó en 7 categorías. Escribe números en los recuadros para completar el modelo de cocientes parciales y completa la ecuación para hallar la cantidad de hojas que hay en cada categoría.

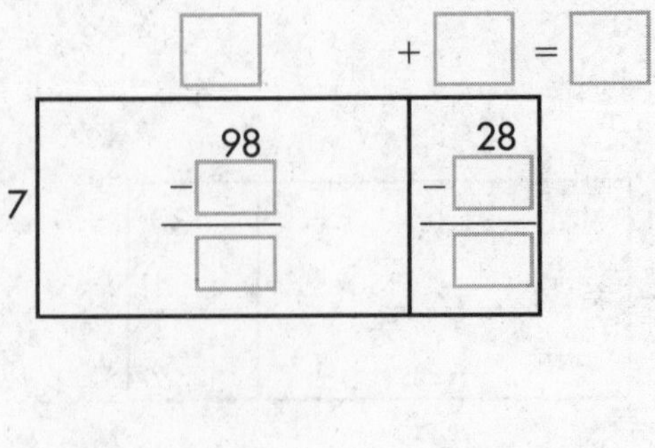

$98 \div 7 = \square$ hojas

© Pearson Education, Inc. 4

Nombre ______________________

Ayuda | Amigo de práctica | Herramientas | Juegos

Tarea y práctica 5-6

Usar cocientes parciales para dividir

¡Revisemos!

En el día "Limpia tu ciudad", 48 voluntarios se ofrecieron a limpiar el parque de la ciudad. Los voluntarios trabajaron en grupos de 3. ¿Cuántos grupos limpiaron el parque de la ciudad?

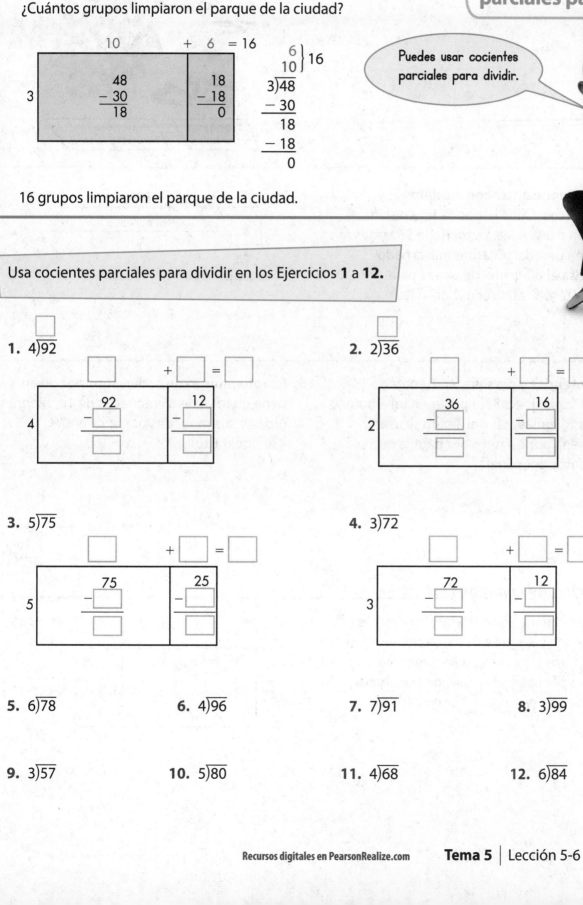

10 + 6 = 16

3	48 − 30 = 18	18 − 18 = 0

$$\begin{array}{r} 6 \\ 10 \\ 3\overline{)48} \\ -\,30 \\ \hline 18 \\ -\,18 \\ \hline 0 \end{array} \Big\}\ 16$$

16 grupos limpiaron el parque de la ciudad.

Puedes usar cocientes parciales para dividir.

Usa cocientes parciales para dividir en los Ejercicios **1** a **12**.

1. $4\overline{)92}$

☐ + ☐ = ☐

4	92 − ☐ = ☐	12 − ☐ = ☐

2. $2\overline{)36}$

☐ + ☐ = ☐

2	36 − ☐ = ☐	16 − ☐ = ☐

3. $5\overline{)75}$

☐ + ☐ = ☐

5	75 − ☐ = ☐	25 − ☐ = ☐

4. $3\overline{)72}$

☐ + ☐ = ☐

3	72 − ☐ = ☐	12 − ☐ = ☐

5. $6\overline{)78}$

6. $4\overline{)96}$

7. $7\overline{)91}$

8. $3\overline{)99}$

9. $3\overline{)57}$

10. $5\overline{)80}$

11. $4\overline{)68}$

12. $6\overline{)84}$

13. **Sentido numérico** Nina dará una fiesta. ¿Cuántas bolsas con sorpresas podrá llenar Nina: menos de 10 bolsas, entre 10 y 20 bolsas, entre 20 y 30 bolsas o más de 30 bolsas? Explícalo.

---

14. **PM.4 Representar con modelos matemáticos** Ocho largos de una piscina equivalen a una milla. Víctor nadó 96 largos la semana pasada. ¿Cuántas millas nadó Víctor? Usa el diagrama de barras para escribir y resolver una ecuación.

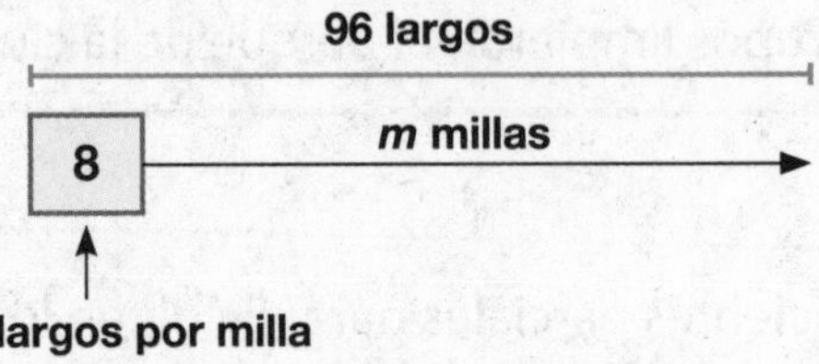

---

15. **PM.1 Entender y perseverar** Georgena tiene 84 fotos que quiere poner en un álbum. ¿Cuántas páginas más del álbum se usarán si Georgena pone 4 fotos por página que si pone 6 fotos por página?

16. **Razonamiento de orden superior** Ryan tiene un total de 85 monedas de 1¢. ¿Podrá repartir sus monedas por igual entre 4 amigos? Explícalo.

Evaluación de *Common Core*

17. Christopher tiene 95 carros de juguete. Los ordena en 5 filas iguales. Escribe números en los recuadros para completar el modelo de cocientes parciales y la ecuación para hallar la cantidad de carros que hay en cada fila.

$95 \div 5 = \square$ carros

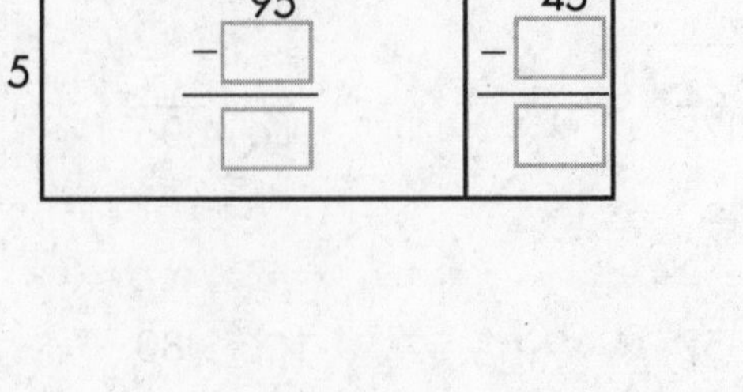

© Pearson Education, Inc. 4

Nombre ____________________

Resuelve

Lección 5-7
Usar cocientes parciales para dividir: Dividendos más grandes

Puedo...
dividir pensando en la multiplicación, la estimación y el valor de posición.

Estándares de contenido 4.NBD.B.6, 4.OA.A.3
Prácticas matemáticas PM.2, PM.3, PM. 7

Resuélvelo y coméntalo La nueva sala de lectura de la biblioteca mide 9 pies de longitud. Está dividida en un área de lectura y un área de informes. El área total es 153 pies cuadrados. ¿Cuál es el ancho total de la nueva sala de lectura? Usa el modelo para resolver el problema. ***Resuelve este problema con la estrategia que prefieras.***

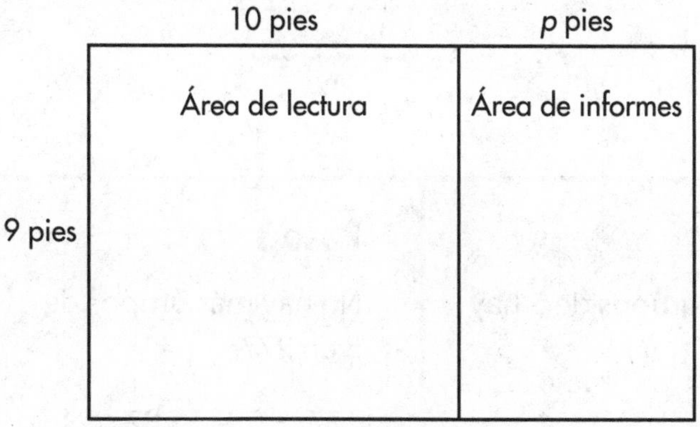

10 pies
p pies
Área de lectura
Área de informes
9 pies

Puedes razonar. Usa lo que sabes sobre el valor de posición y la relación entre la multiplicación y la división como ayuda para resolver el problema.

¡Vuelve atrás! **PM.2 Razonar** Si el área de la sala de lectura es 216 pies cuadrados y la longitud sigue siendo 9 pies, ¿el ancho será más o menos de 20? Explícalo.

Aprende Glosario

Pregunta esencial

¿Cómo se pueden usar cocientes parciales para dividir dividendos más grandes?

A

Un total de 277 personas se inscribieron en las pruebas de un concurso de talentos. La misma cantidad de personas se ubica en cada sala de espera antes de que empiecen las pruebas. ¿Cuántas personas se ubican en cada sala de espera?

Hay 5 salas de espera.

Puedes hacer una estimación y usar cocientes parciales para dividir.

B Paso 1

Halla 277 ÷ 5.

¿Cuántos grupos de 5 hay en 277?

Haz una estimación:

$5 \times 40 = 200$
$5 \times 50 = 250$
$5 \times 60 = 300$

60 es demasiado; usa 50.

$$\begin{array}{r} 50 \\ 5\overline{)277} \\ -250 \\ \hline 27 \end{array}$$

50 + *n*

5	277 − 250 27	27

C Paso 2

¿Cuántos grupos de 5 hay en 27?

Haz una estimación:

$5 \times 5 = 25$
$5 \times 6 = 30$

6 es demasiado; usa 5.

$$\begin{array}{r} 5 \\ 50 \\ 5\overline{)277} \\ -250 \\ \hline 27 \\ -25 \\ \hline 2 \end{array} \Big\} 55$$

50 + 5 = 55

5	277 − 250 27	27 − 25 2

D Paso 3

No hay más grupos de 5 en 277.

277 ÷ 5 = 55 R2

Hay 55 personas en cada sala de espera. Hay 2 personas adicionales.

¡Divide hasta que el residuo sea menor que el divisor!

¡Convénceme! **PM.7 Usar la estructura** ¿Cómo cambiaría la división si usaras 40 en vez de 50 como tu primer cociente parcial?

© Pearson Education, Inc. 4

Otro ejemplo

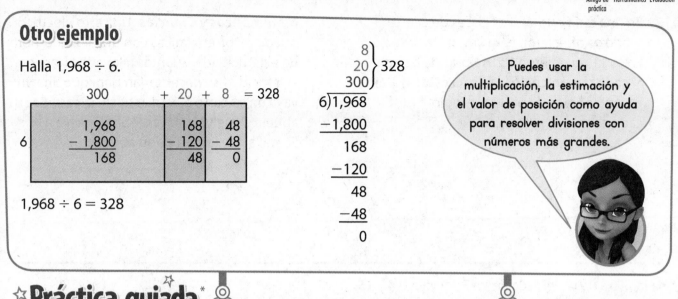

Halla 1,968 ÷ 6.

	300	+ 20	+ 8 = 328
6	1,968 − 1,800 168	168 − 120 48	48 − 48 0

1,968 ÷ 6 = 328

$$\begin{array}{r} 8 \\ 20 \\ 300 \end{array}\Big\} 328$$

$$\begin{array}{r} 6\overline{)1,968} \\ -1,800 \\ \hline 168 \\ -120 \\ \hline 48 \\ -48 \\ \hline 0 \end{array}$$

Puedes usar la multiplicación, la estimación y el valor de posición como ayuda para resolver divisiones con números más grandes.

Práctica guiada*

¿Lo entiendes?

1. **PM.2 Razonar** Hilary tiene 254 fichas para usar en los juegos de Pizzamanía. Hilary quisiera usar la misma cantidad de fichas en cada una de las 3 visitas que tiene planeadas. ¿Podrá usar la misma cantidad de fichas en cada visita?

¿Cómo hacerlo?

Usa cocientes parciales para dividir en los Ejercicios **2** y **3.**

2. 6,787 ÷ 4

3. 6,209 ÷ 5

Práctica independiente

Usa cocientes parciales para dividir en los Ejercicios **4** a **11.**

4. $9\overline{)153}$ **5.** $8\overline{)450}$ **6.** $3\overline{)2,826}$ **7.** $7\overline{)9,428}$

8. $7\overline{)4,318}$ **9.** $4\overline{)8,457}$ **10.** $8\overline{)5,699}$ **11.** $3\overline{)4,567}$

Puedes encontrar otro ejemplo en el Grupo E, página 317.

12. En una feria estatal, tres clases de cuarto grado se ofrecieron para limpiar la basura. En total, recogieron 1,281 libras de basura. Si cada clase recogió la misma cantidad, ¿cuántas libras de basura recogió cada clase?

13. Matemáticas y Ciencias Un carro eléctrico puede recorrer 4 millas con un kilovatio-hora de electricidad. ¿Cuántos kilovatios-hora de electricidad se necesitarían para que Shawn vaya en su carro eléctrico hasta la casa de su abuela y vuelva a su casa? Shawn vive a 56 millas de la casa de su abuela.

Usa la tabla de la derecha en los Ejercicios **14** y **15.**

14. Razonamiento de orden superior ¿Cuántas vinchas pueden hacer los estudiantes? Explícalo.

Para cada vincha, los estudiantes necesitan 7 cuentas, 9 pulgadas de cinta y 3 botones.

DATOS

Material	Cantidad disponible en la escuela
Cuentas	6,437
Botones	3,636
Cinta	3,870 pulgadas

15. Sentido numérico Haz una estimación para hallar el material que les permite a los estudiantes hacer la menor cantidad de vinchas.

Evaluación de *Common Core*

16. Escribe los números correctos en los recuadros para completar el modelo de área y la ecuación.

4,567 ÷ 7 = ☐ R ☐

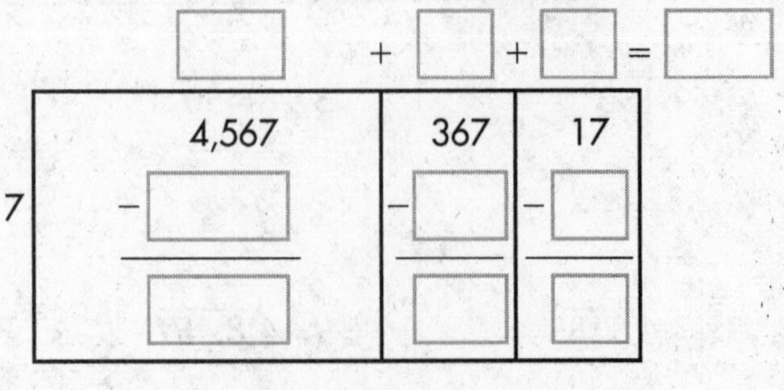

☐ + ☐ + ☐ = ☐
7
4,567
367
17

 © Pearson Education, Inc. 4

Nombre ______________________________

Ayuda | Amigo de práctica | Herramientas | Juegos

Tarea y práctica 5-7

Usar cocientes parciales para dividir: Dividendos más grandes

¡Revisemos!

Una abeja puede viajar 2,925 pies en 3 minutos. ¿Cuántos pies viaja por minuto?

900 + 70 + 5 = 975

	900	70	5
3	2,925 − 2,700 = 225	225 − 210 = 15	15 − 15 = 0

$$\begin{array}{r} 5 \\ 70 \\ 900 \end{array}\Big\} 975$$

$$\begin{array}{r} 3\overline{)2{,}925} \\ -2{,}700 \\ \hline 225 \\ -210 \\ \hline 15 \\ -15 \\ \hline 0 \end{array}$$

La abeja viaja 975 pies por minuto.

Puedes pensar en la multiplicación y usar cocientes parciales para dividir.

Usa cocientes parciales para dividir en los Ejercicios **1** a **16.**

1. $9\overline{)126}$ **2.** $7\overline{)474}$ **3.** $2\overline{)179}$ **4.** $6\overline{)237}$

5. $4\overline{)3{,}264}$ **6.** $8\overline{)3{,}349}$ **7.** $3\overline{)6{,}334}$ **8.** $5\overline{)8{,}248}$

9. $6\overline{)5{,}769}$ **10.** $3\overline{)441}$ **11.** $7\overline{)4{,}999}$ **12.** $6\overline{)4{,}272}$

13. $3\overline{)3{,}791}$ **14.** $9\overline{)756}$ **15.** $5\overline{)4{,}271}$ **16.** $4\overline{)1{,}847}$

17. **Álgebra** Cinco estudiantes corrieron la misma distancia en una carrera de relevos de una milla. ¿Cuántos pies corrió cada estudiante? Usa el diagrama de barras para escribir y resolver una ecuación.

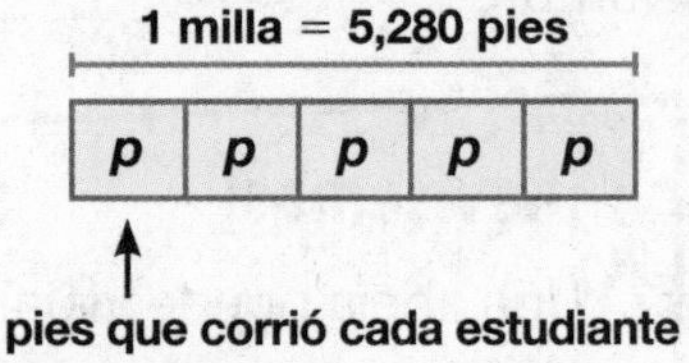

18. **Matemáticas y Ciencias** La función de una central hidroeléctrica es convertir en electricidad la energía del agua en movimiento. ¿Cuánto tarda la central hidroeléctrica de la ilustración en producir 384 kilovatios-hora de electricidad?

Una central hidroeléctrica puede producir 8 kilovatios-hora de electricidad por hora.

19. **PM.3 Evaluar el razonamiento** Indica si es correcto el razonamiento de Miranda o el de Jesse. Explícalo.

Miranda	Jesse
$6{,}050 \div 5 = (6{,}000 + 50) \div 5$	$6{,}050 \div 5 = (6{,}000 + 50) \div (3+2)$
$= (6{,}000 \div 5) + (50 \div 5)$	$= (6{,}000 \div 3) + (50 \div 2)$
$= 1{,}200 + 10$	$= 2{,}000 + 25$
$= 1{,}210$	$= 2{,}025$

20. Kelli se inscribió en un curso de gimnasia de 38 lecciones. Cada lección dura 2 horas. ¿Cuántas horas dura el curso en el que se inscribió Kelli?

21. **Razonamiento de orden superior** La Escuela Primaria Edgar tiene un concurso de lectura. Seis clases de cuarto grado se pusieron la meta de leer 1,266 páginas cada una. Seis clases de quinto grado se pusieron la meta de leer 2,212 páginas cada una. ¿Cuántas páginas más tiene que leer cada clase de quinto grado que cada clase de cuarto grado?

Evaluación de *Common Core*

22. Escribe los números correctos en los recuadros para completar el modelo de área y la ecuación.

$4{,}306 \div 9 = \square$ R $\square$

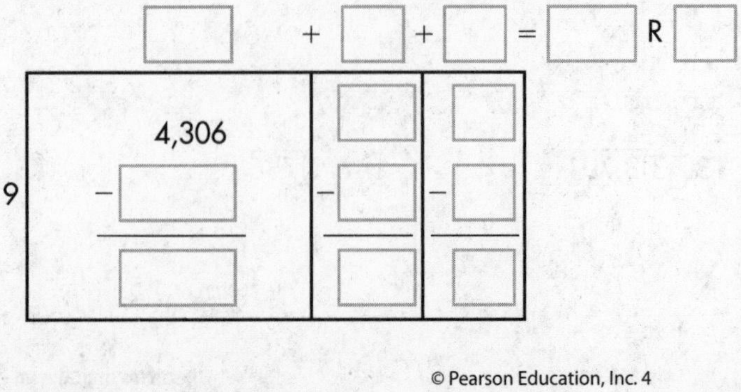

© Pearson Education, Inc. 4

Nombre ____________________

Resuelve

Lección 5-8
Dividir usando números de 1 dígito

Puedo...
usar el valor de posición y la repartición para dividir.

Estándar de contenido 4.NBD.B.6
Prácticas matemáticas PM.2, PM.3, PM.4, PM.6

Resuélvelo y coméntalo Sara pone en cajas sus camisetas y sus pantalones cortos para guardarlos durante el invierno. Hay 42 prendas para guardar. Sara guarda la misma cantidad de prendas en 3 cajas. ¿Cuántas prendas pone Sara en cada caja? ***Resuelve este problema con la estrategia que prefieras.***

Hazlo con precisión y usa símbolos matemáticos, números y rótulos como ayuda para resolver un problema. ¡Muestra tu trabajo en el espacio que sigue!

¡Vuelve atrás! **PM.3 Construir argumentos** Tu compañero de clase resolvió el mismo problema y dijo que cada caja contendrá 10 prendas y que sobrarán 2 prendas. ¿Estás de acuerdo? Si no estás de acuerdo, explica qué error cometió tu compañero.

Aprende Glosario

Pregunta esencial

¿Cómo se puede anotar la división con un divisor de 1 dígito?

A

Una fábrica envió 477 relojes en 3 cajas. Cada caja contiene la misma cantidad de relojes. ¿Cuántos relojes hay en cada caja?

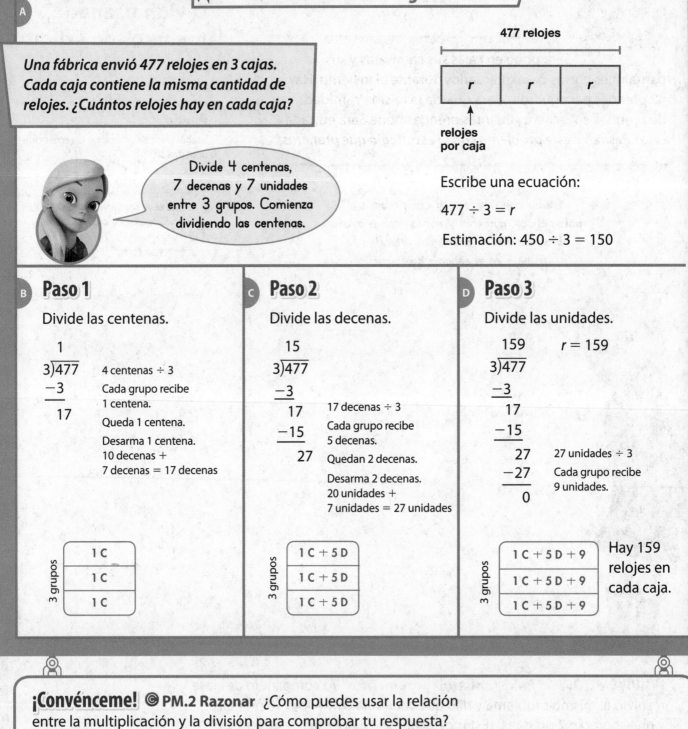

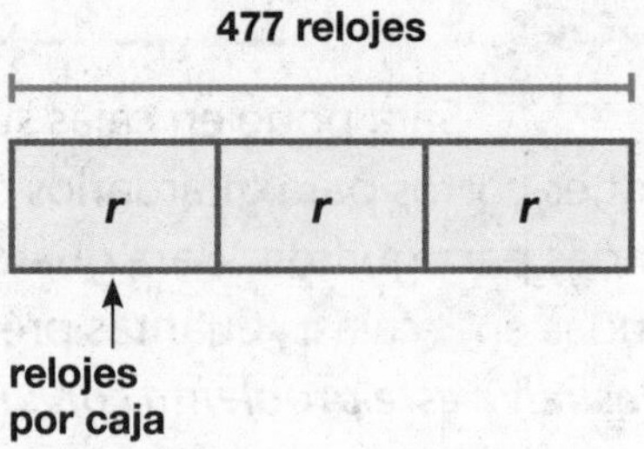

> Divide 4 centenas, 7 decenas y 7 unidades entre 3 grupos. Comienza dividiendo las centenas.

Escribe una ecuación:

$477 \div 3 = r$

Estimación: $450 \div 3 = 150$

B Paso 1

Divide las centenas.

$$\begin{array}{r} 1 \\ 3\overline{)477} \\ \underline{-3} \\ 17 \end{array}$$

4 centenas ÷ 3

Cada grupo recibe 1 centena.

Queda 1 centena.

Desarma 1 centena.
10 decenas +
7 decenas = 17 decenas

3 grupos
1 C
1 C
1 C

C Paso 2

Divide las decenas.

$$\begin{array}{r} 15 \\ 3\overline{)477} \\ \underline{-3} \\ 17 \\ \underline{-15} \\ 27 \end{array}$$

17 decenas ÷ 3

Cada grupo recibe 5 decenas.

Quedan 2 decenas.

Desarma 2 decenas.
20 unidades +
7 unidades = 27 unidades

3 grupos
1 C + 5 D
1 C + 5 D
1 C + 5 D

D Paso 3

Divide las unidades.

$$\begin{array}{r} 159 \\ 3\overline{)477} \\ \underline{-3} \\ 17 \\ \underline{-15} \\ 27 \\ \underline{-27} \\ 0 \end{array}$$

$r = 159$

27 unidades ÷ 3

Cada grupo recibe 9 unidades.

3 grupos
1 C + 5 D + 9
1 C + 5 D + 9
1 C + 5 D + 9

Hay 159 relojes en cada caja.

¡Convénceme! **PM.2 Razonar** ¿Cómo puedes usar la relación entre la multiplicación y la división para comprobar tu respuesta?

© Pearson Education, Inc. 4

Nombre ______________________________

Amigo de práctica Herramientas Evaluación

Otro ejemplo

Halla 257 ÷ 5.

Estimación: 250 ÷ 5 = 50

257 ÷ 5 = 51 R2

```
   51 R2
5)257
 − 25
     7
   − 5
     2
```

25 decenas ÷ 5
Cada grupo recibe 5 decenas.

7 unidades ÷ 5
Cada grupo recibe 1 unidad.
Quedan 2 unidades.

5 grupos
5 D + 1
5 D + 1
5 D + 1
5 D + 1
5 D + 1

Práctica guiada*

¿Lo entiendes?

1. **PM.3 Construir argumentos** Explica por qué las 25 decenas se dividen por 5 en el problema de arriba.

2. Tori compró ladrillos para el patio y pagó $232. Si cada ladrillo cuesta $2, ¿cuántos ladrillos compró Tori?

¿Cómo hacerlo?

Completa los cálculos en los Ejercicios **3** y **4**.

3.
```
  ☐6 R☐
5)8 2
 − 5
  ☐☐
 −☐☐
    ☐
```

4.
```
   ☐☐☐ R☐
7)6, 5 9 9
 −☐☐
   ☐☐
  −☐☐
     ☐☐
    −☐☐
       ☐
```

Práctica independiente

Práctica al nivel Halla los cocientes en los Ejercicios **5** a **12.**

5.
```
  ☐6
3)7 8
 −☐
  ☐8
 −1☐
   0
```

6.
```
  2☐ R☐
3)8 6
 −☐
  ☐☐
 −☐☐
    ☐
```

7.
```
   5☐ R☐
8)4 1 7
 −☐☐
   ☐☐
  −☐☐
     ☐
```

8.
```
  ☐☐ R☐
4)9 3
 − 8
  ☐☐
 −1☐
    1
```

9. 8)526 **10.** 7)88 **11.** 3)761 **12.** 6)96

*Puedes encontrar otro ejemplo en el Grupo F, página 317.

Prácticas matemáticas y resolución de problemas

13. **PM.2 Razonar** Algunos de los cristales de selenita más altos de una caverna en Chihuahua, México, miden 50 pies de altura. Nathan mide 4 pies. Aproximadamente, ¿cuántas veces la altura de Nathan es la altura de los cristales más altos?

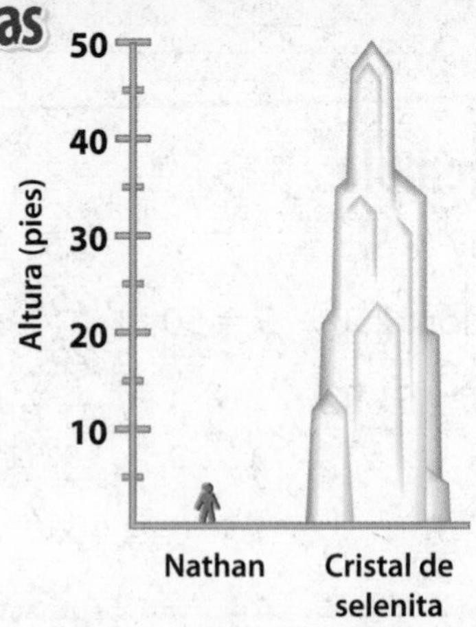

14. **PM.4 Representar con modelos matemáticos** El transbordador que une Galveston con Port Bolivar lleva carros por la bahía Galveston. Un día, el transbordador llevó un total de 685 carros en un período de 5 horas. El transbordador llevó la misma cantidad de carros cada hora. ¿Cuántos carros llevó el transbordador por hora?

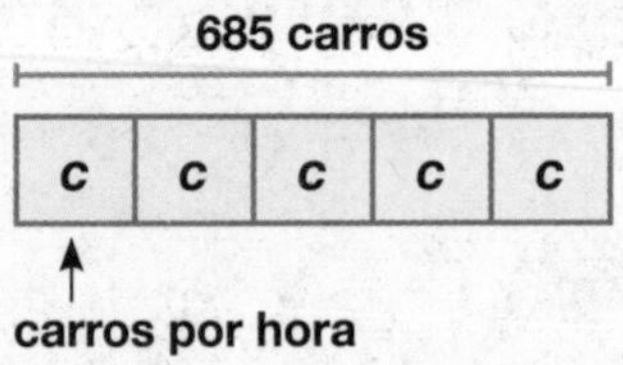

15. Zelda tiene un corte de tela que mide 74 pulgadas de longitud. Quiere dividirlo en 2 partes iguales. ¿Cuál es la longitud de cada parte?

16. **Razonamiento de orden superior** Maggie prepara una mezcla de nueces y frutas secas. Hace 4 tandas con la receta de la derecha. Maggie divide las tandas en 3 bolsas del mismo tamaño. ¿Cuántas onzas hay en cada bolsa?

DATOS

Mezcla de nueces y frutas secas	
Granola	8 oz
Nueces	5 oz
Pasas	2 oz
Arándanos rojos	3 oz

Evaluación de *Common Core*

17. En una semana, el centro de reciclaje Reverdecer recibió 784 latas de aluminio. Recibió la misma cantidad de latas por día. ¿Cuántas latas recibió el centro de reciclaje por día?

Ⓐ 112 latas
Ⓑ 114 latas
Ⓒ 121 latas
Ⓓ 122 latas

18. Todos los años, la ciudad de San Marcos organiza un festival del Cinco de Mayo. Si 60 estudiantes actúan en 5 grupos iguales, ¿cuántos estudiantes hay en cada grupo?

Ⓐ 10 estudiantes
Ⓑ 12 estudiantes
Ⓒ 25 estudiantes
Ⓓ 55 estudiantes

© Pearson Education, Inc. 4

Nombre ______________________

Ayuda | Amigo de práctica | Herramientas | Juegos

Tarea y práctica 5-8

Dividir usando números de 1 dígito

¡Revisemos!

Halla 957 ÷ 3.

Estimación: 960 ÷ 3 = 320

Paso 1

Divide las centenas.

$$\begin{array}{r} 3 \\ 3\overline{)957} \\ -9 \\ \hline 0 \end{array}$$

9 centenas ÷ 3
Cada grupo recibe 3 centenas.
Quedan 0 centenas.

3 C
3 C
3 C

Paso 2

Divide las decenas.

$$\begin{array}{r} 31 \\ 3\overline{)957} \\ -9 \\ \hline 05 \\ -3 \\ \hline 2 \end{array}$$

5 decenas ÷ 3
Cada grupo recibe 1 decena.
Quedan 2 decenas.

Desarma 2 decenas.
20 unidades +
7 unidades =
27 unidades

3 C + 1 D
3 C + 1 D
3 C + 1 D

Paso 3

Divide las unidades.

$$\begin{array}{r} 319 \\ 3\overline{)957} \\ -9 \\ \hline 05 \\ -3 \\ \hline 27 \\ -27 \\ \hline 0 \end{array}$$

27 unidades ÷ 3
Cada grupo recibe 9 unidades.

3 C + 1 D + 9
3 C + 1 D + 9
3 C + 1 D + 9

957 ÷ 3 = 319.

319 está cerca de la estimación, 320.

La respuesta es razonable.

Halla los cocientes en los Ejercicios **1** a **8.**

1. $$\begin{array}{r} 83\text{ R}\square \\ 4\overline{)334} \\ -\square\square \\ \hline \square\square \\ -12 \\ \hline \square \end{array}$$

2. $$\begin{array}{r} \square\square\text{ R4} \\ 6\overline{)148} \\ -\square\square \\ \hline \square\square \\ -\square 4 \\ \hline \square \end{array}$$

3. $$\begin{array}{r} \square 3 \square\text{ R3} \\ 7\overline{)948} \\ -\square \\ \hline \square\square \\ -\square\square \\ \hline \square\square \\ -\square\square \\ \hline \square \end{array}$$

4. $$\begin{array}{r} 4\square\text{ R3} \\ 4\overline{)179} \\ -\square\square \\ \hline \square\square \\ -\square\square \\ \hline \square \end{array}$$

5. $5\overline{)125}$

6. $8\overline{)418}$

7. $2\overline{)587}$

8. $8\overline{)747}$

9. PM.2 **Razonar** Usa centenas, decenas y unidades para decir de qué tres maneras diferentes se puede representar el número 352 que no sea la manera que se muestra a la derecha.

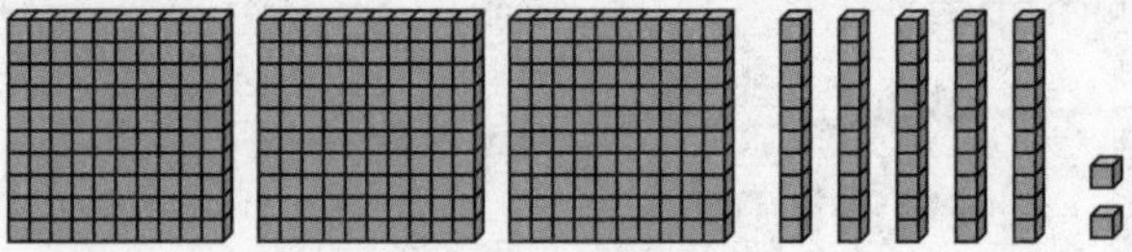

10. Una juguetería recibió un envío de 17 cajas de ositos de peluche. Usa números compatibles para estimar la cantidad total de ositos de peluche que había en el envío.

11. ¿Cuántos ositos había en el envío?

12. **Álgebra** ¿Cuál es el número desconocido de la ecuación?

$$5 \times n = 3{,}000$$

13. **Razonamiento de orden superior** Tammy invitó 144 personas a su casamiento. Tammy alquilará mesas que tienen capacidad para 8 invitados cada una. Si el alquiler de cada mesa cuesta $5, ¿cuánto gastará Tammy en alquilar todas las mesas?

Evaluación de *Common Core*

14. Hay 144 estudiantes de cuarto grado en la Escuela Central. En cada una de 6 clases, la cantidad de niñas es igual que la cantidad de niños. ¿Cuántas niñas hay en cada clase?

Ⓐ 9 niñas

Ⓑ 11 niñas

Ⓒ 12 niñas

Ⓓ 24 niñas

15. Celia tiene 83 cuentas. Celia hace pulseras con 6 cuentas en cada pulsera. ¿Cuántas cuentas sobran?

Ⓐ 13 cuentas

Ⓑ 5 cuentas

Ⓒ 3 cuentas

Ⓓ 0 cuentas

© Pearson Education, Inc. 4

Nombre ______________________

Resuelve

Lección 5-9
Más sobre dividir usando números de 1 dígito

Puedo...
seguir una serie de pasos que descomponen la división en cálculos más sencillos.

Estándar de contenido 4.NBD.B.6
Prácticas matemáticas PM.2, PM.3, PM.7

Resuélvelo y coméntalo

El estadio de futbol americano de una escuela secundaria tiene 6 secciones. Cada sección tiene capacidad para la misma cantidad de personas. En el estadio caben 1,950 personas. Aproximadamente, ¿cuántas personas caben en cada sección? ¿Tu estimación será mayor o menor que la respuesta exacta? ***Resuelve este problema con la estrategia que prefieras.***

Puedes razonar.
¿Qué te indica la palabra "aproximadamente" en el problema? *¡Muestra tu trabajo en el espacio que sigue!*

¡Vuelve atrás! **PM.7 Buscar relaciones** ¿Cómo puedes usar un patrón para resolver el problema?

Pregunta esencial ¿Cómo se pueden hallar cocientes más grandes?

A

En total se vendieron 4,729* hot dogs *en un partido de futbol americano. Si hay 8* hot dogs *en un paquete, ¿cuántos paquetes de* hot dogs *se vendieron?

4,729 *hot dogs* vendidos

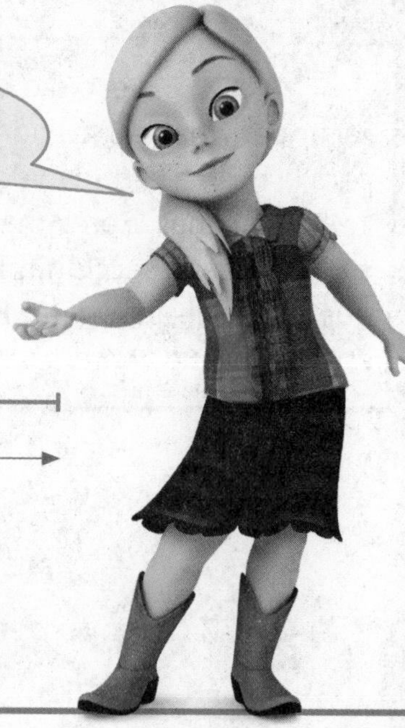

Hay más de una manera de representar este problema.

Dibuja un diagrama de barras:

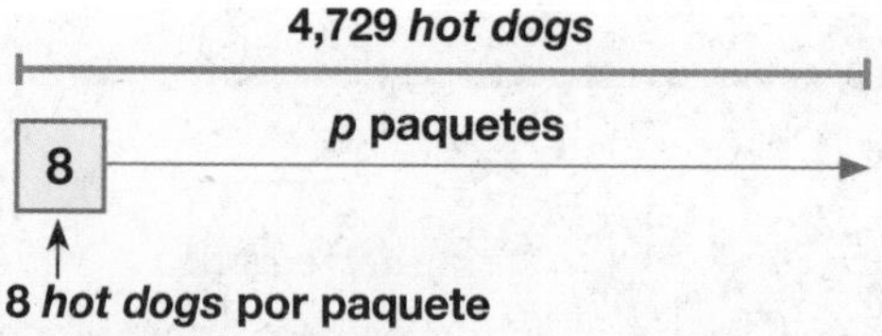

Escribe una ecuación:
$4{,}729 \div 8 = p$

B Haz una estimación.

Decide dónde comenzarás.

$500 \times 8 = 4{,}000$

La respuesta es más de 500 paquetes.

$600 \times 8 = 4{,}800$

La respuesta es menos de 600 paquetes, pero está cerca.

Comienza a dividir en las centenas.

C Divide.

```
   591 R1
8)4,729     47 centenas ÷ 8 es aproximadamente 5 centenas.
 − 40       8 × 5 = 40
   72       72 decenas ÷ 8 es 9 decenas.
 − 72       8 × 9 = 72
   09       9 unidades ÷ 8 es aproximadamente 1 unidad.
  − 8       8 × 1 = 8
    1
```

$p = 591$ R1

Se vendieron 591 paquetes de *hot dogs* y se vendió 1 *hot dog* de otro paquete.

¡Convénceme! **PM.2 Razonar** Haz una estimación para decidir en qué divisiones el cociente está entre 300 y 400. Indica cómo lo decidiste.

$4\overline{)1{,}174}$ $5\overline{)1{,}988}$ $6\overline{)2{,}146}$ $7\overline{)2{,}887}$

© Pearson Education, Inc. 4

Nombre ______________________________

Amigo de práctica | Herramientas | Evaluación

Práctica guiada*

¿Lo entiendes?

1. **PM.2 Razonar** Tu estimación te puede ayudar a determinar si el cociente tendrá 2 o 3 dígitos. ¿Te ayuda la estimación a determinar si habrá residuo? Explícalo.

2. **PM.3 Evaluar el razonamiento** El cociente estimado de Vickie es 80. El cociente real que calculó es 48. ¿El cociente real es razonable? Explícalo.

¿Cómo hacerlo?

Resuelve las divisiones en los Ejercicios **3** a **6.** Comienza haciendo una estimación.

3. 9)2,871

4. 4)468

5. 9)691

6. 4)1,140

Práctica independiente

Puedes usar números compatibles para hacer una estimación.

Resuelve las divisiones en los Ejercicios **7** a **10.** Comienza haciendo una estimación.

7. 8)3,288

8. 5)247

9. 6)1,380

10. 5)3,980

Haz una estimación para decidir si las respuestas son razonables en los Ejercicios **11** a **18.** Si la respuesta no es razonable, halla la respuesta correcta.

11. 61 R1
6)367

12. 911 R6
3)3,582

13. 49 R2
5)247

14. 166 R3
6)999

15. 93 R8
9)1,745

16. 53 R4
7)375

17. 91 R7
8)1,535

18. 974 R6
9)8,772

Puedes encontrar otro ejemplo en el Grupo G, página 318.

Prácticas matemáticas y resolución de problemas

19. Una familia de cuatro personas fue en carro de San Francisco a Nueva York. Manejaron la misma cantidad de millas por día durante 6 días. ¿Cuántas millas manejaron por día? ¿Cómo se puede interpretar el residuo?

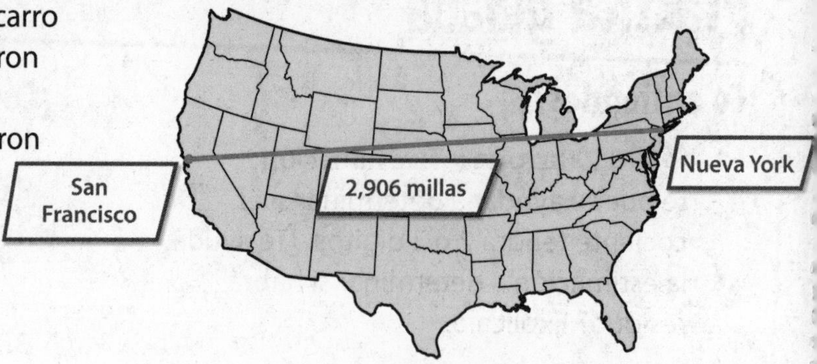

20. **PM.2 Razonar** Sin dividir, ¿cómo puedes decir si el cociente de 5,873 ÷ 8 es mayor que 700? Explica si el cociente es menor que 800.

21. Un grupo de contradanza está formado por 4 parejas (8 bailarines). Hay 150 personas en una contradanza. ¿Cuál es la mayor cantidad posible de grupos de contradanza?

22. **Razonamiento de orden superior** ¿Qué método es mejor para hallar cocientes de problemas de división: redondear o usar números compatibles? Explícalo.

23. La tienda de llantas de Ron tiene 1,767 llantas para camiones pesados. Cada camión pesado necesita 6 llantas. ¿Cuántos camiones pesados pueden obtener llantas en la tienda de Ron?

Evaluación de *Common Core*

24. Usa cada número del recuadro una vez para completar la división.

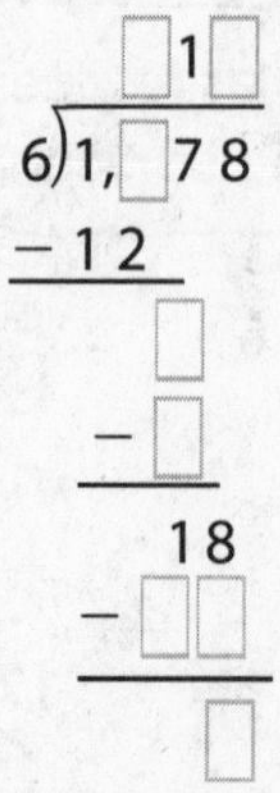

0	1	2	2
3	6	7	8

© Pearson Education, Inc. 4

Nombre ______________________________

Ayuda | Amigo de práctica | Herramientas | Juegos

Tarea y práctica 5-9

Más sobre dividir usando números de 1 dígito

¡Revisemos!

Usa los mismos pasos para dividir un número de 4 dígitos que los que usaste para dividir números de 3 dígitos.

Halla 5,490 ÷ 6.

Primero haz una estimación. Puedes usar números compatibles para dividir mentalmente.

54 es múltiplo de 6.

5,400 está cerca de 5,490, y 5,400 ÷ 6 es fácil de dividir.

5,400 ÷ 6 = 900

Divide para hallar el cociente real.

```
   915
6)5,490
 − 54
    09
  −  6
     30
   − 30
      0
```

Compara. ¿La estimación está cerca del cociente?

La estimación de 900 está cerca del cociente real de 915; por tanto, la respuesta es razonable.

Primero haz una estimación en los Ejercicios **1** a **8.** Luego halla los cocientes.

1. Divide 4,318 ÷ 7.

Estimación: ________ ÷ ____ = ________

4,318 ÷ 7 = ________

2. Divide 4,826 ÷ 5.

Estimación: ________ ÷ ____ = ________

4,826 ÷ 5 = ________

3. 8)4,377

4. 9)7,192

5. 6)2,750

6. 4)6,208

7. 7)2,025

8. 5)9,490

9. Matemáticas y Ciencias El sonido viaja en ondas. En el aire seco, a 20 ° Celsius, el sonido viaja aproximadamente 343 metros en un segundo. ¿Cuántos metros viajará el sonido en 7 segundos?

10. PM.3 Construir argumentos Lilly estimó un cociente de 120 y halló un cociente real de 38. ¿Qué debe hacer luego? Explícalo.

11. En un aeropuerto, hay un total de 1,160 asientos en las áreas de espera. Hay 8 áreas de espera separadas, del mismo tamaño. ¿Cuántos asientos hay en cada área de espera?

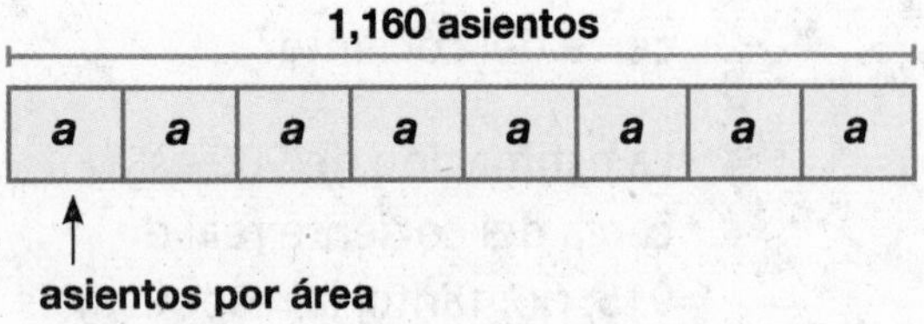

12. Una valla que rodea el campo de futbol americano de una escuela mide 1,666 pies de longitud. Siete equipos de estudiantes pintarán la valla. Cada equipo pintará la misma longitud de valla. ¿Qué longitud de valla pintará cada equipo?

13. Razonamiento de orden superior El Sr. Conners puso una valla alrededor de su patio rectangular, que se muestra en la ilustración. Hay un poste cada 6 pies. ¿Cuántos postes usó el Sr. Conners?

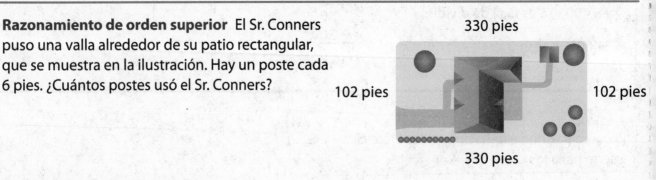

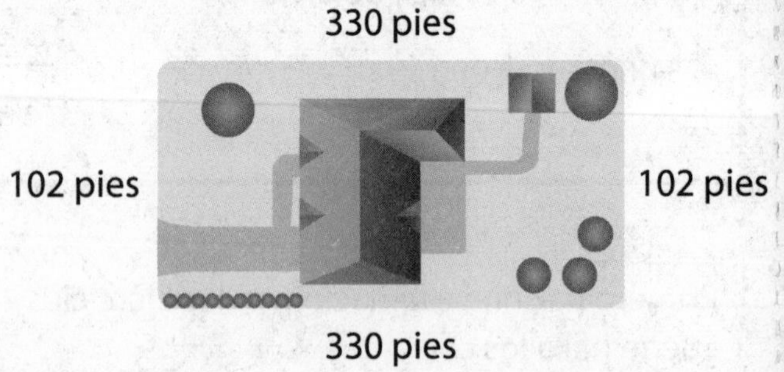

Evaluación de *Common Core*

14. Usa cada número del recuadro una vez para completar la división.

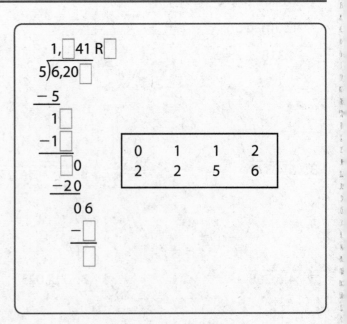

```
    1,□41 R□
5)6,20□
 − 5
    1□
  −1□
    □0
   −20
     06
    −□
     □
```

0	1	1	2
2	2	5	6

 © Pearson Education, Inc. 4

Nombre ______________________

Resuelve

Resuélvelo y coméntalo

Allen se puso la meta de hacer al menos 120 minutos de actividades al aire libre todos los días, de lunes a viernes. Hizo una lista de las actividades y el tiempo que les dedica cada semana. A cada actividad le dedica el mismo tiempo por día. ¿Allen dedica el tiempo suficiente a las actividades al aire libre para llegar a su meta? ¿Qué operación puedes usar para resolver este problema?

DATOS

Actividad	Tiempo por semana, en minutos
Futbol	200
Bicicleta	150
Caminar	300
Correr	75

Prácticas matemáticas y resolución de problemas

Lección 5-10
Representar con modelos matemáticos

Puedo...
usar un dibujo, un diagrama o una tabla para representar un problema.

Prácticas matemáticas PM.4. También, PM.1, PM.2, PM.6, PM.7, PM.8.
Estándares de contenido 4.NBD.B.6, 4.OA.A.3

Hábitos de razonamiento

¡Razona correctamente! Estas preguntas te pueden ayudar.

- ¿Cómo puedo usar lo que sé de matemáticas para resolver este problema?
- ¿Cómo puedo usar dibujos, objetos y ecuaciones para representar el problema?
- ¿Cómo puedo usar números, palabras y símbolos para resolver este problema?

¡Vuelve atrás! **PM.4 Representar con modelos matemáticos** ¿Qué pregunta escondida debes responder antes de poder determinar si Allen llega a su meta? Explícalo.

Aprende Glosario

Pregunta esencial

¿Cómo se puede aplicar lo que sabes de matemáticas para resolver problemas?

A

Una clase hace decoraciones usando pajillas del mismo tamaño. Usan las pajillas para hacer triángulos, cuadrados, pentágonos y hexágonos. Cada grupo de polígonos que tienen la misma cantidad de lados se hace con un paquete de pajillas. ¿Cuántas decoraciones puede hacer la clase?

¿Qué operación se puede usar para resolver el problema?

Hay que dividir para hallar cuántas decoraciones se pueden hacer con un paquete de pajillas.

B

¿Cómo puedo representar con modelos matemáticos?

Puedo

- usar los conceptos y las destrezas aprendidos anteriormente.
- hallar las preguntas escondidas y responderlas.
- decidir si mis resultados tienen sentido.

C

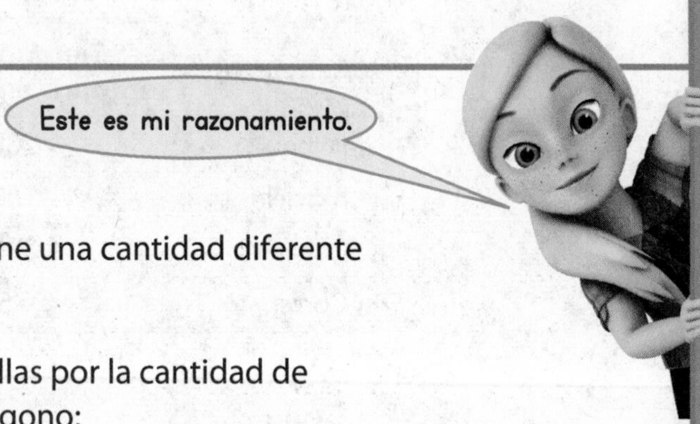

Cada polígono tiene una cantidad diferente de lados.

Dividiré 1,500 pajillas por la cantidad de lados de cada polígono:

$1{,}500 \div 3 = 500$ triángulos $1{,}500 \div 4 = 375$ cuadrados

$1{,}500 \div 5 = 300$ pentágonos $1{,}500 \div 6 = 250$ hexágonos

Sumaré las decoraciones:

$500 + 375 + 300 + 250 = 1{,}425$

La clase puede hacer 1,425 decoraciones.

¡Convénceme! **PM.2 Razonar** La clase hizo 200 decoraciones en forma de octágono. ¿Cuántas pajillas usaron?

© Pearson Education, Inc. 4

Nombre ____________________

Amigo de práctica | Herramientas | Evaluación

Práctica guiada*

PM.4 Representar con modelos matemáticos

Miguel irá de campamento con 3 amigos. Empacó sándwiches para compartir entre todos por igual. ¿Cuántos sándwiches empacó Miguel para cada excursionista?

1. ¿Qué pregunta escondida debes resolver primero? Explica cómo se relaciona con la solución.

2. Completa el diagrama de barras. Escribe y resuelve una ecuación para hallar la cantidad de sándwiches, *s*, para cada excursionista.

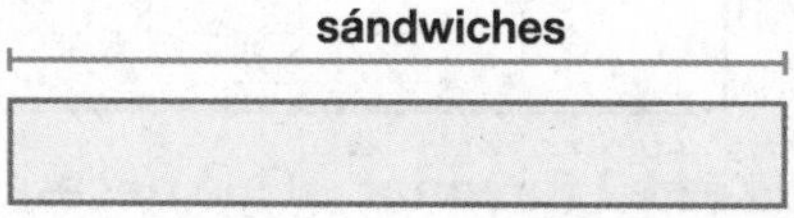

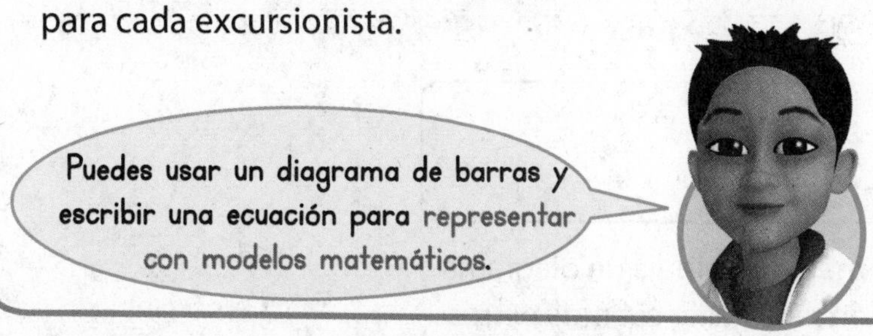

Práctica independiente

PM.4 Representar con modelos matemáticos

Jade entrega 54 periódicos el sábado y 78 periódicos el domingo. Jade hace paquetes de 6 periódicos para cada ruta de entrega. ¿Cuántas rutas de entrega tiene Jade el sábado y el domingo?

3. Explica cómo se puede usar un dibujo para representar el problema y mostrar las relaciones.

4. Escribe y resuelve ecuaciones para representar el problema. Explica cómo puedes comprobar si tu solución es razonable.

Puedes encontrar otro ejemplo en el Grupo H, página 318.

Evaluación de rendimiento de *Common Core*

Mantenimiento canino

Patricia y Antonio tienen un negocio de cuidado de perros. Para atraer nuevos clientes, ofrecen baños gratis con la compra de un servicio de mantenimiento. Durante los primeros 6 días de la promoción, bañaron 26 perros beagles, 12 boxers, 17 carlinos y 5 golden retrievers. Patricia y Antonio bañaron la misma cantidad de perros por día cada uno.

Servicios de mantenimiento	
Corte de uñas	$4
Limpieza dental	$7
Limpieza de orejas	$5
Tratamiento antipulgas	$5

5. **PM.1 Entender y perseverar** ¿Cuáles son las cantidades del problema?

6. **PM.2 Razonar** ¿Qué necesitas saber para determinar cuántos perros bañó Patricia por día?

7. **PM.4 Representar con modelos matemáticos** Dibuja un diagrama de barras. Escribe y resuelve una ecuación para hallar cuántos perros se bañaron en total.

Estás representando con modelos matemáticos cuando usas un dibujo o un objeto para representar el problema.

8. **PM.6 Hacerlo con precisión** ¿Cuántos perros se bañaron por día? Muestra tu trabajo.

9. **PM.7 Usar la estructura** Usa lo que sabes para hallar cuántos perros bañó Patricia por día. Explica cómo pudiste hallar la solución.

© Pearson Education, Inc. 4

Nombre ______________________

Ayuda | Amigo de práctica | Herramientas | Juegos

Tarea y práctica 5-10

Representar con modelos matemáticos

¡Revisemos!

Molly hará flores de papel. Tiene 240 hojas de papel rosado y 260 hojas de papel amarillo. ¿Cuántas flores podrá hacer Molly con todo el papel?

¿Cómo puedes representar con modelos matemáticos?

- Puedo usar dibujos, objetos y ecuaciones para mostrar cómo se resuelve el problema.
- Puedo mejorar mi modelo matemático si es necesario.

7 hojas de papel de cualquier color para hacer cada flor

Halla la pregunta escondida para resolver el problema.

¿Cuánto papel tiene Molly en total?

p, papel

240	260

$240 + 260 = p$
$p = 500$
Molly tiene 500 hojas de papel.

Responde a la pregunta original.

¿Cuántas flores podrá hacer Molly?

Halla $500 \div 7$.

$500 \div 7 = 71$ R3

Molly puede hacer 71 flores de papel.

PM.4 Representar con modelos matemáticos
El equipo de beisbol de una escuela recaudó $810 para comprar uniformes. Cada jugador del equipo vendió una libreta de boletos. Había 10 boletos en una libreta, y cada boleto costaba $3. ¿Cuántos boletos se vendieron?

1. ¿Qué información adicional del problema **NO** está relacionada?

2. ¿Qué ecuación puedes escribir y resolver para hallar el costo de cada libreta de boletos vendida?

3. ¿Cuántos boletos se vendieron? Explícalo.

4. ¿Cuántos jugadores hay en el equipo de beisbol?

Yoga

Regina toma clases de yoga en el centro comunitario 2 días a la semana. El costo de las clases es $72, y Regina paga un cargo adicional por única vez de $12 por el alquiler del equipo de yoga que se usa en la clase. Las clases duran 6 semanas. El gimnasio local ofrece el mismo programa de yoga, con el equipo incluido, a $8 por clase. ¿Regina paga más o menos de lo que cobra el gimnasio local por las clases de yoga?

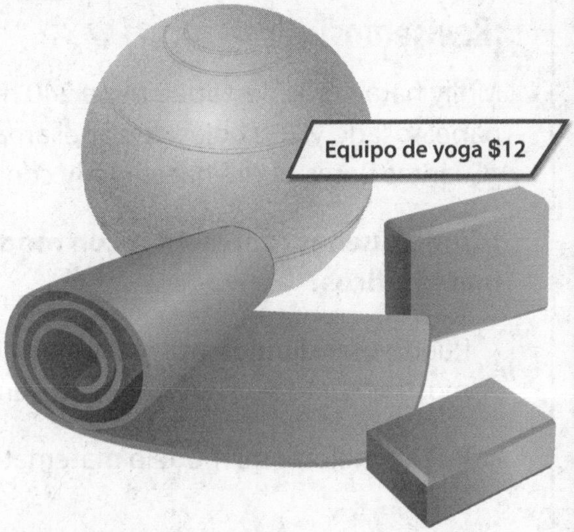

5. **PM.2 Razonar** ¿Cuáles son las cantidades del problema y cómo están relacionadas?

6. **PM.1 Entender y perseverar** ¿Cuál es un buen plan para resolver el problema? Explica tu estrategia.

Cuando representas con modelos matemáticos, usas ecuaciones para representar el problema.

7. **PM.2 Hacerlo con precisión** ¿Regina paga más o menos por las clases de yoga del centro comunitario de lo que cobra el gimnasio local por el mismo programa? Muestra cómo calculaste con precisión.

8. **PM.8 Generalizar** Regina también paga $4 por una clase de ejercicios aeróbicos por semana. ¿Cuánto dinero gasta Regina por semana en clases de gimnasia?

© Pearson Education, Inc. 4

Nombre ______________________________

Sigue la ruta

Sombrea una ruta que vaya desde la **SALIDA** hasta la **META.** Sigue las sumas y las diferencias que están entre 1,000 y 1,200. Solo te puedes mover hacia arriba, hacia abajo, hacia la derecha o hacia la izquierda.

TEMA 5

Actividad de práctica de fluidez

Puedo...
sumar y restar números enteros sin reagrupar.

Estándar de contenido
4.NBD.B.4

Salida

314 + 707	7,020 − 5,001	686 + 304	1,064 − 145	1,201 + 289
4,300 − 3,200	1,220 + 99	4,054 − 3,913	909 + 402	1,509 − 519
999 + 200	3,099 − 899	484 + 750	1,580 − 670	1,010 + 1,101
3,455 − 2,305	807 + 499	3,704 − 2,544	725 + 460	1,388 − 209
623 + 500	2,010 − 1,009	800 + 350	1,577 − 368	1,050 + 99

Meta

TEMA 5

Repaso del vocabulario

A-Z Glosario

Lista de palabras

- cociente
- cocientes parciales
- dividendo
- divisible
- división
- divisor
- ecuación
- residuo

Comprender el vocabulario

Escoge el mejor término del recuadro. Escríbelo en el espacio en blanco.

1. La respuesta a un problema de división se llama ____________________.

2. El número que se divide en una división se llama ____________________.

3. Una manera de hallar cocientes por partes hasta que solo queda un residuo o nada es usar ____________________.

4. El número por el que se divide otro número se llama ____________________.

5. La operación que indica cuántos grupos iguales hay o la cantidad que hay en cada grupo se llama ____________________.

Da un ejemplo y un contraejemplo de cada uno de estos términos.

	Ejemplo	Contraejemplo
6. ecuación	____________	____________
7. residuo	____________	____________
8. números divisibles	____________	____________

Usar el vocabulario al escribir

9. Megan hizo 21 pulseras con ligas para compartir por igual entre 7 amigas. ¿Cuántas pulseras recibirá cada amiga? Escribe y resuelve una ecuación. Usa al menos 3 términos de la Lista de palabras para describir tu ecuación.

© Pearson Education, Inc. 4

Nombre ____

Grupo A páginas 253 a 258

Un distrito escolar reparte por igual 2,700 sillas entre 3 escuelas.

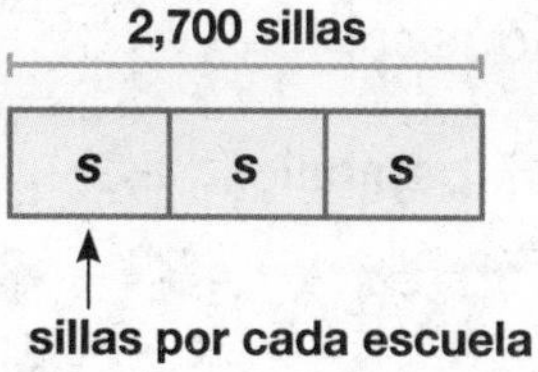

Halla 2,700 ÷ 3 = *s*.

La operación básica es 27 ÷ 3 = 9.
27 centenas ÷ 3 = 9 centenas, o 900
Por tanto, 2,700 ÷ 3 = 900 sillas.

Recuerda que puedes usar operaciones básicas de división y patrones para dividir mentalmente.

1. 250 ÷ 5	**2.** 810 ÷ 9
3. 3,200 ÷ 4	**4.** 4,200 ÷ 7
5. 1,000 ÷ 2	**6.** 240 ÷ 4
7. 450 ÷ 5	**8.** 720 ÷ 9
9. 3,600 ÷ 4	**10.** 4,900 ÷ 7
11. 2,000 ÷ 2	**12.** 280 ÷ 4
13. 2,100 ÷ 7	**14.** 560 ÷ 8

Grupo B páginas 259 a 270

Usa la multiplicación para estimar 420 ÷ 8.

¿8 por qué número es aproximadamente 420?

8 × 5 = 40;
por tanto, 8 × 50 = 400.

Por tanto, 420 ÷ 8 es aproximadamente 50.

Usa números compatibles para estimar 1,519 ÷ 7.

¿Qué número cercano a 1,519 es fácil de dividir por 7?

Prueba operaciones de división para hallar números compatibles con 1,519.

1,519 está cerca de 1,400.

14 ÷ 7 = 2;
por tanto, 1,400 ÷ 7 = 200.

Por tanto, 1,519 ÷ 7 es aproximadamente 200.

Recuerda que las operaciones básicas te pueden ayudar a hallar un número que se divida fácilmente por el divisor.

Estima los cocientes.

1. 718 ÷ 8	**2.** 156 ÷ 4
3. 482 ÷ 8	**4.** 174 ÷ 3
5. 843 ÷ 7	**6.** 321 ÷ 2
7. 428 ÷ 6	**8.** 811 ÷ 9
9. 5,616 ÷ 8	**10.** 7,224 ÷ 8
11. 6,324 ÷ 9	**12.** 3,627 ÷ 9
13. 331 ÷ 4	**14.** 1,222 ÷ 6
15. 2,511 ÷ 5	**16.** 362 ÷ 6
17. 4,940 ÷ 7	**18.** 9,312 ÷ 3

Grupo C páginas 271 a 276

Tom pone 14 manzanas en bolsas. Cada bolsa contiene 4 manzanas. ¿Cuántas bolsas puede llenar Tom? ¿Sobrará alguna manzana?

Usa un modelo para representar 14 ÷ 4.

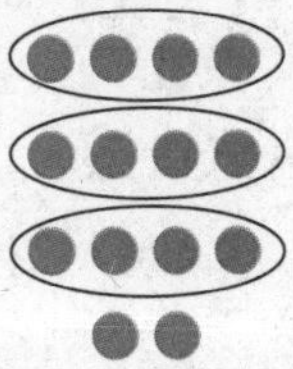

14 ÷ 4 = 3 R2

Tom puede llenar 3 bolsas. Sobrarán 2 manzanas.

Recuerda que debes asegurarte de que el residuo sea menor que el divisor.

1. 22 pepinillos
3 pepinillos en cada plato
22 ÷ 3 = ____ con ____ que sobra

¿Cuántos platos tendrán 3 pepinillos?

____

2. 19 estampillas
2 estampillas en cada sobre
19 ÷ 2 = ____ con ____ que sobra

¿Cuántas estampillas no estarán en un sobre?

____

Grupo D páginas 277 a 282

Margaret guardó 68 libros en 2 cajas con la misma cantidad de libros. ¿Cuántos libros puso Margaret en cada caja?

Halla 68 ÷ 2.

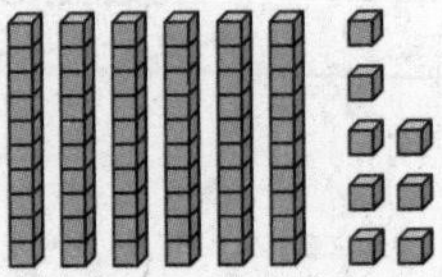

68 libros

Divide las decenas en dos grupos iguales.
Luego divide las unidades en dos grupos iguales.

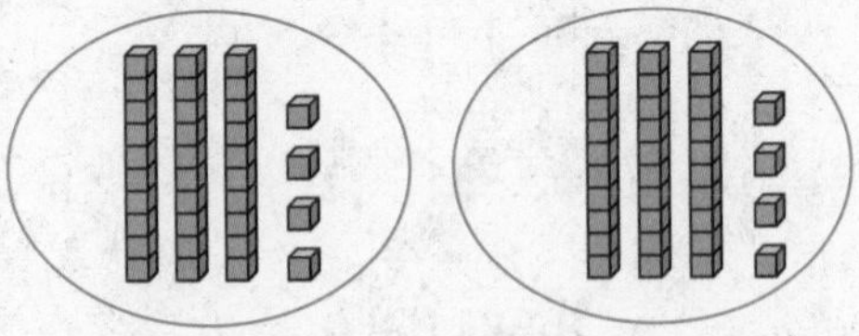

68 ÷ 2 = 34, porque 2 × 34 = 68.

Margaret puso 34 libros en cada caja.

Recuerda que debes comprobar si tu respuesta es razonable.

Indica cuántos hay en cada grupo y cuántos sobran.

1. 138 libros; 5 pilas

2. 55 conchas marinas; 3 frascos

3. 217 bolígrafos; 7 estuches

4. 154 zapatos; 4 cajas

5. 195 semillas; 6 sembradoras

6. 110 libros; 6 estantes

© Pearson Education, Inc. 4

Nombre ______________________________

TEMA 5

Refuerzo (continuación)

Grupo E páginas 283 a 294

Halla 357 ÷ 7.

Usa un modelo. Divide hallando cocientes parciales.

	50	+ 1 = 51
7	357 − 350 7	7 − 7 0

$$\begin{array}{r} 1 \\ 50 \\ 7\overline{)357} \\ -350 \\ 7 \\ -7 \\ 0 \end{array} \quad \left.\begin{array}{l} 1 \\ 50 \end{array}\right\} 51$$

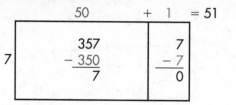

Recuerda que debes sumar los cocientes parciales para hallar el cociente real.

Usa cocientes parciales para resolver los problemas.

1. Hay 81 sillas en 3 grupos iguales. ¿Cuántas sillas hay en cada grupo?

2. Hay 174 partidos programados para 6 ligas. Cada liga tiene la misma cantidad de partidos programados. ¿Cuántos partidos tiene programados cada liga?

3. En el último partido de básquetbol hubo 1,278 personas. Las tribunas estaban divididas en 6 secciones. En cada sección había la misma cantidad de personas. ¿Cuántas personas había en cada sección?

Grupo F páginas 295 a 300

Halla 566 ÷ 6.
Estimación: 600 ÷ 6 = 100

94 R2	
6)566	56 decenas ÷ 6 Cada grupo recibe 9 decenas. Sobran 2 decenas.
−54	Desarma 2 decenas.
26	20 unidades + 6 unidades = 26 unidades
− 24	26 ÷ 6
2	Cada grupo recibe 4 unidades. Sobran 2 unidades.

94 R2 está cerca de 100; por tanto, la respuesta es razonable.

Recuerda que debes estimar el cociente para comprobar si tu respuesta es razonable.

1. 710 ÷ 9 **2.** 657 ÷ 5

3. 398 ÷ 8 **4.** 429 ÷ 2

5. 470 ÷ 6 **6.** 255 ÷ 4

Grupo G páginas 301 a 306

Halla 8,951 ÷ 8.
Estimación: 8,800 ÷ 8 = 1,100

1,118 R7	
8)8,951	8 millares ÷ 8 es 1 millar.
−8	8 × 1 = 8
9	9 centenas ÷ 8 es aproximadamente 1 centena.
− 8	8 × 1 = 8
15	15 decenas ÷ 8 es aproximadamente 1 decena.
− 8	8 × 1 = 8
71	71 unidades ÷ 8 es aproximadamente 8 unidades.
− 64	8 × 8 = 64
7	

Recuerda que puedes usar tu estimación para comprobar si tu respuesta es razonable.

1. 4,649 ÷ 4
2. 2,843 ÷ 3
3. 8,478 ÷ 6
4. 6,399 ÷ 9
5. 379 ÷ 2
6. 3,812 ÷ 5
7. 4,793 ÷ 5
8. 5,957 ÷ 7
9. 9,579 ÷ 4
10. 3,668 ÷ 6

Grupo H páginas 307 a 312

Piensa en estas preguntas como ayuda para **representar con modelos matemáticos.**

Hábitos de razonamiento

- ¿Cómo puedo usar lo que sé de matemáticas para resolver este problema?
- ¿Cómo puedo usar dibujos, objetos y ecuaciones para representar el problema?
- ¿Cómo puedo usar números, palabras y símbolos para resolver este problema?

Recuerda que un diagrama de barras te puede ayudar a escribir una ecuación.

Un distribuidor de pintura entregó 1,345 latas de pintura en 5 tiendas diferentes. Cada tienda recibió la misma cantidad de latas de pintura. ¿Cuántas latas de pintura se entregaron en cada tienda?

1. ¿Cómo puedes usar dibujos, un diagrama de barras y una ecuación para hallar la cantidad de latas de pintura entregadas en cada tienda?

2. ¿Cómo puedes decidir si tu respuesta tiene sentido?

© Pearson Education, Inc. 4

1. Robert ganó $184 cortando el césped en 8 jardines. Ganó la misma cantidad en cada jardín. Selecciona todas las ecuaciones que muestren estimaciones razonables de la cantidad que ganó Roberto cortando el césped en cada jardín.

- ☐ $160 ÷ 8 = $20
- ☐ $200 ÷ 5 = $40
- ☐ $180 ÷ 9 = $20
- ☐ $150 ÷ 5 = $30
- ☐ $180 ÷ 6 = $30

2. El Sr. Dermot ahorra la misma cantidad de dinero por mes durante 6 meses. Está ahorrando para comprar una motocicleta que cuesta $2,400. Dibuja un diagrama de barras. Escribe y resuelve una ecuación para hallar cuánto dinero necesita ahorrar el Sr. Dermot por mes para comprar la motocicleta.

3. La Sra. Bollis tiene 26 yardas de tela para hacer trajes. Cada traje lleva 3 yardas de tela. ¿Cuántos trajes puede hacer la Sra. Bollis? ¿Cuántas yardas de tela sobrarán?

4. Tracy tiene 453 cromos. Tracy pone la misma cantidad de cromos en cada uno de 3 libros.

Parte A

Escribe una ecuación para mostrar la cantidad de cromos que puso Tracy en cada libro.

Parte B

Completa el modelo. ¿Cuántos cromos puso Tracy en cada libro?

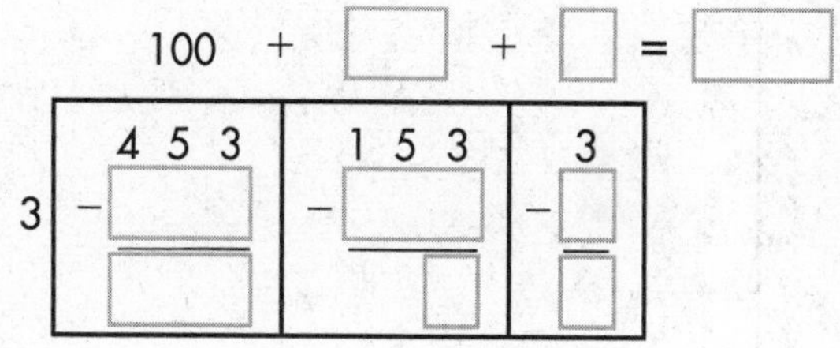

5. Una escuela tiene $3,664 destinados a becas. El dinero de las becas se entregó en cantidades iguales a 8 estudiantes. ¿Cuánto dinero recibió cada estudiante?

Ⓐ $358

Ⓑ $450

Ⓒ $458

Ⓓ $485

6. Marla pintará 48 macetas. Piensa pintar 9 macetas por semana. Dibuja una matriz para hallar cuántas semanas tardará Marla en pintar todas las macetas. Explícalo.

7. Traza líneas para unir la expresión con la estimación del cociente.

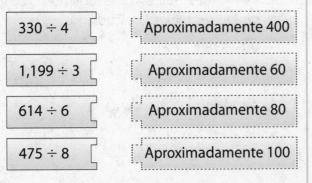

330 ÷ 4	Aproximadamente 400
1,199 ÷ 3	Aproximadamente 60
614 ÷ 6	Aproximadamente 80
475 ÷ 8	Aproximadamente 100

8. Hay 4,800 cucharas de plástico en un paquete. Hay 6 cajas de cucharas en cada paquete. ¿Cuántas cucharas hay en cada caja?

9. Escoge Sí o No para indicar si el residuo es 5.

9a. 59 ÷ 9 = 6 R? ○ Sí ○ No

9b. 352 ÷ 6 = 58 R? ○ Sí ○ No

9c. 1,486 ÷ 7 = 212 R? ○ Sí ○ No

9d. 2,957 ÷ 8 = 369 R? ○ Sí ○ No

10. Olivia tiene 36 margaritas y 6 floreros. Olivia pone la misma cantidad de margaritas en cada florero. ¿Qué ecuación muestra cómo hallar la cantidad, *c*, de margaritas que Olivia pone en cada florero?

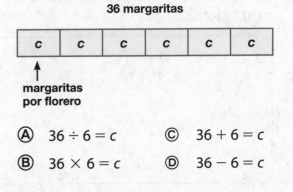

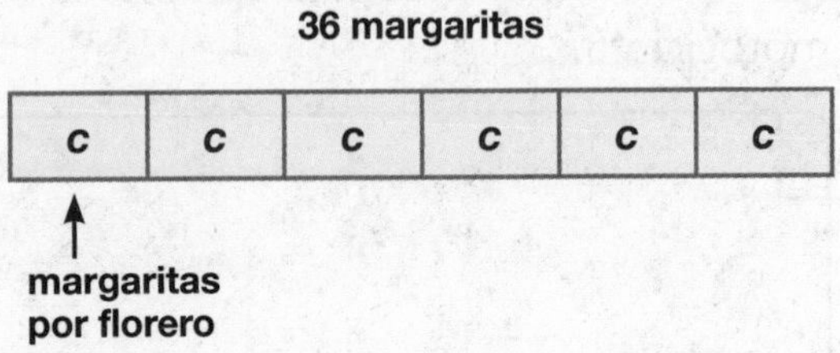

Ⓐ $36 \div 6 = c$

Ⓑ $36 \times 6 = c$

Ⓒ $36 + 6 = c$

Ⓓ $36 - 6 = c$

11. La distancia desde la casa de Mac hasta la escuela es 575 yardas. La meta de Mac es caminar a la escuela en 5 minutos. ¿Cuántas yardas por minuto debe caminar Mac para lograr su meta?

© Pearson Education, Inc. 4

Nombre ______________________________

12. Hay 472 estudiantes en 6 grados. Cada grado tiene aproximadamente la misma cantidad de estudiantes. Selecciona todos los enunciados que son estimaciones razonables de la cantidad de estudiantes que hay en cada grado.

- ☐ 50 estudiantes, porque 472 ÷ 6 es aproximadamente 450 ÷ 5.
- ☐ 80 estudiantes, porque 472 ÷ 6 es aproximadamente 480 ÷ 6.
- ☐ 100 estudiantes, porque 472 ÷ 6 es aproximadamente 500 ÷ 5.
- ☐ 150 estudiantes, porque 472 ÷ 6 es aproximadamente 450 ÷ 3.
- ☐ 200 estudiantes, porque 472 ÷ 6 es aproximadamente 1,200 ÷ 6 = 200.

---

13. Usa un algoritmo para hallar el cociente. Escoge números del recuadro para completar los cálculos. Usa cada número una vez.

```
 ☐5☐
3)468
 −☐
  ☐6
 −1☐
   1☐
  −1☐
    ☐
```

0	1
1	3
5	6
8	8

---

14. Carla necesita 1,600 cuentas para hacer 8 collares. Carla divide las cuentas en cantidades iguales. ¿Cuántas cuentas usa Carla en cada collar? ¿Qué operación básica usaste?

[ ]

15. Los estudiantes de cuarto grado irán al museo de ciencias.

DATOS

Grupo	Cantidad de personas
Clase del Sr. Vorel	30
Clase de la Sra. Cahill	32
Clase de la Sra. Winter	29
Clase de la Srta. Meyer	28
Maestros y chaperones	9

Hay una exhibición especial sobre viajes espaciales que se puede ver en grupos de 8 personas. ¿Cuántos grupos se necesitan para que todos puedan ver la exhibición?

[ ]

---

16. Albert debe hallar el cociente de 63 ÷ 3. Dibujó una matriz y usó la propiedad distributiva para hallar el cociente. Muestra el trabajo de Albert.

[ ]

17. El puesto de pizzas les da a sus clientes una pizza gratis cuando juntan 8 cupones. ¿Cuántas pizzas gratis puede recibir la Sra. Fowler si tiene 78 cupones? ¿Cuántos cupones más necesita para la siguiente pizza gratis?

18. Estima 257 ÷ 5. Explica cómo puedes usar la multiplicación para estimar el cociente.

19. Alex tiene 128 fotos de sus amigos para poner en cantidades iguales en 4 álbumes. ¿Qué ecuación puedes usar para hallar cuántas fotos habrá en cada álbum?

Ⓐ $128 - 4 = f$

Ⓑ $128 + 4 = f$

Ⓒ $128 \div 4 = f$

Ⓓ $128 \times 4 = f$

20. Haz un dibujo para explicar por qué 657 ÷ 5 = 131 R2.

21. Las seis clases de cuarto grado de la Escuela Primaria West donaron un total de $1,792 para restaurar un hábitat natural. Escribe y resuelve una ecuación que muestre una manera de estimar la cantidad donada por cada clase.

22. Traza líneas para unir la ecuación con el número que falta correcto.

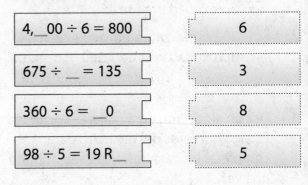

4,__00 ÷ 6 = 800	6
675 ÷ __ = 135	3
360 ÷ 6 = __0	8
98 ÷ 5 = 19 R__	5

23. Holly usa 7 hojas de papel para hacer una flor. Si compra un paquete de 500 hojas de papel, aproximadamente, ¿cuántas flores podrá hacer Holly? Usa números compatibles para estimar la cantidad de flores.

© Pearson Education, Inc. 4

Nombre ____________________

TEMA 5

Evaluación del rendimiento

Ahorrar lo que se gana

El hermano mayor de Trista, Ryan, consiguió un trabajo. Ryan quisiera comprar los artículos de la ilustración con lo que gana. Ryan gana $8 por hora de trabajo.

1. Ryan es curioso y quiere saber cuánto tiempo le llevará ganar suficiente dinero para comprar todos los artículos de la ilustración.

Parte A

¿Cuántas horas debe trabajar Ryan para ganar suficiente dinero para comprar la computadora? Usa el valor de posición y el cálculo mental para resolver el problema.

Parte B

¿Cuántas horas debe trabajar Ryan para comprar el videojuego? Usa un modelo para mostrar cómo hallar el cociente. Explica cómo se interpreta el residuo.

Parte C

¿Cuántas horas debe trabajar Ryan para ganar dinero suficiente para comprar el teléfono inteligente? Usa cocientes parciales para dividir.

2. Ryan obtiene un aumento. Ahora gana $9 por hora. Ryan decide empezar a ahorrar para comprar un carro. Ryan trabaja 9 horas por semana.

Parte A

¿Cuántas horas debe trabajar Ryan para ganar dinero suficiente para comprar el carro y para pagar los impuestos, el título de propiedad y las placas de matrícula? Dibuja diagramas de barras como ayuda para escribir y resolver ecuaciones.

Parte B

Aproximadamente, ¿cuántas semanas deberá trabajar Ryan para comprar el carro y pagar los impuestos, el título de propiedad y las placas de matrícula? Explícalo.

Parte C

¿Cuántas semanas reales debe trabajar Ryan para comprar el carro y pagar los impuestos, el título de propiedad y las placas de matrícula? Muestra tus cálculos. Explica por qué tu solución es razonable.

© Pearson Education, Inc. 4

TEMA 6 Usar operaciones con números enteros para resolver problemas

Preguntas esenciales: ¿Cuál es la diferencia entre hacer una comparación usando la multiplicación y hacer una comparación usando la suma? ¿Cómo se pueden usar ecuaciones para resolver problemas de varios pasos?

Recursos digitales

Resuelve · Aprende · Glosario · Amigo de práctica · Herramientas · Evaluación · Ayuda · Juegos

Se necesita mucha energía para dar electricidad a un vecindario. ¡La energía renovable puede reducir la contaminación que se produce al generar electricidad para estos hogares!
Algunas casas usan energía solar para generar electricidad. ¡Este tipo de energía renovable usa la luz del sol y es buena para el medio ambiente!
Parte de la energía se almacena para utilizarla durante la noche o cuando está nublado. Este es un proyecto sobre la energía y la multiplicación.

Proyecto de Matemáticas y Ciencias: Energía y multiplicación

Investigar Usa la Internet u otras fuentes para hallar y describir 3 ejemplos de energía renovable.

Diario: Escribir un informe Incluye lo que averiguaste. En tu informe, también:

- Los paneles solares están formados por módulos más pequeños o secciones llamadas celdas. Halla una ilustración de un panel solar. ¿Cuántas celdas hay en 6 paneles solares? ¿Cuántas celdas hay en 9 paneles solares? ¿Cuántas celdas más hay en los 9 paneles solares que en los 6 paneles solares?
- Halla ejemplos de otros objetos que usen energía solar.

Nombre ______________________________

Repasa lo que sabes

Vocabulario

Escoge el mejor término del recuadro. Escríbelo en el espacio en blanco.

- números compatibles
- propiedad asociativa de la multiplicación
- propiedad conmutativa de la multiplicación
- propiedad distributiva

1. La ______________________ ______________ dice que los factores se pueden multiplicar en cualquier orden y el producto sigue siendo el mismo.

2. Descomponer un problema de multiplicación en la suma o la diferencia de dos problemas de multiplicación más sencillos es un ejemplo de usar la ______________________.

3. Según la ______________________________, los factores se pueden reagrupar y el producto sigue siendo el mismo.

Dividir por números de 1 dígito

Estima los cocientes.

4. $16 \div 3$ **5.** $25 \div 4$ **6.** $155 \div 4$

7. $304 \div 3$ **8.** $1,283 \div 6$ **9.** $1,999 \div 4$

Multiplicar por números de 1 dígito

Halla los productos.

10. 53×9 **11.** $1,127 \times 7$ **12.** $2,769 \times 5$

13. 3×215 **14.** 914×5 **15.** $1,238 \times 5$

Resolución de problemas

16. **PM.3 Construir argumentos** Explica por qué la matriz representa 3×21.

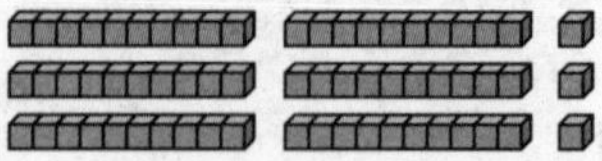

17. James multiplica 38 por 55. Halla tres de los cuatro productos parciales: 40, 150 y 400. ¿Qué producto parcial le falta a James? ¿Cuál es la solución?

© Pearson Education, Inc. 4

Nombre ______________________________ Resuelve

Lección 6-1

Resolver situaciones comparando

Resuélvelo y coméntalo Sarah está haciendo un almohadón cuadrado con bordes de 18 pulgadas de longitud cada uno. Necesita una tira de tela que mida 4 veces la longitud de un borde del almohadón para ponerla alrededor del contorno. ¿Qué longitud debe tener la tira de tela? ***Resuelve este problema de la manera que prefieras.***

Puedo...
usar la multiplicación o la suma para comparar una cantidad con otra.

Estándares de contenido 4.OA.A.1, 4.OA.A.2, 4.NBD.B.5
Prácticas matemáticas PM.1, PM.2, PM.3, PM.4, PM.5, PM.6

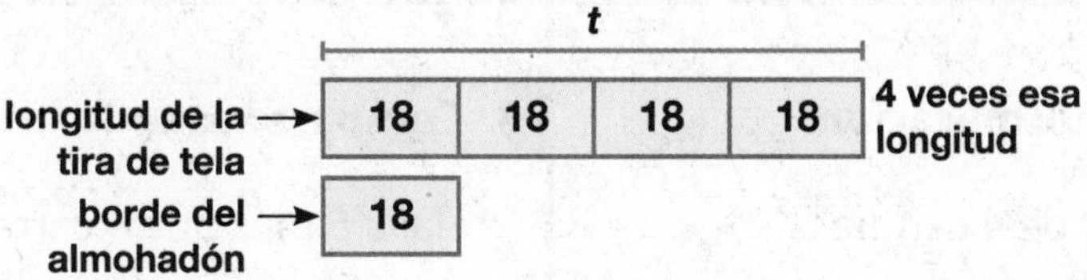

¡Vuelve atrás! **PM.5 Usar herramientas apropiadas** ¿Cómo te ayuda el diagrama de barras a escribir y resolver una ecuación para el problema?

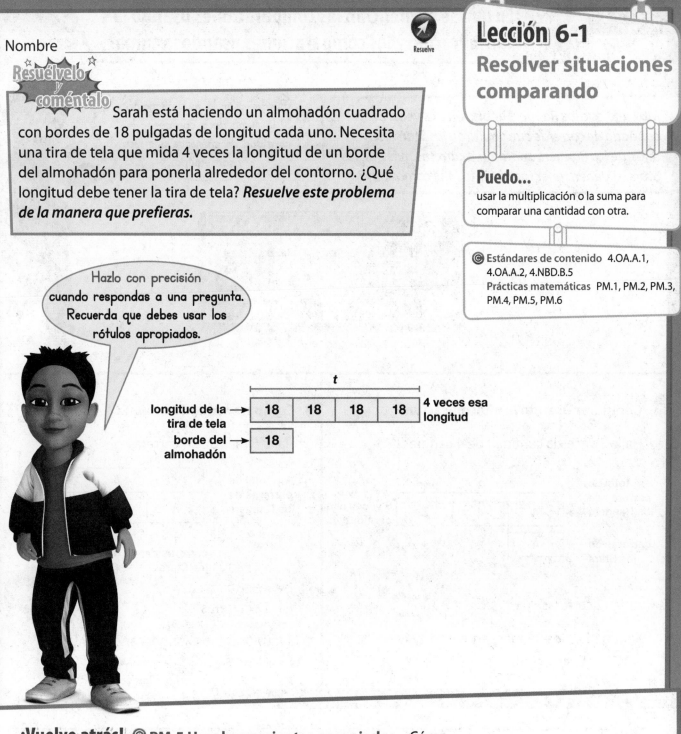

Aprende Glosario

Pregunta esencial

¿En qué se diferencian las comparaciones usando la multiplicación y las comparaciones usando la suma?

A

Max dijo que los Rangers anotaron tres veces la cantidad de carreras que anotaron los Stars. Jody dijo que los Rangers anotaron 8 carreras más que los Stars. ¿Pueden tener razón tanto Max como Jody?

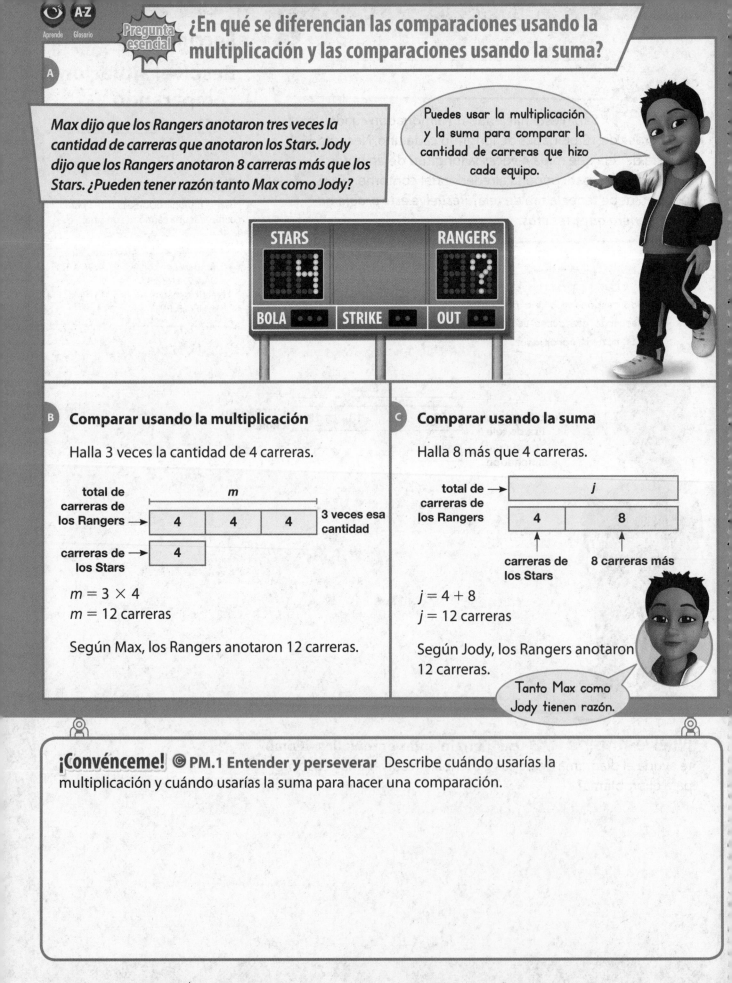

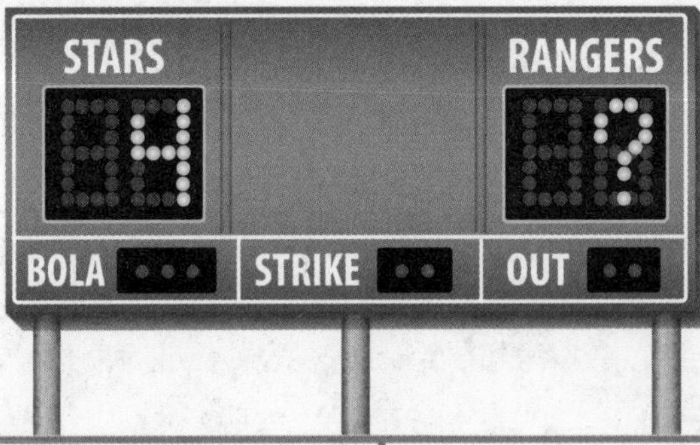

B

Comparar usando la multiplicación

Halla 3 veces la cantidad de 4 carreras.

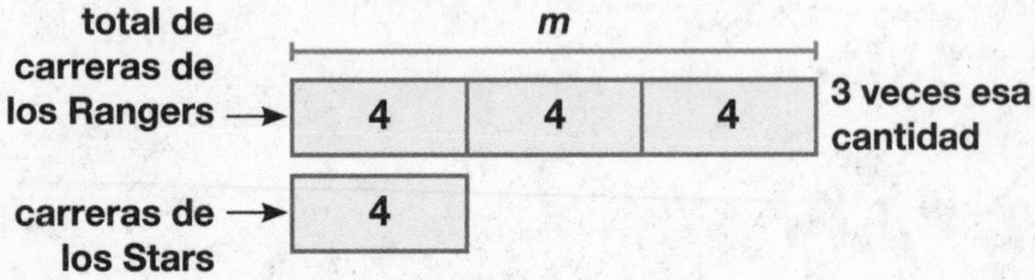

$m = 3 \times 4$

$m = 12$ carreras

Según Max, los Rangers anotaron 12 carreras.

C

Comparar usando la suma

Halla 8 más que 4 carreras.

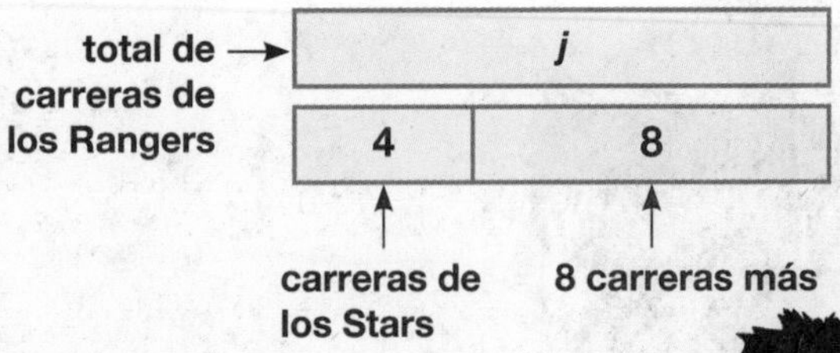

$j = 4 + 8$

$j = 12$ carreras

Según Jody, los Rangers anotaron 12 carreras.

¡Convénceme! **PM.1 Entender y perseverar** Describe cuándo usarías la multiplicación y cuándo usarías la suma para hacer una comparación.

© Pearson Education, Inc. 4

Nombre ______________________________

Amigo de práctica Herramientas Evaluación

Práctica guiada*

¿Lo entiendes?

1. **PM.2 Razonar** Usa la información de la página anterior. Si los Rangers hubieran anotado 5 veces la cantidad de carreras que anotaron los Stars, ¿cuántas carreras habrían anotado los Rangers?

a. Compara usando la multiplicación. Escribe y resuelve una ecuación.

b. ¿De qué otra manera puedes comparar las carreras de los dos equipos?

¿Cómo hacerlo?

Completa la oración de comparación en los Ejercicios **2** y **3.** Halla el valor de la variable que hace que la oración sea verdadera.

2. Sam tiene 4 veces la cantidad de sombreros que tiene Olga. Olga tiene 21 sombreros. ¿Cuántos sombreros tiene Sam?

s es _____ veces la cantidad _____.
$s =$ _____

3. Hay 128 árboles más en el parque que en la casa de Ty. Hay 3 árboles en la casa de Ty. ¿Cuántos árboles hay en el parque?

_____ más que _____ es *a*. $a =$ _____

Práctica independiente

Usa *tantas veces la cantidad* o *más que* para comparar las cantidades.

Completa la oración de comparación en los Ejercicios **4** a **9.** Halla el valor de la variable que hace que la oración sea verdadera en los Ejercicios **4** a **7.**

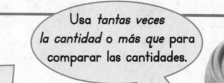

4. Katy tiene 6 veces la cantidad de monedas de 5¢ que tiene Shaun. Shaun tiene 18 monedas de 5¢. ¿Cuántas monedas de 5¢, *m*, tiene Katy?

m es 6 ______________ 18.
$m =$ _____

5. Kyle miró 238 películas. Jason miró 49 películas más que Kyle. ¿Cuántas películas, *p*, miró Jason?

p es 49 ______________ 238.
$p =$ _____

6. Amber hizo 89 nudos en una cuerda. Hunter hizo en otra cuerda 3 veces la cantidad de nudos que hizo Amber. ¿Cuántos nudos, *n*, hizo Hunter en una cuerda?

n es 3 ______________ 89.
$n =$ _____

7. Tina vende 292 periódicos. Tess vende 117 periódicos más que Tina. ¿Cuántos periódicos, *p*, vende Tess?

p es 117 ______________ 292.
$p =$ _____

8. Trent tiene 48 marcadores. Sharon tiene 8 marcadores. Trent tiene _____ veces la cantidad de marcadores que tiene Sharon.

9. Lucy tiene 317 botellas. Craig tiene 82 botellas. Lucy tiene _____ más botellas que Craig.

*Puedes encontrar otro ejemplo en el Grupo A, página 359.

Prácticas matemáticas y resolución de problemas

10. **PM.4 Representar con modelos matemáticos** Roger nadó 19 largos en la piscina. Anna María nadó 4 veces la cantidad de largos que nadó Roger. ¿Cuántos largos nadó Anna María? Dibuja un diagrama de barras y escribe una ecuación para resolver el problema.

11. **PM.3 Evaluar el razonamiento** Nina dice que la ecuación $600 = 12 \times 50$ significa que 600 es 12 veces la cantidad 50. Julio dice que la ecuación significa que 600 es 50 veces la cantidad 12. ¿Quién tiene razón? Explícalo.

12. **Vocabulario** La cantidad que queda después de dividir un número en partes iguales se llama ________.

$13 \div 4 =$ ____

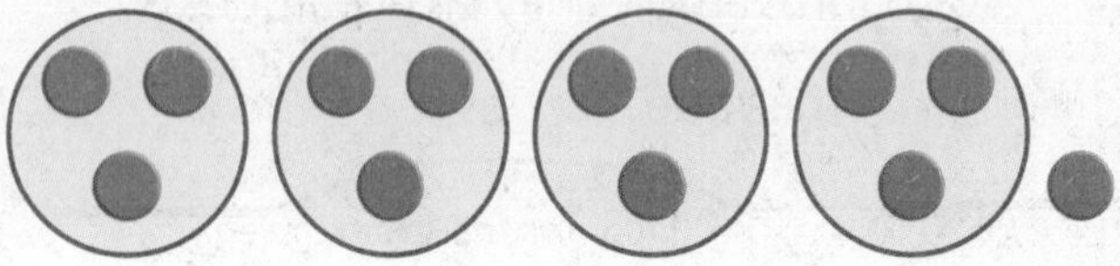

13. **Razonamiento de orden superior** Una camiseta está en oferta por *d* dólares. El precio normal es 4 veces esa cantidad. Todd tiene suficiente dinero para comprar 2 camisetas al precio normal. ¿Cuántas camisetas puede comprar Todd al precio de oferta? Explícalo.

Evaluación de *Common Core*

14. Selecciona todas las oraciones que implican una comparación usando la multiplicación.

☐ *k* es 26 veces la cantidad 7.

☐ 18 más que 314 es *u*.

☐ Tom corrió 4 millas. Cindy corrió 2 millas más que Tom. ¿Cuántas millas corrió Cindy?

☐ Yuhan tiene 2 perros y Jon tiene 3 veces la cantidad de perros que tiene Yuhan. ¿Cuántos perros tiene Jon?

☐ Kris tiene 14 veces la cantidad de pares de zapatos que tiene su hermano. Su hermano tiene 8 pares de zapatos.

15. Selecciona todas las oraciones que se pueden representar con la ecuación $52 \times 13 = w$.

☐ 13 más que 52 es *w*.

☐ 52 veces la cantidad 13 es *w*.

☐ Henry cantó 52 canciones durante el ensayo. Cantó 13 veces la cantidad que cantó Joe. ¿Cuántas canciones cantó Joe?

☐ Greg llevó 13 cubetas de agua a la piscina para bebés de su hermanita. Su mamá llevó 52 veces esa cantidad. ¿Cuántas cubetas llevó la mamá de Greg?

☐ Tom tiene 52 bolígrafos. Joan tiene 13 bolígrafos menos.

© Pearson Education, Inc. 4

Nombre ______________________

Ayuda Amigo de práctica Herramientas Juegos

Tarea y práctica 6-1

Resolver situaciones comparando

¡Revisemos!

Escribe una ecuación para representar los problemas de comparación. Halla el valor de la variable que hace que la ecuación sea verdadera.

Suma

Los Tigers practican 26 horas por semana más que los Bucks. Los Bucks practican 13 horas por semana. ¿Cuántas horas por semana practican los Tigers?

$13 + 26 = h$

$h = 39$ horas

Los Tigers practican 39 horas por semana.

Multiplicación

Los Tigers practican 3 veces la cantidad de horas semanales que practican los Bucks. Los Bucks practican 13 horas por semana. ¿Cuántas horas por semana practican los Tigers?

$3 \times 13 = h$

$h = 39$ horas

Los Tigers practican 39 horas por semana.

Completa las oraciones de comparación en los Ejercicios **1** a **6.** Halla el valor de la variable que hace que la oración sea verdadera en los Ejercicios **1** a **4.**

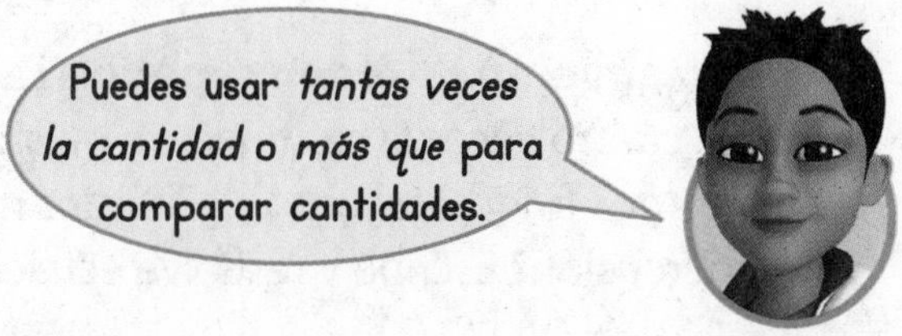

Puedes usar *tantas veces la cantidad* o *más que* para comparar cantidades.

1. Jessica tiene 7 veces la cantidad de pinceles que tiene Mike. Mike tiene 14 pinceles. ¿Cuántos pinceles, *p*, tiene Jessica?

p es 7 ______________ 14.
$p =$ _____

2. Karin descargó 461 canciones. Joe descargó 123 canciones más que Karin. ¿Cuántas canciones, *c*, tiene Joe?

c es 123 ___________ 461.
$c =$ _____

3. David juntó 617 tarjetas. Sam juntó 3 veces la cantidad de tarjetas que juntó David. ¿Cuántas tarjetas, *t*, tiene Sam?

t es 3 ______________ 617.
$t =$ _____

4. Brandon compró 192 globos. Adam compró 118 globos más que Brandon. ¿Cuántos globos, *g*, compró Adam?

g es 118 ___________ 192.
$g =$ _____

5. Tammy trabajó 618 horas el año pasado. Louie trabajó 487 horas el año pasado.

Tammy trabajó _____ horas más que Louie el año pasado.

6. Stella ahorró \$81. Su hermana ahorró \$9. Stella ahorró _____ veces la cantidad que ahorró su hermana.

7. **Álgebra** Martín tiene 12 veces la cantidad de tarjetas de beisbol que tiene Josie. Josie tiene 29 tarjetas más que Kal. ¿Cuántas tarjetas de beisbol tiene Martín? Escribe y resuelve ecuaciones.

Kal tiene 28 tarjetas de beisbol

8. Matt tiene 14 veces la cantidad de tarjetas que tiene Kal. ¿Cuántas tarjetas tiene Matt?

Usa la tabla de la derecha en los Ejercicios **9** y **10.**

9. Una banda de música tiene 3 veces la cantidad de trompetistas que de músicos que tocan la tuba. ¿Cuántos trompetistas hay? Escribe y resuelve una ecuación.

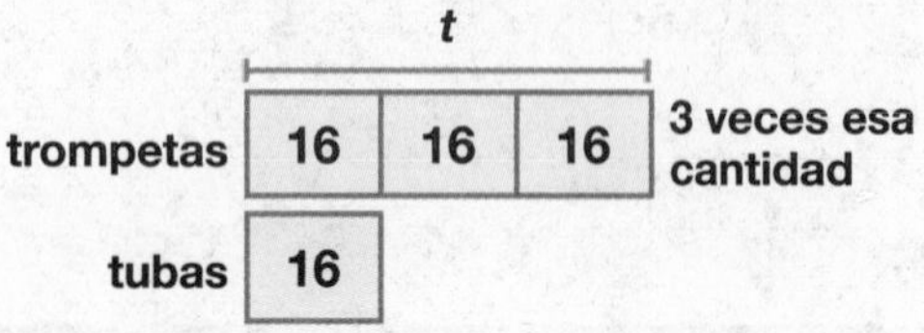

DATOS

Sección de metales	
Trombones	18
Cornos franceses	12
Trompetas	t
Tubas	16

10. **Razonamiento de orden superior** La sección de percusión tiene cuatro veces la cantidad de músicos que los trombones y los cornos franceses juntos. ¿Cuántos músicos hay en la sección de percusión? Escribe y resuelve ecuaciones.

Evaluación de *Common Core*

11. Selecciona todas las oraciones que muestran una comparación usando la suma.

- ☐ j es 60 más que 17.
- ☐ 8 veces la cantidad 50 es w.
- ☐ Una sandía cuesta $4 más que una bolsa de manzanas. Una bolsa de manzanas cuesta $5. ¿Cuánto cuesta una sandía?
- ☐ Sharif tiene 8 yenes en su colección de dinero. Tiene 2 veces esa cantidad de pesos. ¿Cuántos pesos tiene Sharif?
- ☐ 12 más que 20 es j.

12. Selecciona todas las oraciones que se pueden representar con la ecuación $14 \times 82 = v$.

- ☐ 82 más que 14 es v.
- ☐ 14 veces la cantidad 82 es v.
- ☐ Linda tenía 82 violetas y Carrie tenía 14 veces esa cantidad. ¿Cuántas violetas tenía Carrie?
- ☐ Ben toma 82 fotos. Elsa toma 14 fotos más. ¿Cuántas fotos toma Elsa?
- ☐ 14 menos que 82 es v.

© Pearson Education, Inc. 4

Nombre ______________________

Resuelve

Lección 6-2
Más sobre resolver situaciones comparando

Puedo...
usar la multiplicación o la división para comparar una cantidad con otra.

Estándares de contenido 4.OA.A.2, 4.OA.A.1, 4.NBD.B.5, 4.NBD.B.6
Prácticas matemáticas PM.1, PM.2, PM.3, PM.4

Resuélvelo y coméntalo Los estudiantes de la clase de cuarto grado de la Sra. Chang plantan un árbol todos los años. El diagrama muestra la altura actual del árbol de este año y del árbol del año pasado. Completa las oraciones y la ecuación para mostrar una manera de comparar las alturas de los árboles.

El árbol de este año mide ________ pulgadas de altura.

El árbol del año pasado mide ________ veces la altura del árbol de este año. ________ × ________ = 36

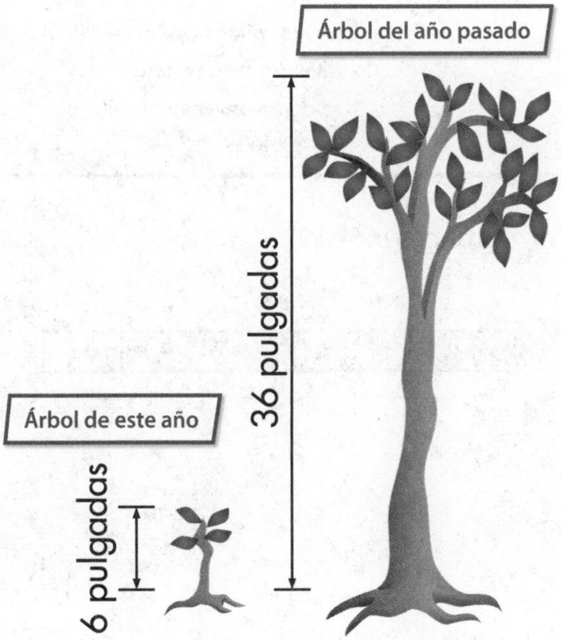

¡Vuelve atrás! **PM.2 Razonar** Compara las alturas de los 2 árboles usando la suma.

Pregunta esencial

¿Cómo se pueden resolver problemas de comparación en los que se usa la multiplicación como comparación?

A

La hermana de Calvin viaja 4 veces la distancia que viaja Calvin a la universidad. ¿Qué distancia viaja Calvin a la universidad?

La hermana de Calvin viaja 192 millas hasta la universidad.

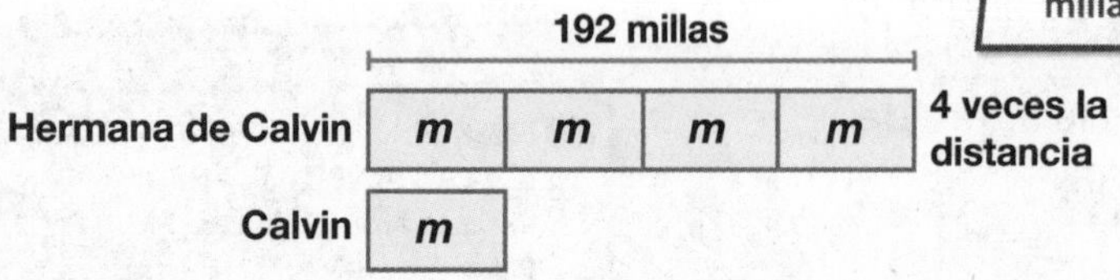

B

La cantidad de millas que viaja la hermana de Calvin, o 192 millas, es 4 veces la distancia que viaja Calvin.

Escribe una ecuación de multiplicación para hallar la cantidad de millas que viaja Calvin a la universidad.

$192 = 4 \times m$

¿Qué número multiplicado por 4 es igual a 192?

C

Si $192 = 4 \times m$, entonces $m = 192 \div 4$.

$$\begin{array}{r} 48 \\ 4\overline{)192} \\ -\,16 \\ \hline 32 \\ -\,32 \\ \hline 0 \end{array}$$

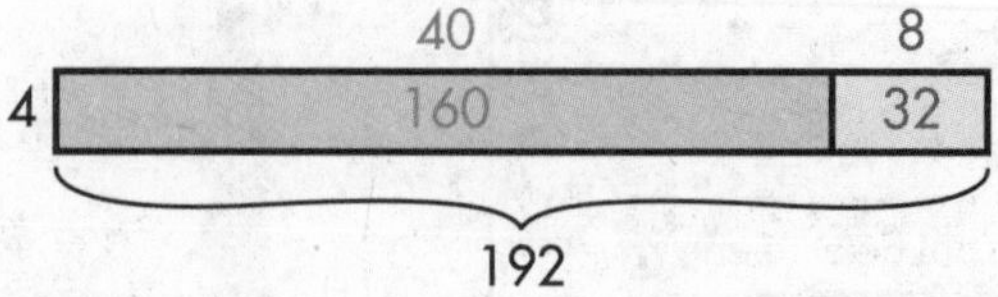

$m = 48$ millas

Calvin viaja 48 millas a la universidad.

¡Convénceme! © **PM.1 Entender y perseverar** ¿Cuándo usas la división para hacer una comparación?

© Pearson Education, Inc. 4

Nombre ____________________

Amigo de práctica Herramientas Evaluación

Práctica guiada*

¿Lo entiendes?

1. PM.2 Razonar La hermana de Calvin viaja a la universidad 3 veces la distancia que viaja su amiga a la universidad. Escribe y resuelve una ecuación de multiplicación y de división relacionada para hallar la distancia que viaja la amiga de la hermana de Calvin a la universidad.

¿Cómo hacerlo?

2. Completa la oración de comparación. Halla el valor de la variable que hace que la oración sea verdadera.

Si $3 \times m = 48$, entonces $m = 48 \div 3$.

____ veces la distancia ____ es ____.

$m =$ ____

$$\begin{array}{r} \square\square \\ 3\overline{)4\ 8} \\ -\square \\ \hline \square\ 8 \\ -\square\square \\ \hline 0 \end{array}$$

Práctica independiente

Completa la oración de comparación en los Ejercicios **3** a **8.** Halla el valor de la variable que hace que la oración sea verdadera.

3. Connor tiene 77 revistas. Eso es 7 veces la cantidad de revistas que tiene Kristen. ¿Cuántas revistas, *n,* tiene Kristen?

n ____________ 7 es 77.

$n =$ ____ $\div 7$

$n =$ ____

4. Eric resolvió 75 problemas de matemáticas. Eso es 5 veces la cantidad de problemas de matemáticas que resolvió Katie. ¿Cuántos problemas de matemáticas, *m,* resolvió Katie?

75 es 5 ____________ m.

____ $\div 5 = m$

$m =$ ____

5. Clare contó 117 colores diferentes en la pinturería. Eso es 9 veces la cantidad que contó James. ¿Cuántos colores diferentes, *c,* contó James?

117 es 9 ____________ c.

____ $\div$ ____ $= c$

$c =$ ____

6. Alisa tiene 153 fichas de dominó. Eso es 3 veces la cantidad de fichas de dominó que tiene Stan. ¿Cuántas fichas de dominó, *d,* tiene Stan?

153 es 3 ____________ d.

____ $\div$ ____ $= d$

$d =$ ____

7. Justin practicó piano durante *h* horas. Su hermana practicó durante 12 horas, lo cual es 3 veces la cantidad de horas que practicó Justin. Escribe y resuelve una ecuación para hallar cuántas horas practicó piano Justin.

8. Mary practicó violín durante 2 horas y su hermano practicó trombón *h* veces esa cantidad de horas, u 8 horas. Escribe y resuelve una ecuación para hallar cuántas veces la cantidad de horas que Mary practicó violín su hermano practicó trombón.

*Puedes encontrar otro ejemplo en el Grupo B, página 359.

Prácticas matemáticas y resolución de problemas

9. **PM.4 Representar con modelos matemáticos** Dave está preparando una sopa que lleva 12 tazas de agua y 3 tazas de caldo. ¿Cuántas veces la cantidad de caldo lleva de agua la sopa? Dibuja un diagrama de barras y escribe y resuelve una ecuación.

10. **PM.3 Construir argumentos** Trevor quiere comprar tres apliques de luz que cuestan $168 cada uno. Tiene $500. ¿Tiene suficiente dinero para comprar los tres apliques de luz? Usa una oración de comparación para explicar tu razonamiento.

11. Miranda tiene 4 veces la cantidad de hojas en su colección que las que tiene Joy. Joy tiene 13 hojas más que Armani. Armani tiene 10 hojas en su colección. ¿Cuántas hojas tiene Miranda en su colección? Explícalo.

12. **Razonamiento de orden superior** Jordan necesita $9,240 para su primer año de colegiatura. Cada uno de sus dos abuelos dijo que le daría la misma cantidad que ella ahorre. Le quedan 8 años para ir a la universidad. ¿Cuánto tiene que ahorrar Jordan por su cuenta cada año para que le alcance para el primer año de colegiatura con la ayuda de sus dos abuelos?

En algunos problemas hay que usar más de una operación.

Evaluación de *Common Core*

13. Tina caminó 20 millas para un evento para recaudar fondos. Lía caminó *m* millas. Tina caminó 4 veces la distancia que caminó Lía. ¿Qué ecuación se puede usar para hallar *m*, la cantidad de millas que caminó Lía?

    Ⓐ $m = 4 \times 20$

    Ⓑ $20 = 4 \times m$

    Ⓒ $20 = m \div 4$

    Ⓓ $m = 20 + 4$

14. Jason y Raúl llevan un registro de sus lecturas del año. Jason leyó 7 libros y Raúl leyó 35. ¿Cuántas veces la cantidad de libros que leyó Jason leyó Raúl?

    Ⓐ 3 veces

    Ⓑ 4 veces

    Ⓒ 5 veces

    Ⓓ 6 veces

© Pearson Education, Inc. 4

Nombre ______________________

Ayuda | Amigo de práctica | Herramientas | Juegos

Tarea y práctica 6-2

Más sobre resolver situaciones comparando

¡Revisemos!

Darrell tiene 3 primos. Roberto tiene 42 primos. ¿Cuántas veces la cantidad de primos que tiene Darrell tiene Roberto?

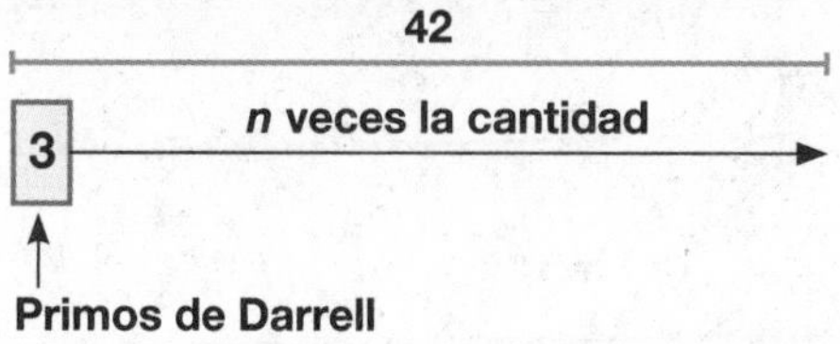
42
3
n veces la cantidad
Primos de Darrell

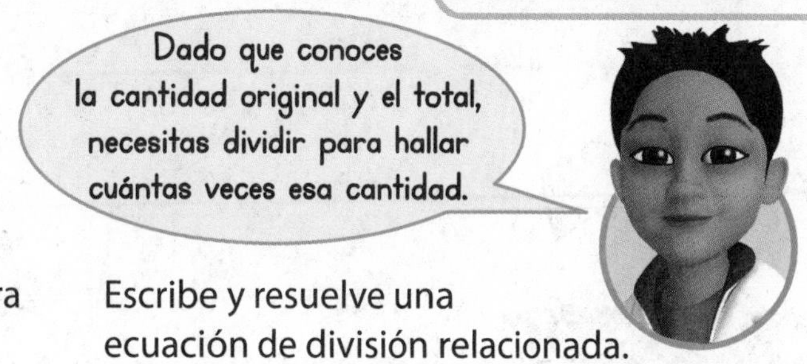
Dado que conoces la cantidad original y el total, necesitas dividir para hallar cuántas veces esa cantidad.

Escribe una ecuación de multiplicación para comparar las cantidades de primos.

Primos de Roberto	=	*n* veces la cantidad	×	Primos de Darrell
42	=	n	×	3

¿Qué cantidad multiplicada por 3 es igual a 42?

Escribe y resuelve una ecuación de división relacionada.

Si $42 = n \times 3$, entonces $n = 42 \div 3$.

$n = 14$

$$\begin{array}{r} 14 \\ 3\overline{)42} \\ -3 \\ \hline 12 \\ -12 \\ \hline 0 \end{array}$$

Roberto tiene 14 veces la cantidad de primos que tiene Darrell.

Completa la oración de comparación en los Ejercicios **1** a **4**. Halla el valor de la variable que hace que la oración sea verdadera.

1. Hay 51 familias en Oakville que tienen una piscina. Eso es 3 veces la cantidad de familias que tienen una piscina en Elmburg. ¿Cuántas familias en Elmburg tienen una piscina?

51 es 3 ______________ *n*.

$n =$ ____ ÷ ____

$n =$ ____

2. Gilbert caminó 288 minutos. Eso es 4 veces la cantidad de minutos que caminó Eileen. ¿Cuántos minutos, *m*, caminó Eileen?

288 es 4 ______________ *m*.

____ ÷ ____ $= m$

$m =$ ____

3. Marcy cosechó 3 veces la cantidad de onzas de repollo rizado que cosechó Phil. Phil cosechó 42 onzas de repollo rizado. ¿Cuántas onzas de repollo rizado, *r*, cosechó Marcy?

3 ______________ 42 es *r*.

$r =$ ____ × ____

$r =$ ____

4. Jennifer alimenta a 5 veces la cantidad de peces que alimenta Tony. Tony alimenta a 56 peces. ¿A cuántos peces, *p*, alimenta Jennifer?

5 ______________ 56 es *p*.

5 × ____

$p =$ ____

5. Álgebra ¿Cuántas veces el costo de la camiseta azul es el costo de la camiseta amarilla? Dibuja un diagrama de barras y escribe y resuelve una ecuación.

$24
$8

6. Álgebra Mason tiene 9 años. La edad de su madre es 4 veces la edad de Mason. ¿Qué edad tiene la mamá de Mason? Dibuja un diagrama de barras y escribe y resuelve una ecuación.

Puedes multiplicar para hallar la edad de la mamá de Mason.

7. PM.3 Evaluar el razonamiento Hilary caminó 654 pies en 3 minutos. Ella dice que caminó aproximadamente 200 pies por minuto. ¿Es razonable la estimación de Hilary? Explícalo.

8. Razonamiento de orden superior El valor de *n* es 5 veces el valor de *m* y además es 36 más que el valor de *m*. ¿Cuáles son los valores de *n* y *m*? Explícalo.

Evaluación de *Common Core*

9. Debbie tiene 8 monedas de 25¢ y 24 monedas de 1¢ en su alcancía. Tiene *n* veces la cantidad de monedas de 1¢ que de monedas de 25¢. ¿Qué ecuación se puede usar para hallar *n*?

Ⓐ $n = 8 \times 24$

Ⓑ $24 = 4 + n$

Ⓒ $24 = n \div 8$

Ⓓ $24 = n \times 8$

10. Marcus juega al básquetbol 42 horas por semana. Eso es 6 veces la cantidad de horas que juega al ajedrez. ¿Cuántas horas por semana Marcus juega al ajedrez?

Ⓐ 6 horas

Ⓑ 7 horas

Ⓒ 8 horas

Ⓓ 9 horas

© Pearson Education, Inc. 4

Nombre ______________________________

Resuelve

Lección 6-3
Resolver problemas de varios pasos

Resuélvelo y coméntalo Tres niñas y cuatro niños fueron a un parque de diversiones. El costo total del grupo fue $189. ¿Cuál fue el costo de la entrada para cada persona? ***Resuelve este problema de la manera que prefieras.***

Puedo...
resolver problemas de varios pasos hallando y resolviendo primero las preguntas escondidas.

Estándares de contenido 4.OA.A.3, 4.OA.A.2, 4.OA.A.1, 4.NBD.B.5, 4.NBD.B.6
Prácticas matemáticas PM.1, PM.4, PM.7, PM.8

Puedes entender y perseverar hallando y respondiendo a las preguntas escondidas.

¡Vuelve atrás! **PM.1 Entender y perseverar** ¿Cómo puedes calcular mentalmente y hacer una estimación para decidir si tu respuesta es razonable?

Aprende Glosario

Pregunta esencial

¿Cómo se pueden usar diagramas y ecuaciones para resolver problemas de varios pasos?

A

El año pasado, 18 personas fueron a un campamento familiar. ¿Cuántas personas más fueron este año que las que fueron el año pasado?

Puedes usar diagramas de barras como ayuda para entender y perseverar para resolver problemas de varios pasos.

Año pasado: 18 personas
Este año: 3 veces esa cantidad

B

Paso 1

Halla la pregunta escondida y usa un diagrama de barras y una ecuación para responderla.

Pregunta escondida: ¿Cuántas personas fueron al campamento este año?

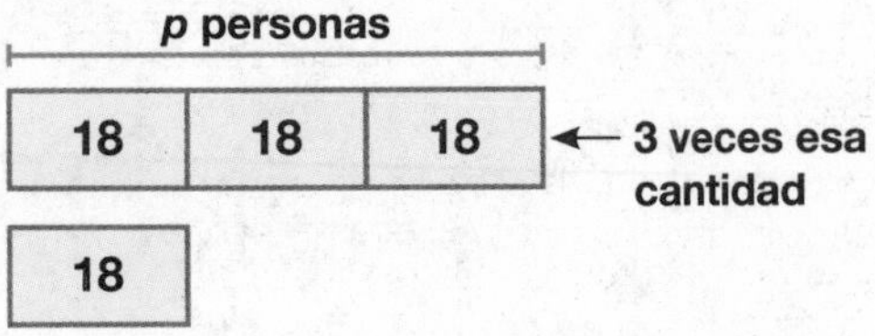

$3 \times 18 = p$
$p = 54$

Este año, fueron 54 personas al campamento.

C

Paso 2

Usa la respuesta a la pregunta escondida para responder a la pregunta original.

Pregunta original: ¿Cuántas personas más fueron este año que el año pasado?

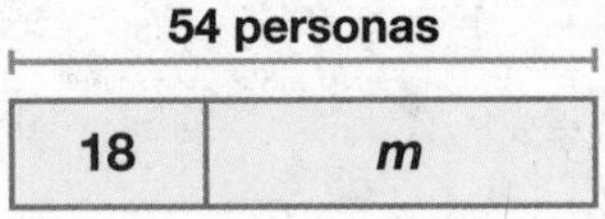

$54 - 18 = m$
$m = 36$

36 personas más fueron este año que el año pasado.

¡Convénceme! **PM.7 Usar la estructura** Identifica una o más preguntas escondidas que hay que resolver en el siguiente problema. Responde a las preguntas escondidas y resuelve el problema. Supón que 18 personas más irán al campamento el año próximo que las que fueron este año. ¿Cuántas veces la cantidad de personas que fueron el año pasado irán al campamento el año próximo?

© Pearson Education, Inc. 4

Nombre ______________________________

Práctica guiada*

¿Lo entiendes?

1. En el problema de la página anterior, supón que hubo 4 carpas grandes para que se quedaran las personas en el viaje de este año. Los organizadores trataron de ubicar la misma cantidad de personas en cada carpa. ¿Cuántas personas había en cada carpa?

¿Cómo hacerlo?

2. **PM.1 Entender y perseverar** ¿Cómo puedes decidir si tu respuesta al Ejercicio 1 es razonable?

Práctica independiente

Escribe la pregunta escondida y luego dibuja diagramas de barras y escribe ecuaciones para resolver los problemas en los Ejercicios **3** a **8.** Haz una estimación para decidir si tu respuesta es razonable.

3. Martín rastrilló las hojas de 3 jardines la semana pasada y de 4 jardines esta semana y ganó $168. Ganó la misma cantidad rastrillando las hojas de cada jardín. ¿Cuánto ganó Martín con cada jardín?

4. Hay 24 estudiantes en una clase. Todos los estudiantes, excepto 2, fueron a jugar bolos. ¿Cuál es el costo total si cada estudiante que fue a jugar a los bolos paga $5?

5. Rosie vendió 19 calendarios. Suzy vendió 26. Juan vendió 4 veces la cantidad que vendieron Rosie y Suzy juntas. ¿Cuántos calendarios vendió Juan?

6. Marcus vendió 6 pizzas. Sue vendió 4 pizzas. Si cada pizza cuesta $10, ¿cuánto ganaron Marcus y Sue?

7. Bella horneó 3 tandas de 24 galletas para perros hechas en casa. Envasó 12 bolsas con la misma cantidad de galletas cada una. ¿Cuántas galletas había en cada bolsa?

8. Ocho fabricantes de juguetes tallaron cada uno 25 bloques y 15 carros. ¿Cuántos juguetes tallaron en total?

*Puedes encontrar otro ejemplo en el Grupo C, página 359.

Prácticas matemáticas y resolución de problemas

9. **PM.4 Representar con modelos matemáticos** Kendra usa 27 retazos azules y algunos retazos blancos para hacer una colcha de retazos. La colcha tiene un área total de 540 pulgadas cuadradas. Cada retazo tiene un área de 5 pulgadas cuadradas. ¿Qué parte del área de la colcha de retazos es blanca? Explícalo.

10. **PM.4 Representar con modelos matemáticos** Una entrada para un cine para estudiantes cuesta $7. El costo para adultos es $2 más que para estudiantes. ¿Cuánto costarían las entradas para el cine para 13 adultos y 11 estudiantes?

Usa la tabla de la derecha en los Ejercicios **11** y **12**.

11. **Sentido numérico** Brendan, Zach y su papá tienen $30 para gastar en la feria del condado. Brendan y Zach pueden comprar entradas para niños. ¿Cuántas veces pueden ir los 3 a un paseo en bote? Explícalo.

12. **Razonamiento de orden superior** ¿Cuánto cuesta que 1 adulto y 4 niños vayan a la feria y den un paseo en bote? Explícalo.

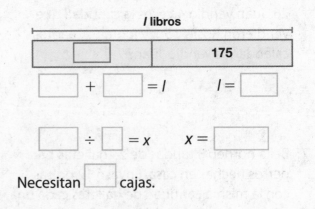

DATOS

Feria del condado

Tipo de boleto	Adulto	Niño
Entrada	$8	$4
Paseos en bote	$2	$1

Evaluación de *Common Core*

13. La clase de tercer grado reunió 148 libros para donar a la biblioteca. La clase de cuarto grado reunió 175 libros. Los estudiantes necesitan empacar los libros en cajas con 9 libros cada una. ¿Cuántas cajas necesitan para empacar todos los libros? Completa el diagrama de barras y la ecuación.

l libros

☐	175

☐ + ☐ = *l*   *l* = ☐

☐ ÷ ☐ = *x*   *x* = ☐

Necesitan ☐ cajas.

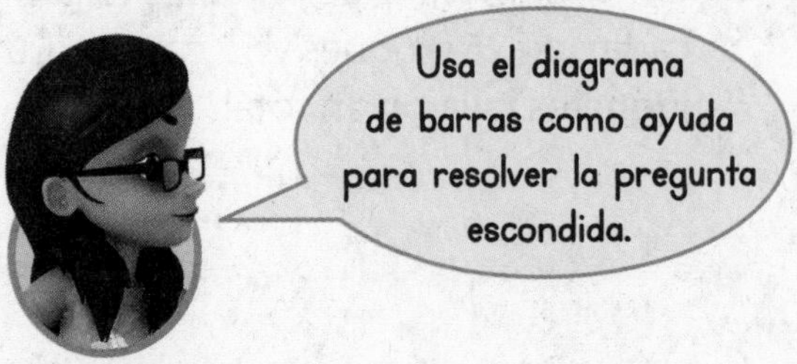
Usa el diagrama de barras como ayuda para resolver la pregunta escondida.

© Pearson Education, Inc. 4

Nombre ______________________________

Ayuda | Amigo de práctica | Herramientas | Juegos

Tarea y práctica 6-3

Resolver problemas de varios pasos

¡Revisemos!

Una familia llevó 160 porciones de una pinta de limonada a un picnic comunitario. Los miembros de la familia bebieron 98 porciones. ¿Cuántos galones enteros de limonada le quedan a la familia?

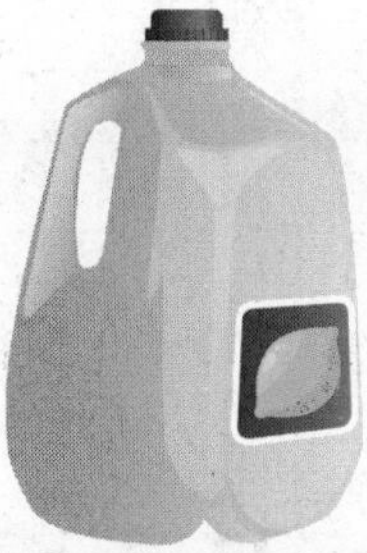

1 galón = 8 porciones de una pinta

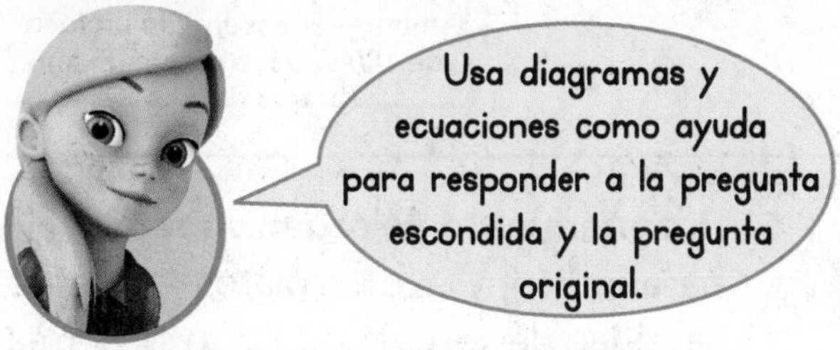
Usa diagramas y ecuaciones como ayuda para responder a la pregunta escondida y la pregunta original.

Halla la pregunta escondida y usa un diagrama y una ecuación para responderla.

Pregunta escondida: ¿Cuántas porciones de una pinta de limonada le quedan a la familia?

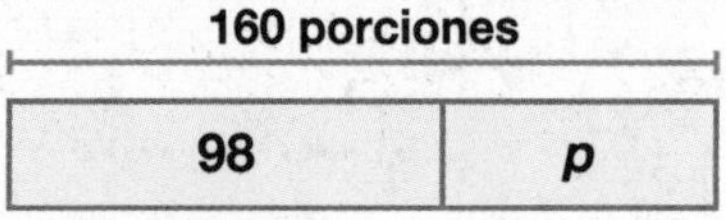
160 porciones
98
p

$160 - 98 = p$
$p = 62$

A la familia le quedan 62 porciones de una pinta.

Usa la respuesta a la pregunta escondida para responder a la pregunta original.

Pregunta original: ¿Cuántos galones enteros de limonada le quedan a la familia?

$62 \div 8 = g$
$g = 7 \text{ R6}$

A la familia le quedan 7 galones enteros de limonada.

Dibuja diagramas de barras y escribe ecuaciones para resolver los problemas en los Ejercicios **1** y **2.**

1. Kareem tiene 216 tarjetas para un juego de actuaciones. Su meta es coleccionar los 15 juegos de tarjetas. Hay 72 tarjetas en cada juego. ¿Cuántas tarjetas más necesita Kareem para alcanzar su meta?

2. Nicole tiene $9 para gastar en tarjetas. Encuentra algunas amigas que tienen la misma cantidad de dinero para dividir el costo de un juego. Un juego cuesta $27. Cada amiga recibe la misma cantidad de cartas. ¿Cuántas cartas recibe cada amiga?

3. **Matemáticas y Ciencias** Una planta de energía eléctrica tiene 4 toneladas de carbón. Una tonelada de carbón produce 2,460 kilovatios por hora de electricidad. ¿Es eso suficiente para encender 9 focos durante un año? Explícalo.

Se necesitan 876 kilovatios por hora de electricidad para mantener encendido un foco de 100 vatios durante un año.

---

4. **PM.8 Generalizar** Tina practicó piano durante 15 horas el mes pasado y 45 horas este mes.

   a. Usa la multiplicación para escribir un enunciado que compare las horas que practicó Tina durante los dos meses.

   b. Usa la suma para escribir un enunciado que compare las horas que practicó Tina durante los dos meses.

5. **Razonamiento de orden superior** El mes pasado, Jenny lavó los platos 4 veces la cantidad de veces que lo hizo su hermano. Su hermano lavó los platos 8 veces. Jenny dijo que puede multiplicar 3 por 8 para hallar cuántas veces más que su hermano lavó ella los platos. ¿Jenny tiene razón? Explícalo.

Evaluación de *Common Core*

6. Raj juntó 17 hojas durante una excursión. Su objetivo es juntar 5 veces la cantidad de hojas que ya juntó. ¿Cuántas hojas más necesita Raj? Completa los diagramas de barras y las ecuaciones.

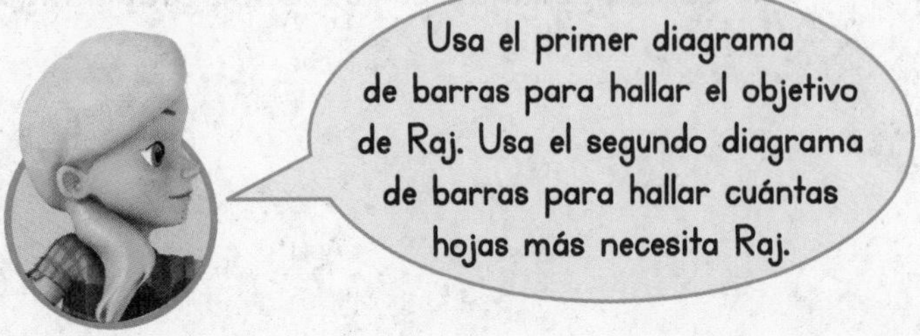
Usa el primer diagrama de barras para hallar el objetivo de Raj. Usa el segundo diagrama de barras para hallar cuántas hojas más necesita Raj.

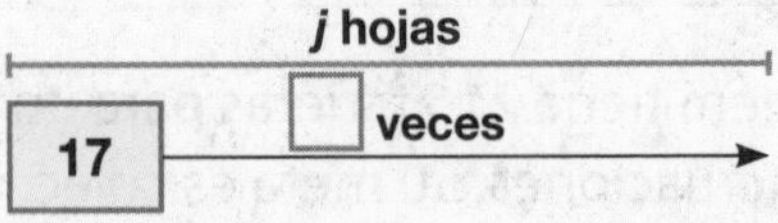
j hojas
veces
17

☐ × ☐ = j j = ☐

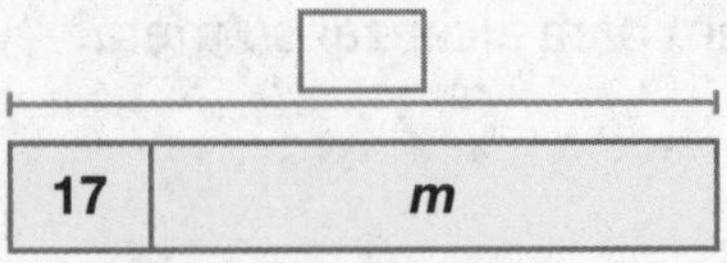
17
m

☐ − ☐ = m m = ☐

Raj necesita ☐ hojas más.

© Pearson Education, Inc. 4

Nombre

Resuelve

Resuélvelo y coméntalo

Un vivero forestal cerrará el negocio. Tiene 45 arces y 27 pinos para vender. ¿Cuánto dinero ganarán los dueños si venden todos los árboles? ***Resuelve este problema de la manera que prefieras.***

Lección 6-4

Resolver más problemas de varios pasos

Puedo...

resolver problemas de varios pasos hallando y resolviendo primero las preguntas escondidas.

Estándares de contenido 4.OA.A.3, 4.NBD.B.5, 4.NBD.B.6
Prácticas matemáticas PM.1, PM.3, PM.4

¡Vuelve atrás! **PM.1 Entender y perseverar** ¿Qué pregunta escondida tuviste que responder antes de poder responder a la pregunta del problema de arriba?

Pregunta esencial ¿Cómo se pueden usar ecuaciones para resolver más problemas de varios pasos?

A

Los estudiantes de cuarto y quinto grado irán a un concierto. Hay 178 estudiantes. ¿Cuántas filas se necesitan para los estudiantes de cuarto grado?

Cada fila tiene 8 asientos. Los estudiantes de quinto grado ocupan 12 filas completas.

Para hallar cuántos estudiantes de cuarto grado hay, necesitas saber cuántos estudiantes de quinto grado hay.
Para hallar la cantidad de filas, necesitas saber cuántos estudiantes de cuarto grado hay.

B

Paso 1

Halla y resuelve la primera pregunta escondida.

Pregunta escondida:
¿Cuántos estudiantes de quinto grado hay?

$12 \times 8 = e$
$e = 96$

Hay 96 estudiantes de quinto grado.

C

Paso 2

Halla y resuelve la segunda pregunta escondida.

Pregunta escondida:
¿Cuántos estudiantes de cuarto grado hay?

$178 - 96 = c$
$c = 82$

Hay 82 estudiantes de cuarto grado.

D

Paso 3

Responde a la pregunta original.

Pregunta original:
¿Cuántas filas se necesitan para los estudiantes de cuarto grado?

$82 \div 8 = f$
$f = 10\text{ R}2$

Habrá 10 filas y sobrarán 2 estudiantes de cuarto grado. Por tanto, se necesitan 11 filas.

¡Convénceme! **PM.1 Entender y perseverar** ¿Tiene sentido la respuesta de 11 filas en el problema anterior? Explícalo.

© Pearson Education, Inc. 4

Nombre ______

Amigo de práctica | Herramientas | Evaluación

Práctica guiada*

¿Lo entiendes?

1. **PM.3 Construir argumentos** En la página anterior, supón que había solo 11 filas de estudiantes de quinto grado, pero la misma cantidad total de estudiantes. ¿Necesitas resolver todo el problema de nuevo para hallar cuántas filas se necesitan para los estudiantes de cuarto grado? Explícalo.

¿Cómo hacerlo?

2. Muestra otra manera de resolver el problema de la página anterior.

Práctica independiente

Resuelve los problemas de varios pasos en los Ejercicios **3** y **4.** Escribe ecuaciones para representar cada paso. Haz una estimación para decidir si tu respuesta es razonable.

3. Vanya compró 5 paquetes medianos de botones y 3 paquetes pequeños de botones. ¿Cuál fue la cantidad total de botones que compró?

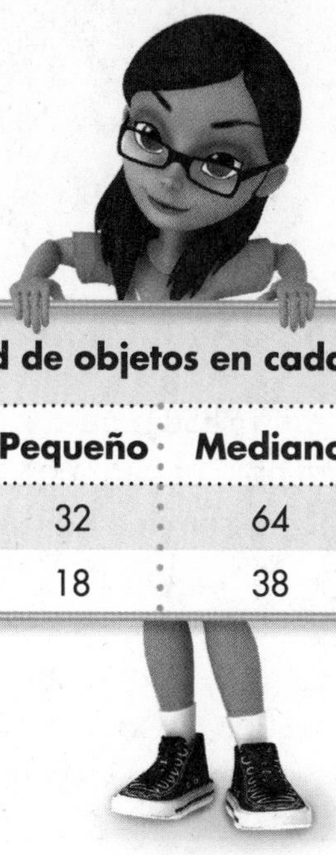

DATOS

Cantidad de objetos en cada paquete

Objeto	Pequeño	Mediano	Grande
Cuentas	32	64	96
Botones	18	38	56

4. Vance compró 2 paquetes grandes de cuentas y 1 paquete mediano de cuentas. Compró 2 paquetes grandes de botones y 2 paquetes medianos de botones. ¿Cuántas más cuentas que botones compró Vance?

*Puedes encontrar otro ejemplo en el Grupo D, página 360.

Prácticas matemáticas y resolución de problemas

5. **Matemáticas y Ciencias** ¿Cuánto más cuesta generar 9 megavatios-hora de electricidad en plantas eléctricas convencionales con carbón que con energía eólica?

Cuesta $87 generar 1 megavatio-hora de electricidad con energía eólica.

Cuesta $105 generar 1 megavatio-hora de electricidad en plantas convencionales con carbón.

6. **PM.4 Representar con modelos matemáticos** Bert tiene $50 para gastar en la librería. Compra 2 revistas a $6 cada una. ¿Cuántos libros de $9 puede comprar Bert? Escribe ecuaciones para representar cada paso. Explica cómo interpretar el residuo.

7. **Razonamiento de orden superior** Muestra dos maneras diferentes de hallar la respuesta al problema.

   La comida para perros y la comida para gatos se vende en bolsas de 20 libras. Hay 14 bolsas de comida para perros y 12 bolsas de comida para gatos en los estantes de la tienda. ¿Cuántas libras de comida para perros y para gatos hay en los estantes?

Evaluación de *Common Core*

8. Chris necesita $858 para comprar una computadora. Ya ahorró $575. Gana $15 la hora por cuidar niños y cuidará niños 12 horas el próximo mes. Puede ahorrar $8 por semana de su mesada. ¿Cuántas semanas de mesada necesitará Chris para ahorrar lo suficiente para comprar la computadora?

Parte A

Escribe y resuelve una ecuación que se pueda usar para responder a las preguntas escondidas.

Parte B

Escribe y resuelve una ecuación que se pueda usar para responder a la pregunta original.

© Pearson Education, Inc. 4

Nombre ____________________

Ayuda | Amigo de práctica | Herramientas | Juegos

Tarea y práctica 6-4

Resolver más problemas de varios pasos

¡Revisemos!

Hay 84 estudiantes en la banda. Los niños y las niñas están en filas separadas. Hay 6 estudiantes en cada fila. Hay 8 filas de niños. ¿Cuántas filas de niñas hay?

Tienes que responder a las preguntas escondidas antes de poder responder la pregunta que te hacen.

Paso 1

Pregunta escondida: ¿Cuántos niños hay en la banda?

$8 \times 6 = n$

$n = 48$

Hay 48 niños en la banda.

Paso 2

Pregunta escondida: ¿Cuántas niñas hay en la banda?

$84 - 48 = e$

$e = 36$

Hay 36 niñas en la banda.

Paso 3

Pregunta original: ¿Cuántas filas de niñas hay en la banda?

$36 \div 6 = f$

$f = 6$

Hay 6 filas de niñas.

Resuelve los problemas de varios pasos en los Ejercicios **1** y **2**. Escribe ecuaciones para representar cada paso.

1. La noche del viernes, una pizzería vendió 5 pizzas grandes y algunas pizzas medianas. La pizzería ganó en total $291. ¿Cuántas pizzas medianas vendió?

2. ¿Cuál es el área de la bandera estadounidense gigante que se muestra? Todas las barras tienen la misma altura.

Usa la tabla de la derecha en los Ejercicios **3** y **4.**

3. Emma tiene $100 para gastar en la tienda de mascotas. Necesita comprar 1 bolsa de comida para perros y 2 mordillos. ¿Le quedará a Emma suficiente dinero para comprar el triple de juguetes de valeriana para gatos que de mordillos? Explícalo.

DATOS

Tienda de mascotas de Barky

Producto	Costo
Bolsa de comida para perros	$35
Bolsa de comida para gatos	$18
Mordillos	$12
Juguete de valeriana para gatos	$9

4. A-Z **Vocabulario** Define *productos parciales.* ¿Qué productos parciales puedes usar para hallar cuánto costarán 6 bolsas de comida para gatos?

---

5. Razonamiento de orden superior Maurice y Trina resuelven el problema de la derecha por separado. Maurice planea sumar primero y multiplicar después. Trina planea multiplicar primero y después sumar. ¿Quién tiene razón? Usa una propiedad de las operaciones para justificar tu respuesta.

Una turbina eólica grande puede proveer electricidad para 598 casas. Una compañía tenía 4 turbinas y luego construyó 5 más. ¿A cuántas casas puede abastecer de electricidad la compañía con sus turbinas eólicas?

Evaluación de *Common Core*

6. La maestra de educación física tiene $250 para gastar en equipos de voleibol. Compra 4 redes de voleibol a $28 cada una. Las pelotas de voleibol cuestan $7 cada una. ¿Cuántas pelotas de voleibol puede comprar?

Parte A

Escribe y resuelve una ecuación que se pueda usar para responder a las preguntas escondidas.

Parte B

Escribe y resuelve una ecuación que se pueda usar para responder la pregunta original.

© Pearson Education, Inc. 4

Nombre ______________________

Resuelve

Resuélvelo y coméntalo

La Sra. Valenzuela pidió a los estudiantes que diseñen un serpentario para el zoológico. En el diseño que se muestra, la anaconda tiene 538 pies cuadrados más que la pitón. La pitón tiene dos veces la cantidad de pies cuadrados que tiene la serpiente de cascabel. ¿Qué área tiene cada serpiente? ***Resuelve este problema de la manera que prefieras.***

Prácticas matemáticas y resolución de problemas

Lección 6-5
Entender y perseverar

Puedo...
entender los problemas y seguir trabajando si ya no puedo seguir adelante.

Prácticas matemáticas PM.1. También, PM.2, PM.4, PM.6.
Estándares de contenido 4.OA.A.2, 4.OA.A.3, 4.NBD.B.5, 4.NBD.B.6

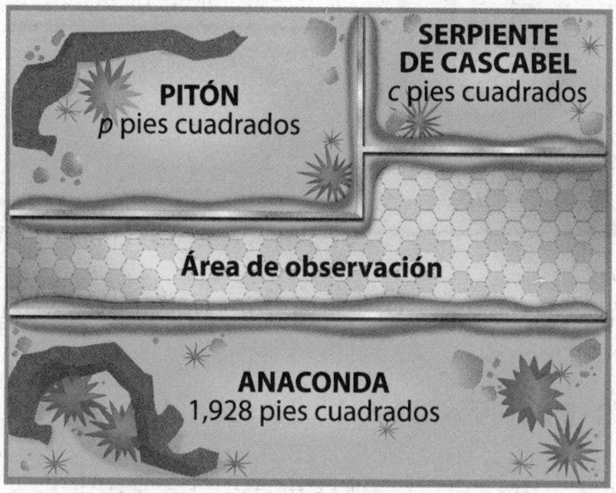

Hábitos de razonamiento

¡Razona correctamente! Estas preguntas te pueden ayudar.

- ¿Qué necesito hallar?
- ¿Qué sé?
- ¿Cuál es mi plan para resolver el problema?
- ¿Qué más puedo intentar si no puedo seguir adelante?
- ¿Cómo puedo comprobar si mi solución tiene sentido?

¡Vuelve atrás! **PM.1 Entender y perseverar** ¿Cómo puedes comprobar si tu solución tiene sentido?

Aprende Glosario

A

Pregunta esencial

¿Cómo se puede entender un problema de varios pasos y perseverar para resolverlo?

Bryan y Alex tienen que comprar sus propios instrumentos para la banda. Alex ganó $1,025 con un evento para recaudar fondos. Tiene un empleo de tiempo parcial que paga $8 la hora. ¿Cuántas horas necesita trabajar Alex para comprar su instrumento?

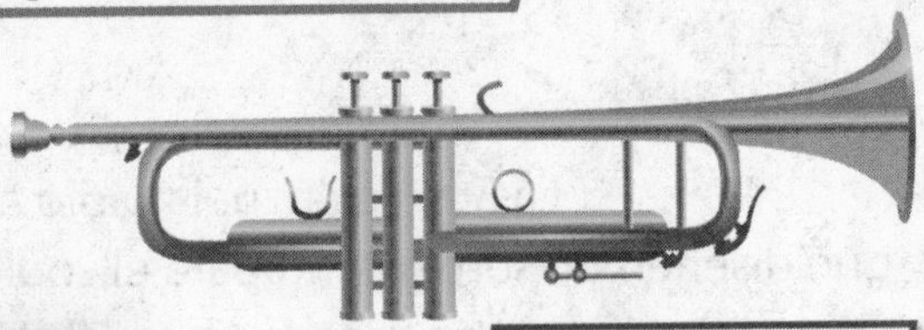

La trompeta de Bryan cuesta $159.

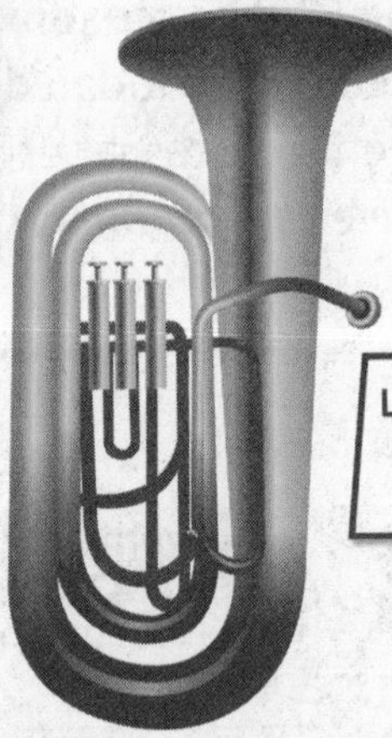

La tuba de Alex cuesta 9 veces la cantidad que cuesta la trompeta de Bryan.

¿Qué necesitas hacer para resolver este problema?

Necesito hallar cuánto cuesta la tuba de Alex y cuánto necesita ganar Alex para comprarla.

Este es mi razonamiento.

B

¿Cómo puedo entender y resolver este problema?

Puedo

- identificar las cantidades dadas.
- comprender cómo se relacionan las cantidades.
- escoger e implementar una estrategia adecuada.
- comprobar para asegurarme de que mi trabajo y mi respuesta tengan sentido.

C

Usa el costo de la trompeta para hallar el costo de la tuba.

$159 × 9 = $1,431 La tuba de Alex cuesta $1,431.

Halla cuánto más dinero necesita ganar Alex.

$1,431 − $1,025 = $406 Alex necesita ganar $406.

Halla cuántas horas necesita trabajar Alex.

$406 ÷ 8 = 50 R6

Alex no tendrá suficiente dinero trabajando 50 horas; por tanto, necesita trabajar 51 horas.

¡Convénceme! **PM.1 Entender y perseverar** ¿Cómo puedes comprobar para asegurarte de que el trabajo y la respuesta que se dan arriba tienen sentido?

© Pearson Education, Inc. 4

Nombre ______________________

Amigo de práctica · Herramientas · Evaluación

Práctica guiada*

PM.1 Entender y perseverar

En el problema de la página anterior, supón que Alex quiere saber cuántas semanas tardará en trabajar 51 horas. Alex trabaja 3 horas por día y 4 días por semana.

Piensa en esta pregunta como ayuda para perseverar cuando resuelves el problema. ¿Cuál es un buen plan para resolver el problema?

1. ¿Qué te piden que halles?

2. ¿Cuál es un buen plan para resolver el problema?

3. ¿Tiene sentido tu respuesta? Explícalo.

Práctica independiente

PM.1 Entender y perseverar

El equipo de tenis de la escuela secundaria vende pelotas de tenis para reunir $500 para comprar equipos nuevos. Venden las pelotas a $2 cada una.

3 pelotas de tenis

4. ¿Cuántas cajas de pelotas de tenis tiene que vender el equipo de tenis para recaudar suficiente dinero para los nuevos equipos?

5. Escribe y resuelve las preguntas escondidas que necesitas responder antes de hallar la respuesta al Ejercicio 4.

En una caja hay 24 estuches. Cada estuche tiene 3 pelotas de tenis.

Puedes encontrar otro ejemplo en el Grupo E, página 360.

Prácticas matemáticas y resolución de problemas

Evaluación de rendimiento de *Common Core*

Diseñar una bandera

El grupo de Rainey diseñó la bandera que se muestra para un proyecto de la clase. Usaron 234 pulgadas cuadradas de tela verde. Después de hacer una bandera, al grupo de Rainey le quedan 35 pulgadas cuadradas de tela amarilla. ¿Cómo puede calcular el grupo de Rainey el área total de la bandera?

6. **PM.1 Entender y perseverar** ¿Qué pregunta(s) escondida(s) necesitas responder primero?

7. **PM.4 Representar con modelos matemáticos** ¿Cómo puedes usar diagramas de barras y ecuaciones para representar la(s) pregunta(s) escondida(s) y mostrar las relaciones?

Cuando entiendes un problema, compruebas que tu solución tenga sentido.

8. **PM.6 Hacerlo con precisión** Usa tus dibujos y ecuaciones para hallar el área total de la bandera.

9. **PM.1 Entender y perseverar** ¿Qué información no se necesitaba para resolver el problema?

© Pearson Education, Inc. 4

Nombre ______________________

Ayuda | Amigo de práctica | Herramientas | Juegos

Tarea y práctica 6-5

Entender y perseverar

¡Revisemos!

El director de un museo quiere exhibir mariposas y libélulas en 5 vitrinas y que cada vitrina tenga aproximadamente la misma cantidad de insectos. ¿Cuántos insectos se deben colocar en cada vitrina?

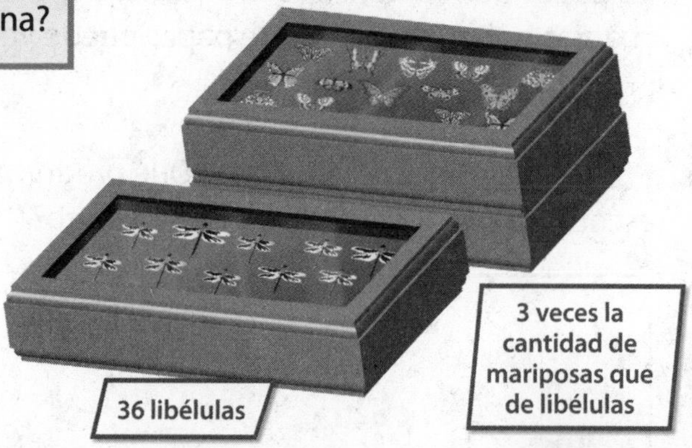

Identifica las preguntas escondidas y escoge una estrategia para resolver el problema.

- ¿Cuántas mariposas hay?
- ¿Cuántos insectos hay?

Comprende cómo se relacionan las cantidades para resolver la pregunta original.

Hay 3 veces la cantidad de mariposas que de libélulas.

$3 \times 36 = 108$ mariposas

La suma de libélulas y de mariposas se usa para hallar la cantidad de insectos que se deben colocar en cada una de las 5 vitrinas.

$36 + 108 = 144$ insectos

$144 \div 5 = 28$ R4

Se deben colocar 28 insectos en una vitrina y 29 insectos en cada una de las otras 4 vitrinas.

PM.1 Entender y perseverar

El diagrama muestra cuántos largos nadan tres amigos cada semana. ¿Cómo puedes hallar la cantidad de millas que nadó Ariel?

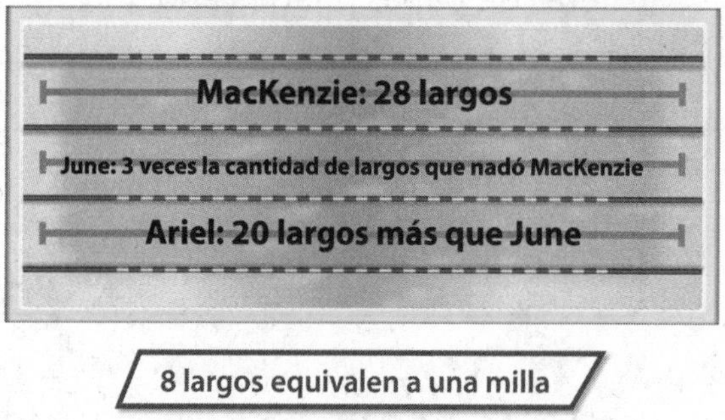

1. Escribe y resuelve la(s) pregunta(s) escondida(s) que necesitas responder antes de responder a la pregunta original.

2. Usa tu respuesta a la(s) pregunta(s) escondida(s) y una ecuación para hallar cuántas millas nadó Ariel.

Vender papas

La Sra. Sacksteader tiene una tienda de abarrotes. Compra 272 libras de papas a $99. Quiere venderlas a dos veces esa cantidad. Arma 9 bolsas de 10 libras cada una y con el resto arma bolsas de 5 libras cada una. Su familia comerá las papas que sobren. La Sra. Sacksteader quiere saber cuántas bolsas de 5 libras de papas puede vender.

PAPAS

Cada bolsa de 5 libras de papas se vende a $4.

3. **PM.1 Entender y perseverar** ¿Qué pregunta(s) escondida(s) necesitas responder primero?

4. **PM.2 Razonar** ¿Cómo se relaciona la respuesta a la pregunta escondida con la pregunta original?

5. **PM.4 Representar con modelos matemáticos** ¿Cómo puedes usar una ecuación para representar y hallar cuántas bolsas de 5 libras de papas puede vender la Sra. Sacksteader?

6. **PM.6 Hacerlo con precisión** ¿Cuánto dinero ganará la Sra. Sacksteader por las bolsas de 5 libras? Escribe y resuelve una ecuación para demostrar que calculaste con precisión.

 © Pearson Education, Inc. 4

Nombre ____________________

Actividad de práctica de fluidez

Emparéjalo

Trabaja con un compañero. Señala una pista y léela.

Mira la tabla de la parte de abajo de la página y busca la pareja de esa pista. Escribe la letra de la pista en la casilla al lado de su pareja.

Halla una pareja para cada pista.

Puedo...
restar números enteros de varios dígitos.

Estándar de contenido
4.NBD.B.4

Pistas

A La diferencia es exactamente 528.

B La diferencia está entre 550 y 560.

C La diferencia está entre 800 y 900.

D La diferencia es exactamente 614.

E La diferencia está entre 100 y 105.

F La diferencia está entre 470 y 480.

G La diferencia es exactamente 392.

H La diferencia está entre 70 y 80.

☐ 917 − 365	☐ 994 − 137	☐ 647 − 574	☐ 792 − 178
☐ 653 − 125	☐ 865 − 394	☐ 947 − 555	☐ 552 − 448

TEMA 6

Repaso del vocabulario

A-Z Glosario

Lista de palabras

- comparación de multiplicación
- comparación de suma
- ecuación
- producto
- propiedad asociativa de la multiplicación
- propiedad conmutativa de la multiplicación
- propiedad distributiva
- variable

Comprender el vocabulario

Escribe V si la oración es *verdadera* o F si es *falsa*.

1. ________ La comparación de suma se usa cuando puedes multiplicar para hallar cómo se relaciona una cantidad con otra.

2. ________ La comparación de multiplicación se usa cuando una cantidad es *x* veces otra cantidad o puedes representar la comparación con grupos iguales.

3. ________ Una oración numérica que usa un signo igual para mostrar que dos expresiones tienen el mismo valor se llama ecuación.

4. ________ La respuesta a un problema de resta se llama producto.

5. ________ Un símbolo o letra que representa un número se llama variable.

Rotula los ejemplos de una propiedad con un término de la Lista de palabras.

6. $(3 \times 4) \times 5 = 3 \times (4 \times 5)$ ____________________

7. $3 \times (4 + 5) = (3 \times 4) + (3 \times 5)$ ____________________

8. $3 \times 4 \times 5 = 4 \times 3 \times 5$ ____________________

Usar el vocabulario al escribir

9. Seth escribió y resolvió la siguiente comparación:

   Halla 6 veces la cantidad 5.

   $6 \times 5 = n$
   $n = 30$

   Usa al menos 3 términos de la Lista de palabras para describir la comparación de Seth.

© Pearson Education, Inc. 4

Nombre ______

TEMA 6

Refuerzo

Grupo A páginas 327 a 332

Escribe una oración de comparación para cada ecuación.

$27 = 9 \times 3$

27 es 9 veces la cantidad 3.

$27 = 6 + 21$

27 es 6 más que 21.

Recuerda que cuando sumas o multiplicas puedes cambiar el orden de los números.

Escribe y resuelve una ecuación que corresponda a las oraciones de comparación.

1. *y* es 9 veces la cantidad 4.

2. *x* es 21 más que 21.

Grupo B páginas 333 a 338

Hay 30 manzanas y 6 plátanos en una canasta. ¿Cuántas veces la cantidad que hay de plátanos hay de manzanas en la canasta?

30	÷	x	=	6
↑		↑		↑
cantidad de manzanas		¿Cuántas veces esa cantidad?		cantidad de plátanos

Dado que $6 \times 5 = 30$, la cantidad de manzanas que hay en la canasta es 5 veces la cantidad de plátanos.

Recuerda que puedes escribir ecuaciones como ayuda para resolver problemas.

1. Macon tiene 32 piedras en su colección. Tiene 4 veces la cantidad de piedras que tiene su hermano. ¿Cuántas piedras tiene el hermano de Macon?

2. Pam tiene 24 lápices y 6 borradores. ¿Cuántas veces la cantidad de borradores es la cantidad de lápices que tiene Pam?

Grupo C páginas 339 a 344

Hay 13 niñas y 14 niños que formarán equipos de voleibol. Cada equipo necesita 6 jugadores. Los jugadores que sobren serán suplentes. ¿Cuántos equipos se pueden formar? ¿Cuántos jugadores serán suplentes?

Paso 1

$13 + 14 = 27$ Halla la cantidad total de jugadores.

Paso 2

$$\begin{array}{r} 4\text{ R3} \\ 6\overline{)27} \\ -24 \\ \hline 3 \end{array}$$

Divide 27 por 6 para hallar la cantidad de equipos.

Habrá 4 equipos con tres suplentes.

Recuerda que debes responder a la pregunta escondida y usar la respuesta para resolver el problema.

1. Tres amigos pidieron 2 pizzas. Cada pizza se cortó en 8 porciones. Si cada persona comió la misma cantidad de porciones, ¿cuántas porciones comió cada persona?

2. Mark gastó $79 en 3 camisas y un paquete de calcetines. Si cada camisa cuesta $24, ¿cuánto costó el paquete de calcetines?

Grupo D páginas 345 a 350

Para resolver un problema de varios pasos, primero halla si hay preguntas escondidas y respóndelas.

En un restaurante, la comida para niños cuesta $5 y la comida para adultos cuesta $9. Si compraron comidas 11 niños y 16 adultos, ¿cuánto costaron las comidas?

¿Cuánto costaron las comidas de los niños?
$\$5 \times 11 = n$
$n = \$55$

¿Cuánto costaron las comidas de los adultos?
$\$9 \times 16 = a$
$a = \$144$

¿Cuánto costaron todas las comidas?
$\$55 + \$144 = t$
$t = \$199$

Recuerda que debes hallar y responder primero a las preguntas escondidas.

1. Hay 64 cantantes en el coro. Los tenores y los sopranos están en filas separadas. Hay 8 cantantes en cada fila. Hay 4 filas de tenores. ¿Cuántas filas de sopranos hay?

2. Samantha tiene $600 ahorrados para un viaje. Compra un pasaje de avión a $120 y reserva un cuarto de hotel por $55 la noche para 4 noches. Si el viaje de Samantha dura 5 días y gasta la misma cantidad cada día, ¿cuánto puede gastar Samantha cada día?

Grupo E páginas 351 a 356

Piensa en tus respuestas a estas preguntas como ayuda para **entender** el problema.

Hábitos de razonamiento

- ¿Qué necesito hallar?
- ¿Qué sé?
- ¿Cuál es mi plan para resolver el problema?
- ¿Qué más puedo intentar si no puedo seguir adelante?
- ¿Cómo puedo comprobar si mi solución tiene sentido?

Recuerda que debes entender el problema antes de comenzar a resolverlo.

En un albergue local, los perros grandes se pueden adoptar a $10 cada uno. Los perros pequeños se pueden adoptar a $5 cada uno. Hay 17 perros grandes en adopción. Si se adoptan todos los perros, el albergue obtendrá $215.

1. Describe una estrategia para hallar la cantidad de perros pequeños que hay en el albergue.

2. ¿Cuántos perros pequeños hay en el albergue?

© Pearson Education, Inc. 4

Nombre ______________________________

1. Jason y sus 3 hermanos quieren comprar un regalo para su mamá. Tienen $314 ahorrados. Cada uno ahorrará $17 por semana hasta tener al menos $515 para el regalo. ¿Cuánto dinero ahorrarán después de 3 semanas? ¿Tendrán suficiente dinero para comprar el regalo?

Parte A

¿Cuáles son las preguntas escondidas?

Parte B

Escribe una ecuación que se pueda usar para responder a las preguntas escondidas. Luego resuélvela.

Parte C

Escribe y resuelve una ecuación para hallar cuánto dinero ahorrarán después de 3 semanas. ¿Tendrán suficiente para comprar el regalo? Explícalo.

2. Un canguro puede saltar 6 veces la longitud de su cuerpo. Para un canguro que mide 5 pies de largo, selecciona todas las ecuaciones que permiten hallar cuántos pies, p, puede saltar el canguro.

- ☐ $p \div 6 = 5$
- ☐ $6 \times p = 5$
- ☐ $5 \times p = 6$
- ☐ $6 \times 5 = p$
- ☐ $6 - p = 5$

3. Mitchell quiere batir el récord por la mayor cantidad de puntos anotados en una temporada. Esta temporada, anotó 51 puntos. Si anota 27 puntos en cada uno de los 7 partidos que vienen, batirá el récord por 1 punto. ¿Cuántos puntos en total batirán el récord por 1 punto?

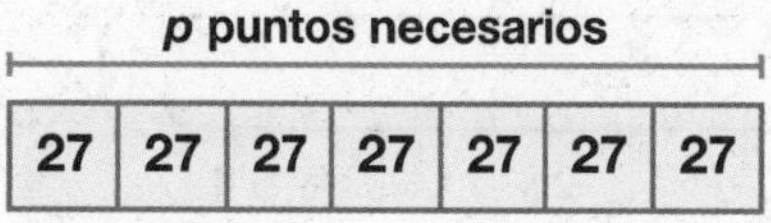

☐ $\times$ 27 = p p = ☐

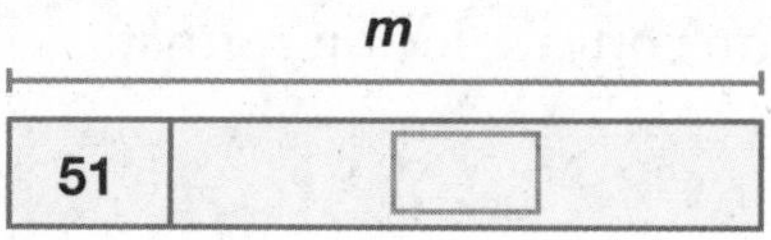

☐ + 51 = m m = ☐

Mitchel batirá el récord por 1 punto si anota en total ☐ puntos.

4. Selecciona todas las oraciones que describan una comparación que usa la multiplicación.

- ☐ 9 es 3 veces la cantidad *p*.
- ☐ 27 más que *r* es 41.
- ☐ Un autobús puede viajar a 3 veces la velocidad de un barco.
- ☐ 9 paquetes cuestan *d* dólares.
- ☐ La cantidad de niñas es 4 veces la cantidad de niños.

---

5. Escoge la palabra correcta del recuadro para completar las oraciones.

más que	veces la cantidad

45 es 9 ______ 5.

120 es 68 ______ 52.

86 es 12 ______ 74.

33 es 3 ______ 11.

---

6. Miguel escribió una lista de expresiones y una lista de soluciones. Traza líneas para unir la expresión con la solución correcta.

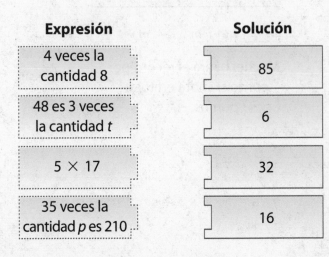

Expresión	Solución
4 veces la cantidad 8	85
48 es 3 veces la cantidad *t*	6
5 × 17	32
35 veces la cantidad *p* es 210	16

7. Darcy pidió 7 cajas de globos rojos y 2 cajas de globos azules para una fiesta. Pidió 1,125 globos en total. ¿Qué ecuación **NO** indica cuántos globos hay en cada caja?

Ⓐ $g \times (7 + 2) = 1{,}125$

Ⓑ $1{,}125 \div 9 = g$

Ⓒ $9 \times g = 1{,}125$

Ⓓ $1{,}125 \times 9 = g$

---

8. Escoge Sí o No para indicar si 9 hará que cada oración sea verdadera.

8a. 18 × __ = 162 ○ Sí ○ No

8b. 20 × __ = 189 ○ Sí ○ No

8c. __ veces la cantidad 16 es 145. ○ Sí ○ No

8d. 315 es el producto de __ por 35. ○ Sí ○ No

---

9. Selecciona todas las expresiones que son iguales al producto de 14 y 9.

- ☐ $(2 \times 7) + 9$
- ☐ 9 veces la cantidad 14
- ☐ 14×9
- ☐ 14 más que 9
- ☐ 9 menos que 14

---

10. Maggie reunió 63 libras de papel para reciclar. Carl reunió 9 libras. ¿Cuántas veces la cantidad de libras que reunió Carl reunió Maggie?

Ⓐ 3 veces

Ⓑ 5 veces

Ⓒ 7 veces

Ⓓ 8 veces

© Pearson Education, Inc. 4

Nombre ______________________________

TEMA 6

Evaluación del rendimiento

Salto con esquís

Jackie investigó sobre los saltos con esquís después de que miró los Juegos Olímpicos de Invierno. Las distancias de salto describen normalmente saltos con esquís. El **Diagrama de salto con esquís** ilustra cómo es un salto con esquís. La tabla **Salto con esquís** da las distancias de un salto intermedio y un salto avanzado.

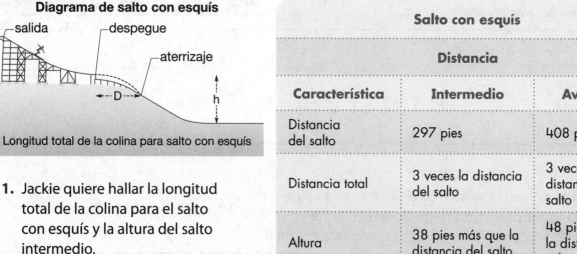

Diagrama de salto con esquís

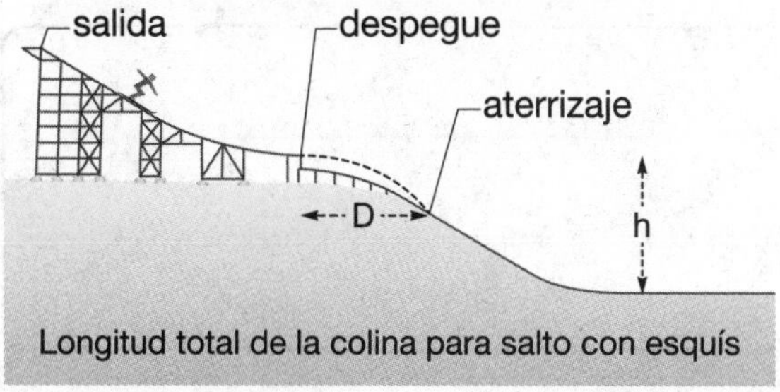

Salto con esquís

Característica	Distancia: Intermedio	Distancia: Avanzado
Distancia del salto	297 pies	408 pies
Distancia total	3 veces la distancia del salto	3 veces la distancia del salto
Altura	38 pies más que la distancia del salto	48 pies más que la distancia del salto

1. Jackie quiere hallar la longitud total de la colina para el salto con esquís y la altura del salto intermedio.

Parte A

¿Cuál es la longitud total de la colina para el salto con esquís en un salto intermedio? Dibuja un diagrama de barras y escribe y resuelve una ecuación para representar el problema. ¿Esta situación usa la suma o la multiplicación para comparar?

Parte B

¿Cuál es la altura de un salto intermedio? Escribe y resuelve una ecuación. ¿Esta situación usa la suma o la multiplicación para comparar?

2. Usa la información **Salto principiante** para hallar cuánto más larga es la longitud total de una colina para salto con esquís para un salto avanzado que para un salto principiante.

Salto principiante

La distancia de un salto avanzado es 8 veces la distancia de un salto principiante.

La longitud total de una colina para saltos principiantes mide 3 veces la distancia de un salto principiante.

Parte A

¿Cuáles son las preguntas escondidas que necesitas responder para resolver el problema?

Parte B

¿Cuánto mayor es la longitud total de una colina para saltos avanzados que la de una colina para saltos principiantes? Escribe ecuaciones y explica cómo resolver las preguntas escondidas y la pregunta original.

Parte C

¿Es razonable la respuesta que hallaste en la Parte B? Explícalo.

3. ¿Cuánto mayor es la altura de un salto avanzado que la de un salto intermedio? Explícalo.

© Pearson Education, Inc. 4

TEMA 7

Factores y múltiplos

Preguntas esenciales: ¿Cómo se pueden usar matrices o la multiplicación para hallar los factores de un número? ¿Cómo se identifican los números primos y los números compuestos? ¿Cómo se hallan los múltiplos de un número?

Recursos digitales

Resuelve · Aprende · Glosario · Amigo de práctica · Herramientas · Evaluación · Ayuda · Juegos

Los animales tienen características que les permiten sobrevivir en sus hábitats.
Las plumas oscuras de los pingüinos absorben el calor del sol y conservan la temperatura en climas fríos.
¡Los pingüinos viven en algunos de los lugares más fríos del planeta! Este es un proyecto sobre el reino animal y los múltiplos.

Proyecto de Matemáticas y Ciencias: Analizar el reino animal

Investigar Como defensa contra el frío, los pingüinos emperador se apiñan en grandes grupos. Usa la Internet u otros recursos para investigar cómo los ayuda esto a protegerse y a proteger a sus crías.

Diario: Escribir un informe Incluye lo que averiguaste. En tu informe, también:

- supón que 64 pingüinos se apiñan para conservar el calor. Usa una cuadrícula para dibujar todas las matrices posibles de 64.
- resuelve el siguiente problema: si un grupo de 72 pingüinos se separa, ¿de cuántas maneras pueden formar grupos iguales? ¿72 es un número primo o compuesto? Escribe los pares de factores de 72 para mostrar todas las maneras en que los pingüinos pueden formar grupos iguales.

Nombre ____________________

Repasa lo que sabes

Vocabulario

Escoge el mejor término del recuadro. Escríbelo en el espacio en blanco.

- cociente
- divisor
- dividendo
- producto

1. El ____________ es la respuesta a un problema de división.

2. El número que se divide es el ____________.

3. El ____________ es el número que indica en cuántos grupos se divide algo.

Multiplicación

Halla los productos.

4. 8×4 **5.** 17×6 **6.** 304×9

7. 555×5 **8.** 22×26 **9.** 33×11

10. 56×70 **11.** 36×91 **12.** 27×48

13. 56×13 **14.** 12×19 **15.** 36×16

División

Halla los cocientes.

16. $27 \div 3$ **17.** $56 \div 8$ **18.** $36 \div 4$

19. $72 \div 9$ **20.** $39 \div 3$ **21.** $64 \div 4$

22. $105 \div 5$ **23.** $824 \div 4$ **24.** $942 \div 3$

25. $9{,}156 \div 3$ **26.** $2{,}156 \div 4$ **27.** $4{,}136 \div 8$

Resolución de problemas

28. **PM.4 Representar con modelos matemáticos** Cecilia compró 2 sándwiches la semana pasada y 4 sándwiches esta semana. En total gastó $42. Si cada sándwich cuesta la misma cantidad, ¿cuánto gastó Cecilia en cada sándwich? Escribe ecuaciones y resuélvelas.

© Pearson Education, Inc. 4

Mis tarjetas de palabras

A-Z Glosario

Usa los ejemplos de las palabras de las tarjetas para ayudarte a completar las definiciones que están al reverso.

factor

$7 \times 3 = 21$

factores

múltiplo

0, 4, 8, 12 y 16 son algunos de los múltiplos de 4.

pares de factores

Los pares de factores de 12 son:

1 y 12
2 y 6
3 y 4

generalizar

Todos los números pares terminan en 0, 2, 4, 6 u 8.

número primo

13

factores: 1, 13

número compuesto

14

factores: 1, 2, 7, 14

Mis tarjetas de palabras

Completa cada definición. Para ampliar lo que aprendiste, escribe tus propias definiciones.

El producto de un número dado y cualquier otro número entero se llama

_______________________________.

Los números que se multiplican juntos para dar un producto se llaman

_______________________________.

_______________________ significa hacer un enunciado general.

Los _______________________ son dos números que cuando se multiplican entre sí dan un producto determinado.

Un _______________________ es un número entero mayor que 1 que tiene más de dos factores.

Un _______________________ es un número entero mayor que 1 que tiene exactamente dos factores, 1 y el número mismo.

© Pearson Education, Inc. 4

Nombre ______________________ Resuelve

Lección 7-1
Comprender lo que son los factores

Puedo...
hallar los factores de un número entero.

Estándar de contenido 4.OA.B.4
Prácticas matemáticas PM.2, PM.3, PM.5, PM.7

Resuélvelo y coméntalo

Los alumnos de cuarto grado de la escuela Ames tienen 24 alfombras cuadradas. Indica todas las maneras en que pueden ordenar las alfombras cuadradas para formar una matriz rectangular. ***Resuelve este problema de la manera que prefieras.***

Puedes seleccionar y usar herramientas apropiadas, como papel cuadriculado o fichas cuadradas, para hallar todas las matrices posibles.

¡Vuelve atrás! **PM.7 Buscar relaciones** ¿Qué patrones observas en las matrices?

Aprende Glosario

Pregunta esencial

¿Cómo se pueden usar matrices para hallar los factores de un número?

A

El director de la orquesta intenta hallar la mejor manera de ordenar las sillas para una presentación. Las sillas deben formar una matriz rectangular. Usa cuadrículas para mostrar todas las maneras en que se pueden ordenar las sillas.

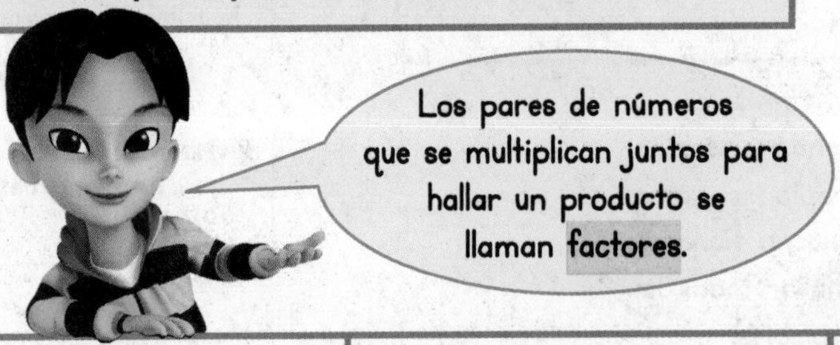

Los pares de números que se multiplican juntos para hallar un producto se llaman factores.

12 sillas

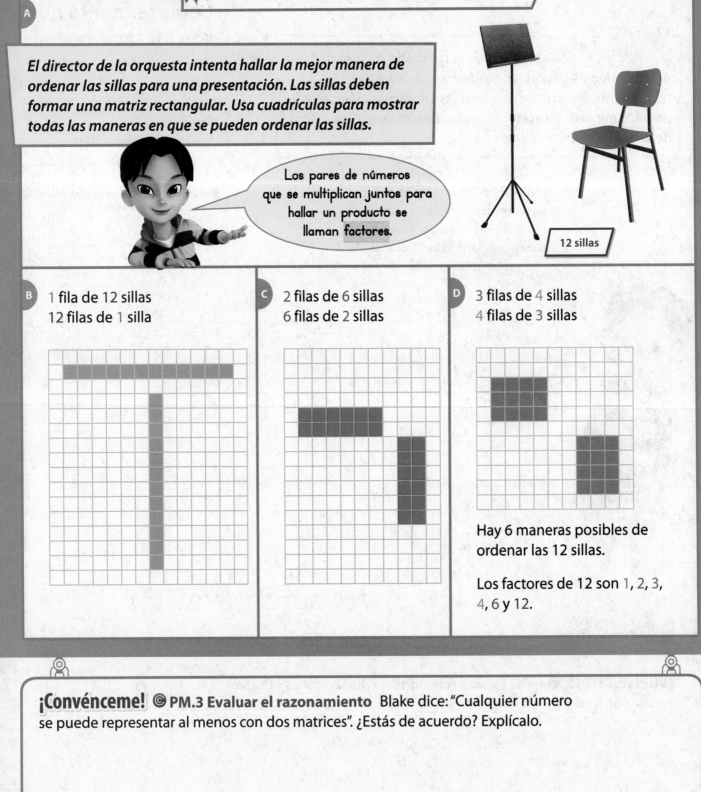

B

1 fila de 12 sillas
12 filas de 1 silla

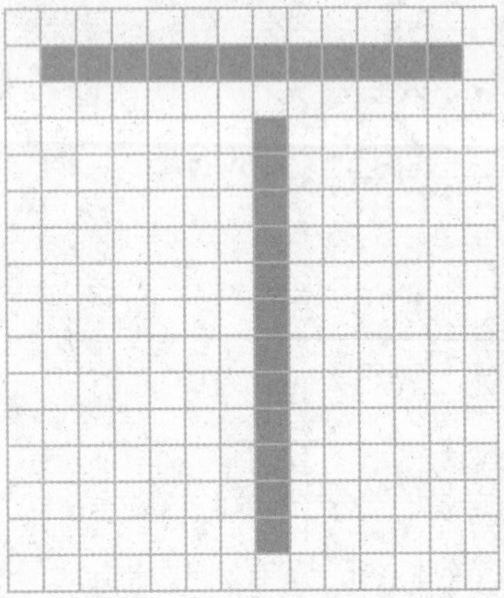

C

2 filas de 6 sillas
6 filas de 2 sillas

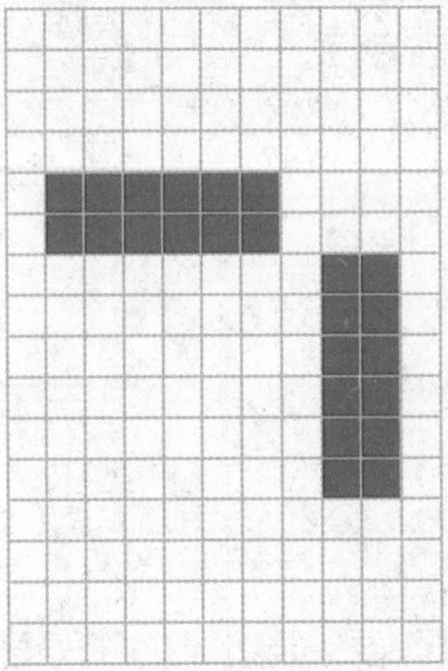

D

3 filas de 4 sillas
4 filas de 3 sillas

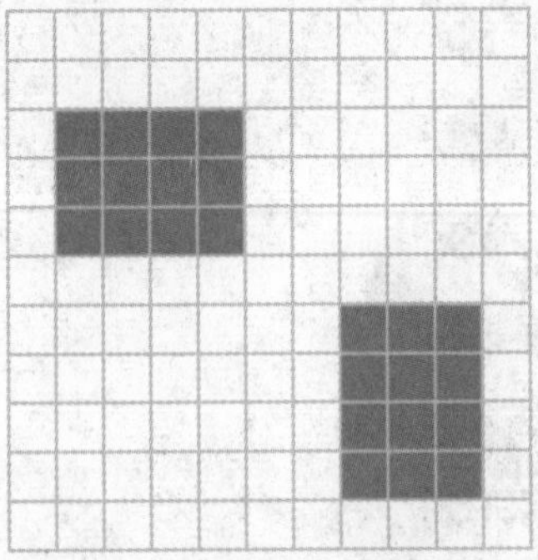

Hay 6 maneras posibles de ordenar las 12 sillas.

Los factores de 12 son 1, 2, 3, 4, 6 y 12.

¡Convénceme! **PM.3 Evaluar el razonamiento** Blake dice: "Cualquier número se puede representar al menos con dos matrices". ¿Estás de acuerdo? Explícalo.

© Pearson Education, Inc. 4

Nombre ______________________

Amigo de práctica Herramientas Evaluación

Práctica guiada*

¿Lo entiendes?

1. PM.2 Razonar ¿Cómo se relacionan los factores de 12 con las longitudes de los lados de las matrices que se muestran en las cuadrículas de la página anterior?

2. ¿Cuáles son las longitudes de los lados de las matrices que muestran cómo se pueden ordenar 5 sillas?

¿Cómo hacerlo?

Usa cuadrículas para hallar todas las matrices posibles para los números en los Ejercicios **3** y **4.**

3. 6

4. 16

Usa cuadrículas para hallar los factores de los números en los Ejercicios **5** y **6.**

5. 45

6. 30

Práctica independiente

Usa las cuadrículas para hallar todas las matrices posibles para los números en los Ejercicios **7** y **8.** Usa las matrices como ayuda para escribir los factores.

7. 9

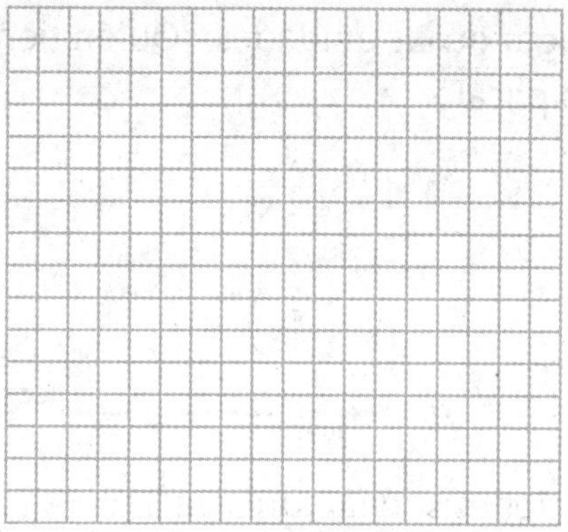

8. 14

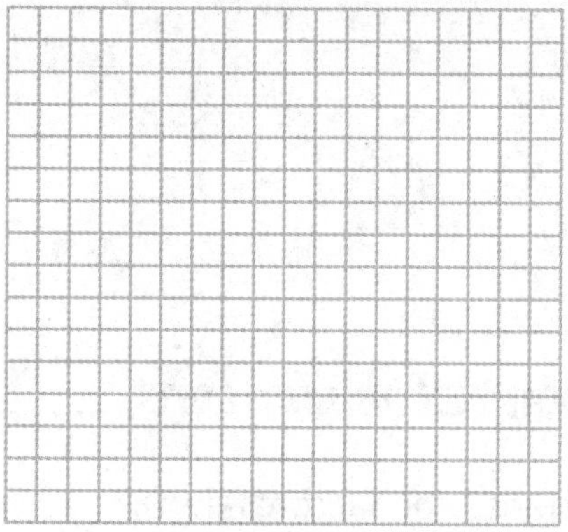

Usa cuadrículas para hallar los factores de los números en los Ejercicios **9** a **14.**

9. 5

10. 25

11. 8

12. 36

13. 23

14. 27

**Puedes encontrar otro ejemplo en el Grupo A, página 401.*

Prácticas matemáticas y resolución de problemas

15. **PM.2 Razonar** Usa la cuadrícula para hallar dos números que tengan 2 y 3 como factores.

Dibuja matrices con longitudes de lado que tengan 2 o 3 como factores.

16. El planeta enano Plutón tarda unos 90,403 días en recorrer su órbita alrededor del Sol. Escribe este número en forma desarrollada y usando el nombre de los números.

17. David gana 17 dólares por hora y trabaja 25 horas por semana. Linda gana 25 dólares por hora y trabaja 17 horas por semana. ¿Cuánto ganan en conjunto David y Linda por semana? ¿Qué propiedad de la multiplicación representa esta situación?

18. ¿Qué observas en la cantidad de matrices posibles y la cantidad de factores de 22?

19. **Razonamiento de orden superior** Jane dice que 5 es un factor de todos los números enteros que tienen un 5 en el lugar de las unidades. Fred dice que 5 es un factor de todos los números enteros que tienen un 0 en el lugar de las unidades. ¿Quién tiene razón? Explícalo.

Evaluación de *Common Core*

20. ¿Qué opciones son factores de 18? Marca todas las que se apliquen.

☐ 1
☐ 2
☐ 4
☐ 6
☐ 23

21. ¿Qué opciones son factores de 31? Marca todas las que se apliquen.

☐ 1
☐ 3
☐ 7
☐ 31
☐ 62

© Pearson Education, Inc. 4

Nombre ______________________

Ayuda Amigo de práctica Herramientas Juegos

Tarea y práctica 7-1

Comprender lo que son los factores

¡Revisemos!

Mark está cambiando de lugar 15 escritorios en su salón de clases. Usa la cuadrícula para mostrar todas las maneras en que se pueden ordenar los escritorios para formar una matriz rectangular. ¿Cuáles son los factores de 15?

Una cuadrícula te ayuda a hallar los factores de un número.

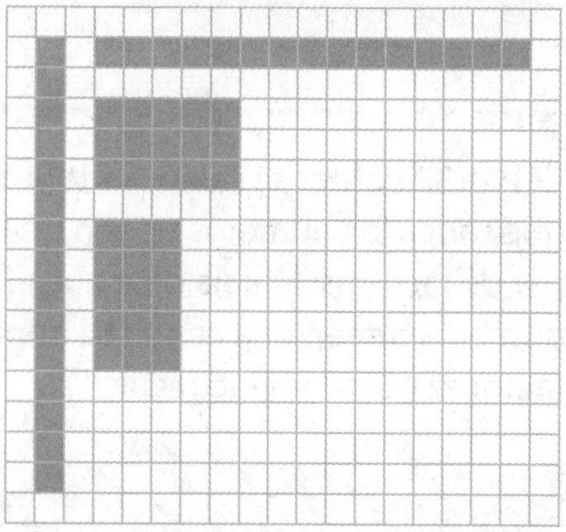

Mark puede ordenar los escritorios de 4 maneras diferentes.

Los factores de 15 son 1, 3, 5 y 15.

Halla todas las matrices posibles para los números en los Ejercicios **1** y **2.** Usa las matrices como ayuda para escribir los factores.

1. 13

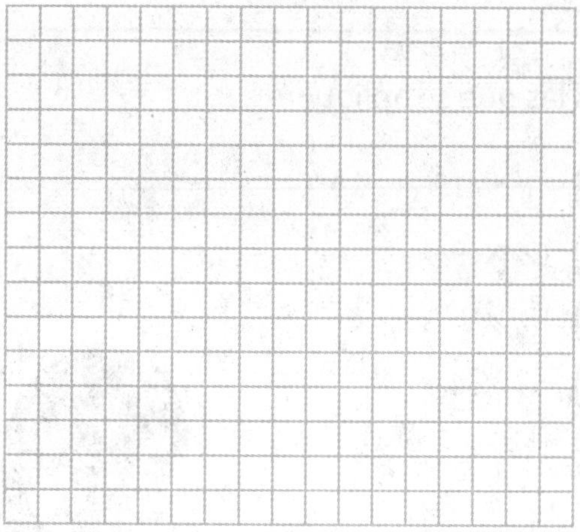

2. 10

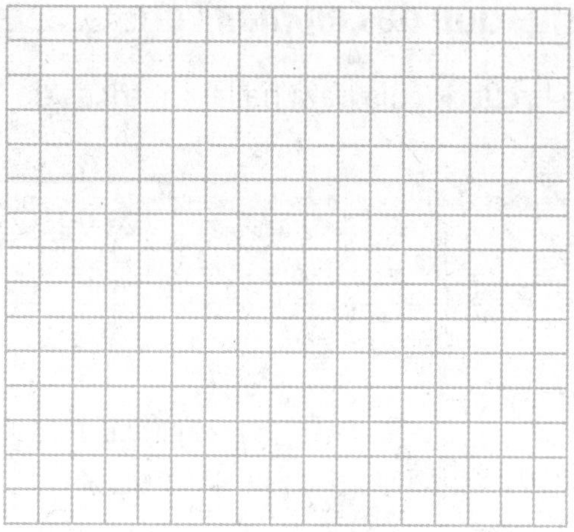

Usa cuadrículas para hallar los factores de los números en los Ejercicios **3** a **8.**

3. 17

4. 37

5. 42

6. 29

7. 33

8. 48

9. Matemáticas y Ciencias Los paneles solares usan la energía del sol para generar electricidad. Una ciudad quiere instalar 28 paneles solares en una matriz. ¿Cuáles son todas las maneras posibles en que se pueden instalar los paneles solares?

10. Usa cuadrículas para dibujar todas las matrices posibles para 5, 7 y 11. ¿Qué observas acerca de las matrices de estos números?

11. **PM.3 Evaluar el razonamiento** Rob dice que todos los números tienen una cantidad par de factores. Marcia dice que algunos números tienen una cantidad impar de factores. ¿Quién tiene razón?

12. Razonamiento de orden superior Halla todos los factores de 38, 39 y 40. ¿Tienen algún factor en común? Explica cómo puedes saber si algunos números tienen factores en común sin hallar los factores.

Evaluación de *Common Core*

13. Usa la cuadrícula para hallar matrices de 18. Marca todas las que se apliquen.

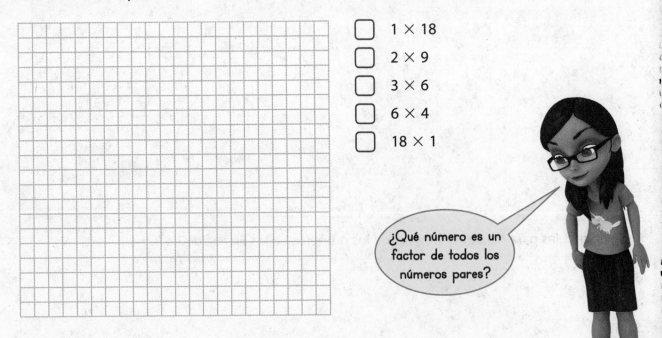

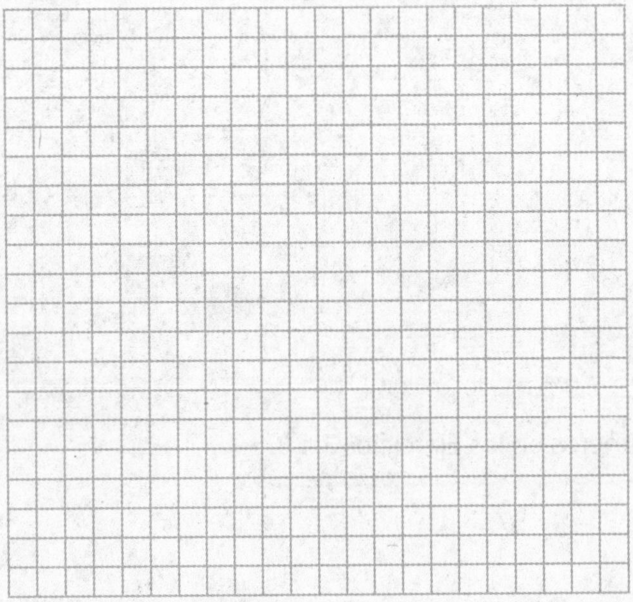

- ☐ 1×18
- ☐ 2×9
- ☐ 3×6
- ☐ 6×4
- ☐ 18×1

¿Qué número es un factor de todos los números pares?

© Pearson Education, Inc. 4

Nombre ______________________________ Resuelve

Lección 7-2
Factores

Puedo...
usar la multiplicación para hallar los pares de factores de un número entero.

Estándar de contenido 4.OA.B.4
Prácticas matemáticas PM.1, PM.2, PM.3, PM.4, PM.5

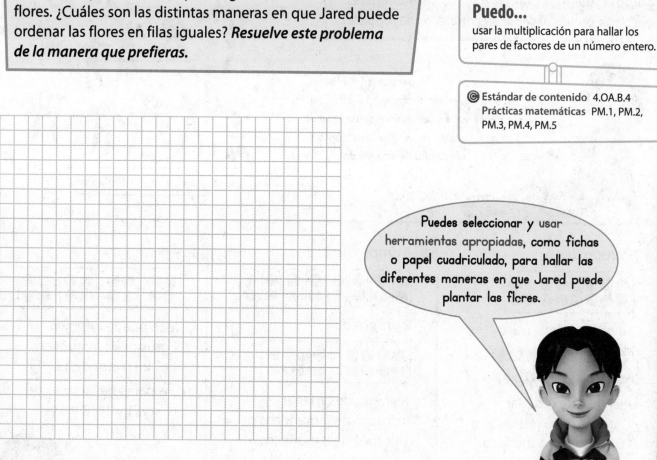

Resuélvelo y coméntalo Jared tiene 20 flores. Quiere plantar todas las flores en su jardín en filas que tengan la misma cantidad de flores. ¿Cuáles son las distintas maneras en que Jared puede ordenar las flores en filas iguales? ***Resuelve este problema de la manera que prefieras.***

Puedes seleccionar y usar herramientas apropiadas, como fichas o papel cuadriculado, para hallar las diferentes maneras en que Jared puede plantar las flores.

¡Vuelve atrás! **PM.1 Entender y perseverar** ¿Cómo puedes comprobar si hallaste todas las maneras diferentes en que Jared puede plantar las flores?

Pregunta esencial

¿Cómo se puede usar la multiplicación para hallar los factores de un número?

A

Jean quiere ordenar sus muñecos de juguete en grupos iguales. ¿Cuáles son todas las maneras en que Jean puede ordenar sus muñecos de juguete?

Jean puede pensar en todos los pares de factores de 16. Los pares de factores son dos números que cuando se multiplican dan un producto determinado.

16 muñecos de juguete

B

1 grupo de 16

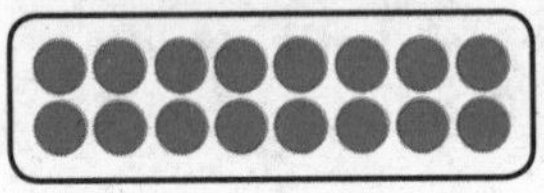

16 grupos de 1

Jean puede ordenar 1 grupo de 16 muñecos o 16 grupos de 1 muñeco.

Por tanto, 1 y 16 son factores de 16.

C

8 grupos de 2

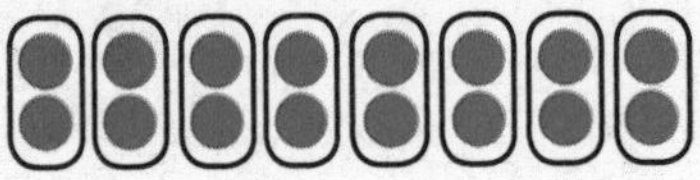

2 grupos de 8

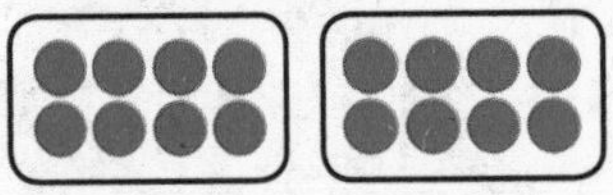

Jean puede ordenar 8 grupos de 2 muñecos o 2 grupos de 8 muñecos.

Por tanto, 2 y 8 son factores de 16.

D

4 grupos de 4

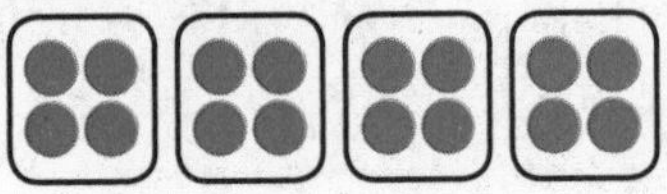

Jean puede ordenar 4 grupos de 4 muñecos. 4 es un factor de 16.

Los pares de factores de 16 son 1 y 16, 2 y 8 y 4 y 4.

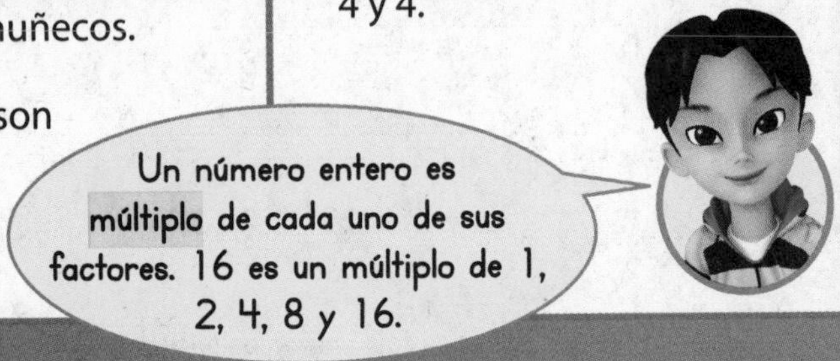
Un número entero es múltiplo de cada uno de sus factores. 16 es un múltiplo de 1, 2, 4, 8 y 16.

¡Convénceme! **PM.3 Construir argumentos** ¿Cómo sabes si no hay más factores de 16 además de 1, 2, 4, 8 y 16? Explícalo.

© Pearson Education, Inc. 4

Nombre ______________________

Amigo de práctica Herramientas Evaluación

Práctica guiada*

¿Lo entiendes?

1. Jean compró 7 muñecos de juguete más. ¿Qué grupos iguales puede formar ahora?

2. **PM.2 Razonar** ¿Qué factor tienen todos los números pares además del 1?

¿Cómo hacerlo?

Escribe los factores de los números en los Ejercicios **3** a **6.** Usa fichas como ayuda para resolverlos.

3. 2

4. 20

5. 28

6. 54

Práctica independiente

Recuerda que los factores de un número siempre incluyen 1 y el número.

Práctica al nivel Escribe los pares de factores de los números en los Ejercicios **7** a **12.**

7. 34
____ y 34
2 y ____

8. 39
1 y ____
____ y 13

9. 61
1 y ____

10. 14
____ y ____
____ y ____

11. 22
____ y ____
____ y ____

12. 51
____ y ____
____ y ____

Escribe los factores de los números en los Ejercicios **13** a **21.** Usa fichas como ayuda para resolverlos, si es necesario.

13. 6

14. 32

15. 83

16. 11

17. 49

18. 25

19. 30

20. 63

21. 19

**Puedes encontrar otro ejemplo en el Grupo B, página 401.*

Prácticas matemáticas y resolución de problemas

22. Irene quiere hacer una lista de los factores de 88. Escribe 2, 4, 8, 11, 22, 44 y 88. ¿Tiene razón Irene? Explícalo.

23. Matemáticas y Ciencias Las raíces de una planta suelen ser la parte más larga de la planta. Los tejidos de las raíces del centeno de invierno pueden llegar a superar los 984,000 pies de largo. Escribe este número en forma desarrollada.

24. Un restaurante recibe un envío de 5,000 paquetes de ketchup. En una semana, se usan 1,824 paquetes. La semana siguiente se usan 2,352 paquetes. ¿Cuántos paquetes de ketchup le quedan al restaurante?

25. Cualquier número que tiene 9 como factor también tiene 3 como factor. ¿Cuál es la razón?

26. Razonamiento de orden superior La mamá manatí que se muestra a la derecha tiene tres veces la longitud de su bebé manatí.

a. ¿Cuál es la longitud del bebé manatí? Escribe una ecuación y resuélvela.

b. Si una ballena azul tiene 9 veces la longitud del manatí que se muestra, ¿cuánto más larga que el manatí es la ballena azul? Escribe ecuaciones y resuélvelas.

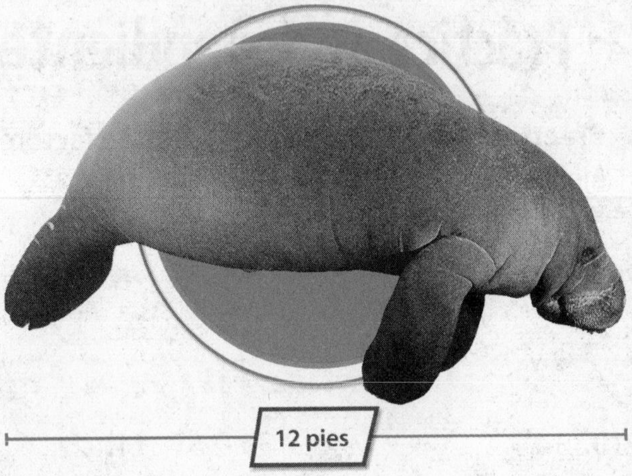

Evaluación de *Common Core*

27. ¿Qué opción muestra todos los factores de 38?

Ⓐ 1, 38

Ⓑ 1, 2, 14, 38

Ⓒ 1, 2, 38

Ⓓ 1, 2, 19, 38

28. El gerente de una tienda quiere ordenar 45 latas de sopa en una matriz. ¿Qué opción muestra 3 maneras de ordenar las latas?

Ⓐ $1 \times 9, 9 \times 5, 3 \times 15$

Ⓑ $15 \times 3, 9 \times 1, 5 \times 9$

Ⓒ $5 \times 9, 3 \times 15, 9 \times 5$

Ⓓ $45 \times 1, 15 \times 1, 9 \times 1$

© Pearson Education, Inc. 4

Nombre ______________________________

Ayuda | Amigo de práctica | Herramientas | Juegos

Tarea y práctica 7-2

Factores

¡Revisemos!

Halla los factores y los pares de factores de 8.

1 grupo de 8 u 8 grupos de 1

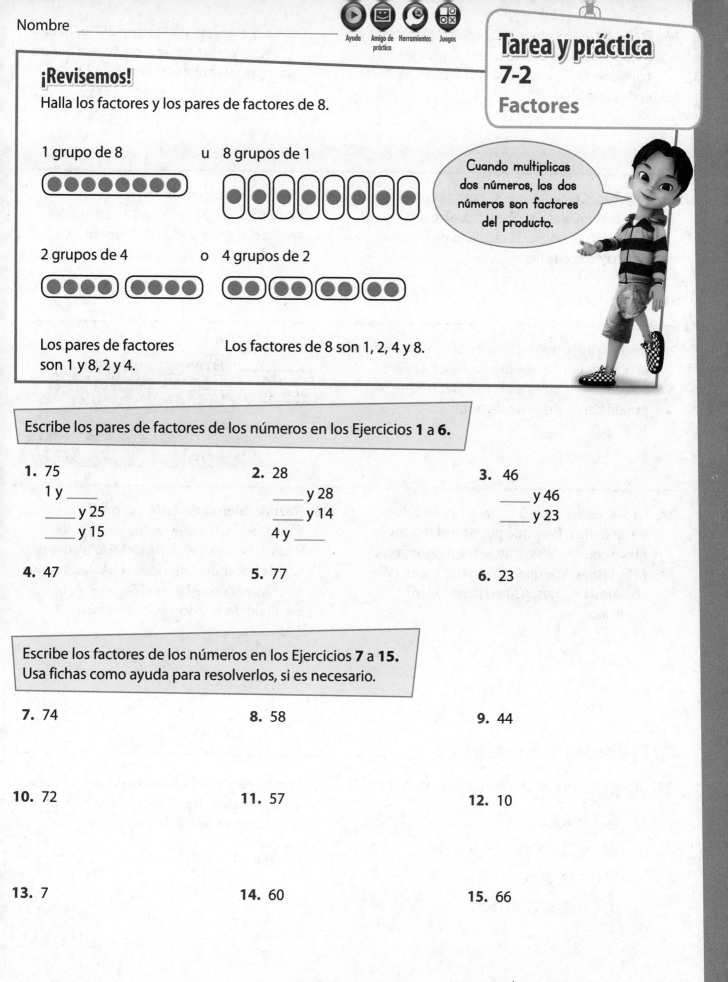

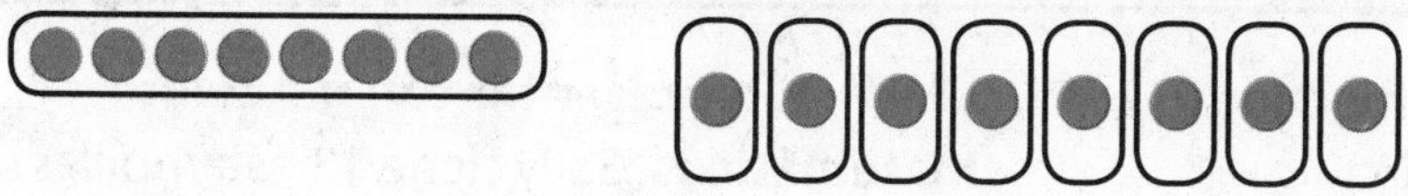

2 grupos de 4 o 4 grupos de 2

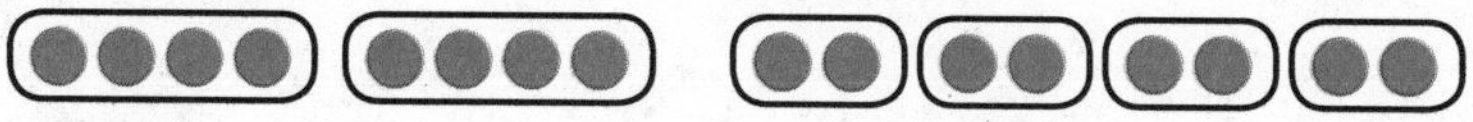

Los pares de factores son 1 y 8, 2 y 4.

Los factores de 8 son 1, 2, 4 y 8.

Cuando multiplicas dos números, los dos números son factores del producto.

Escribe los pares de factores de los números en los Ejercicios 1 a 6.

1. 75
1 y ____
____ y 25
____ y 15

2. 28
____ y 28
____ y 14
4 y ____

3. 46
____ y 46
____ y 23

4. 47

5. 77

6. 23

Escribe los factores de los números en los Ejercicios 7 a 15. Usa fichas como ayuda para resolverlos, si es necesario.

7. 74

8. 58

9. 44

10. 72

11. 57

12. 10

13. 7

14. 60

15. 66

16. El Sr. Matthews compra 22 cajas de lápices para 5 clases de cuarto grado. Cada caja contiene 45 lápices. ¿Cuántos lápices recibirá cada clase?

17. Dalma quiere leer un libro de 257 páginas en una semana. Planea leer 36 páginas por día. ¿Alcanzará su objetivo? Explícalo.

18. **Álgebra** Cristina tiene 81 botones ordenados en 3 filas iguales. Escribe y resuelve una ecuación para hallar la cantidad de botones que hay en cada fila.

19. **PM.4 Representar con modelos matemáticos** Sally tiene 13 estampillas ordenadas en una matriz. Describe la matriz de Sally.

20. Para su proyecto de ciencias, Shay está haciendo una maqueta de una granja eólica. Quiere colocar 24 turbinas en la maqueta. ¿Qué matrices puede hacer Shay con 24 turbinas?

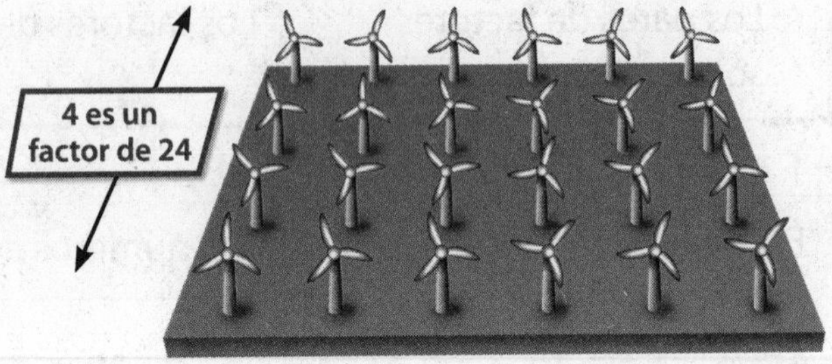

21. La Sra. Fisher tiene 91 relojes en exhibición en su tienda. Dice que puede ordenarlos en filas y columnas sin que sobre ningún reloj. El Sr. Fisher dice que solo puede hacer 1 fila con los 91 relojes. ¿Quién tiene razón? Explícalo.

22. **Razonamiento de orden superior** El Sr. Deets hace una matriz para exhibir 9 fotos. Para cada par de factores distintos, puede hacer dos matrices. ¿Cuántas matrices diferentes puede hacer el Sr. Deets? ¿La cantidad de matrices es par o impar? Explícalo.

Evaluación de *Common Core*

23. ¿Qué opción muestra los factores de 62?

Ⓐ 1, 62

Ⓑ 1, 2, 30, 62

Ⓒ 1, 2, 31, 62

Ⓓ 1, 2, 3, 21, 31, 62

24. Dana tiene 39 monedas. Quiere exhibirlas en una matriz. ¿Qué opción describe las matrices que puede hacer Dana?

Ⓐ 1×39

Ⓑ $3 \times 13, 13 \times 3$

Ⓒ $1 \times 39, 3 \times 13$

Ⓓ $1 \times 39, 39 \times 1, 3 \times 13, 13 \times 3$

© Pearson Education, Inc. 4

Nombre ______________________________

Resuélvelo y coméntalo

Una compañía que vende armarios vende cubículos de madera para guardar cosas. Jane compró 24 cubículos. Quiere acomodarlos en una matriz rectangular. ¿Cuáles son todas las maneras en que Jane puede acomodarlos, usando todos los cubículos? Explica cómo sabes que hallaste todas las formas.

Prácticas matemáticas y resolución de problemas

Lección 7-3
Razonamiento repetido

Puedo...
usar el razonamiento repetido para generalizar cómo resolver problemas similares.

Prácticas matemáticas PM.8. También, PM.1, PM.2, PM.3, PM.4, PM.6.
Estándares de contenido 4.OA.B.4, 4.NBD.B.5

DATOS

Estos cubículos están ordenados en una matriz.	Estos cúbiculos no están ordenados en una matriz.
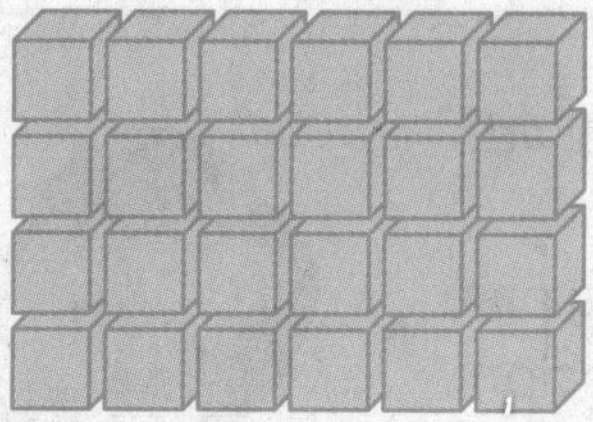	

Hábitos de razonamiento

¡Razona correctamente! Estas preguntas te pueden ayudar.

- ¿Se repiten algunos cálculos?
- ¿Puedo hacer generalizaciones a partir de los ejemplos?
- ¿Qué métodos cortos puedo ver en el problema?

¡Vuelve atrás! **PM.8 Generalizar** ¿Tienes que probar con todos los números de 1 a 24 para estar seguro de que tienes todos los pares de factores de 24? Explícalo.

Aprende A-Z Glosario

A

Pregunta esencial

¿Cómo se puede usar el razonamiento repetido para hallar todos los factores de un número?

Se está por inaugurar un parque en la ciudad. El jardinero tiene que escoger 15 árboles de un vivero y plantarlos en una matriz rectangular. ¿Cuáles son todas las maneras en que el jardinero puede plantar los árboles?

Escoge 15 árboles para plantar.

¿Puedes encontrar un método general para resolver este problema?

Puedo hallar todos los factores posibles de 15 que se puedan ordenar en una matriz rectangular.

Este es mi razonamiento...

B

¿Cómo puedo hacer una generalización a partir del razonamiento repetido?

Puedo

- buscar cosas que se repitan en el problema.
- buscar métodos cortos.
- generalizar a partir del ejemplo.

C

Para hallar todos los factores de 15, divido 15 por divisores comenzando por el 1. Luego, uso la propiedad conmutativa para escribir dos ecuaciones de multiplicación.

$1 \times 15 = 15$ y $15 \times 1 = 15$
2 no es un factor
$3 \times 5 = 15$ y $5 \times 3 = 15$
4 no es un factor
$5 \times 3 = 15$ y $3 \times 5 = 15$

Ya hallé el factor que forma el par con 5, 3×5 y 5×3.

Cuando los pares de factores se empiezan a repetir, puedes hacer un enunciado general o generalizar que ya hallaste todos los factores de un número.

El jardinero tiene 4 maneras diferentes de plantar los árboles: matrices de 1×15, 15×1, 5×3 y 3×5.

¡Convénceme! **PM.3 Construir argumentos** El diagrama muestra todos los pares de factores de 24. Usa el diagrama para justificar la conclusión de que cuando los pares de factores se empiezan a repetir sabes que hallaste todos los factores de un número.

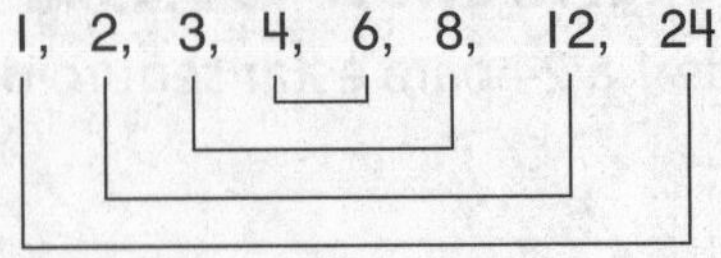
1, 2, 3, 4, 6, 8, 12, 24

© Pearson Education, Inc. 4

Nombre ____________________

Amigo de práctica · Herramientas · Evaluación

Práctica guiada*

PM.8 Generalizar

La Sra. Maribel quiere ordenar los 20 escritorios de su salón de clases en filas poniendo la misma cantidad de escritorios. Quiere al menos 2 filas pero no más de 8.

Cuando generalizas, hallas métodos generales y cortos para resolver un problema.

1. ¿Cuáles son los pares de factores de 20? Explica cómo sabes que hallaste todos.

2. Halla las maneras en que la Sra. Maribel puede ordenar los escritorios.

Práctica independiente

PM.8 Generalizar

Kevin invitó a 15 amigos a su fiesta de cumpleaños. Jugaron un juego en el que todos se tenían que dividir en grupos. Cada grupo debía tener la misma cantidad de niños. No se podía jugar el juego si los 16 niños formaban un solo grupo, y cada grupo tenía que tener más de 1 niño.

3. Haz una lista de los pares de factores de 16 y, luego, halla las distintas maneras en que Kevin y sus amigos se pueden dividir en grupos.

4. ¿Por qué 16 tiene una cantidad impar de factores?

5. ¿Puedes dejar de buscar pares de factores cuando hallas un par que se repite? Explícalo.

*Puedes encontrar otro ejemplo en el Grupo C, página 401.

Prácticas matemáticas y resolución de problemas

Evaluación de rendimiento de *Common Core*

Exhibidores de productos

Una tienda de mascotas tiene que armar 3 exhibidores con los productos que se muestran. Hay que colocar la misma cantidad de cajas de arena para gatos en cada fila. Tiene que haber al menos 3 filas y al menos 3 cajas en cada fila. ¿Cuáles son todas las maneras en que se pueden colocar las cajas de arena para gatos?

50 peceras

48 cajas de arena para gatos

88 bolsas de alimento para perros

6. PM.1 Entender y perseverar ¿Qué cantidades se dan en el problema y qué significan esos números?

7. PM.2 Razonar ¿Cuáles son los pares de factores de 48?

8. PM.6 Hacerlo con precisión ¿Cuáles son todas las maneras en que se pueden colocar las cajas de arena para gatos en al menos 3 filas y con al menos 3 cajas en cada fila?

© Pearson Education, Inc. 4

Nombre ______________________

Ayuda | Amigo de práctica | Herramientas | Juegos

Tarea y práctica 7-3

Razonamiento repetido

¡Revisemos!

Silvia tiene 45 latas de pintura para colocar en estantes. En cada estante caben como máximo 15 latas de pintura. En cada fila debe haber la misma cantidad de latas. ¿De cuántas maneras diferentes puede Silvia colocar las latas en los estantes?

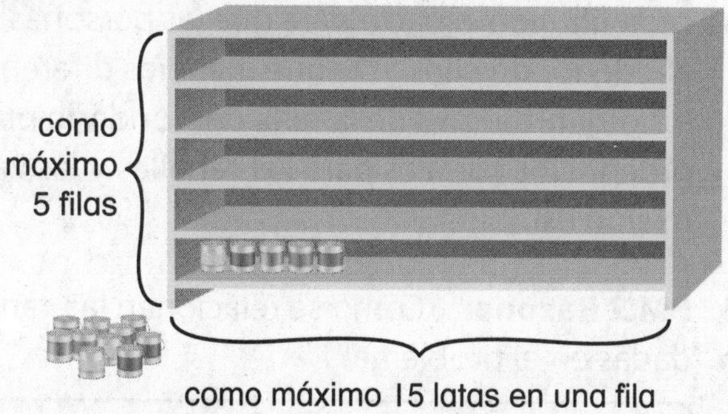

Indica cómo puedes generalizar para hallar de cuántas maneras diferentes puede colocar Silvia las latas de pintura en los estantes.

- Puedo buscar cosas que se repiten en un problema.
- Puedo buscar métodos cortos.
- Puedo generalizar a partir de un ejemplo.

Halla los factores de 45.

1 × 45 = 45 y 45 × 1 = 45
3 × 15 = 45 y 15 × 3 = 45
5 × 9 = 45 y 9 × 5 = 45
2, **4**, **6**, **7** y **8** no son factores.

Los factores de **45** son **1**, **3**, **5**, **9**, **15** y **45**.

Silvia puede colocar 9 latas de pintura en 5 estantes o 15 latas de pintura en 3 estantes.

PM.8 Generalizar

Un auditorio tiene filas de asientos con 8 asientos en cada fila. Kayla sabe que hay al menos 70 asientos pero menos de 150 asientos en el auditorio. ¿Cuántas filas de asientos puede haber en el auditorio? Usa los Ejercicios 1 a 3 para responder la pregunta.

1. Explica cómo hallarías la menor cantidad posible de filas en el auditorio.

2. ¿Cómo hallarías todas las cantidades posibles de filas, sin tener que comprobar si 8 es un factor de todos los números entre 70 y 150?

3. Indica todas las cantidades posibles de filas del auditorio.

Evaluación de rendimiento de *Common Core*

Feria del condado

En la feria del condado, se evalúa a los animales por las características de su raza y su salud. Los corrales de los animales están dispuestos en una matriz, con un animal en cada corral. En un establo caben al menos 10 filas de corrales y como máximo 6 corrales en cada fila, con espacio para que las personas caminen alrededor de ellos. ¿De qué maneras diferentes los organizadores de la feria del condado pueden ordenar los corrales para los caballos y las vacas en el mismo establo?

4. **PM.2 Razonar** ¿Cómo se relacionan las cantidades dadas en el problema?

5. **PM.1 Entender y perseverar** ¿Qué pasos debes seguir primero? Explícalo.

Cuando generalizas, hallas un método eficiente para resolver un problema, que se puede usar para resolver problemas similares.

6. **PM.4 Representar con modelos matemáticos** ¿Cuáles son todos los pares de factores para la suma de los caballos y las vacas? Representa los factores con un diagrama para mostrar cómo hallaste todos los pares de factores.

7. **PM.6 Hacerlo con precisión** ¿Cuáles son todas las maneras diferentes en que los organizadores pueden acomodar los corrales para los caballos y las vacas en el establo?

© Pearson Education, Inc. 4

Nombre ______________________________

Resuelve

Lección 7-4
Números primos y compuestos

Puedo...
usar factores para determinar si un número entero es primo o compuesto.

Estándar de contenido 4.OA.B.4
Prácticas matemáticas PM.2, PM.3, PM.7, PM.8

Resuélvelo y coméntalo

Max tiene 2 fichas cuadradas rojas, 3 fichas cuadradas azules, 4 fichas cuadradas amarillas y 8 fichas cuadradas verdes. ¿Cuántas matrices diferentes puede hacer Max con cada color de ficha cuadrada? Explica cómo sabes que hallaste todas las matrices. ***Resuelve este problema de la manera que prefieras.***

Puedes razonar. Halla los factores de cada cantidad de fichas como ayuda para hallar la cantidad de matrices.

¡Vuelve atrás! **PM.8 Generalizar** ¿Qué observas acerca de los factores de las cantidades de fichas cuadradas de colores y la cantidad de matrices?

Aprende A-Z Glosario

Pregunta esencial

¿Cómo se pueden identificar los números primos y compuestos?

A

En la tabla de datos se incluyen los factores de 2, 3, 4, 5 y 6. ¿Qué observas acerca de los factores de 5? ¿Qué observas acerca de los factores de 6?

DATOS

Número	Factores
2	1, 2
3	1, 3
4	1, 2, 4
5	1, 5
6	1, 2, 3, 6

Un número primo es un número entero mayor que 1 que tiene exactamente dos factores: 1 y el número mismo.
Un número compuesto es un número entero mayor que 1 que tiene más de dos factores.

B

Números primos

5 es un número primo.
Tiene solo 2 factores, 1 y él mismo.

$1 \times 5 = 5$

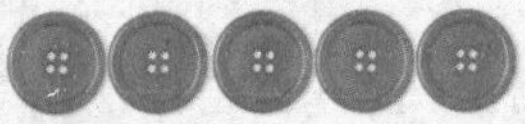

$5 \times 1 = 5$

El número 1 es un número especial. No es primo ni compuesto.

C

Números compuestos

6 es un número compuesto.
Los factores de 6 son 1, 2, 3 y 6.

$1 \times 6 = 6$

$6 \times 1 = 6$

$2 \times 3 = 6$

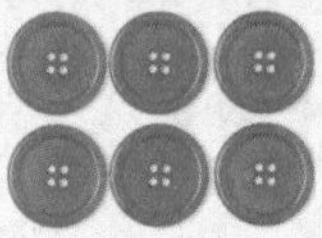

$3 \times 2 = 6$

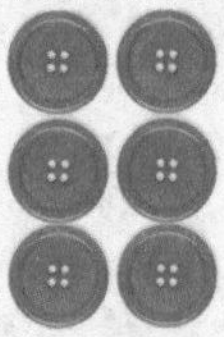

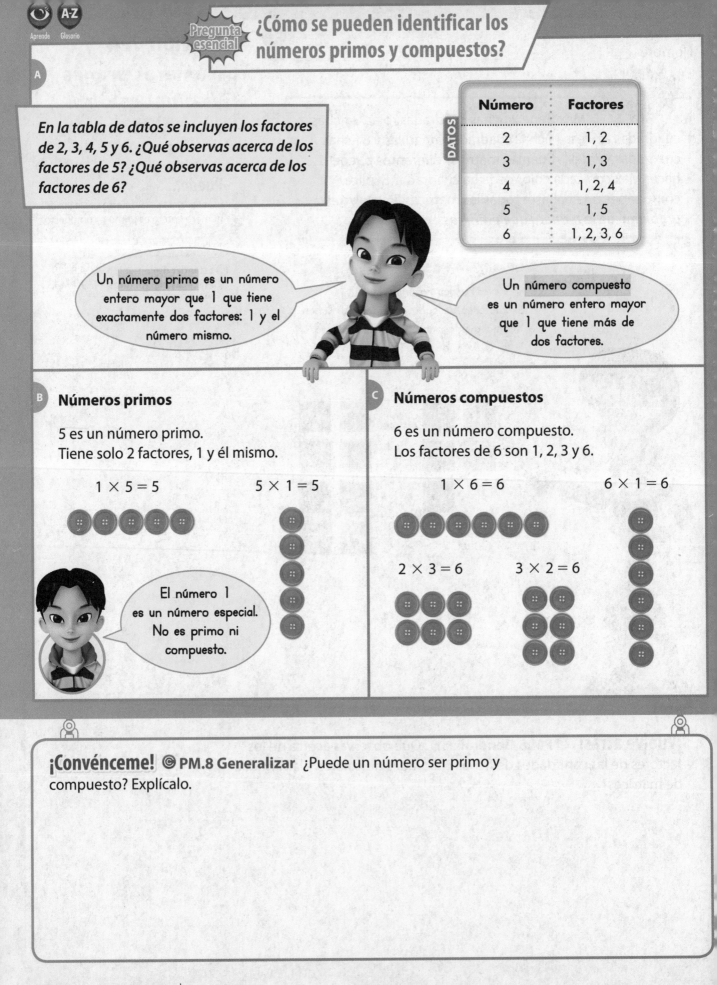

¡Convénceme! © **PM.8 Generalizar** ¿Puede un número ser primo y compuesto? Explícalo.

© Pearson Education, Inc. 4

Nombre ______________________

Amigo de práctica Herramientas Evaluación

☆Práctica guiada*

¿Lo entiendes?

1. ¿Cuál es el único número primo que es par?

2. Ⓜ **PM.3 Construir argumentos** Escribe un número impar que no sea primo. ¿Por qué es un número compuesto?

3. Roger tiene 47 carros. ¿Puede agrupar los carros de más de 2 maneras?

¿Cómo hacerlo?

Indica si los números son primos o compuestos en los Ejercicios **4** a **9.**

4. 32 **5.** 51

6. 17 **7.** 21

8. 95 **9.** 29

Un número es compuesto si tiene más de 2 factores.

☆Práctica independiente

Práctica al nivel Indica si los números son primos o compuestos en los Ejercicios **10** a **19.**

10. 6

11. 10

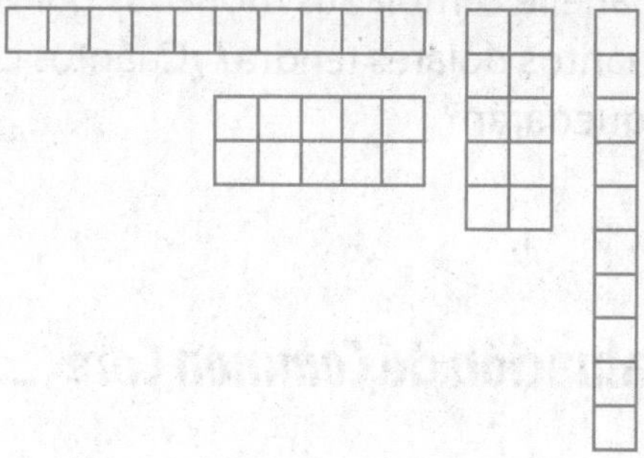

12. 12 **13.** 97 **14.** 90 **15.** 31

16. 11 **17.** 44 **18.** 3 **19.** 59

**Puedes encontrar otro ejemplo en el Grupo D, página 402.*

Prácticas matemáticas y resolución de problemas

Usa la gráfica de la derecha en los Ejercicios **20** y **21**.

20. ¿Qué tipo de flor recibió una cantidad de votos que es un número primo?

21. ¿Cuántos votos representa la pictografía?

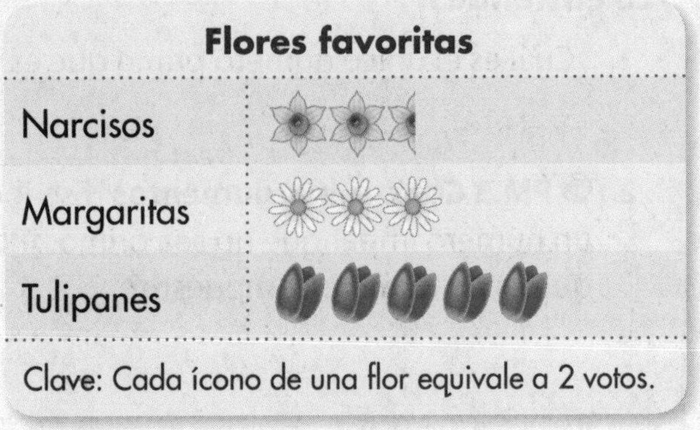

22. **PM.3 Evaluar el razonamiento** María dice que todos los números de la decena del noventa al noventa y nueve son compuestos. Jackie dice que un número de esa decena es primo. ¿Quién tiene razón? Explica tu respuesta.

23. **PM.3 Evaluar el razonamiento** Greta dice que el producto de dos números primos también debe ser primo. Joan no está de acuerdo. ¿Quién tiene razón?

24. Janelle tiene 342 monedas de 1¢, 62 monedas de 5¢ y 12 monedas de 10¢. Si Janelle cambia sus monedas por billetes, ¿cuántos dólares tendrá? ¿Cuántos centavos le quedarán?

25. **Razonamiento de orden superior** ¿Por qué 1 no es un número primo ni un número compuesto?

Evaluación de *Common Core*

26. Marca todos los números primos.

- ☐ 17
- ☐ 37
- ☐ 52
- ☐ 63
- ☐ 89

27. Marca todos los números compuestos.

- ☐ 39
- ☐ 45
- ☐ 54
- ☐ 61
- ☐ 92

© Pearson Education, Inc. 4

Nombre ______________________

Ayuda | Amigo de práctica | Herramientas | Juegos

Tarea y práctica 7-4
Números primos y compuestos

¡Revisemos!

Puedes buscar factores para decidir si un número es primo o compuesto.

¿15 es un número primo o compuesto?
Halla todos los factores de 15.

Factores de 15: 1, 3, 5, 15

15 es un número compuesto porque tiene más de dos factores.

¿29 es un número primo o compuesto?
Halla todos los factores de 29.

Factores de 29: 1, 29

29 es un número primo porque tiene solo dos factores, 1 y él mismo.

Usa o dibuja matrices para decidir si los números son primos o compuestos en los Ejercicios **1** a **4**.

1. 7

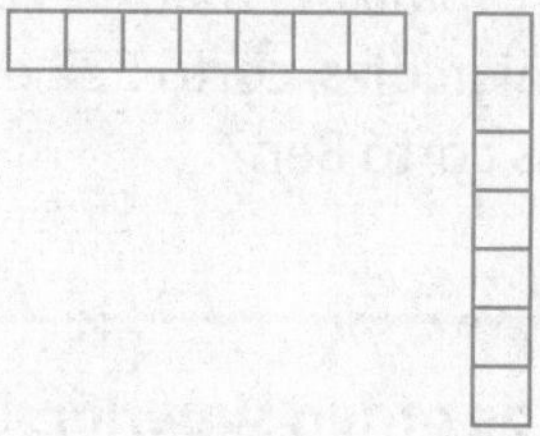

2. 9

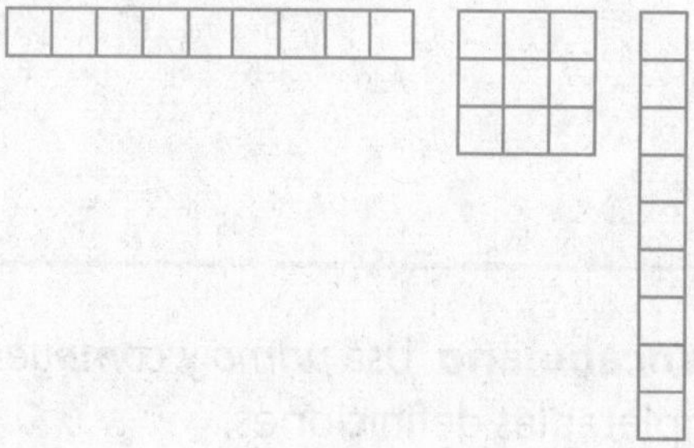

3. 8

4. 4

Indica si los números son primos o compuestos en los Ejercicios **5** a **16**.

5. 81 **6.** 43 **7.** 72 **8.** 93

9. 53 **10.** 87 **11.** 13 **12.** 27

13. 88 **14.** 19 **15.** 69 **16.** 79

17. **PM.7 Usar la estructura** Haz una lista de números primos del 1 al 100.

- Escribe todos los números del 1 al 100.
- Dibuja un triángulo alrededor del 1; no es primo ni compuesto.
- Encierra en un círculo el 2 y marca con una *X* todos los otros múltiplos de 2.
- Encierra en un círculo el 3 y marca con una *X* todos los otros múltiplos de 3.
- Encierra en un círculo el 5 y marca con una *X* todos los otros múltiplos de 5.
- Sigue de la misma manera. Los números que encerraste en círculos son primos.

¿Cuántos números primos hay entre 1 y 100?

1	2	3	4	5
6	7	8	9	10
11	12	13	14	15
16	17	18	19	20
21	22	23	24	25
26	27	28	29	30
31	32	33	34	35
36	37	38	39	40

18. **Sentido numérico** ¿Todos los números impares son números primos? Explícalo.

19. **Matemáticas y Ciencias** Algunas plantas tienen espinas para protegerse. Ben es un florista y corta las espinas de las flores. El lunes, cortó 267 espinas. El martes, cortó 381 espinas. El miércoles, cortó 522 espinas. ¿Cuántas espinas cortó Ben?

20. **Vocabulario** Usa *primo* y *compuesto* para completar las definiciones.

Un número ____________ es un número entero mayor que 1 que tiene más de 2 factores. Un número _______ es un número entero mayor que 1 que tiene exactamente dos factores, 1 y él mismo.

21. **Razonamiento de orden superior** Larry dice que todos los números que tienen un 2 en el lugar de las unidades son números compuestos. Explica si Larry tiene razón.

Evaluación de *Common Core*

22. ¿Cuáles de los siguientes dígitos pueden tener los números compuestos mayores de 10 en el lugar de las unidades? Marca todos los que se apliquen.

- ☐ 1
- ☐ 2
- ☐ 3
- ☐ 4
- ☐ 5

23. ¿Cuáles de los siguientes dígitos pueden tener los números primos mayores de 10 en el lugar de las unidades? Marca todos los que se apliquen.

- ☐ 0
- ☐ 2
- ☐ 3
- ☐ 7
- ☐ 9

© Pearson Education, Inc. 4

Nombre ______________________________________

Resuélvelo y coméntalo

Hay 9 jugadores en el campo de prácticas de golf. Si cada jugador practica con la misma cantidad de bolas de golf, ¿cuántas bolas puede haber en juego al mismo tiempo? ***Resuelve este problema de la manera que prefieras.***

Lección 7-5
Múltiplos

Puedo...
multiplicar para hallar los múltiplos de un número.

Estándar de contenido 4.OA.B.4
Prácticas matemáticas PM.2, PM.3, PM.4, PM.7, PM.8

Puedes razonar. ¿Qué observas acerca de la cantidad de bolas en juego?

Bolas de golf en juego

Bolas por jugador	Bolas en juego
1	$1 \times 9 = 9$ bolas en juego
2	$2 \times 9 = 18$ bolas en juego
3	$3 \times 9 = 27$ bolas en juego
4	
5	

¡Vuelve atrás! **PM.8 Generalizar** ¿Puedes mostrar todas las respuestas al problema? Explícalo.

Aprende Glosario

Pregunta esencial

¿Cómo se pueden hallar múltiplos de un número?

A

El Carro A de la rueda de Chicago tarda 8 minutos en dar una vuelta completa. Si la rueda sigue girando a la misma velocidad durante una hora, ¿en qué momentos pasará el Carro A por el punto de partida durante esa hora?

Un múltiplo es el producto de un factor dado y un número entero.

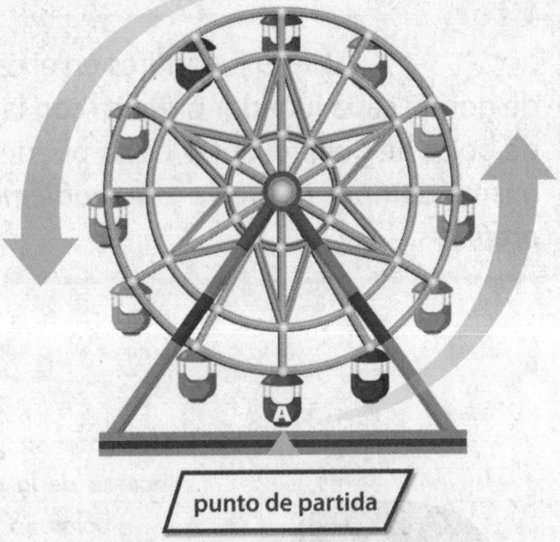
A
punto de partida

B Paso 1

Una vuelta completa tarda 8 minutos.

$1 \times 8 = 8$

8 es un múltiplo de 1 y 8 porque $1 \times 8 = 8$.

El Carro A está de vuelta en el punto de partida después de 8 minutos.

C Paso 2

Dos vueltas completas tardan 16 minutos.

$2 \times 8 = 16$

El Carro A está de vuelta en el punto de partida después de otros 8 minutos.

2 y 8 son *factores* de 16. 16 es un *múltiplo* de 2 y 8.

D Paso 3

El Carro A vuelve al punto de partida cada 8 minutos.

$3 \times 8 = 24$
$4 \times 8 = 32$
$5 \times 8 = 40$
$6 \times 8 = 48$
$7 \times 8 = 56$

Durante una hora, el Carro A regresa al punto de partida después de 8, 16, 24, 32, 40, 48 y 56 minutos.

¡Convénceme! **PM.2 Razonar** ¿Cuál es el múltiplo que sigue después de 56? Explica por qué **NO** se usa.

© Pearson Education, Inc. 4

Nombre ______________________________

Amigo de práctica Herramientas Evaluación

Práctica guiada*

¿Lo entiendes?

1. PM.7 **Buscar relaciones** Si la rueda de Chicago del ejemplo de la página anterior gira a la misma velocidad, ¿volverá el Carro A al punto de partida a los 75 minutos? Explícalo.

2. Supón que la rueda de Chicago aumenta la velocidad y da una vuelta completa cada 6 minutos. ¿En qué momentos regresará el Carro A al punto de partida si la rueda sigue girando durante media hora?

¿Cómo hacerlo?

Escribe cinco múltiplos de los números en los Ejercicios **3** a **6.**

3. 2

4. 9

5. 3

6. 10

Indica si el primer número es un múltiplo del segundo número en los Ejercicios **7** a **10.**

7. 14, 2

8. 3, 18

9. 56, 9

10. 42, 7

Práctica independiente

Puedes contar salteado para hallar múltiplos de números.

Escribe cinco múltiplos de los números en los Ejercicios **11** a **18.**

11. 7

12. 4

13. 6

14. 5

15. 11

16. 1

17. 20

18. 15

Indica si el primer número es un múltiplo del segundo número en los Ejercicios **19** a **26.**

19. 44, 6

20. 25, 5

21. 30, 6

22. 54, 9

23. 28, 3

24. 45, 5

25. 64, 7

26. 48, 8

Puedes encontrar otro ejemplo en el Grupo E, página 402.

27. Nombra tres números que sean múltiplos de 2 y múltiplos de 5.

28. **PM.3 Evaluar el razonamiento** Lindsay dice que todos los números que son múltiplos de 4 tienen 2 como factor. ¿Tiene razón Lindsay? Explícalo.

29. **PM.4 Representar con modelos matemáticos** Lisa hizo un diagrama de Venn para mostrar cinco múltiplos de 3 y cinco múltiplos de 4. ¿Qué representa la parte sombreada de su diagrama?

Diagrama de Venn de Lisa

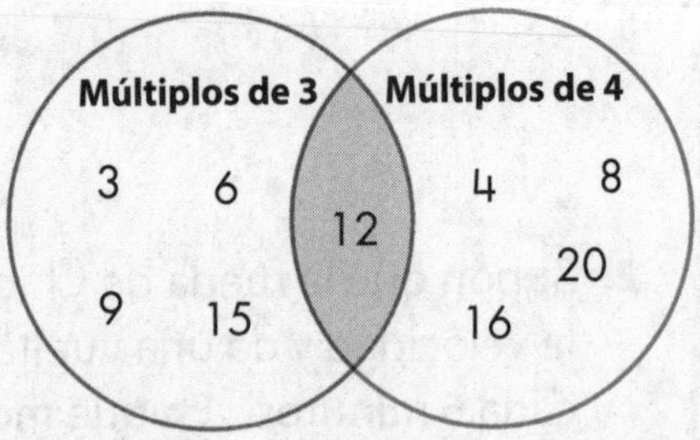

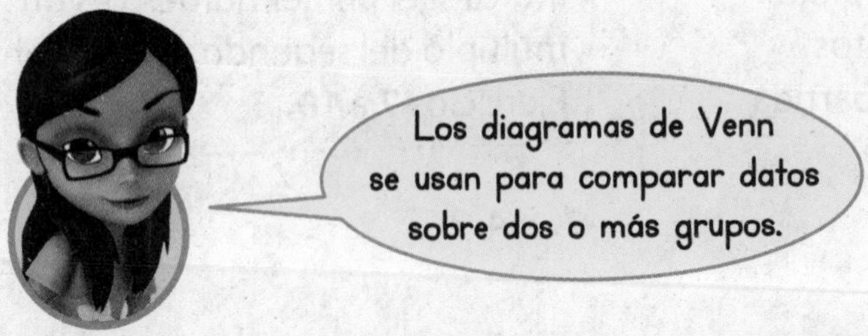
Los diagramas de Venn se usan para comparar datos sobre dos o más grupos.

30. Describe cómo se relacionan 20,000 y 2,000.

31. **Razonamiento de orden superior** Isabel escribió este acertijo: El cociente es un múltiplo de 6. El dividendo es un múltiplo de 9. El divisor es un factor de 12. Halla una solución posible para el acertijo de Isabel.

Evaluación de *Common Core*

32. Latifa y John jugaron a un juego de múltiplos. Cada jugador levanta una tarjeta numérica y dice un múltiplo de ese número. Latifa levantó un 9. Escribe todos los múltiplos de 9 que hay en el recuadro.

Múltiplos de 9
9 17 29 36 45 51

33. Una montaña rusa hace un recorrido completo cada 3 minutos. Seth hizo una lista de múltiplos de 3 para determinar cuándo volverá el carro al punto de partida. Escribe todos los múltiplos de 3 que hay en el recuadro.

Múltiplos de 3
9 11 12 13 19 33

© Pearson Education, Inc. 4

Nombre ____________________

Ayuda | Amigo de práctica | Herramientas | Juegos

Tarea y práctica 7-5
Múltiplos

¡Revisemos!

¿Cuáles son algunos de los múltiplos de 7?

Puedes usar una tabla para multiplicar para hallar múltiplos.

Paso 1 Halla la columna (o la fila) del 7.

Paso 2 Todos los números en esa columna (o fila) son múltiplos de 7.

×	1	2	3	4	5	6	7	8	9
1	1	2	3	4	5	6	7	8	9
2	2	4	6	8	10	12	14	16	18
3	3	6	9	12	15	18	21	24	27
4	4	8	12	16	20	24	28	32	36
5	5	10	15	20	25	30	35	40	45
6	6	12	18	24	30	36	42	48	54
7	7	14	21	28	35	42	49	56	63
8	8	16	24	32	40	48	56	64	72
9	9	18	27	36	45	54	63	72	81

En la tabla, los múltiplos de 7 son 7, 14, 21, 28, 35, 42, 49, 56 y 63.

7, 14, 21, 28, 35, 42, 49, 56 y 63 son múltiplos de 7 porque $1 \times 7 = 7$, $2 \times 7 = 14$, $3 \times 7 = 21$, y así sucesivamente.

Escribe cinco múltiplos de los números en los Ejercicios **1** a **8**.

1. 12 **2.** 18 **3.** 40 **4.** 16

5. 100 **6.** 25 **7.** 50 **8.** 63

Indica si el primer número es un múltiplo del segundo número en los Ejercicios **9** a **20**.

9. 21, 7 **10.** 28, 3 **11.** 17, 3 **12.** 20, 4

13. 55, 5 **14.** 15, 5 **15.** 26, 4 **16.** 32, 8

17. 48, 7 **18.** 60, 2 **19.** 79, 4 **20.** 81, 3

21. ¿6 es un múltiplo o un factor de 12?

22. ¿8 es un múltiplo o un factor de 4?

23. **PM.2 Razonar** ¿Qué número tiene 2 y 3 como factores y 12 y 18 como múltiplos?

24. **PM.7 Buscar relaciones** ¿Qué números tienen 12, 24 y 36 como múltiplos?

Haz una lista de los números que se pueden dividir en partes iguales por 2 y por 3.
Haz una lista de los números que pueden dividir en partes iguales 12, 24 y 36.

Usa la tabla de la derecha en los Ejercicios **25** y **26**.

25. La familia de Paulo llegó al lugar del encuentro a las 8:30 *a. m.* ¿Cuánto tiempo tienen antes de empezar el recorrido del parque Paisajes del Lago?

26. ¿Cuánto más que el espectáculo de diapositivas dura la cena?

DATOS

Programa del encuentro de la familia Suárez	
Recorrido del parque Paisajes del Lago	10:15 *a. m.* a 2:30 *p. m.*
Espectáculo de diapositivas	4:15 *p. m.* a 5:10 *p. m.*
Cena	5:30 *p. m.* a 7:00 *p. m.*
Fogón	7:55 *p. m.* a 9:30 *p. m.*

27. Carmen hizo la siguiente lista de múltiplos de 24: 1, 2, 3, 4, 6, 8, 12 y 24. ¿Tiene razón? Explica por qué.

28. **Razonamiento de orden superior** ¿Cuál es el menor múltiplo que tienen en común 6 y 8? Explícalo.

Evaluación de *Common Core*

29. ¿Qué números **NO** son múltiplos de 6? Escribe todos los números que **NO** son múltiplos de 6 que están en el recuadro.

NO son múltiplos de 6
1 2 6 16 26 36

30. ¿Qué múltiplos tienen en común 3 y 5? Escribe todos los múltiplos comunes de 3 y 5 que están en el recuadro.

Múltiplos comunes de 3 y 5
3 5 15 30 33 35

© Pearson Education, Inc. 4

Nombre ______________________________

TEMA 7

Actividad de práctica de fluidez

Sigue la ruta

Sombrea una ruta que vaya desde la **SALIDA** hasta la **META**. Sigue las sumas y restas que sean correctas. Solo te puedes mover hacia arriba, hacia abajo, hacia la derecha o hacia la izquierda.

Puedo...
sumar y restar números enteros de varios dígitos.

Estándar de contenido
4.NBD.B.4

Salida

573 + 417 990	685 − 559 137	808 + 123 921	609 − 541 48	501 + 469 170
491 − 188 303	347 + 607 954	948 − 558 410	505 + 125 620	987 − 696 311
764 + 346 1,000	994 − 405 589	874 + 721 1,595	894 − 455 449	369 + 290 669
668 − 485 253	762 + 901 2,663	941 − 725 216	640 + 89 729	537 − 271 806
119 + 679 698	977 − 239 642	987 + 111 998	812 − 99 713	335 + 25 360

Meta

TEMA 7

Repaso del vocabulario

A-Z Glosario

Lista de palabras

- factor
- generalización
- matriz
- múltiplo
- número compuesto
- número entero
- número primo
- pares de factores

Comprender el vocabulario

1. Marca con una *X* los números que **NO** son factores de 16.

1 2 3 4 8

2. Marca con una *X* los números que **NO** son múltiplos de 3.

3 6 9 13 23

3. Marca con una *X* los números que **NO** son números enteros.

$\frac{1}{4}$ $\frac{1}{2}$ 7 $17\frac{1}{5}$ 6,219

4. Marca con una *X* los números que **NO** son pares de factores de 24.

1 y 24 2 y 12 3 y 6 4 y 8 4 y 6

Rotula los ejemplos con un término de la Lista de palabras.

5. 13 ____________________

6. 12 ____________________

7.  ____________________

8. Cuando los pares de factores se empiezan a repetir, significa que ya hallé todos los pares para un número. ____________________

Usar el vocabulario al escribir

9. Marisol dice que 23 es un número primo y un número compuesto porque 2 y 3 son números primos. Usa al menos 3 términos de la Lista de palabras para explicar el error en el razonamiento de Marisol.

© Pearson Education, Inc. 4

Nombre ______________________

TEMA 7

Refuerzo

Grupo A páginas 369 a 374

Dibuja matrices para hallar todos los factores de 8.

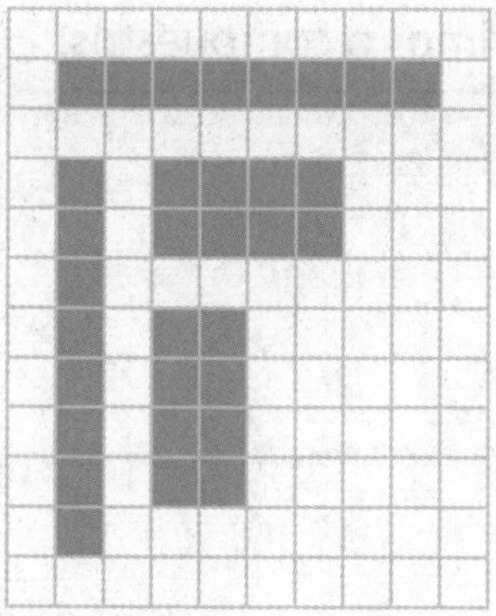

1 fila de 8
8 filas de 1

2 filas de 4
4 filas de 2

Los factores de 8 son 1, 2, 4 y 8.

Recuerda que 1 es un factor de todos los números.

Usa papel cuadriculado para hallar los factores de los números.

1. 26

2. 9

3. 37

4. 24

5. 19

Grupo B páginas 375 a 380

Halla los pares de factores de 12.

1 y 12

2 y 6

3 y 4

Los factores de 12 son 1, 2, 3, 4, 6 y 12.

Recuerda que puedes usar fichas o cuadrículas para hacer matrices y hallar los factores de un número.

Halla los factores de los números.

1. 45

2. 40

3. 56

4. 63

Grupo C páginas 381 a 386

Piensa en tus respuestas a estas preguntas como ayuda para usar el **razonamiento repetido.**

Hábitos de razonamiento

- ¿Se repiten algunos cálculos?
- ¿Puedo hacer generalizaciones a partir de los ejemplos?
- ¿Qué métodos cortos puedo ver en el problema?

Recuerda que debes buscar los factores que se repiten cuando divides para hallar los pares de factores de un número.

Un ayudante en un estacionamiento tiene 34 carros para estacionar en una matriz rectangular.

1. ¿Cuáles son las distintas maneras en que el ayudante puede estacionar los carros?

2. ¿Cómo sabes cuándo puedes dejar de buscar factores de un número?

Grupo D páginas 387 a 392

¿49 es un número primo o compuesto?

Para determinar si 49 es un número primo o compuesto, halla si tiene otros factores además de 1 y 49.

49 es un número compuesto porque es divisible por 7.

$49 = 7 \times 7$

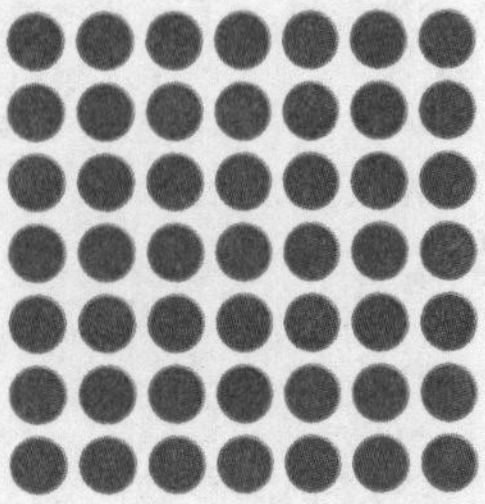

Recuerda que puedes usar una matriz para determinar si un número es primo o compuesto.

Indica si los números son primos o compuestos.

1. 13

2. 25

3. 55

4. 2

5. 29

6. 23

7. 64

8. 99

9. 5

10. 21

Grupo E páginas 393 a 398

Halla cinco múltiplos de 7.

Usa la multiplicación.

$7 \times 1 = 7$

$7 \times 2 = 14$

$7 \times 3 = 21$

$7 \times 4 = 28$

$7 \times 5 = 35$

Puedes contar salteado para hallar múltiplos de un número.

Recuerda que para hallar múltiplos de un número, debes multiplicar ese número por cualquier número entero.

Halla cinco múltiplos de cada número.

1. 3

2. 6

3. 4

4. 9

Indica si el primer número es un múltiplo del segundo número.

5. 22, 2

6. 29, 3

7. 25, 5

8. 40, 8

© Pearson Education, Inc. 4

Nombre ______________________

TEMA 7

Evaluación

1. Courtney tiene que colgar 36 fotos en la pared de una galería.

Parte A

¿Cuántas matrices puede hacer Courtney con las 36 fotos? Haz una lista de todas las matrices posibles.

Parte B

¿Cuántos factores tiene 36? Escríbelos. ¿Qué observas acerca de la cantidad de factores de 36 y la cantidad de matrices que puede hacer Courtney con las fotos?

Parte C

Escribe todos los pares de factores de 36. ¿36 es primo o compuesto? Explícalo.

2. Peter escribió 4 conjuntos de números. ¿Qué conjunto muestra solo múltiplos de 6?

2a. 6, 12, 18, 24 ○ Sí ○ No

2b. 6, 16, 26, 36 ○ Sí ○ No

2c. 1, 2, 3, 6 ○ Sí ○ No

2d. 6, 60, 66, 600 ○ Sí ○ No

3. ¿Qué enunciado es verdadero?

Ⓐ Los únicos factores de 3 son 3 y 1.

Ⓑ Los únicos factores de 4 son 4 y 1.

Ⓒ Los únicos factores de 6 son 6 y 1.

Ⓓ Los únicos factores de 8 son 8 y 1.

4. Escoge la palabra correcta del recuadro para completar los enunciados.

Primo Compuesto

19 es un número ______.

12 es un número ______.

33 es un número ______.

17 es un número ______.

5. El dividendo es un múltiplo de 4. El divisor es un factor de 12. El cociente es un factor de 18. Escoge números del recuadro para hallar una solución posible.

______ ÷ ______ = ______

Dividendo Divisor Cociente

2 3 4 6 8 9 12 36

6. Escribe 3 múltiplos y 3 factores de 24.

7. Chris escribió una lista de factores y una lista de múltiplos. Traza líneas para unir los factores con los múltiplos.

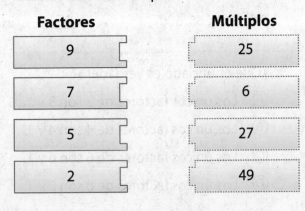

Factores	Múltiplos
9	25
7	6
5	27
2	49

8. Marca todos los enunciados verdaderos.

- ☐ Un número compuesto tiene al menos 3 factores.
- ☐ Todos los números primos son impares.
- ☐ 99 es un número primo.
- ☐ 2 es el menor de los números primos.
- ☐ Todos los números pares mayores que 2 son compuestos.
- ☐ Todos los números primos tienen 2 factores.

9. Martika dice que los factores y los múltiplos se relacionan. Usa la ecuación $6 \times 7 = 42$ para describir la relación entre los factores y los múltiplos.

10. ¿Qué opción muestra todos los factores de 25?

Ⓐ 1, 25

Ⓑ 1, 5, 25

Ⓒ 1, 10, 25

Ⓓ 1, 25, 50

11. Carter vive en una calle en la que todos los números de las casas son múltiplos de 6. Menciona dos números posibles de casas entre 601 y 650. Explícalo.

12. Escribe los números en el espacio para respuestas que corresponda para mostrar los factores de 27 y de 35.

Factores de 27	Factores de 35

3 5 7 9 27 35

13. Javier dice que todos los números impares mayores que 2 y menores que 20 son primos. Halla un número impar mayor que 2 y menor que 20 que **NO** sea primo. Explica por qué el número no es primo.

© Pearson Education, Inc. 4

Nombre ______________________________

TEMA 7

Evaluación del rendimiento

Acomodar carros para vender

La Sra. Ortiz tiene una concesionaria de carros. La concesionaria tiene el inventario de carros que se muestra en la tabla **Concesionaria de carros Ortiz.**

1. La Sra. Ortiz quiere acomodar todos los camiones en el terreno del frente. Le gustaría que hubiera la misma cantidad de vehículos en cada fila.

DATOS

Concesionaria de carros Ortiz	
Tipo de vehículo	**Cantidad que tiene la concesionaria**
Compactos	40
Sedán	36
Todo terreno	23
Camiones	15

Parte A

¿De cuántas maneras diferentes se pueden acomodar los camiones en el terreno del frente si se estacionan la misma cantidad de vehículos en cada fila?

Parte B

¿Cuáles son todas las maneras en que se pueden acomodar los camiones? Dibuja y rotula las distintas matrices.

Parte C

La Sra. Ortiz quiere que los camiones estén dispuestos en más de 2 filas pero en menos de 6. ¿De qué maneras puede acomodar los vehículos? Explícalo.

2. A medida que la Sra. Ortiz vende carros tipo sedán, los que quedan se estacionan de diferentes maneras.

Completa la tabla **Disposición de carros tipo sedán** para hallar la cantidad de maneras en que la Sra. Ortiz puede acomodar los carros tipo sedán en el terreno del frente para que haya al menos 2 filas y más de un carro en cada fila.

Disposición de carros tipo sedán

Carros sedán vendidos	Cantidad que queda	Cantidad de maneras de acomodarlos	Maneras de acomodarlos
1			
2			
3			
4			
5			
6			
7			

 © Pearson Education, Inc. 4

Glosario

A

algoritmo Conjunto de pasos que se usan para resolver un problema de matemáticas.

ángulo Figura formada por dos semirrectas que tienen el mismo extremo.

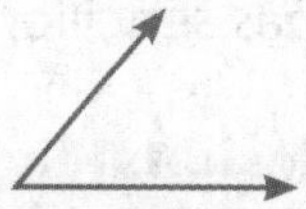

ángulo agudo Ángulo que está menos abierto que un ángulo recto.

ángulo de un grado sexagesimal Ángulo que ocupa $\frac{1}{360}$ de un círculo y mide 1°.

ángulo llano Ángulo que forma una línea recta.

ángulo obtuso Ángulo cuya abertura es mayor que la de un ángulo recto pero menor que la de un ángulo llano.

ángulo recto Ángulo que forma una esquina recta.

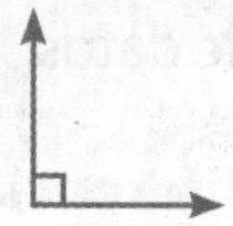

año Unidad de tiempo igual a 365 días, o 52 semanas, o 12 meses.

año bisiesto Año que ocurre cada cuatro años y que tiene un día más que se agrega en febrero. El año bisiesto tiene 366 días.

área Cantidad de unidades cuadradas que se necesitan para cubrir una región.

C

capacidad Cantidad que cabe en un recipiente, medida en unidades de medida para líquidos.

centésima Una de las 100 partes iguales de un entero.

centímetro (cm) Unidad métrica usada para medir la longitud. 100 centímetros = 1 metro

centro Punto dentro de un círculo que está a la misma distancia de todos los puntos del círculo.

círculo Plano cerrado en el cual todos los puntos están a la misma distancia de un punto llamado centro.

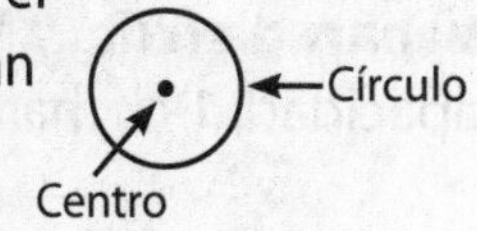

clave Parte de una gráfica que indica lo que significa cada símbolo.

cociente Respuesta de un problema de división.

cocientes parciales Manera de dividir hallando cocientes por partes hasta que solo quede el residuo, si es que lo hay.

comparar Decidir si un número es mayor que, menor que o igual a otro número.

compensación Escoger números cercanos a los números de un problema para facilitar el cálculo y luego ajustar la respuesta a los números escogidos.

componer Combinar partes.

común denominador Número que es el denominador de dos o más fracciones.

conjetura Enunciado que se considera verdadero pero no se ha demostrado.

contar hacia adelante Contar desde el número menor hasta el número mayor para hallar la diferencia de dos números.

cuadrado Cuadrilátero que tiene cuatro ángulos rectos y todos los lados de la misma longitud.

cuadrilátero Polígono de 4 lados.

cuarto (cto.) Unidad usual de capacidad. 1 cuarto = 2 pintas

cubo Sólido con seis caras que son cuadrados idénticos.

cucharada (cda.) Medida usual de capacidad. 1 cucharada = 3 cucharaditas

cucharadita (cdta.) Medida usual de capacidad. 3 cucharaditas = 1 cucharada

D

datos Información reunida.

década Unidad de tiempo que equivale a 10 años.

décima Una de diez partes iguales de un entero.

decímetro (dm) Unidad métrica de longitud igual a 10 centímetros.

denominador Número que está debajo de la barra de fracción y que representa la cantidad total de partes iguales que hay en un entero.

descomponer Método de cálculo mental usado para expresar un número como la suma de números para crear un problema más sencillo; Separar en partes.

desigualdad Oración numérica en la que se usa el símbolo mayor que (>) o el símbolo menor que (<) para mostrar que dos expresiones no tienen el mismo valor.
Ejemplo: $5 > 3$

día Unidad de tiempo que equivale a 24 horas.

diagrama de barras Herramienta usada para entender y resolver problemas verbales.

diagrama de puntos Manera de mostrar datos en una recta numérica, donde cada punto representa un número de un conjunto de datos.

diferencia Resultado de restar dos números.

dígitos Símbolos usados para escribir un número: 0, 1, 2, 3, 4, 5, 6, 7, 8 y 9.

dividendo El número que se divide.

dividir Realizar una operación para hallar la cantidad que hay en cada grupo o la cantidad de grupos iguales.

divisible Que puede dividirse por otro número sin que quede residuo.
Ejemplo: 10 es divisible por 2.

© Pearson Education, Inc. 4

divisor El número por el cual se divide otro número.
Ejemplo: $32 \div 4 = 8$
↑ Divisor

E

ecuación Oración numérica que usa el signo igual (=) para mostrar que dos expresiones tienen el mismo valor.
Ejemplo: $9 + 3 = 12$

eje de simetría Recta sobre la que se puede doblar una figura y se forman dos mitades.

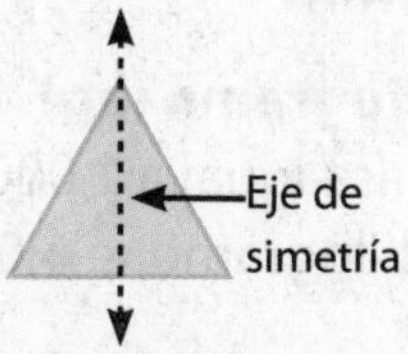

encuestar Reunir información haciendo la misma pregunta a varias personas y anotando las respuestas.

equivalentes Números que representan la misma cantidad.

escala Números que muestran las unidades que se usaron en una gráfica.

estimación por defecto Estimación que es menor que la respuesta real.

estimación por exceso Estimación que es mayor que la respuesta real.

expresión Frase matemática.
Ejemplos: $x - 3$ o $2 + 7$

expresión numérica Expresión que contiene números y al menos una operación.
Ejemplo: $35 + 12$

F

factor común Número que es factor de dos o más números dados.

factores Números que se multiplican para obtener un producto.
Ejemplo: $3 \times 6 = 18$
↑ ↑ Factores

familia de operaciones Grupo de operaciones relacionadas que contienen el mismo conjunto de números.

forma desarrollada Número escrito como la suma de los valores de sus dígitos.
Ejemplo: $2{,}476 = 2{,}000 + 400 + 70 + 6$

forma estándar Manera de escribir un número que muestra solo los dígitos. Los grupos de tres dígitos, comenzando por la derecha, están separados por comas.
Ejemplo: 613,095

fórmula Ecuación en la que se usan símbolos para relacionar dos o más cantidades.
Ejemplo: $A = \ell \times a$

fracción Un símbolo, como $\frac{2}{3}$, $\frac{5}{1}$ u $\frac{8}{5}$, usado para representar una parte de un entero, una parte de un conjunto o una ubicación en una recta numérica.

fracción de referencia Fracción conocida que se usa comúnmente para hacer una estimación.
Ejemplos: $\frac{1}{4}$, $\frac{1}{3}$, $\frac{1}{2}$, $\frac{2}{3}$ y $\frac{3}{4}$.

fracción unitaria Fracción con un 1 como numerador.
Ejemplo: $\frac{1}{2}$

fracciones equivalentes Fracciones que nombran la misma región, la misma parte de un conjunto o la misma parte de un segmento.

frecuencia La cantidad de veces que aparece una respuesta en un conjunto de datos.

G

galón (gal.) Medida usual de capacidad. 1 galón = 4 cuartos

generalizar Hacer un enunciado general.

grado (°) Unidad para medir ángulos. $1° = \frac{1}{360}$ de un círculo. También es una unidad para medir la temperatura.

gráfica de barras Gráfica que muestra datos usando barras.

gráfica de coordenadas Cuadrícula que se usa para representar pares ordenados.

gramo (g) Unidad métrica de masa. 1,000 gramos = 1 kilogramo

H

hacer una estimación Dar un valor aproximado en vez de una respuesta exacta.

hexágono Polígono de 6 lados.

hora Unidad de tiempo que es igual a 60 minutos.

I

incógnita Un símbolo o letra, como *x*, que representa un número en una expresión o ecuación.

intervalo Un número que es la diferencia entre dos números consecutivos en la escala de una gráfica.

K

kilogramo (kg) Unidad métrica de masa igual a 1,000 gramos. 1 kilogramo = 1,000 gramos

kilómetro (km) Unidad métrica de longitud igual a 1,000 metros. 1 kilómetro = 1,000 metros

L

lado Cada uno de los segmentos de recta de un polígono.

libra (lb) Unidad usual de peso. 1 libra = 16 onzas

litro (L) Unidad métrica de capacidad. 1 litro = 1,000 mililitros

© Pearson Education, Inc. 4

M

masa Cantidad de materia que contiene una cosa.

matriz Manera de mostrar objetos en filas y columnas.

medida del ángulo Cantidad de grados de un ángulo.

mes Una de las 12 partes en las que se divide un año.

metro (m) Unidad métrica de longitud.
1 metro = 100 centímetros

mil millones Período de tres lugares a la izquierda del período de los millones.

milenio Unidad para medir tiempo que es igual a 1,000 años.

miligramo (mg) Unidad métrica de masa.
1,000 miligramos = 1 gramo

mililitro (mL) Unidad métrica de capacidad.
1,000 mililitros = 1 litro

milímetro (mm) Unidad métrica de longitud. 1,000 milímetros = 1 metro

milla (mi) Medida usual de longitud.
1 milla = 5,280 pies

millones En un número, el período de tres lugares que está a la izquierda del período de los millares.

minuto Unidad de tiempo que es igual a 60 segundos.

múltiplo Producto de un número entero dado y cualquier otro número entero.

N

nombre de un número Manera de escribir un número con palabras.
Ejemplo: Cuatro mil seiscientos treinta y dos.

numerador En una fracción, número que está arriba de la barra de fracción y que representa la parte del entero.

número compuesto Número entero mayor que 1 que tiene más de dos factores.

número decimal Número con uno o más dígitos a la derecha del punto decimal.

número mixto Número que tiene una parte de número entero y una parte fraccionaria.

número primo Número entero mayor que 1 que tiene exactamente dos factores, 1 y el número mismo.

números compatibles Números que se pueden calcular mentalmente con facilidad.

números enteros Los números 0, 1, 2, 3, 4 y así sucesivamente.

O

octágono Polígono de 8 lados.

onza (oz) Medida usual de peso.
16 onzas = 1 libra

onza líquida (oz líq.) Medida usual de capacidad. 1 onza líquida = 2 cucharadas; 8 onzas líquidas = 1 taza

operaciones inversas Operaciones que se cancelan entre sí.
Ejemplos: Sumar 6 y restar 6; Multiplicar por 4 y dividir por 4.

P

paralelogramo Cuadrilátero que tiene dos pares de lados paralelos.

pares de factores Números que cuando se multiplican entre sí dan un producto determinado.

patrón que se repite Patrón compuesto por figuras o números que forman una parte que se repite.

pentágono Figura plana de 5 lados.

perímetro La distancia que hay alrededor de una figura.

período En un número, grupo de tres dígitos separados por comas, que comienzan por la derecha.

peso La medida de lo que pesa un objeto.

pie Medida usual de longitud.
1 pie = 12 pulgadas

pinta (pt) Medida usual de capacidad.
1 pinta = 2 tazas

polígono Plano cerrado formado por segmentos de rectas.

prisma rectangular Sólido que tiene 6 caras rectangulares.

producto Respuesta de un problema de multiplicación.

productos parciales Productos que se hallan descomponiendo un factor de una multiplicación en unidades, decenas, centenas y así sucesivamente, y luego multiplicando cada valor de posición por el otro factor.

progresión Conjunto de números que sigue un patrón.

propiedad asociativa de la multiplicación Los factores se pueden reagrupar sin que cambie el producto.

propiedad asociativa de la suma Los sumandos se pueden reagrupar sin que cambie la suma.

propiedad conmutativa de la multiplicación Los factores se pueden multiplicar en cualquier orden sin que cambie el producto.

propiedad conmutativa de la suma Los números se pueden sumar en cualquier orden sin que cambie la suma.

propiedad de identidad de la multiplicación El producto de cualquier número y uno es ese número.

propiedad de identidad de la suma La suma de cualquier número más cero es ese número.

© Pearson Education, Inc. 4

propiedad del cero en la multiplicación El producto de cualquier número y cero es cero. *Ejemplos:* $3 \times 0 = 0$; $5 \times 0 = 0$

propiedad distributiva Multiplicar una suma (o diferencia) por un número es lo mismo que multiplicar cada número de la suma (o diferencia) por el número y sumar (o restar) los productos.
Ejemplo: $(3 \times 21) = (3 \times 20) + (3 \times 1)$

pulgada (pulg.) Medida usual de longitud. 12 pulgadas = 1 pie

punto Una ubicación exacta en el espacio.

punto decimal Punto usado para separar los dólares de los centavos en una cantidad de dinero o para separar las unidades de las décimas en un número.

R

reagrupar Expresar un número entero de otra manera.
Ejemplo: 32 = 2 decenas 12 unidades

recta Camino derecho de puntos que se extiende indefinidamente en direcciones opuestas.

rectángulo Cuadrilátero que tiene cuatro ángulos rectos.

rectas intersecantes Rectas que pasan por el mismo punto.

rectas paralelas Rectas que nunca se intersecan.

rectas perpendiculares Rectas intersecantes que forman ángulos rectos.

redondeo Proceso que determina de qué múltiplo de 10, 100, 1,000, y así sucesivamente, está más cerca un número.

regla Frase matemática que indica cómo se relacionan los números de una tabla.

reglas de divisibilidad Reglas que establecen cuándo un número es divisible por otro número.

residuo Número que sobra después de completar la división.

resolver una ecuación Hallar una solución para una ecuación.

rombo Cuadrilátero que tiene lados opuestos que son paralelos y todos sus lados de la misma longitud.

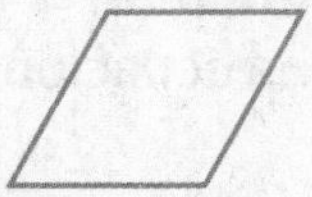

S

segmento de recta Parte de una recta que tiene dos extremos.

segundo Unidad de tiempo.
60 segundos = 1 minuto

semana Unidad de tiempo igual a 7 días.

semirrecta Parte de una recta que tiene un extremo y se extiende indefinidamente en una dirección.

siglo Unidad de tiempo que equivale a 100 años.

símbolo mayor que ($>$) Símbolo que señala en dirección contraria a un número o una expresión más grande.
Ejemplo: $450 > 449$

símbolo menor que ($<$) Símbolo que señala en dirección a un número o una expresión menor.
Ejemplo: $305 < 320$

simetría axial Una figura tiene simetría axial si puede doblarse sobre una línea para formar dos mitades que coinciden exactamente una sobre la otra.

sólido Figura tridimensional que tiene longitud, ancho y altura.

solución El valor de la variable que hace que una ecuación sea verdadera.

suma El resultado de sumar números.

suma repetida Manera de escribir una expresión de multiplicación como una expresión de suma.
Ejemplo: $3 \times 5 = 5 + 5 + 5$

sumandos Números que se suman para hallar una suma.
Ejemplo: $2 + 7 = 9$
Sumandos

T

tabla de frecuencias Manera de representar datos que indica cuántas veces aparece una respuesta en un conjunto de datos.

taza (t) Unidad usual de capacidad.
1 taza = 8 onzas líquidas

términos Números de una progresión o variables, como *x* y *y*, en una expresión.

tiempo transcurrido Cantidad de tiempo que hay entre el comienzo y el fin de un suceso.

tonelada (T) Medida usual de peso.
1 tonelada = 2,000 libras

transportador Herramienta usada para medir y trazar ángulos.

trapecio Cuadrilátero que tiene solo un par de lados paralelos.

triángulo Polígono de 3 lados.

triángulo acutángulo Triángulo que tiene tres ángulos agudos.

triángulo equilátero Triángulo que tiene tres lados de la misma longitud.

triángulo escaleno Triángulo que no tiene lados de igual longitud.

triángulo isósceles Triángulo con al menos dos lados iguales.

© Pearson Education, Inc. 4

triángulo obtusángulo Triángulo que tiene un ángulo obtuso.

triángulo rectángulo Triángulo que tiene un ángulo recto.

U

unidad cuadrada Cuadrado con lados de una unidad de longitud que se usa para medir el área.

unidad cúbica Volumen de un cubo que mide 1 unidad de cada lado.

unidades de medida del sistema usual Unidades de medida que se usan en los Estados Unidos.

unidades métricas de medida Unidades de medida comúnmente usadas por los científicos.

V

valor de posición El valor del lugar que un dígito tiene en un número.
Ejemplo: En 3,946, el 9 está en el lugar de las centenas. Por tanto, el 9 tiene un valor de 900.

valor extremo Cualquier número de un conjunto de datos que es muy diferente del resto de los números.

variable Símbolo o letra que representa un número.

vértice Punto donde se unen dos semirrectas y forman un ángulo.

volumen Cantidad de unidades cúbicas necesarias para llenar un sólido.

Y

yarda (yd) Medida usual de longitud.
1 yarda = 3 pies

enVisionmath®2.0
SCOTT FORESMAN · ADDISON WESLEY
en español

Fotografías

Every effort has been made to secure permission and provide appropriate credit for photographic material. The publisher deeply regrets any omission and pledges to correct errors called to its attention in subsequent editions.

Unless otherwise acknowledged, all photographs are the property of Pearson Education, Inc.

Photo locators denoted as follows: Top (T), Center (C), Bottom (B), Left (L), Right (R), Background (Bkgd)

001 MarclSchauer/Shutterstock; **032** petr84/Fotolia; **043** forkArt Photography/Fotolia; **060** Alexey Usachev/Fotolia; **068** Digital Vision/Thinkstock; **091** John Hoffman/Shutterstock; **108** Stevanzz/Fotolia; **118** Pearson Education; **134CL** Andreanita/Fotolia; **134CR** Algre/Fotolia; **134L** EcoView/Fotolia; **134R** Eduardo Rivero/Fotolia; **138** Bork/Shutterstock; **152** Andrew Breeden/Fotolia; **167** Majeczka/Shutterstock; **184** Pearson Education; **204** Steve Byland/Shutterstock; **210** 2011/Photos To Go; **214** Pearson Education; **222** Rikke/Fotolia; **224** Fotolia; **236L** Neelsky/Shutterstock; **236R** Serg64/Shutterstock; **249** Mark McClare/Shutterstock; **254** Pearson Education; **260** Pearson Education; **274** Pearson Education; **325** ShutterStock; **340** Flashon Studio/Shutterstock; **344** Cbpix/Shutterstock; **348L** JackF/Fotolia; **348R** Smileus/Shutterstock; **365** ShutterStock; **378** Comstock Images/Jupiter Images; **382** Womue/Fotolia; **407** Kletr/Shutterstock; **414** Hamik/Fotolia; **461** Adrio/Fotolia; **468** Oleksii Sagitov/Shutterstock; **470** Africa Studio/Fotolia; **514** Pearson Education; **516** Werner Dreblow/Fotolia; **520** Image Source/Jupiter Images; **524C** Melinda Fawver/Shutterstock; **524L** Yaping/Shutterstock; **524R** Undy/Fotolia; **539** pk7comcastnet/Fotolia; **556** JLV Image Works/Fotolia; **587** NASA; **623** Bork/Shutterstock; **630** Hemera Technologies/ThinkStock; **648** Concept w/Fotolia; **651** StockPhotosArt/Fotolia; **669CL** Donfink/Fotolia; **669CR** Tim elliott/Fotolia; **669L** Proedding/Fotolia; **669R** Petergyure/Fotolia; **670** Redwood/Fotolia; **671** Katrina Brown/Fotolia; **675** Pearson Education; **690** CristinaMuraca/Shutterstock; **694** Duncan Noakes/Fotolia; **696** Viorel Sima/Shutterstock; **706** Sergio Martínez/Fotolia; **708** Pascal Rateau/Fotolia; **728B** LittleMiss/Shutterstock; **728T** Margouillat photo/Shutterstock; **729** luchschen/Shutterstock; **750** Justin Black/Shutterstock; **765** James Kingman/Shutterstock; **786** Tom Grundy/Shutterstock; **813** WitR/Shutterstock; **815** Dja65/Shutterstock; **822** Arina P Habich/Shutterstock; **842** Gary Blakeley/Fotolia; **863** EvrenKalinbacak/Shutterstock; **864B** Orhan Cam/Shutterstock; **864T** Thampapon/Shutterstock; **900** Pearson Education.